이미지, 문자, 해석

세미오시스 학술총서 02

semiosis

이미지, 문자, 해석

세미오시스 연구센터

sémiose

Semiose

semiosi

σημείωσις

семиозис

한국외국어대학교 출판부

❖ 국립중앙도서관 출판시도서목록(CIP) ❖

이미지, 문자, 해석 / 지은이: 세미오시스 연구센터
. -- 서울 : 한국외국어대학교 출판부, 2013
p. ; cm. -- (세미오시스 학술총서 ; 02)

ISBN 978-89-7464-836-7 94170 : ₩22000
ISBN 978-89-7464-831-2(세트) 94080

기호학[記號學]
언어학[言語學]

701-KDC5
410-DDC21 CIP2013007100

이 도서의 국립중앙도서관 출판시도서목록(CIP)은 서지정보유통지원시스템 홈페이지(http://seoji.nl.go.kr)와 국가자료공동목록시스템(http://www.nl.go.kr/kolisnet)에서 이용하실 수 있습니다. (CIP제어번호 : CIP2013007100)

이 저서는 2010년도 정부(교육과학기술부)의 재원으로 한국연구재단의 지원을 받아 연구되었음(NRF-2010-361-A00013).

목차

II. 동양과 서양 문화 속의 언어와 이미지

III. 사회 · 이데올로기 · 역사와 이미지

IV. 영상 언어와 이미지

V. 일상성의 이미지와 문화 해석

머리말

본 총서 제2권은 지난 3년 간 한국연구재단의 지원으로 수행된 인문한국사업 「세계 · 언어 · 삶의 세미오시스」의 결과물로서 빛을 보게 되었다. 이 책은 최근 한국을 비롯한 세계 인문학분야에서 쟁점으로 부각돼 온 시각문화현상과 그 해석에 다년간 천착해온 국내 전문연구자들의 공력이 낳은 결실이다. 여기에는 언어학과 문학 연구자의 분석적인 글에서부터 동서양 회화 및 영화, 문화학 전공자의 재치 있는 관찰, 현업 예술가의 체험을 녹여낸 현장감 있는 에세이에 이르기까지, 각각의 관심분야와 관점은 다르지만 오늘날 이미지와 문자가 사회에서 차지하는 위상에 대한 깊이 있고 정치한 해석이라는 공통된 문제의식이 자리하고 있다. 이 책은 이론적 고찰에서부터 실제 사례에 이르기까지 독자들의 흥미를 유발할 만한 다섯 개의 장으로 이루어져 있다.

제1장의 두 글은 언어와 이미지에 대한 이론적 고찰의 성격을 갖는다. 그 첫 번째 글에서 이봉순은 롤랑 바르트의 에세이 「저자의 죽음」과 미셸 푸코의 저자 개념, 그리고 비트겐슈타인의 철학적인 탐구 등을 이론적인 틀로 활용하여 로버트 베리Robert Barry와 온 가와라On Kawara, 멜 보크너Mel Bochner 등의 작업세계를 분석하고, 이를 통해 궁극적으로 현대미술에 나타난 언어화 현상을 예증하고 있다. 같은 장의 두 번째 글에서 조준래는 에크프라시스라는 미학적 개념과 회화와 디자인의 관계를 특정 민족 공동체의 사례를 통해 분석하면서, 현대 디자인 이론의 주요 메커니즘이 특정 민족 공동체의 문화 원형을 추출하는 필터가 될 수

있음을 밝히고 있다. 이에 의하면 러시아 시각예술과 디자인은 해당 민족문화에 내재하는 '에이도스'에 대한 상징적 표현인 동시에, 선재하는 종교, 예술, 사상, 철학 담론들의 구체적인 시각적 번역물로 볼 수 있다는 주장이다.

동양과 서양 문화에 나타난 언어와 이미지의 위상을 고찰하고 있는 제2장의 첫 번째 글에서 김준현은 중세 필사본의 채색 삽화와 고인쇄본의 목판화를 중심으로 텍스트와 이미지의 다양한 상관관계를 살펴보면서, 다양한 역사적, 문화적 맥락과의 관련성 속에서 변화되는 이미지의 역할과 텍스트 해석의 문제를 다루고 있다. 필자는 13세기 알레고리 문학의 대표작인 『장미 이야기』에서부터 15세기 시인 프랑수아 비용의 작품에 이르기까지 다수의 중세 문학작품을 사례로 활용하여 채색 삽화의 장식문자, 여백 장식, 삽화의 전반적인 특성, 삽화가의 위상을 분석하고, 이를 토대로 '텍스트와 이미지'의 관계를 통해 다양한 중세 문학의 특징 및 중세 특유의 연속성과 이질성을 더 깊이 있게 이해할 수 있음을 지적한다. 제2장의 두 번째 글인 엄소연의 논문은 한자문화권에서 유일하게 조선이 효제도라는 조형양식을 창출했다는 점에 주목하고, 유교윤리의 골자인 '효·제·충·신·예·의·염·치'의 8덕목을 한 세트로 한 효제도의 특징을 문자와 그림의 이미지 표현관계에서 발생하는 의미구조를 통해 고찰하고 있다. 특히 효제도의 형성이 가능했던 사회역사적 배후와 민화문자도의 양상을 살펴보면서, 각 글자별로 함의하고 있는 텍스트의 내용 및 이와 결부된 이야기이미지(story-image)·시각적 이미지(visual image)의 상호교섭방식 및 특징에 의해 6가지 유형(기본형, 상징형, 결합형, 의장형, 해체형, 복합형)의 의미구조를 분석하고 그 해독된 결과를 제시하고 있다.

이 책의 세 번째 장은 사회·이데올로기·역사와의 관계에서 이미지의 존재방식을 논구하고 있다. 그 첫 번째 글에서 서종석은 사회기호학적 분석 도구를 이용하여 <라메종 프랑스>라는 흥미로운 선전 포스터를 분석하고 있다. 이 선전 포스터는 비시정부 치하에서 만들어진 선전물로 당시에는 배포되지 못했지만 오히려 현재에 와서 학교의 역사 교과서 등에 실리면서 더욱 관심이 집중되고 있는 특이한 경우이다. 이 논문은 역사학이나 역사 교육학 등의 시각에서 출발하고 있지만 이미지 자체가 지니고 있는 의미에 더욱 관심을 기울이면서, 어떠한 기제와 도구들을 통해서 역사적 이데올로기가 이미지로 재현되고 유의미한 단위들로 구성되고 있는지 살펴보고 있다. 이 장의 두 번째 글에서 이은경은 러시아 유대인 화가 마르크 샤갈의 회화 세계를 소개하면서 그의 경계인으로서의 삶과 정체성을 고찰하고, 샤갈의 작품에 혼재하는 러시아 예술과 유대 예술에서 도출한 고유한 표현방식에 주목하면서, 유대적 화가로서 샤갈이 지녔던 이중적 정체성과 그것의 한계를 뛰어넘어 창조적이고 독창적 예술이 어떻게 구현되는가를 밝히고 있다. 필자에 의하면, 20세기 초 러시아의 유대 르네상스는 러시아 문화에 풍요로운 시각과 다양한 면들을 제공했던바, 문화예술에 대한 러시아의 높은 조예는 러시아 유대인들의 예술에 촉매제가 되었으며 새로운 장르로서의 유대 미술을 가능케 했다는 것이다.

현대시각문화에서 영화가 차지하는 위상은 주지의 사실인 바, 이 책의 제4장은 이런 현대성을 방증하듯 서유럽 · 동유럽의 영화이론의 바탕 위에서 동서양의 영화작품들을 흥미롭게 분석하고 있다. 그 첫 번째 글에서 김영미는 중국의 6세대 영화감독인 지아장커 賈樟柯 Jia Zhangke의 영화 [스틸라이프 三峽好人: Still Life, 2006], [24시티 二十四城记 24 City, 2008]를 통하여 영화에서 발현되는 이미지-서사의 가능성을 분석하고 있다. 이 글은 문자에 지배당하거나 혹은 해석체가 고정되는 현실 이미지의 나열을 거부하고, 문자 자체를 이미지의 일부로 사용하여 화면을 구성하는 양상에 주목하고 있다는 점에서 흥미롭다. 필자는 특히 문자가 현실이미지와 동급 처리되어 영상서사를 구성하는 가능성을 예리하게 지적하면서, 이러한 지아장커의 '이미지-서사'전략의 주 초점이 '움직임-정지됨'의 화면 간격 속에서 이루어지는 '사유'에 있음을 강조한다. 제 4장의 두 번째 글인 이희원의 "영화 이미지의 지표적 의미론"은 일반적으로 도상성이 지배적인 예술로 간주되는 영화에서 사진이나 사진 이미지의 도입으로 형성되는 지표적 성격을 재고하는 글이다. 필자는 찰스 샌더스 퍼스의 기호 규정과 앙드레 바쟁의 정의에 기대어, 도상적 특징과 실존적 지표성을 동시에 내포하고 있는 사진-지표의 도입이 영화에서 특별한 지표적 도상의 의미론을 창출한다고 주장하면서, 특히 대상과의 유사성이 중시되는 전기 영화에서와 극영화에서 도입된 사진 이미지들이 영화 의미론에서 어떠한 작용을 하고 있는지를 구체적 사례를 통해 설명하고 있다.

「일상성의 이미지와 문화 해석」에 할애된 제5장에서는 실제 예술작품 창작에서 개재되는 언어의 문제를 다루는 동시에 시각 문화를 보다 넓은 문화학적 연구와 어떻게 접목시킬 수 있을 것인가를 고민하고 있다. 그 첫 번째 글에서 정진아는 자신의 생생한 창작 경험을 토대로 자신의 최근 창작품들에서 수용된 "직접적 주제"인 언어의 의미를 고찰하고 있다. 필자는 선택된 주제나 단어의 의미와 작품이 만들어진 재료가 가진 속성 혹은 의미의 간극에서 오는 아이러니의 효과, 다시 말해, 고정관념에서 벗어나 사고와 감각의 확장을 결과하는 그 심미적 기능에 대해 설명하고 있다. 제5장의 두 번째 글인 최성욱의 "문화, 기호, 해석"은 에른스트 카시러의 '상징형식으로서의 문화'개념과, 유리로트만의 문화텍스트(cultural text)개념과 기호계(semiosphere)개념 그리고 클리포드 기어츠의 텍스트로서의 문화(Kultur als Text) 개념에 기대어 문화과정을 기호화과정으로 규정하고 문화의 산물을 텍스트로 이해하는 문화기호학의 전반적 구조를 개괄하고 있다. 필자는 문화에 대한 이론적 성찰이 세기말 문화철학 이전에도 있었지만, 문화를 통일적 현상으로 체계적으로 연구하기 시작한 것은 현대 문화기호학과 문화인류학이라고 보면서, 문화에 대한 기호론적 접근의 한계를 극복하는 방법으로 상호문화적 해석 방안을 논하고 있다.

***

끝으로 본 총서의 필진 전원은 이 책이 전문연구자들의 심화연구를 위한 기초자료로 활용될 수 있을 뿐 아니라 사회일반의 인문교양서로도 널리 읽히기를 바라면서 전문적인 학술적 언급을 최대한 줄이고 실제 현실과 관련된 내용들로 글을 구성하기 위해 최선을 다했음을 밝힌다. 본 총서가 나오기까지 필진들 외에도 보이지 않는 많은 도움의 손길이 절대적이었음을 밝히며 그 분들께 심심한 감사의 말씀을 드린다. 아울러 최초의 원고를 가독성이 높은 읽을거리로 만들어준 탁경구 팀장님 이하 한국외국어대학교 출판부 관계자에게도 감사의 뜻을 전한다.

필진 일동

I 언어와 이미지의 이론적 탐색

1. 이미지의 언어화에 따른 객관화 문제 연구
2. 러시아 시각예술과 디자인에 나타난 에크프라시스의 문제

1

이미지의 언어화에 따른 객관화 문제 연구

이 봉 순

1. 서 론

현대미술은, 완전한 무미학적(無美學的)인 태도를 표명하면서, 대상의 표현보다 미술작업을 통해 무엇을 말히고자 하는데 더 관심이 있다. 이러한 개념적인 미술 작품에는 실재하는 존재나 물체처럼 명확하게 한정된 사물의 물리적인 유형으로 존재하지 않으며, '어떤 요소들이 현재의 미술 작품을 형성 하는가'에 대한 것이다.

이를 대표하는 전시는 베른 미술관의 큐레이터였던 하랄트 제만이 1969년에 기획한 《태도가 형태가 될 때》 이다. 제만은 카탈로그의 표지 상단에 '당신의 머리 속에 거하라'는 모토와 함께 "이 전시에 참여한 미술가들은 오브제 제작자들이 전혀 아니다. 반대로 그들은 오브제에서 자유로워지기를 열망하기 때문에 이러한 방식으로 오브제의 의미 층들을 심화시키고 오브제를 초월한 그러한 층들의 의미를 드러낸다"[1]는 서문을 썼다. 그의 생각으로는 오브제가 일시적인 것이었다면, 태도는 가장 중요한 것이었다. 그는 미술가들과 비슷한 태도로 전시 조직과정을 카탈로그에 그대로 드러내 보여주었다.[2]

본 연구는 언어를 기본으로 한 예술과 물질적인 작품보다는 예술의 새로운 가치를 찾고자 하는 작품들을 분석하고자 한다. 주요 작가로는 로버트 베리Robert Barry와 온 가와라On Kawara, 멜 보크너Mel Bochner 등의 작업세계를 통해 현대미술의 언어화 현상을 살펴본다. 베리는 "작품은 수많은 정신 속에 존재하기 때문에 사람들 각자가 자기 자신의 정신에 있는 제시된 작품의 몫을 실제로 이해할 수 없는 것"이라고 생각하며, 가와라가 사용하는 모든 페이소스를 상실한 표기법들은 의도적인 고립을 인정하는 객관성을 지닌다. 이들은 정신적인 이미지와 개인적인 감각에 예술을 설정하고 있으며, 생활형태 또한 예술작품 만큼 중요하다는 특징을 지닌다. 그리고 '미술과 언어' 그룹은 사무적이고 학문적인 언어를 사용함으로써 낯선 미학을 만들어냈으며, 미술적이고 감정적인 자기표현의 흔적을 완전히 없애거나 비평가의 세련되고 장황한 통찰력도 거부했다.

이론적인 배경으로는 롤랑 바르트의 에세이 「저자의 죽음」과 미셸 푸코의 저자 개념, 그리고 비트겐슈타인의 철학적인 탐구를 주로 참고한다. 비트겐슈타인은 심적 이미지가 우리의 사고나 발화와 연결된다는 사실을 자유롭게 용인했다. 그의 전술은 심적 이미지를 눈으로 볼 수 있는 명백한 차원으로 끌어올림으로써 탈신비화 하는 것이다.

---

1) 토니 고드프리 지음, 『개념미술』, 전혜숙 옮김, 한길아트, 2002 p.201
2) 토니 고드프리 지음, 앞의 책, p.202

2. 이미지와 언어의 관계

레지즈 드브레(Régis Debray)는 그의 저서 『이미지의 삶과 죽음』에서, "이미지를 생각한다는 것은 우선 우리가 사고와 언어를 혼동하지 말아야 하리라는 것을 전제로 한다. 왜냐하면 이미지는 기호의 일정한 조합과는 다른 방식으로 생각하게 하기 때문이다."[3]라고 말한다. 그의 표현대로라면, 닮음을 전제로 한 하나의 이미지는 해석될 수 있고 또 해석되어야 하더라도 읽혀질 수 없는 특수성을 제시하는 하나의 기호이다. 이것은 '...의 이미지'라는 식의 재현된 물체와도 관련된다. 이미지는 말하자면 실재 존재나 허구를 외적으로 볼 수 있는 시각적인 상태로 재생산하는 것으로서의 특성을 지닌다. 그러나 정신적인 이미지는 에티엔느 수리오의 미학사전 정의에 따르면, 유사물을 포함하고 있는 어떤 표현이다. 그 유사물은 지각에 대한 그 어떤 것이지만, 심리적인 진행과정에 관한 것이지 감각 기관에 대한 물질적인 자극이 아니다. 그러나 현대의 정보화 사회에서 이미지는 그 출처나 근원을 찾기 어려울 만큼 다양하게 해석되어 있기 때문에 이미 그 유사물마저도 찾기 어렵다. 그 때문에 현대 정보화 사회에서 이미지는 하나의 언어처럼 작용하게 된다.

W.J.T. 미첼은 그의 서서 『아이코놀로지: 이미지 텍스트 이데올로기』에서 이미지와 말word 사이의 차이, 이미지와 관련한 다양한 개념들을 이해하고자 한다. 그는 이미지 개념의 이론적이고 역사적인 오랜 전통의 고찰과 연관시키기 위해 '아이코놀로지'라는 개념을 연결하여 이미지 자체의 관념을 해석했다.[4] 그의 첫 질문은 '이미지란 무엇인가?'이다. 오늘날, 정보화 시대에 이르러 이미지는 다양한 매체와 광고에 힘입

---

3) 레지스 드브레 (Régis Debray) 지음 『이미지의 삶과 죽음』, 정진국 옮김, 서울, 시각과 언어 출판, 1994 (*Vie et mort de l'image*, éd. Gallimard, Paris 1992) p.53

4) W.J.T. 미첼 지음 『아이코놀로지: 이미지 텍스트 이데올로기』, 임산 옮김, 시지락, 2005 pp.11-14

어 막대한 힘을 가지고 있다는 말은 현대 문화비평의 상투어가 되어 버렸다. 따라서 이미지의 본질 문제가 현대 비평에서 매우 중요하게 다루어지고 있는 실정이지만 언어와 이미지는 여전히 정체를 알 수 없는 수수께끼처럼 설명될 수 없는 문제이다.[5)]

그는 이 책에서 비트겐슈타인의 '언어게임'을 지지하는 삶의 형식에 물음을 제기한다. 그의 생각으로는 심적 이미지는 심리학과 인식론에 속하며, 언어적 이미지는 문학 비평가에게 각각 속하는 영역이다. "그 영역은 이미지에 대한 물리적·심리적 설명 사이의 경계에 출몰하는 다수의 기묘한 창조물이 점하는 영역이기도 하다."[6)]

사실상, 언어와 이미지의 혼융은 최근의 현상이 아니라 이미 오래전부터 행해져왔던 일이다. 그 예로 20세기 초반의 스테판 말라르메(Stéphane Mallarmé)와 초현실주의 작가 르네 마그리트(René Magritte)를 들 수 있다.

말라르메의 <주사위 던지기>(도판1)은 복잡한 방식을 띠고 있는 텍스트를 시각적으로 가득 채운 시(詩)다. 단어들은 회화의 요소들처럼 서로 다른 크기의 상이한 활자체로 분산되어 있다. 시인 폴 발레리(Paul Valéry)는 이 시에 대해 '한정된 공간 안에 놓여 있는 사고(思考)의 형태와 패턴'과 같다고 언급한 바 있다.[7)] 시는 사고나 의식을 문자로 나타낸다. 이 시의 시각적 배열은 곧

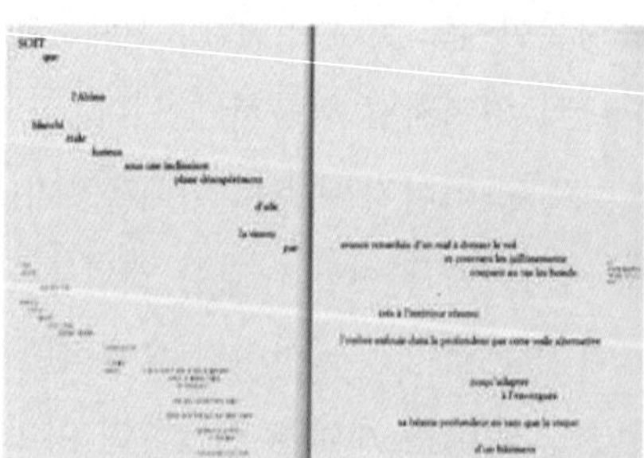

(도판 1) 스테판 말라르메 〈주사위 던지기〉 1897년

---

5) W.J.T. 미첼 지음, 앞의 책, pp.20-22
6) W.J.T. 미첼 지음, 앞의 책, p.24 재인용
7) 토니 고드프리 지음, 앞의 책, p.20-21

사고나 의식을 '형상화하는 것'으로 본 연구에서 다루는 언어화된 미술과 연관되는 문제이다.

(도판 2) 르네 마그리트 〈형상들의 배반 (이것은 담뱃대가 아니다)〉, 1928-19년경, 유화

르네 마그리트의 <이미지의 반역>(도판2)은 담배 파이프 이미지와 그 이미지 아래에 '이것은 파이프가 아니다'라는 문구를 써놓은 그림이다. 이 그림은 이미지의 시각적 형태를 언어의 메시지로 강조함으로서 보는 이에게 나타난 이미지가 실재하는 사물이 아닌 다른 것임을 제시하고 있다. 담배 파이프 이미지는 우리가 이미 체험을 통해서 알게 되는 정보체계의 보편화된 언어와 같은 역할을 하고 있다. 여기에서 우리는 기호학에서 말하는 기표(Signifier)와 기의(Signified)의 구조를 발견할 수 있다. '사과'라는 단어가 구체화 되지 않은 사과라는 과일을 통칭하는 것처럼 이 그림의 이미지는 담배 파이프의 기표가 된다. 마그리트의 관심은 회화의 언어적 기능, 즉 대상이 된 사물에 잠재된 언어에 있었다. 이 그림에 기입한 '이것은 파이프가 아니다'라는 말은 그림은 묘사된 대상만을 의미하는 것이 아니라는 관점을 제시한 것이다. 마그리트의 또 다른 작품 <생각의 열쇠>(도판 3) 또한 언어와 재현 사이의 관계를 파괴시키는 반어법적 태도를 보여준다. 르네 마그리트의 작품에서 전개

(도판 3) 르네 마그리트, 〈생각의 열쇠〉, 1930, 유화 81x60cm

되는 이미지를 실재와 연관하여 볼 때, 그의 작품 속에서 사용되는 언어는 어떤 맥락을 구성하는 보다 구체적이고 객관적인 체계로 이해하게 된다. 기호학의 선구자인 스위스 언어학자 페르낭 드 소쉬르(Ferdinand de Saussure)는 언어란 의사소통을 하는 닫혀있는 체계라고 규정하였으며, 따라서 언어는 결국 많은 기호나 신호, 체계들 중 하나가 될 것이라고 예견했다. 언어에서 기표 (Signifier)와 기의 (Signified)의 관계는 완전히 자의적으로 정해진다. 언어는 이미 정해져 있지 않고, 문화적 맥락에 의해 전개된다는 사실에 기반을 둔 것이기 때문에 실재를 반영하는 것이 아니라 실재를 구성하는 것이기 때문이다.

이미지를 미술의 언어로 간주하는 현대미술에서 보편화된 정보이미지의 차용은 예술가의 감정을 배제시킨다. 이것은 곧 미술이 일상의 삶, 즉 하이데거의 '그들'의 보편적인 삶에 융화되는 것을 의미하며, 소비사회의 언어적 도구로 전환되었음을 의미하는 것이기 때문이다. 비평가 크랙 오웬스(Craig Owens)는 폴 드만과 노드롭 프라이의 알레고리론을 중심으로, 이러한 차용, 장소-특수성, 비영속성, 나열, 추론적 성격, 이종교잡(hybridization) 등의 현대미술의 전략들을 알레고리적으로 해석하고자 한다. 오웬스는 알레고리적 특성만이 이들의 이미지를 하나의 전체(a whole)를 형성하고, 일관된 충동에 의해서 구체화될 수 있다고 생각한다.[8)]

노드롭 프라이는 알레고리적 구조 안에서, 한 텍스트는 또 다른 텍스트를 통해서 읽혀지는 것이지만 이 관계는 파편적이고, 간헐적이다. 그래서 알레고리적 작품을 위한 패러다임은 지우고 다시 쓴 양피지와 같다고 말한다.[9)] 그리고 폴 드만(Paul de Man)에 의하면, "알레고리는 단

8) Craig Owens, "The Allegorical Impulse: Toward a Theory of Postmodernism," in *Beyond Recognition*, University of California Press, 1992, p. 58 [essay originally published in October, No. 12 (Spring 1980), pp. 67-86, and No. 13 (Summer 1980), pp. 59-83].

일한 해석을 가능하게 해주는 구조에 있는 것이 아니라, 언어의 알레고리적 속성에 있다"고 주장하면서 알레고리를 언어의 본질적인 측면과 연결시키는 부분이다. 그는 언어의 본질을 "단일한 해석이 불가능한 것"으로 파악하고, 어떤 탁월한 해석 방법이나 분석을 동원하더라고 언어로 이루어진 예술작품으로부터 명백하고 단일한 의미를 드러내는 작업이 불가능하다고 말한다. 그래서 그는 "언어의 구조가 만들어 내는 의미에 앞서서, 언어의 구조를 검토하는 일"[10]이 우선해야 한다고 주장한다.

오웬스에 의하면, 많은 현대 미술가들은 이미지들을 발명하는 것이 아니라 이미 존재하는 이미지를 선별하여 자신의 예술에 의미를 덧붙여 다른 어떤 것으로 만들기 때문에 알레고리적이다.[11] 원본이 존재하는 것은 모든 이미지(기호 텍스트) 속에는 실재(진리)를 품고 있으며, 적법한 방법을 통해서 읽기 가능하다는 관점에서 현대의 차용미술은 '원본 텍스트 다시쓰기'와 유사한 방식으로 행해진다고 본다. 그는 그의 에세이 「알레고리적 충동」에서 로버트 라우센버그의 작품을 중심으로 차용 이미지 문제를 논의하고 있다. 로버트 라우센버그의 작품들은 <레부스>(도판4)에서 보여지는 것처럼 각종 부수적이고 잡다한 물체들의 모음집과 유사한 방식으로 이루어져있다. 이들 이미지들은 우리가 이미 현실에서 보아온 흔한 물체들이지만

(도판 4) Robert Rauschenberg, Small Rebus, 1956, Combine Painting, 89x122cm

9) Craig Owens, 앞의 책, p. 54.
10) De Man (Paul), "Pascal's Allegory of Persuasion", 이윤성, 『폴드만의 알레고리론 연구』, 경희대학교 박사학위 논문, 1998 p. 35과 서론 부분 참조
11) Craig Owens, 앞의 책, p. 58.

이 평범한 사물들은 모호한 위치에 느슨하게 배열되어 있으므로 논리적 읽기를 원천적으로 차단한다. 다시 말하면 이들 물체들은 다른 차원으로 나아갈 수 있는 여지를 만들며, 보는 사람에 따라서 새로운 이미지로 다시 읽혀지게 된다. 이것은 현대의 이미지 혹은 텍스트가 다르게 읽혀질 수밖에 없는 언어적 속성을 지니고 있기 때문이다.

3. 무미학적 선택과 생산자로서의 미술가

1912년경 마르셀 뒤샹은 <계단을 내려오는 나부 2번>(도판5)을 파리의 살롱 데 쟁데팡당에서 강제로 철수시켜야 했다. 이 그림은 전시위원들이 싫어했던 미래파와 너무 유사했으며, 캔버스 왼쪽의 밑 부분에 정확하게 씌어진 '계단을 내려오는 나부'라는 너무 노골적인 제목 때문이었다. '누드는 결코 계단을 내려오지 않는다' '누드는 비스듬히 누울 뿐이다'라는 것이 전시위원회의 주장이었다.[12] 이 작품은 동시에 '지적'이며 '문학적인' 회화로 간주되었으며, 뒤샹이 1915년에 미국으로 가게 된 배경이 되기도 했다. 1917년에 뒤샹은 변기를 "리처드 무트 Richard Mutt/ 1977"이라고 서명[13]하여 <샘Fontaine>(도판 6)이라는 명제로 전시장에 내놓아 미국 미

(도판 5) 마르셀 뒤샹, 〈계단을 내려오는 나부 n. 2〉, 1912, 캔버스에 유화

12) 토니 고드프리 지음, 앞의 책, pp.25-28
13) 뒤샹은 후에, R은 '벼락부자'를 뜻하는 프랑스어의 비속어 Richard의 약자이며, Mutt는 만화 주인공들인 Mutt와 Jeff 및 J. L. Mott 자체를 뜻한다고 말했다.

술 평론계에 충격을 주었다. 마르셀 뒤샹은 소위 알려진 물체, 즉 미적인 특징을 결여한 평범한 물체들을 상황적인 조작에 의해 "예술"로 변모시켜 전시하였다. 이런 물체들은 하나의 선언적인 의미를 가진다. 즉 이 세상은 '흥미로운' 물건들로 포화상태에 처해 있기 때문에 예술가들은 그런 상태를 가중시킬 필요가 없다는 것이다. 이 선택된 오브제는 일반적인 해석에 의해, 작품을 만들려는 뒤샹(Duchamp)의 의도에 대한 표현(expression)과 같은 결과를 가져온다. 이 결과는 예술작품은 작품을 만들려는 의도에 그 뿌리가 있는 창조행위의 지표(Index)임을 말하는 것이기도 하다.[14] 그의 레디메이드 오브제의 선택은 예술가를 매개체적인 위치에 설정한다.[15] 사실 완전한 무미학적(無美學的)인 태도를 표명하면서, 뒤샹이 변기를 <샘>이라는 명제로 전시장에 제시한 이후 형성된 예술에 대한 생각은 표현하려는 대상의 시각(vision)만으로 도달할 수 없는 것이며, 이미 정신에 존재해 있는 정보의 일종으로 이해되어야 하는 것이다.

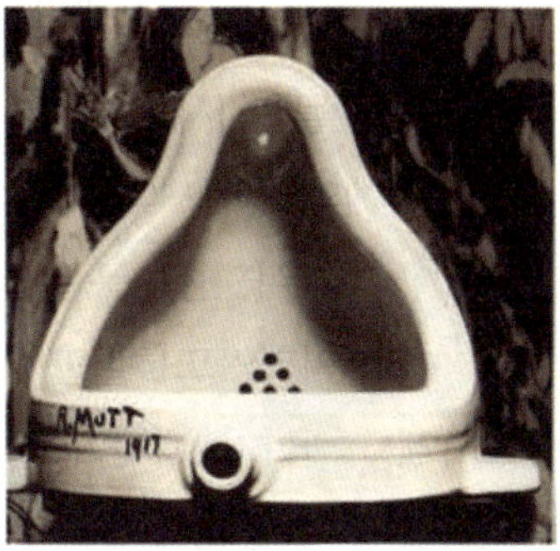

(도판 6) 마르셀 뒤샹, 〈샘(분수)〉 1917, 레디메이드

1968년 결성된 '미술과 언어'라는 이름의 그룹은 1969년부터 산발적으로 『미술과 언어』(도판7)라는 잡지를 발간하고 자신들을 미술의 생산자라고 형식화했다. 이 잡지는 사무적이고 학문적인 언어를 사용함으로써 낯선 미학을 만들어냈으며, 미술적이고 감정적인 자기표현의 흔적을 완전히 없앴다. 마이클 볼드윈(Michael Baldwin)은 미술가는 당신이 좋아 하는 것을 '미술 대상' '미술 작품'으로 수용하는 것이 아니라 거기에

14) KRAUSS (Rosalind), 앞의 책, p.40
15) Cabanne (Pierre), *Ingenieur* (Marcel Duchamp, Ingenieur du temps perdu, Paris, ed. Belfond, 1967 et 1977, p.122 참조

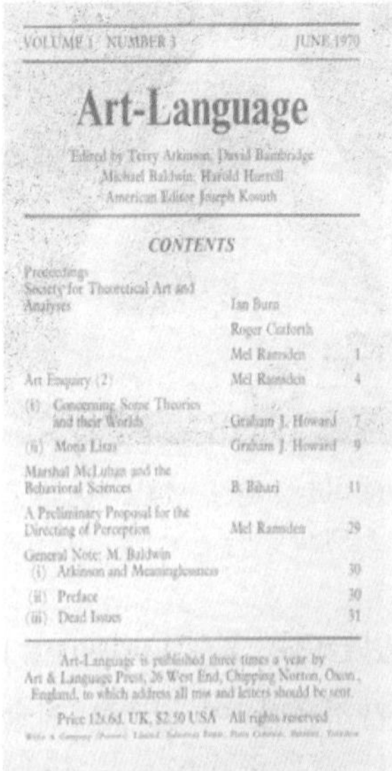

VOLUME 1 NUMBER 3 JUNE 1970

Art-Language

Edited by Terry Atkinson, David Bainbridge
Michael Baldwin, Harold Hurrell
American Editor Joseph Kosuth

CONTENTS

Proceedings Society for Theoretical Art and Analyses	Ian Burn	
	Roger Cutforth	
	Mel Ramsden	1
Art Enquiry (2)	Mel Ramsden	4
(i) Concerning Some Theories and their Worlds	Graham J. Howard	7
(ii) Mona Lisas	Graham J. Howard	9
Marshal McLuhan and the Behavioral Sciences	B. Bihari	11
A Preliminary Proposal for the Directing of Perception	Mel Ramsden	29
General Note: M. Baldwin		
(i) Atkinson and Meaninglessness		30
(ii) Preface		30
(iii) Dead Issues		31

Art-Language is published three times a year by Art & Language Press, 26 West End, Chipping Norton, Oxon., England, to which address all mss and letters should be sent.

Price 12s.6d. UK, $2.50 USA All rights reserved

(도판 7) 『미술과 언어』의 표지 제1권 제3호, 1970년 6월

속한 개념들이 문맥적으로 명료한지 생각해봐야 한다고 주장하고 개념미술의 계열에 합류한다. 그에 의하면 “개념 미술가들은 미술로서의 언어만을 주장하는 데 그치지 않고 미술로서의 미술에 관해 이론을 세웠다”[16]는 것이다. 다음의 『Artpress 185호』에 실린 데이비드 버클로(David Batchelor) (이하 D.B.로 표시)[17]와 아트 앤 랭귀지 그룹의 마이클 볼드윈(Michael Baldwin) (이하 M.B.로 표시)의 인터뷰 내용은 앞에서 말한 아트 앤 랭귀지의 표현적 특징을 말해준다. 이들 그룹은 예술가의 감정을 배제하고 어떤 사물을 시각적으로 드러내려는 것보다 그 사물을 지시하는 회화의 제작방법을 통해 감정이나 정서, 즉 취향에서 벗어난 예술을 구현하려고 했다.

D.B. : A & L 의 작품들이 초기에는 입으로 그림을 그리기도 하는 등, 잭슨 폴록과 유사한 점이 많았다고 보는데...

M.B.: 우회적인 다양한 방법으로 전혀 절대적인 필요성을 내포하고 있지 않은 조건들 속에서, 명명되거나 지정되지 않은 것에 대한 사물과 비사물을 명시하는 것을 추구했었습니다.

D.B.; 당신은 이 회화의 작품들이 마치 초기의 개념미술과 정신적으로 다르지 않다고 설명하고 있는 것 같습니다만....

16) 토니 고드프리 지음, 앞의 책, pp.171-173
17) David Batchelor 는 런던에 살고있는 예술가이자 ecrivain이다.

M.B.; 정신적으로, 매우 가깝다고 생각합니다. 예를 들자면 놀랍도록 복잡한 이 지표는 어떤 점에서는 "내가 이 구축하려는 대화의 부분은 어떤 의미에서인가?"라는 질문을 하기위해 고안된 것입니다.

D.B.; 가장 최근의 당신 회화들과 옛날의 개념미술 작품들과 관련하여 볼 때, 테크놀러지적인 관점이나 결정론적으로, 어떤 점을 긍정하고 싶은지, 그림을 만든다는 것 자체의 아이디어는, 비물질화의 궤도를 반대하는 대책은 아닌지...

M.B.; 우리의 작품은 전혀 회화의 전복을 전제하려는 생각을 가지고 있지 않습니다. 단지 회화를 보존하려는 어떤 방법이나, 시각을 강요하는 어떤 방법을 전복하려는 것일 뿐입니다. '정서주의, 감정주의'에 대한 전복 말입니다.[18]

현대 미술가들은 예술작품이 부르주아의 상품이 되는 것보다 그들의 족적을 남기기를 원하는 경향이 있다. 이들은 외재성에 입각한 제작과정과 행위를 더 중요시 하며, 장소적 특징을 만들어 내거나 언어학적인 기록을 나타낸다. 핼 포스터는 그의 저서 『실재의 귀환』에서 1960년 이후의 현대미술은 형상을 지닌 예술과 추상적인 두 계보로 분리할 수 있다고 말한다. 반환영주의적 태도를 보여준 미니멀리즘적 계보와 미술의 리얼리즘과/혹은 환영주의에 귀속되는 일부 팝 아트와 대부분의 수퍼리얼리즘, 그리고 일부 차용 미술이 그것이다.[19] 그러나 형상을 지닌 예술, 특히 팝의 경우와 같은 미술은 미니멀리즘 이전의 실재 이미지 체계에서 해석할 수 없음을 분명히 한다. 그는 "일차적으로, 팝 계보의 서막을

---

18) *Art Press 185*, Nov. 93, Paris, p.19-20 본 인터뷰 내용은 논자(이봉순)가 필요한 부분만 편역한 것임.

19) 핼 포스터 지음/이영욱·조주연·최연희 옮김 『실재의 귀환』 경성대학교 출판부, p.195

연 1960년대 초의 앤디워홀의 《미국에서의 죽음Death in America》의 이미지들에 대비하여, 이러한 양자택일적 테제를 검토하려 한다".[20] 핼 포스터는 앤디워홀의 작품을 바라보는 두 가지의 다른 시각, 롤랑 바르트를 비롯한 구조주의적 해석[21]과 토마스 크로우Thomas Crow의 미국의 재난적 사고와 필멸성(mortality) 이라는 "냉엄한 사실"을 통한, "자기 만족적인 소비"의 폭로 속에서이다.[22] 그러나 핼 포스터는 제3의 방식, 즉 외상적 리얼리즘(traumatic realism)이라는 견지에서 《미국에서의 죽음》의 이미지들을 이 두 방법, "지시적이면서 또한 시뮬라크라한 것으로, 연관된 것이면서 또한 분리된 것으로, 감동적이면서 또한 무감동한 것으로, 비판적이면서 또한 무심한 것"[23]으로 해석할 수 있다고 생각한다.

4. 저자 개념과 저자의 죽음

앞에서 논의한 바와 같이 현대미술작품은 예술가의 주관적인 감정, 즉 더 이상 예술가의 자아표현이 아니다. 일상의 사물들을 차용하거나

---

20) 《미국에서의 죽음》은 파리에서 열린 "전기의자 그림들과 버밍햄Birmingham의 개들, 자동차 사고들, 그리고 몇몇 자살 사건 관련 그림들"이 들어가 있었던 기획 전시의 제목이었다. (Warhol, as quoted in Gene Swenson, "What is Pop Art? Answers from 8 Painters, Part Ⅰ," *Art News*62[Nov.1963]:26) (핼 포스터 지음앞의 책, p.196 재인용)

21) 롤랑 바르트는 워홀의 팝을 시뮬라크라한 것으로서 읽었다. 그는 「예술, 그 오래된 사물 That Old Thing, Art」(1980)에서 "팝 아트가 원하는 것은 대상을 탈상징화하는 것," 즉 그 어떤 심오한 의미로부터 시뮬라크라한 표면에로 이미지를 해방시키는 것이라고 말하고 있다. 그리고 이 과정에서 저자 역시 해방된다. 즉 "팝 아티스트는 그의 작품 배후에 서있지 않다."고 말한다.(핼 포스터 지음, 앞의 책, p.200참조)

22) Thomas Crow, "Saturday Disasters: Trace and Reference in Early Warhol," in Serge Guilbaut, ed., Reconstructing Modernism (Cambridge: MIT Press, 1990). 313.317. (핼 포스터 지음, 앞의 책, p.196 재인용)

23) 핼 포스터 지음, 앞의 책, p.200

오브제 없이 작업하는 현대미술은 롤랑 바르트나 미셸 푸코가 주장하듯이 '저자의 죽음'이나 '예술가 주체의 소멸'을 의미하는 것이다. 논자는 본 연구 주제에 따른 객관화의 이론적 배경으로 롤랑 바르트의 「저자의 죽음」과 미셸 푸코의 저자 개념을 간략하게 소개한다.

컨텍스트는 기호들로 구성되어있고 작가가 실증적 지식으로 간주하는 해석의 선택에서 나온 산물이기 때문에 미술사가는 항상 그 자신이 산출하는 구성물 속에 존재한다. 미술작품을 기호학적 관점에서 접근하게 되면, "어떤 요소들이 현재의 미술 작품을 만들었는가?"라는 질문은 집합 형식으로, 그 최종 도착 지점인 문제의 미술 작품을 향한다. 그러나 미술 작품이 기호의 작품이라면 그 구조는 사실상 단일하지 않고 반복적이라는 점이다.[24)]

미술작품에서 '작가author', 혹은 '미술가artist'는 컨텍스트, 즉 작품을 전송하는 자(전송자)이며, 작품을 감상하는 관람자는 이 텍스트를 수용하는 자이다. 전송자는 개념이 불안정성과 변화하는 배경을 포함하고 있는 켄텍스트에 깊이두기mise-en-abyme를 하여 관객을 끌어들인다. 푸코가 지적하듯이 작가의 고유 명사와 작가성 authorship 사이의 관계는 일치하지 않는다. 개인의 이름은 지칭된 것일 뿐 어떤 특정한 특성을 부여하지 않기 때문이다.[25)]

롤랑 바르트는 그의 글 「저자의 죽음」에서 오늘날(현대)에 이르러 저자와 텍스트를 동일시하지 않는다고 말한다. 저자의 존재를 믿게 되면, 책과 저자는 아버지가 자식에 대해 앞서 있는 것처럼, '전'과 '후'로 나뉘어진 동일선상에 위치하게 된다. 그러나 현대의 저자는 텍스트와 동시에 태어나며, 모든 텍스트는 '지금 그리고 여기서', 그 발화되는 행위일 수밖에 없는 희귀한 언술 형태를 가리킨다.[26)] 현대의 텍스트는 역사

---

24) '반복'에 관해서는 J. Derrida, "Signature Event Context", Limited Inc, 1-23참조
25) 마크 발, 노만 브라이스슨 지음, 앞의 책, p.31

적 근거나 신화의 발화 지점에서 유래한 단일한 의미보다는 모든 기원들을 끊임없이 문제 삼는 언어 그 자체의 영역에 속한다. 그 언어는 저자를 드러내는 단어들이 아니며 "그 중 어떤 것도 오리지널하지 않은 다양한 글쓰기들이 뒤섞이고 충돌하는 다차원적 공간이 되었다. 이제 텍스트는 문화의 수많은 핵심들로부터 나온 인용들로 만들어진 조직체이다. 이제 글쓰는 이는 자신만의 몸짓이 아니라 항상 이전의 몸짓이었던 것을 모방할 수 있을 뿐이다."[27)]

우리는 여기에서 이미지를 차용하여 예술의 의미를 찾아내려는 현대미술을 같은 맥락에서 이해할 수 있다. 우리는 현대의 텍스트가 수많은 문화의 인용들이나 그 이전의 몸짓을 모방하는 것처럼 미술에서 차용이미지를 재해석하는 것 또한 폴 드만의 현대의 언어를 다양하게 해석할 수 있다는 점과 일맥상통하며, 알레고리적인 성향을 지니고 있음을 알 수 있다.

롤랑 바르트는 더 나아가 현대의 저자는 글쓰기를 뒤섞어서 자신의 내적인 '것(things)'을 감추며, 이미 갖춰진 사전에 의존하여 그의 내적인 것을 '번역한다'. 현대의 텍스트는 이제 더 이상 저자 자신의 열정·유머·감정·인상을 거대한 사전에 의존하여 번역한 글쓰기 행위로 이루어 진 것이다.[28)] 그의 「저자의 죽음」에서 "오랜 시간 인식되어 온 전통적인 '작품(Work)'의 개념에 반대하여 나온 새로운 대상이 바로 '텍스트(Text)[29)]'이다."[30)] 그는 텍스트의 명제들을 다음과 같이 피력한다. 다음의 용

---

26) 롤랑 바르트 (Roland Barthes(1968), "The Death of the Autor," Image-Music-Text, trans. Stephane Heath(New York: Hill and Wang, 1977), pp.142-148) 정인지 옮김 in 윤난지 모음, 『모더니즘 이후, 미술의 화두』, 서울: 눈빛, 1999, pp. 30-31

27) 롤랑 바르트, 앞의 책, p. 31

28) 롤랑 바르트앞의 책, p. 32

29) 롤랑 바르트가 자주 사용하는 용어 '텍스트'는 일부에서 다소 회의적으로 받아들이고 그 자신조차도 유행이라는 것을 알고 있으나, 그 텍스트가 위치한 것으로 보이는 교차점에서 논리적인 의미보다는 문법적인 의미로 이해되어야 하는 그 주요 '명제(proposition)들'을 스스로에게 환기시키고자 한다. (롤랑 바르트, 앞의

어, '작품'과 '텍스트'는 전통과 현재의 저자 개념의 차이를 구분하는 데 사용된다. 그러나 본 연구에서는 연구 논제와 연관될 수 있는 텍스트의 개괄적인 개념만 정리한다.

작품과 텍스트는 자크 라캉의 '현실(reality)'과 '실재(the real)' 간의 구분처럼 작품은 명시되며 텍스트는 표상되는 것이다. 작품은 하나의 기의(signified)로 닫힌다. 작품은 문자의 학문, 즉 문헌학의 대상이 되며, 해석학 즉 해독의 대상이 된다. 그 자체로서 하나의 일반적인 기호로 작용하기 때문이다. 그러나 텍스트는 물리적으로 고정되지 않는 대상이며, 방법론적인 영역이다. 그러므로 텍스트는 표상의 과정에 따라 언어로 말해지는 담론(discourse)의 안에서만 존재한다. 텍스트는 이미 갖추어진 사전들, 작품들을 횡단하는 작업 활동에 의해서만 경험되고 구성된다. 텍스트는 단일한 장르가 아니며, 위계질서나 오래된 분류들을 파괴하는 힘을 지닌다. 이것은 텍스트가 '사회적' 기능들 중 하나인 어떤 한계의 체험에 연루되기 때문이며, 언제나 반론적[paradoxical]인 특성을 지니고 있기 때문이다. 텍스트는 언어로 이루어지는 만큼 기호학과 연계되는 부분으로서, 기호에 대한 반응으로 접근되거나 체험되는 것이다. 그러나 텍스트는 기의의 무한한 지연을 행한다. 텍스트는 지연되며, 기표의 물질적인 도입부로 간주되어서는 안되는 지연된 작용(aprés-coup)의 영역이다. 텍스트는 복수적이다. 여러 개의 의미를 지니고 있다는 것이 아니라 복수태를 이루고 있음을 뜻한다. 기표들의 직조가 이루는 소위 입체적인 복수태(stereographic plurality)에 의존한다. 텍스트를 구성하는 인용들은 익명적이고 추적이 불가능하지만 이미 읽혀진 것들(déjà-lues)이다. 그것은 인용부호를 붙이지 않는 인용이다.[31]

책, p. 32 참조)

30) 롤랑 바르트, 앞의 책, p. 36

31) 롤랑 바르트, 앞의 책, pp.36-40

저자는 작품의 아버지이자 소유자로 간주된다. 작품은 계보의 과정에서 연루되며, 작품들 간의 논리적 연계, 작품과 저자와의 일치를 전제로 하지만, 텍스트의 경우는 아버지를 기입하지 않고도 읽혀질 수 있다. 작품의 은유는 생명의 확장이나 '성장'에 의해 자라나는 유기체의 이미지를 말한다. 그러나 텍스트의 은유는 그물망(network)의 은유이다. 만일 텍스트가 확장된다면 그것은 체계의 결합에 따른 결과이다. 텍스트를 집필하는 나는 단지 종이 위의 나(paper-I)일 뿐이다.[32)]

작품은 일반적으로 소비의 대상이다. 그러나 오늘날 책의 차이를 결정하는 것은 읽는 작업이 아니라 작품 자체의 '질'이라는 사실을 인정해야 한다. 많은 현대적인 텍스트와 전위영화, 그림 앞에서 경험되는 '권태'는 분명 읽기를 단순한 소비로 축소시키기 때문에 나타나는 현상이다. 지루하다는 것은 곧 독자 스스로가 텍스트를 창조하고 개방하며 움직이도록 만들지 못했음을 의미한다. 이러한 사실은 텍스트에 대한 마지막 논의, 즉 텍스트의 즐거움에 대한 논의를 가능하게 한다. 텍스트에 관한 담론은 그 자체가 텍스트이자 활동이다. 왜냐하면 텍스트는 어떤 언어도 그냥 내버려두지 않으며, 어떤 서술 행위의 주체도 심판자·주인·분석가·고백자·해독자의 위치로 놔두지 않는 사회적인 공간이기 때문이다. 텍스트의 이론은 쓰기의 실행과 더불어서만 이루어질 수 있는 것이다.[33)]

미셸 푸코는 그의 글, 「저자란 무엇인가」에서 텍스트와 저자와의 관계를 통해, 표면상 텍스트의 외부에 있으면서 그것에 우선하는 '인물'을 가리키는 방식으로 저자의 개념을 거론하고 있다.[34)]

---

32) 롤랑 바르트, 앞의 책, pp.41-44
33) 롤랑 바르트, 앞의 책, pp.41-44
34) 미셸 푸코 「저자란 무엇인가」(Michel Foucault(1969), "What is an Author," The Foucault Reader, ed. Paul Rabinow(New York: Pantheon Books, 1984), pp.101-120.), 황유진 옮김 in 윤난지 모음, 『모더니즘 이후, 미술의 화두』, 서울: 눈빛, 1999, p. 45

그의 첫 번째 주제는 사무엘 베케트(Samuel Beckett)가 언급한 바 있는 " '누가 말하든지 무슨 상관인가?'라고 누군가가 말했듯 '누가 말하든지 무슨 상관인가?' " 로부터 시작된다. 푸코는 이러한 발화자에 대한 무관심 속에 등장하는 것이 현대 글쓰기의 원칙 중의 하나로 간주한다. 이 무관심은 누가 말하고 글쓰는 방식을 특징짓는 것이 아니라 글쓰기를 하나의 실천으로 특색지우는 일종의 내재율이기 때문이다. 이 내재율은 분석을 필요로 하지 않는다. 그는 오늘날의 글쓰기는 표현의 영역으로부터 해방되었다고 할 수 있다고 말한다. 이러한 글쓰기는 의미된 내용만으로 배열된 기호들의 기표에 따라 외부와 관계하며 상호 작용한다. 현대의 글쓰기와 죽음의 관계는 영웅을 불멸케 하는 그리스 서사시의 옛 전통을 뒤엎는다. 이 서사시에서는 "젊은 주인공이 죽음을 맞이할 경우, 그의 삶은 죽음에 의해 신성시되고 찬미됨으로써 불멸화될 수 있다." 그러나 현대의 글쓰기는 희생과 관련되었으며, 작가의 존재 속으로까지 들어왔기 때문에 자발적으로 소멸되기에 이르렀다. 글쓰기 주체는 그의 특유한 개성을 나타내는 기호들을 삭제함으로 인해서 그가 쓴 내용에서 작가의 흔적을 제거하게 된다.[35] 현대의 비평과 철학은 이러한 저자의 죽음에 주목하고 있다.

푸코의 견해에 따르면, 현대에 이르러 작품 개념은 텍스트를 통한 생각 혹은 저자의 경험을 재구축된 것이 아니라, 오히려 구조, 구성, 본질적 형태, 내적 관계들의 움직임에 의한 각종 요소들의 배열로 이루어진 모음집(뭉치들)이다. 이렇듯 현재의 글쓰기 개념은 경험적 특성들을 초월적인 익명성으로 바꾸어 놓은 셈이다. 푸코는 이러한 가시적인 흔적들의 사라짐과 익명성에 직면하여, '저자의 이름이란 무엇인가? 그것은 어떤 작용을 하는가?'하는 의문점에 도달한다. 그는 이 문제에 해답을 제시하기보다는 저자의 이름으로부터 생기는 몇 가지 어려움을 다음과

35) 미셸 푸코, 앞의 책, pp. 45-47

같이 지적하고 있다. 그가 주목하는 첫 번째 질문은 "저자의 이름은 고유명사이다."[36] 그는 모든 고유명사가 공통적으로 갖는 문제들을 제기한다. 우리는 고유명사를 순수하고 단순한 지시물로 바꿀 수 없다. 지시, 행위, 누구를 가리키는 손짓 등의 지시적 기능과 달리 묘사의 기능을 갖는다. 그와 같이 저자의 이름과 그것이 가리키는 것의 관계는 동일하지 않으며 같은 방식으로 작용하지 않는다. 저자 이름은 다른 고유명사와 달리 개인으로 향하지 않는 대신 텍스트의 경계를 구획하고 그것의 특성을 결정짓는다. 그러나 아무런 법적 지위를 갖고 있지 않으며 작품 속에도 존재하지 않는다. 오히려 어떤 담론적 구조물과 그 특정한 존재 방식의 근거를 이룬 사이에 위치한다. '담론들은 차용의 대상이다.'[37] 담론들이 발생된 소유권의 형태는 소위 형법상의 차용 다음에 항상 온다는 것이다.

5. 언어를 기본으로 한 예술의 객관화

로잘린드 크라우스는 60년대 말에 알려지기 시작한 후기 미니멀리스트들의 작업은 오브제와 재료의 속박에서 벗어난 '비물질화' 현상을 지니고 있다고 말한다. 그녀에 의하면, 외형적으로는 전기와 후기 미니멀리스트 세대간의 제작방법 절차는 유사성을 갖고 있지만 작품들의 의미작용은 다르게 작용한다.[38]

1962년과 1965년 사이의 미니멀 아트는 일련의 미국인 예술가들, 칼 앙드레, 멜 보크너, 월터 데 마리아, 로버트 모리스, 로버트 라이먼 등에

---

36) 미셸 푸코, 앞의 책, pp. 47-49
37) 미셸 푸코, 앞의 책, pp. 49-52
38) KRAUSS (Rosalind), 위의 책, pp. 31-33, 39-40

의해 확고한 미술운동이 이루어졌다. 미니멀 예술의 개념은 형성과정에서 보여주는 바와 같이 이미 두 가지의 기점이 전제되어 있었다. 아이디어로서의 예술과 행위로서의 예술이다. 이러한 그들의 생각은 개념미술, 일시적인 예술의 비정형, 대지예술과 1966년 이후의 포스트미니멀리즘(Postminimalism)으로 이어지게 된다."[39] 이 '포스트 미니멀리즘'은 부정과 역행 속에서 의미를 얽어 메도록 구성되어있기 때문에 '비물질화'와 '언어화'와 연결된다. 로잘린드 크라우스는 그의 논문 「지성과 감성」에서, '포스트 미니멀리즘'을 연결하는 의미론의 완전한 지속성을 파악하기위한 것이나 어떤 관점에서 예술이 개념주의자들의 비물질화 된 형태의 내용에 대립하는지 측정하기위한 것으로 '포스트 미니멀리즘'이라 불리우는 예술이 그것으로부터 효과를 내는 의미의 계열을 관찰하고 있다.[40]

후기의 보크너나 록번이 그들의 기록을 벽에 직접 적용한 작업은, 지각적인 사실에 언어학적인 기록을 나타낸 것이다. 보크너의 <Axiom of Indifference>(도판8)에서는 언어학적인 명제가 물리학적 사실의 총체와 관계를 맺으며 상호 보강한다. 오브제들은 외재성을 강조하며, 검증과 의미작용이 들어 있는 공간이라는 대중적 특성에 역점을 두고 있다. 작품의 중앙을 분할하는 벽은 이 작품의 8개의 요소를 4개씩 묶어 2 그룹

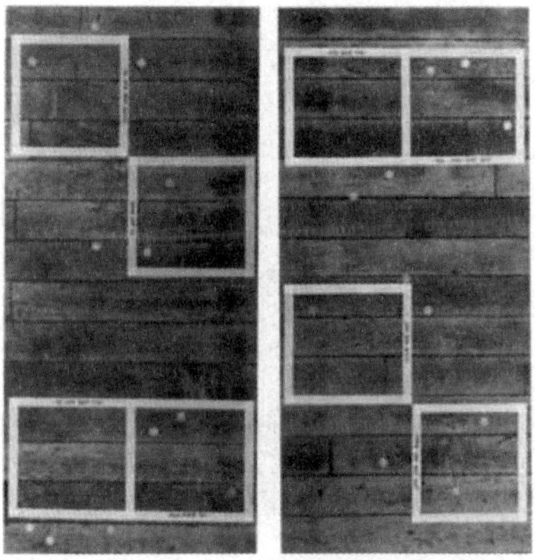

(도판 8) Mel Bochner, 〈Axiom of Indifference〉, 1973, 바닥에 고정된 리본에 잉크, 돈, 각 정사각형 : 61cm

39) *Groupes, Mouvements,Tendances de l'Art contemporain depuis 1945*, Paris, éd. ENSBA, 1990, pp. 31-32

40) KRAUSS (Rosalind), 앞의 책, pp.33-34

으로 나눔으로써, 물리학적인 형태나 언어적 명제의 전체적인 배치를 비가시적으로 만든다. 1970년대 《개념 미술과 개념적인 양상》 전시는, 언어를 기본으로 한 작품이어야 한다는 개념 미술 초기의 중요한 관점을 강조하는 것이었다. 이 전시에서 보크너는 벽에 4,5미터의 보호 테이프로 두 줄을 만들어 공간의 위치를 정한 후, 그 영역에 줄 하나를 그린 뒤 '15피트'(4,5미터)라고 써넣었다.[41)]

보크너의 작품은 지각적인 사실 위에다 언어학적인 사실을 투사하기 위한 시도에 구성을 두는데 1967년 작품, <Measurements, Group B>(도판 9)에서는 한 방의 벽들 위에다 예의 작품들의 크기를 새겨 넣었는데, 그렇게 함으로써 어느 것이 또 다른 어느 것보다 선행되었는지, 어느 것이 또 다른 어느 것의 형태의 바탕으로 쓰였는지를 지각하는 것이 불가능하게 된 채 고유의 설계도[blueprint]의 이미지 위에 공간이 나타나게 하였다.[42)] 보크너의 숫자들 혹은 벽에 까지 줄 쳐진 크레용 자국이 연루된 작품은 분류상으로 '비물질화' 개념을 만들게 된다. '비물질화'는 오브제 없이 작업하는 타입의 예술을 다른 유형의 작업 방법과 구분할 수 있게 하는 카테고리이다.

(도판 9) Mel Bochner, 〈Measurement : Room〉, 1969, 검은색 밴드와 글자

댄 그레이엄은 『하퍼스 바자』(Harper's Bazaar)와 『뉴욕 섹스 리뷰』(The New York Review of sex) 같은 잡지에 광고로 가장해 '그레이엄의 은유적인' 말과 슈퍼마켓에서 받은 잘못 찍힌 영수증을 함께 실은 작품들을 발표했다. <무제(은유적인)>(도판10)

41) 토니 고드프리 지음, 앞의 책, pp.205-207
42) KRAUSS (Rosalind), 앞의 책, p.45

(도판 10) 댄 그레이엄, 〈무제(은유적인)〉, 『하퍼스 바자』에 실림, 1968년 3월

참조) 그가 제시하려 한 것은 두 경우 모두 개입의 전략, 즉 일상적인 낯설음을 만들어내려는 진부하면서도 낯선 시도였다.[43] 사물 또는 대상이 존재하지 않고 개념만 존재하는 것은 우리의 경험 속에 있다는 댄그레이엄의 생각은 비트겐슈타인의 언어게임과 연관 지을 수 있다. 언어를 기본으로 한 미술은 '작품은 수많은 정신 속에 존재 한다'는 로버트 베리(Robert Barry)의 표현처럼 사고의 행위를 낯설게 만들었다. 베리는 «Prospect 69» 전시 당시, 그의 작품이 무엇을 의미하는지에 대해 다음과 같이 말했다. "사람들이 이 인터뷰 내용을 읽을 것이라는 생각을 전제로 작품을 만들었다."[44] 작품은 수많은 정신 속에 존재하기 때문에 사람들 각자가 실제로 제시된 작품의 몫을 완전히 이해할 수는 없다는 것이 그의 생각이었다. 같은 해에 제작된 그의 <불활성 기체시리즈(Série des gaze inertes)>(도판11) 역시, 이미 멀리 퍼졌을 것으로 추측되는, 보이지 않는 가스에 나타난 장소(Sites)의 사진들은 위치측정(탐지)과 같이 각기 다른 주시자들의 정신에 연루된다. "작품은 풍경의 확실한 이미지에 보

43) 토니 고드프리 지음, 앞의 책, pp.167-170

44) Cité in Lucy Lippard *Six Years : The Dematierialization of the Art Objet,* Londres, Studio Vista; 1973, p.113

(도판 11) 로버트 베리, 「불활성 가스 : 헬륨」, 1969년, 캘리포니아의 모하비 사막 공기 중에 분산된 2평방피트의 헬륨가스

이지 않는 가스의 정신적 이미지를 첨가함으로써 완성되어야만 했다. 이 정신적 이미지들의 각자가 사적인 자연 상태이며 '각 사람마다 자기 자신의 정신에 제시된 작품의 몫을 실제로 이해할 수 없다"'[45] 이러한 사적인 개념은 개인의 의미와 정신적인 공간 사이에 구성된 연결이다.

"언어를 기본으로 한 미술은 우편배달이나 텔렉스 시스템을 통한 상호 소통을 허용했다. 그것은 불필요한 산물을 만들어내는 욕구를 제거하는 방식이기도 했다."[46] 온 가와라On Kawara는 우리가 자주 사용하는 전보나 우편엽서와 같은 우편 시스템에서 자주 사용하는 «의전에 합치하는 언어(protocol langage)»라고 불려지는 논리적인 실증주의 철학에 관한 내적 한계에 예술을 설정한다. 다음은 루시 립파드Lucy Lippard가 온 가와라의 우편엽서 <I got up> 혹은 전보 <I am alive>의 주제에 대해 쓴 것이다.[47]

"정확한 표기법과 고정관념에 매료된, 세상(시간과 장소)에 속한 가와라의 위상은 예술가는 미덕(아름다움과 좋은 것)이 존재한다는 사실을

45) KRAUSS (Rosalind), 앞의 책, p.37
46) 토니 고드프리 지음, 앞의 책, p.167
47) KRAUSS (Rosalind), 앞의 책, p.37

매번 확신하도록 만들어 준다는 사실에 기인한 경우이다. 그와 동시에 표기법들은 모든 페이소스를 상실한, 생활형태 또한 예술작품 만큼 중요하다는 특징을 지닌 의도적인 고립을 인정하는 객관성이다."[48]

로잘린드 크라우스에 의하면, 여기서 말하는 «객관성»은 주관적인 깊이 있는 생각을 품평할 때 이상한 술어라고 말한다. 온 가와라나 로버트 베리와 같은 작업들이 말하는 객관성은 '우리가 단지 살아있기 위해서 누군가를 붙잡을 수 있는 것처럼 우리가 그렇게 말하기 때문에' 이러한 감각적인 표현, 정신적인 이미지와 개인적인 감각에 대한 언어적인 논증은 외적인 실증이 불가능함을 내포하고 있다는 것이다. 우리의 사적인 경험을 가리키는 단어들의 의미에 대한 것은 각 개인의 고유한 표현의 기록에 의존하는 것이다. 이것은 "나의 «녹색»과 나의 «두통»은 마치 당신의 «녹색»과 당신의 «두통»이 당신에게 일어나는 어떤 것을 가리키는 것처럼 내가 보고 느끼는 것을 가리킨다." 우리는 우리가 사용하는 단어들의 변별성에서 이것들을 구분 짓는 특성을 확인할 방법이 없다. 그러므로 이 단어들의 의미는 확인 불가능하다, 이것은 마치 우리가 «시간» 혹은 «녹색»이라고 말할 때, «우리들 각자가 주어진 어떤 순간을 막론하고 존재 한다»라고 말하는 것과 같은 의미다.[49]

W.J.T. 미첼은 이미지를 우리의 사고와 동일한 위치에 설정하며, 비트겐슈타인은 심적 이미지를 눈으로 볼 수 있는 명백한 차원으로 끌어올림으로써 탈신비화 했다고 주장하고 있다. 그에 의하면, "색채, 모양, 소리 등등의 심적 이미지는 우리가 실제로 보고 듣는 색채 및 소리 조각들과 동일 범주에 있는 언어라는 도구에 의해 의사소통에서 한 역할을 담당한다."[50] 비트겐슈타인은 그의 책, 『Chaier brun』에서 다음의 문제에

---

48) Cité in Lucy Lippard *앞의 책,* pp. 49-50
49) KRAUSS (Rosalind), 앞의 책, pp.37-38
50) *The Blue and Brown Book* (New York; Harper & Brothers, 1958), p.89 (W.J.T. 미첼 지음, 앞의 책, p.28 재인용)

대해 질문하는 것으로, 우리가 공기를 알게 되는 것이라고 말한다. 다시 말하면, 우리가 노래를 부르기 전에, 우리가 재빨리 '소리를 내지 않고 (조용히) 가볍게 휘파람을 부는 것이라고 말할 수 있지 않겠는가'라고 문제를 제기하는 것이다. 『철학적인 탐구(Investigations philosophique)』 속에서, 공기에 대한 질문과 우리가 그것을 안다고 긍정할 때 제기되는 어떻게 아는지에 대한 질문은 기억 이미지와 지식에 속한 모든 의도의 근거에 연루된다.[51] 비트겐슈타인은 수없이 여러 번 반복하여 그러한 긍정으로 인해 내포된 함축된 확신과 그 결정된 사항과 보존될 수 있는 규칙의 내부에 속한 정신적인 공간의 이미지 사이의 연결을 단절하려고 노력했다.

6. 결 론

오늘날의 예술작품들은 많은 논쟁을 불러일으킨다. 문제를 일으킨다는 것은 어떤 점에서 세상의 주목을 받고자 하는 욕구를 나타내는 것이다. 1990년대의 영국의 젊은 작가들의 전시 《센세이션》 전시가 그 대표적인 예이다. 런던 남동쪽에 있는 골드스미스 미술대학 출신인 이들 젊은 작가들의 <new york art now> 전시가 처음 열린 곳은 1987-8년 사치 갤러리 (Saatchi gallery) 이다. 곧이어 이들의 전시는 뉴욕에 《센세이션》 전시로 소개되어 세계적인 주목을 받게 된다. 초기의 전시에서는 잘 나타나지 않았지만 이들은 팝 아트, 개념주의, 미니멀리즘의 방법과 절차를 수용하고, 오브제의 비물질화, 예술과 언어와의 관계, 시간에 대한 연구와 정보체계의 예술 등으로 강렬한 시각적 충격과 함께 아이디어의

51) KRAUSS (Rosalind), 앞의 책, p.43-44

예술을 보여준다.[52)]

현대미술작품은 이미 발표된 작품들의 이미지도 차용하여 재해석하거나 패러디한다. 이 중 집 전체를 콘크리트로 채운 뒤 벽들을 벗겨낸 레이첼 화이트리드(Rachel Whiteread)의 <무제(집)Untitled(House)>(도판12)은 1967년 키엔 홀츠의 개념적인 그림 <시멘크 가게 제 1번>(The Cement Store No.1)을 그대로 옮긴 듯하다. 이 작품은 비교 논쟁으로 세간의 호기심을 자극한다.[53)]

(도판 12) 레이첼 화이트리드 〈집 House〉, 1993년, 런던 동부의 보우 지역 그로브길 193번지에 있는 집의 내부 주물(현재는 파괴됨)

한편, 개념미술의 반물질주의적인 이해는 1988년 하랄트 제만이 베를린에서 조직한 《자이틀로스(Zeitlos)—초시간의(timeless)》라는 명칭의 전시는 뷔랭 · 브루데어스 · 르윗 · 롱을 포함한 32명의 미니멀리즘 작가들과 개념 미술가들의 전시에서 명백해졌다. 이것은 제만에게 비평적 미술이라기보다는 사색의 미술이었다. 우리는 이들의 사례에서 다음과 같은 문제에 직면하게 된다. 이미지의 언어화와 객관화는 오브제의 표현, 즉 사물의 형태에서 미학을 찾기보다는 예술 행위를 통해서 '무엇을 말하고자 하는 것'과 같은 그 의미에 주목하는 것은 아닐까? 미술의 언어는 '표현 방식'인가? 예술에 대한 어떤 생각인가? 등등의 ... .

이미 존재하는 이미지를 선택하여 어떤 상황에 전개시키는 장소 특정성이나 알레고리적 예술작품이나 오브제 없이 작업하는 개념미술, 아이디어나 언어를 기본으로 하는 유형의 미술은 본 연구를 통해서 알 수

---

52) *Everyone a winner! Selected british art from the saatchi collection* 1987-97 - Martin Maloney : sensation, London, 전시 도록 서문 pp.26-27

53) 토니 고드프리, 앞의 책, p.383

있듯이 역사적인 현상으로 논하기에는 다소 문제가 있어 보인다. 왜냐하면 오래전부터 예술은 외형의 유사성으로만 귀속시킬 수 없을 뿐 아니라 정신적 이미지를 내포하고 있는 추상적인 이미지 영역이기 때문이다.

그러나 예술작품의 해석에 있어서 객관성에 주목하게 되면 모더니즘 예술과 확연한 차이를 보인다. 1960년대 이후 포스트모던시대의 예술은 각종 매체를 통하여 살포되는 이미지의 범람 속에 있다. 이들 이미지들은 현 시대를 살아가는 인간들에게 부여된 문화적 코드로 인식된다. 이 시대에 살고 있는 우리는 대중 속에 속한 하나의 개체로서만 인식 될 수 있다는 위험을 내포한다. 그러므로 포스트모던 시대의 예술은 이 코드의 또 다른 표현인, 객관성을 읽어내는 방법에 따라 위치가 결정되는 모순 속에 있는 셈이다.

참고문헌

국내 서적

롤랑 바르트 지음 「저자의 죽음」(Roland Barthes (1968) "The Death of the Autor," *Image-Music-Text*, trans. Stephane Heath(New York: Hill and Wang, 1977, pp.142-148) 정인지 옮김, in 윤난지 모음, 『모더니즘 이후, 미술의 화두』, 서울: 눈빛, 1999

롤랑 바르트 지음 「작품에서 텍스트로」(Roland Barthes(1968), "From Work to Text," *Image-Music-Text,* trans. Stephan Heath(New York: Hill and Wang; 1977), pp. 155-164.) 이은주 옮김 in 윤난지 모음, 『모더니즘 이후, 미술의 화두』, 서울: 눈빛, 1999

미셸 푸코 지음 「저자란 무엇인가」(Michel Foucault(1969), "What is an Author," *The Foucault Reader*, ed. Paul Rabinow(New York: Pantheon Books, 1984), pp.101-120.), 황유진 옮김 in 윤난지 모음, 『모더니즘 이후, 미술의 화두』, 서울: 눈빛, 1999

존 워커 지음, 『매스 미디어와 미술』, 장선영 옮김, 서울; 시각과 언어, 1999

W.J.T. 미첼 지음, 『아이코놀로지: 이미지 텍스트 이데올로기』, 임산 옮김, 지락, 2005

마크 발, 노만 브라이슨 지음 「기호학과 미술사」 in 노만 브라이슨 외 『기호학과 시각예술』, 김융희.양은희 옮김, 시각과 언어, 1998

장 보드리야르 지음 『토탈 스크린』, 배영달 옮김, 서울; 동문선, 2002, (Jean Baudrillard, *Écran total*, Paris, éd. Galilée, 1997)

핼 포스터 지음 『실재의 귀환(*The Return of the Real*)』, 이영욱, 조주연, 최연희 옮김, 성대학교 출판부, 2003

크랙 오웬스 Craig Owens 지음「알레고리적 충동: 포스트 모더니즘의 이론을 향하여」, 조수진 옮김, in 윤난지 편집,『모더니즘 이후, 미술의 화두』, 서울; 눈빛, 1999

폴 드만 De Man, Pascal's Allegory of Persuasion“ in 이윤성,『폴 드만의 알레고리론 연구』, 경희대학교 박사학위논문, 1998

토니 고드프리 지음『개념미술』, 전혜숙 옮김, 한길아트, 1998

에드워드 루시 스미스 지음『20세기 시각 예술』, 김금미 옮김, 예경, 2002,

할 포스터, 로잘린드 크라우스, 이브-알랭 브아, 벤자민 H.D. 부클로 지음『1900년 이후의 미술사: 모더니즘, 반 모더니즘, 포스트모더니즘』, 배수희, 신정훈 외 옮김, 김영나 감수, 서울; 세미콜론 출판, 2007

로잘린드 크라우스 지음,『현대조각의 흐름(*Passages in modern sculpture*)』, 윤난지 옮김,예경, 1997

외국 서적

Cabanne (Pierre), *Ingenieur (Marcel Duchamp, Ingenieur du temps perdu)*, Paris, ed. Belfond, 1967 et 1977)

Owens (Craig), “The Allegorical Impulse: Toward a Theory of Postmodernism”, in *Beyond Recognition*, University of California Press, 1992

Searle (Ed. John), Speech Acts: An Essay in *the Philosophy of Language*(Cambridge, Eng.: Cambridge University Press, 1969)

KRAUSS (Rosalind), *L'originalité de l'avant-garde et autres mythes modernistes,* éd. Macula, Paris, 1993. Trad. d'americain, par Jean-Pierre Criqui, (*The Originality of the Avant-Garde and Other Modernist Myths*, éd. the M.I.T. Press, Cambridge, Mass, 1985)

Groupes, Mouvements,Tendances de l'Art contemporain depuis 1945, Paris, éd. ENSBA, 1990

전시도록, 잡지

Art Press 185, Nov. 93, 1993. Paris,

Everyone a winner! Selected british art from the saatchi collection 1987-97 - Martin Maloney : sensation, London

2

러시아 시각예술과 디자인에 나타난 에크프라시스의 문제

조 준 래

1. 들어가면서

'드러내다(to speak out)'라는 뜻의 어원(ek-phraso)을 지닌 에크프라시스(ekphrasis)라는 개념어는 본래 회화나 조각에서 대상을 생생하고 활기 있게 표현하는 방식으로 정의되었으나[1] 오늘날에는 한 매체를 통해 나타나는 다른 매체의 흔적 및 후자의 본질에 대한 동시적 활성화라는 보다 넓은 의미로 사용되고 있다. 따라서 에크프라시스에서 문제가 되는 것은 한 예술형식의 언어가 다른 예술형식의 언어로 번역되는 과정과 양상이다. 말과 이미지라는 서로 다른 예술형식이 상호적으로 번역될

1) Louvel, Liliane, *Poetics of the Iconotext*, Ashgate, 2011. p.43.

수 있는 까닭은, 그 공통의 상위 심급인 보편적인 문화 코드가 자리하고 있기 때문이다. 예술적 형식이 보다 세공되고 정련될수록 다른 형식으로 번역될 수 있게 하는 코드의 보편성은 그만큼 더 커진다는 유리 로트만(Jurij M. Lotman, 1922-1993)의 정언을 상기해 볼 때, 근대 이후 모더니즘을 지나 사회주의 리얼리즘, 소츠-아트와 포스트모더니즘을 관통하며 진화해 온 러시아 시각예술사에서 에크프라시스의 문제는 너무나 자연스러운 현상이라고 할 수 있다. 러시아문화라는 공통의 '에이도스'에 대한 시각적 표현인 동시에 관념적 표현이며, 궁극적으로는 창작 주체 개인을 넘어서 문화의 자기반영성을 함축하는 에크프라시스 현상은 러시아의 종교, 예술, 사상, 철학의 담론들을 시각적 이미지로 번역하는 과정으로 구체화돼 왔다.

서사적 회화나 묘사적 시처럼 말과 이미지의 관계를 유희하는 탈경계적 예술현상, 즉 회화의 규범과 시의 규범의 혼종이 근대이후 러시아 시각예술의 변하지 않는 속성으로 정위되었음은 학계에서 이미 주지의 사실이다.[2] 다른 한편으로, 시각예술의 시간화, 서사예술의 공간화라는 두 축 가운데서 러시아문화의 무게중심은 전자에 쏠렸고, 유럽 회화에 이미 시각예술의 시간화 경향이 밀려오기 훨씬 전부터 러시아의 작가들은 시간의 압력 아래서 대상의 공간적 윤곽을 해체하기 시작했다. 아울러, 이미지가 자신과 반대속성인 시간과 결합함으로써 재현의 대상 자체는 신화화, 원형화, 이상화의 고정 상태에서 필연적으로 탈각될 수밖에 없었다. 러시아 모더니즘 운동의 일환인 아방가르드가 도래하기 전에 이미 일점 원근법과 투시의 현재적 원칙이 포기되었다는 점은 서유럽 회화와 구별되는 러시아 시각예술의 본질적 특징이 아닐 수 없다. 다소 비유적으로 표현하면, 러시아 시각예술에서 "이미지는 텍스트처럼 시간을

---

2) 이에 대한 대표적 논저로는 Kelly, Catriona, Lovell, Stephen(ed.), *Russian Literature, Modernism and the Visual Arts*, Cambridge University Press, 2008가 있다.

따라 운동하고 텍스트는 이미지처럼 공간 속에 고정된다."라고 말할 수 있을 것이다. 그러나 로고스-이미지의 두 축에서 보다 빈번하게 준거점을 제시하는 중심축은 로고스라는 사실을 간과해서는 안 된다. 여기서 말/텍스트는 이미지의 후면에 숨어있는 경우처럼 반드시 활자화된 형태로 캔버스에서 전경화될 필요는 없다.

2. 러시아 회화에 나타난 에크프라시스 : 이콘에서 포스트모던 회화까지 말-이미지의 관계

러시아 회화에서 관람자의 시선을 끌어당기는 것은 예술의 서로 다른 두 표현형식인 말/텍스트와 이미지/일러스트레이션의 사이공간에서 발생하는 예술적 효과이다. 본래 사물들의 위치를 공간적으로 구획하는 기능인 이미지와, 시간 속에서 사물들의 변형을 초래하는 기능인 말이 서로 자리바꿈하도록 유도함으로써 이미지의 시간화에 대한 지향을 추동했던 것이 러시아 회화의 불변적, 잠재적 측면이었고, 19세기 말에서 20세기 초 러시아문학에서 서유럽문화의 수입 및 그것과 동시에 이루어졌던 고유한 문화전통의 활성화의 혼종적 결합으로 결정화되었던 아방가르드 예술의 본래 출발점이 러시아 이콘의 재현양식(iconology)이었다는 점은 깊이 새겨봄직하다.

그 자체 또한 비잔틴에서 수입된 외래문화였던 이콘 양식은 그 외적인 표현 형식의 다양성에도 불구하고 공통적으로, 완전한 평면성과 원근법의 결여 혹은 역원근법(inverted perspective), 프레임(frame)과 서사적 환영(illusion)의 파괴를 통해 현실과 이미지의 비동기성/불일치, 이미지와 이미지간의 비동기성을 의도적으로 노출하며, 시공간성(chronotope)

의 고의적 추상화(행위의 서사성과 상징성의 결합)를 통해 이미지에 대한 관람자의 자기동일화(identification)와 몰입(narcissism)을 제거한다. 이런 일련의 과정을 통해 재현되는 이미지는 세속적 회화와 달리 미(美)적 쾌감이 아닌 숭고(sublime)의 감정을 전달한다. 즉, 이콘은 재현(representation)을 목적으로 하지 않으며, 신성한 대상/진리의 직접적 각인(inscription) 또는 흔적(trace)으로만 머문다. 이콘에서 말과 이미지는 서로 분리되지 않으며, 말과 이미지의 완벽한 결합상태를 추구한다. 아울러 시각적 원근법이 아닌 심리적 원근법과 인물묘사의 전형성, 풍경묘사의 단순화와 내외공간의 동시묘사, 행위의 동시성(복수적 사건의 동시묘사(multi-incident method), 뒤틀림 현상(kruchenie))을 통해 이미지의 언어적 측면이 전경화된다.[3] '쓰기와 읽기'로서 이미지가 기능하는 것이다.[4]

종교화와 세속화의 경계 위에서 직업적 회화 작가가 등장하기 전 러시아 대중미술의 대표적 형태로 나타났던 민속판화 루보크(lubok)에서 역시 이미지(일러스트레이션)와 텍스트(제목 또는 해설)는 상호조명과 평행적 일치를 이루었으며, 이미지는 말에 대한 도해적 기능을 충실히 수행했다.[5]

18세기 표트르대제의 서구화 정책으로 서유럽에서 수입된 양식(낭만

3) 이콘의 구체적인 표현 방식과 그 의미에 관해서는 Uspenskij B.A. *Semiotika iskusstva*. M.:Škola 《Jazyki russkoj kul'tury》, 1995, SS.221-294를 참조할 것.

4) 이콘이 지닌 문자적 기능과, 이콘을 러시아 사회정치문화의 산물이자 '증상'으로 분석하는 최근 연구물로는 Procaccia, Uriel, *Russian Culture, Property Rights, and the Market Economy*, Cambridge University Press, 2007가 있다. 특히 이 책의 pp.21-31, 246-277를 참조할 것.

5) 종교, 민요, 동화를 주제로 하며 희화와 희극성, 간결성을 표현양식으로 하는 루보크는 대량 인쇄·배포가 가능했고 대중에 대한 계도적, 인식적 기능을 갖고 있었다. 루보크는 이콘과 함께 고대의 예술적 유산으로 간주되면서, 그 특유의 신화성, 비현실성, 원시성으로 인해 현실의 초월과 예술적 자유를 지향했던 러시아 아방가르드 비구상 미학 예술가들에게 모방적 원형으로 채택됐다.

주의, 바로크-로코코, 신고전주의, 사실주의)의 절충적 결합으로 나타난 러시아 아카데미 미술 주도의 고급 예술에서는 작가의 실제적 체험이 아닌 고전예술과 르네상스 회화의 모방이 지배하면서 이미지와 말의 관계 대신에 이미지와 이미지 간의 상호조명이 에크프라시스의 새로운 틀로 잠시 자리했지만, 곧 이어 민중주의, 리얼리즘, 민족주의를 표방한 19세기 후반 이동파 화가(peredvizhniki)의 풍속화(genre painting)와 역사화(historical painting), 풍경화(landscape painting)로 옮겨가면서 이미지의 서사적, 철학적 성격이 짙어지고, 다시금 과거의 이미지-말의 관계가 복구되었다. 이미지는 사회현실에 대한 성찰을 촉구하는 이념적 성격이 짙어졌다.

19세기 후반 아브람체보(Abramcevo) 서클에 의해 개화한 러시아 모더니즘 회화는 서유럽 문화의 집중적인 수입이 활성화되는 상황에서 러시아 북부 고도를 중심으로 과거의 문화적 원형을 새로이 발굴하는 데 주력했으며, 민담과 영웅서사시, 종교문헌 등의 서사적 내용을 도해하는 일러스트레이션의 기능을 이미지의 기능에서 강조했다. 이와 다른 축에서 결성된, 서유럽의 '아르 누보'에 비견할 만한 '예술세계'(Mir iskusstva) 그룹은 회화 뿐 아니라 비회화적 예술형식들(문학, 음악, 미학)을 망라하는 종합예술을 지향했던 운동이었으며, 의식과 이성의 지위보다 감정 및 무의식의 역할을 재현에서 중시하여 신화성과 염세주의, 원시적 심리상태를 표현했으나, 이미지의 도해적 기능이 약화된 것은 결코 아니었다.

흔히 서유럽의 야수파와 표현주의에 비견되는 라리오노프(Mikhail F. Larionov, 1881-1964)의 신원시주의(Neo-primitivism)로 본격화됐던 러시아 아방가르드 회화는 루보크의 전통 및 러시아의 토착적 전통을 재발굴하여 서유럽 회화의 전통에 대한 선별적 수용과 러시아의 자생적인 양식 간의 혼종적 형태를 이루어냈다. 여기서 말과 이미지의 관계는 표현양식의 급진성에도 불구하고, 다시 상호조명적인 평행적 관계로 복원된다.

20세기 초 문화의 르네상스기를 풍미했던 러시아 형식주의자 빅토르 슈클로프스키(Viktor B. Šklovskij, 1893-1984)의 잘 알려진 표현을 빌리면, "이미지의 속박으로부터 영혼을 해방시키는 주체로서의 말"이 러시아 시각예술 에크프라시스의 본질을 요약한다고 할 수 있다. 초우가 지적했듯이[6] 예술작품의 내용이나 의미가 아닌 그것을 표현하는 질료 자체에 대한 지각을 강조하는 슈클로프스키의 '기법의 노출'(obnazhenie priema)과 '장치'(priem)의 개념은 '최초의 경험', '진위성'(authenticity)에 대한 향수적 동경을 암시하는 러시아문화 고유의 표현일 수 있으며, 이런 '새로움'에 대한 강박적 집착은 전통 회화와 재현의 종언을 선언한 러시아 절대주의(Suprematism)의 창시자 말레비치(Kazimir S. Malevič, 1879-1935)에게서도 목격된다. 말레비치가 에세이 「새로운 이미지를 향하여(K novomu liku, 1918)」에서 지칭했던 '이미지(obraz)'는 '얼굴(lik)', 보다 정확하게는 러시아 전통 이콘화 속의 그리스도의 얼굴을 지시하는 바,[7] 말레비치는 러시아 정신문화를 대표하는 만딜리온 이콘 「손으로 그려지지 않은 구세주(Spas nerukotvornyj)」를 위시한 전통적인 회화가 사회를 향한 계도적 생명력을 다했고('죽은 신의 이미지'), 그것을 대체할 새로운 이콘/회화의 필요성을 역설하면서 자신의 대표작 「검은 사각형(Černyj kvadrat, 1915)」의 탄생배경을 설명하였다. 과거 재현체계의 완전한 해체를 표현하는 공허이자 완전한 충만을 동시에 표상하는 양의적인 검은 사각형의 이미지는 전통적 이콘처럼 감상자의 '세속적' 감상을 방지하기 위해 2차원적 평면성을 극도로 강조하면서 이콘처럼 모호하

6) Chow, Rey, "When reflexivity becomes porn?: Mutations of a modernist theoretical practice", *Theory After Theory*, Routledge, 2011. p.144.

7) Haynes, Deborah, *Bakhtin and the Visual Arts*, Cambridge University Press, 2008, p.148.

고 무거운 의미장을 형성하기 위해 검정의 색채가 지닌 질료적 특성에 크게 기대고 있다. 그러나 관람자가 의미를 가시적으로 포착할 수 없는 비구상주의 회화에서조차 말레비치는 '실재에 대한 재현 불가능성'의 이념을 전달하기 위한 역설적 상징으로 검은 사각형의 이미지를 사용함으로써 러시아 형식주의 이론에서 강조됐던 예술의 본질적 자질로서의 비동기성(unmotivatedness)을 충족시킬망정 '이미지의 로고스화'라는, 러시아 회화에서 전통적인 말-이미지 관계의 틀 자체를 무화시키지는 않는다. 아울러, 한참 뒤 소연방 붕괴 즈음에 나타난 러시아 개념주의 화가의 예술철학을 상기시키듯, 말레비치는 캔버스를, 삶을 발견하게 해주는 일종의 창문(okno)과 동일시하고 관람자, 관람자의 존재를 인지하고 있는 작가를 새로운 재현의 구성요소로써 포함시킨다. 이미지를 '새로운 형식' 혹은 '창조성'과 동의어로 정의하게 된 말레비치는 자연주의, 사실주의 회화에서와 달리 가시적 이미지와 심층적 의미의 간격을 크게 이격시켜 놓음으로써, 자신의 존재를 스스로 소거시키는 작가와 반비례하여 관람자의 능동성을 활성화시키고, 의미의 궤적을 이미지 자체에 가둬두지 않으며 이미지와 관람자의 의식 사이의 해석적 공간에 위치시킴으로써 작품의 완결이라는 심급을 관람자에게 이양하는 기획을 취한다. 이미 여러 연구에서 밝혀진 바, 말레비치는 「검은 사각형」의 사회적 기능을 이콘이 기획하는 관람자의 종교적 변형에서 찾았고, 절대자/진리에 이를 수 있는 방법이 영성/종교, 과학/공학, 예술의 세 경로를 통해서 가능하다고 보았던 바, 그의 이런 태도는 말과 이미지의 종합으로서의 진리와 그런 진리추구를 가능케 한다고 보는 예술적 언어에 대한 러시아문화의 전통적 신념의 연장선상에 있다.

러시아 포스트모더니즘을 개화했던 개념주의 회화 자체에서도 말과 이미지 각각은 표면적으로는 서로 어긋나 있는 듯 보이지만 각각 텍스트와 일러스트레이션의 기능을 입은 채 상호적인 의미작용 속에 연루되어 있다는 점에서 러시아 시각예술의 에크프라시스 전통에서 자유롭지 못하다. 일례로 러시아 개념주의에서는 그 최초 흔적인 소츠-아트에서도 관찰되는 바, 텍스트와 일러스트레이션의 충돌 및 의미론적 불일치를 통해 반미메시스적 재현을 유도하고 현실을 비판적으로 해체한다. 동시에 러시아 개념주의와 소츠-아트는 이미지와 텍스트의 상호작용을 통해서 시점의 분산을 일으키고 이를 통해 작품을 둘러싼 복수적 의식(주인공, 관객, 작가)의 동시적 현전을 활성화시킨다는 점에서 이콘화를 포함하여 러시아 아방가르드 미학과의 연계성을 노정한다. 텍스트에 이미지의 속성이 부여되고, 이미지가 플롯의 사슬 속으로 도입되는 이런 복합적 미장 아빔(mise en abyme)의 표현양식은 러시아 시각예술에서 반복적으로 추구돼 온 심미적 케노시스 내지 심미적 탈주의 일환으로 해석될 수 있다.

3. 러시아 디자인에 나타난 에크프라시스

러시아 디자인의 역사를 개괄할 때 쉽게 포착되는 규칙적인 유형학적 패턴이 그 인접영역인 회화사와 높은 유사성을 보이는 까닭은 러시아 사회에서 '이미지의 문화'가 이데올로기장의 영향으로부터 자유롭지 못하다는 특수성에 기인하며, 동시에 이런 사실이 서유럽 산업사회에서 태동한 디자인 문화와 구별되는 러시아 디자인의 일차적 특성을 결정한다. 러시아혁명 이후 1920년대 초까지에 해당하는 러시아 디자인 역사의 제1기, 러시아 디자인의 시작 단계가 소비에트 권력의 형성 초기와 맞물린다는 점, 즉, 타틀린(Vladimir E. Tatlin, 1885-1953), 말레비치, 로드첸코(Aleksandr M. Rodčenko, 1891-1956), 베스닌 형제(Leonid, Viktor, Aleksandr Vesnin, 1880-1933, 1882-1950, 1883-1959), 포포바(Ljubov S.

Popova, 1889-1924), 라빈스키(Anton M. Lavinskij, 1893-1968), 리시츠키(Lazar' M. Lisickij, 1890-1941), 엑스테르(Aleksandra A. Èster, 1882-1949), 스텐베르그 형제(Vladimir, Georgij Stenberg, 1899-1982, 1900-1933), 스테파노바(Varvara F. Stepanova, 1894-1958), 간(Aleksej M. Gan, 1889-1942), 메두니츠키(Konstantin K. Medunickij, 1899-1935)같은 아방가르드 예술가들이 주축이 된 집단제의구성(혁명기념축제), 플래카드, 광고, 북디자인과 출판물, 전시활동, 무대예술(scenografija) 등 '미술의 정치적 실천'으로 점철됐다는 점, 그리고 이 사회적 실천의 경험이 이후 러시아 디자인의 발전에서 중요한 밑거름으로 작용했다는 점은 매우 시사적이다.[8] 따라서 선동성, 이데올로기성의 강한 표출은 예술적 기교에 의한 정치적 선전 효과의 극대화를 통해 정치와 예술의 이원일체적 동일성을 예술가 스스로가 인식한 결과였다. 아방가르드 예술이 주목했던 도시중심의 근대적 문화 개혁은 혁신성, 혁명성, 반부르주아 정서 등 일련의 급진적 가치를 전경화 시켰던 바, 이는 신생 권력의 정치적 기획에도 정확히 부합하는 대목이었다. 특히 건축을 위시한 구시대의 물리적 유산에 대하여 '새로운' 예술가는 그것과의 유기적 조화보다는 예술의 비판성에 근거한 과거와의 거리두기 및 충돌에 집중해야 함이 요구됐다.[9]

또한 본래 러시아에서 '디자인'(dizajn)이라는 명칭 자체와 학술적 정의가 서유럽 사회의 역사적 경험과 달리 전문적인 학교 교육과 산업분야의 뒷받침 아래 탄생한 것이 아니라[10] 20세기 초 모더니즘 시기 아방

---

8) Mikhajlov S.M. *Istorija dizajna*, Tom 1. M.:"Sojuz Dizajnerov Rossii," 2003, SS.216-217.

9) Ukaz. soč., S.216.

10) 비록 '예술과 수공업을 위한 미술 학교'(Škola risovanija v otnošenii k iskusstvam i remeslam, 1825, 스트로가노프 백작이 설립)를 위시하여 모스크바, 페테르부르크, 우랄에 중고급 수준의 예술·산업인력을 양성하는 소묘학교가 19세기부터 존재하기는 했지만 이는 소수였고, 그 교육방식 역시 서유럽 르네상스기의 도제식 수업의 틀을 벗어나지 못한 '주관적'이고 협량한 지식전달 체계에 불과하여 이 '최초의 디자인 학교'는 소비에트 시기에 이르러 개편의 대상이 되지 않을 수 없

가르드 문화 현상(과학기술의 최신 성과와 예술을 종합하려는 시도)에 의해 사후적으로 추인된 것이라는 점에 주목할 필요가 있다.[11] 러시아에서 본격적인 디자인 개념은 소비에트 권력의 주도로 가속적인 산업화가 추진됐던 1920년대에 '생산예술(Proizvodstvennoe iskusstvo)'에 의해 발원했고, 특히 '고등예술기술종합학교'(VKhUTEMAS) 소속의 구성주의 이론가·실천가들에 의해 그 근간이 마련됐다.

러시아 디자인의 두 번째 특징은 순수예술과 산업디자인의 긴밀한 연관성이며, 이는 일련의 아방가르드 예술이론가들(브리크(Osip M. Brik, 1888-1945), 푸닌(Nikolaj N. Punin, 1888-1953), 아르바토프(Boris I. Arvatov, 1876-1940), 쿠슈네르(Boris A. Kušner, 1888-1937), 간, 트레치야코프(Sergej M. Tret'jakov, 1892-1939), 타라부킨(Nikolaj M. Tarabukin, 1889-1956), 추자크(Nikolaj F. Čužak, 1876-1937), 로드첸코, 리시츠키, 타틀린, 스테파노바, 엑스테르, 라빈스키)이 결정적으로 관여한 소비에트 '생산예술'에 의해 그 단초가 마련됐다.[12] 아울러 이들의 활동은, 러시아 디자인의 제2기(1923-1932)를 구성하며 1920년대 초에 창설되어 1930년대까지 산업예술 인력을 양성했던 '고등예술기술종합학교'와 '고등예술기술연구소'(VKhUTEIN, VKhTI, 1926년 이후 '고등예술기술종합학교'의 후신) 및 '예술문화연구소'(INKhUK), '예술좌익전선'(LEF), '청년예술가협회'(OBMOKhU)의 역사와 궤를 같이 한다. 20세기 초에 러시아 지역 각지에 세워져 있었던 '국립자유예술공장'(SGKhM)을 개편한 결과로서 출범한 '고등예술기술종합학교'는 예술의 물질적 특성을 강조하고 그것을 대량 산업 생산체계와 접목시키는 것을 궁극적인 목표로 두었

었다. Mikhajlov S.M. *Istorija dizajna*, Tom 2. M.:"Sojuz Dizajnerov Rossii," 2003, S.260.

11) Mikhajlov S.M. *Istorija dizajna*, Tom 1. M.:"Sojuz Dizajnerov Rossii," 2003, S.214;Kotovič T.V. *Ènciklopedija russkogo avangarda*, M.:Èkonompress, 2003, S.107.

12) Mikhajlov S.M. *Istorija dizajna*, Tom 1. M.:"Sojuz Dizajnerov Rossii," 2003, S.210.

다. 소비에트 생산예술의 특징은 그 이론적 배경이 그것이 실용화되기 훨씬 전에 이미 형성됐다는 점, 그 구체적 실천이 기술문명과 사회적 요구를 예술의 실험성과 결합하려 했던 구성주의 이론가들에 의해서 주도됐다는 점에 있다. 이들은 높은 품질의 상품이 곧 높은 예술성을 지닌 작품에 다름 아니며, 예술가는 직접 생산에 투입되어 엔지니어를 대체하는 새로운 사회적 임무를 져야 한다고 강조했다.[13] 아울러 형식에 대한 실험으로부터 건축, 인테리어, 설비장치 등 일상적, 구체적, 물질적, 공간적, 구성적 차원으로 디자인계의 관심이 대폭 이동했음이 이 시기 디자인의 특징적인 경향이다.[14]

러시아 디자인의 세 번째 특징은 정치적 변화와 글로벌리즘에 대한 반응의 민감성이다. 사회의 개방과 폐쇄, 민주화와 통제는 오브제의 외형구성과 표현양식에 직접적인 영향을 끼쳐왔다. 러시아문화계 내에서 상대적 자유화와 다양화가 허용됐던 1910년대와 1920년대에는 예술의 자율성과 예외성 자체가 종교·이데올로기와 유사한 아우라 속에서 사회 현실에 대한 계몽적 선도적 위치를 예술에 보장해 줌으로써 디자인 개념의 다양한 모색('생산주의' 이론가들의 사물에 대한 기능주의적 입장에서부터 독일 '바우하우스' 학파의 '기술미학(tekhničeskaja èstetika)'의 추종에 이르기까지 다양한 관점의 공존)을 가능케 하였으나, 역설적으로 사회주의 정치체제의 안정 및 정체(停滯)와 맞물려 강제적인 동시에 자발적으로 이루어진 예술의 현실 속에서의 용해는 오브제의 규격화, 표준화의 수준을 넘어 디자인의 진부함(과표준화의 결과)과 시대착오적 퇴행성을 초래했으며, 궁극적으로는 1970년대 전까지 전문화된 디자인 문화의 존재론적 공백을 초래했다.[15] 특히 1930년대에 스탈린 개

13) 이와 관련하여 아르바토프는 예술이란 "최고 품질의 제조기술(vysšaja kvalifikacija masterstva)"이라고 표현했다. Ukaz. soč., S.214.

14) Kotovič T.V. *Ènciklopedija russkogo avangarda*, M.:Èkonompress, 2003, S.107.

15) Ukaz. soč., S.108.

인숭배로의 급작스런 정치적 환경변화는 자연스러운 국제적 흐름에 역행하여 러시아 디자인계에 의사고전주의(擬似古典主義)의 대두를 강제했고, "낡은 고전 예술을 지향하는 것은 현대의 국가가 낡은 국가의 경제로 회귀하는 것과 다름없다."라는 말레비치의 경고를 상기시키듯, 아방가르드 유산으로부터 이어져 온 세계적 흐름과의 역동적 소통을 단절시켰다. 소비에트 초기에 국제 디자인계와의 연계 속에서 막 뿌리내리기 시작한 기능주의적, 인체공학(ergonomics)적 흐름이 전체주의 이데올로기에 의해 "부르주아 문화의 산물"로 매도되고 19세기 러시아에 유행했던 고전주의 암피르(ampir) 양식의 부활이 강압적으로 이루어진 점은 대단한 역설이 아닐 수 없다.

'스탈린식 의사고전주의(stalinskij ampir)'의 지속, 소비 · 가전재의 부족, 그에 대한 반대급부로 대두된 사치품, 비생필품에 대한 강한 욕망은 1950, 1960년대까지 소비에트 사회의 물질문화를 규정하는 키워드였으나, 공동주택 대신 '흐루쇼프카'[16]가 보급되고 주거공간이 점차 개인화, 내밀화되면서 대중의 소비적 욕망(유럽, 미국, 중남미의 실내 장식재와 가구, 오디오, 슬라이드 영사기 등 가전, 가제트에 대한 높은 선호 등)이 동반 상승하고 아울러 TV, 라디오, 영화 등 매스미디어를 통한 국제 사회와의 간접적 교류가 잦아진 1970년대 이후로는 삶의 질적 측면과 개인의 사회적 지위에 대한 고려와 함께 디자인의 위상이 꾸준히 상승해 왔다.[17]

앞서 언급했던 말레비치는 그의 중요한 글 중 하나인 『예술의 새로운 체계에 관하여(O novykh sistemakh v iskusstve, 1919)』에서 조형예술의 형식적 변화를, 삶 자체의 발전 역학과 동일화하여 규정한 바 있다. 그는 예술가가 묘사하는 자연 자체가 항구적인 운동 속에 있으며, 나아가

---

16) 흐루시초프 기에 유행한 판넬 조립 방식으로 건설된 5층 아파트.
17) Carev V.I. *Èstetika i dizajn neprodovol'stvennykh tovarov*, M.:Akademija, SS.74-76.

그 자연이 가시적 세계의 변형을 지향한다고 밝힌 바 있다. 세계를 변형시키면서 동시에 예술가 자신에 대한 변형으로 나아가는 것, "푸른 동물계(動物界)" 속에 예술가 자신의 이미지를 남겨둔 채 새로운 형식으로 계속 옮겨가는 것을 모토로 하는 케노시스적 예술의 이상은 현실과의 충돌 속에서 디자인 개념의 끊임없는 변형을 예고하는 것이었다.

근대 이후에 태동하여 다양한 의미적 굴곡을 겪어 온 러시아 예술사를 종합하여 러시아 시각예술의 변곡점에 대두됐던 창조적 변화의 양상을 요약해본다면 다음과 같은 두 개의 지속적 특징을 발견할 수 있고, 이는 세계 디자인 역사의 주요 흐름과도 공명하는 바가 큼을 확인할 수 있다. 첫째는 반플라톤주의(Anti-Platonism)로서 형식(form)을 격하하고 질료(material)의 위상을 격상하여, 브리콜라쥬(bricolage) 원칙에 입각한 질료 중심적 창작을 꾀했던 흐름이다. 둘째는 전통의 변형과 혼종의 실험을 멈추지 않았던 정전의 카니발화 과정의 지속적 추구를 지적할 수 있다. 이런 관점에서 본다면, 서유럽 모던 디자인의 가치적 측면(즉, 기능위주의 '정직성' 추구, 기표(signifier)와 기의(signified, 즉 기능(function))의 일치, 형식과 개념(concept)의 우위, 자칫 진부함(banality)으로 흐를 수 있는 기의중심의 예측 가능적인 공정)은 오히려 현대 포스트모던 디자인의 특징(장식성 강조(decorative), 기의와 기능에 대한 기표의 우위, 질료의 중시, 기표중심의 비예측적 공정)과 공명하는 바가 큰 러시아문화의 혁신적 흐름에 대해 이질적이라고 볼 수 있다. 아울러 서유럽 포스트모던 문화와 차별되는 러시아 시각예술의 아방가르드적 성격은, 기표와 기의의 비동기성을 강조하면서도 완전한 가치의 부재로 빠지지 않고, 예술적 형식과 디자인에 함축된 비판성을 전경화하는 한편, '아름다움'(beauty)의 추구를 넘어서 '숭고(sublime)'를 지향했다는 점이 다르다고 할 것이다. 여기서 후자의 특징은 비세속성과 정신적 가치의 추구, 현실에 대한 안주와 물질주의적 타성에 대한 거부 등 러시아문화의 상상계를 지속적으로 구성해 온 '긍정적' 요소와 깊이 공명하고 있다는 점에서 흥미롭다.

4. 러시아 시각 예술 에크프라시스가 문화 디자인에 던지는 함의

이콘이나 회화를 대하는 관람자(viewer)의 상황처럼 사용자(user)는 오늘날 제품의 인터페이스를 통하여 시각적 이미지 속에서 메시지/텍스트를 자연스럽게 해독해낸다. 순수예술에서의 에크프라시스 기능은 제품 디자인에서 응축(condensation)과 은유(metaphor)에 기대어 구체적으로 발현된다. 그러나 보다 중요한 것은, 에크프라시스의 법칙이 글로컬리제이션 디자인 발상에 효과적으로 활용될 수 있다는 점이다. 각 지역별 문화적 가치관의 다양성이 실증적 차이로 구현된다고 믿는 호프스테드(Geert Hofstede)의 연구(1984) 이래 글로벌 마케팅 종사자들과 광고업계에서는 현지 문화에 기반한 디자인 설계의 필요성을 인식하고 있고, 또한 문화과정의 메커니즘이 현지 소비자의 디자인 선호도에 영향을 끼친다는 관점[18]을 러시아의 지역문화적 상황에 접목시키려는 학술적 시도 역시 나우모프 & 푸퍼(2000), 살미 & 샤라풋디노바(2008)의 연구[19]를

18) Peter P.J. & Olson J.C., *Consumer Behavior and Marketing Strategy*, Irwin, Boston Burr Ridge, IL., 1999;Mitry D. & Bradley T., "Managerical leadership practices and cultural differences of Eastern economies," *Proceedings of 7th Cross-cultural Consumer and Business Studies Research Conference*, Cancun, Mexico, 1999.

19) Salmi Asta & Sharafutdinova, Elmira, "Culture and design in emerging markets," *Journal of Business & Industrial Marketing*, Vol.23, No.6, 2008. pp.384-394.;Naumov A.I. & Puffer S.M., "Measuring Russian culture using Hofstede's dimensions," *Applied Psychology: An International Review*, Vol.49. No.4, pp.709-718.

비롯해 러시아 국내외에서 지속적으로 생산되고 있다. 특정한 소비제품이 사용자 개인에게 그를 둘러싸고 있는 문화적 환경의 청사진을 각인시키는 매체이며, 소비자의 자기이미지(self-image) 형성에 영향을 주는 문화적 상징이라는 관점[20]에서 본다면, 제품 디자인은 사회·민족 공동체의 '문화적 상상계'(The Cultural Imaginary)를 표현하는 동시에 개인의 무의식적인 문화적 정체성을 타인에게 전달하는 기호가 된다.

약 1천2백 명의 러시아인에 대한 설문자료에 호프스테드의 분석지표를 적용한 Fernandez et al.(1997)과 Salmi et al.(2008)의 연구[21]에 기대어 볼 때, 보편적인 러시아문화는 높은 권력거리, 높은 여성성, 높은 불확실성 회피지수를 나타내며, 젠더의 구별과 가족관계의 중시 등 장기적 가치추구 경향이 강한 것으로 이해된다. 또한 러시아인의 사고에서 물질에 대한 전통적인 가치관이랄 수 있는, 과소비에 대한 죄악시(절약과 검소)와, 이것과 상반되는 가치관인, 현세의 일시성에 입각한 물질에 대한 호방한 소비의 태도(generosity)가 모순적으로 공존한다는 점을 고려할 필요가 있다. 아울러, 집단주의 성향, 안정에 대한 희구, 보수주의, 정신적 가치와 사회적 지위의 중시 등의 전통적 가치가 자본주의 전환기 이후 다시 회복되고 있다는 점 또한 주지해야 한다. 즉, 전환기 경제 초기의 어려운 경제사정으로 인해 전통적인 가치관이 물질적 실용적 가치와 권력의 열망에 밀려나게 되었지만, 경제적 결손이 점차 회복됨에 따라 자유의 추구, 정신적 도덕적 가치의 중시 등 전통적 가치가 다시 복구되기 시작했으며, 소비행위의 선택지 역시 확장되고, 재화 역시 개인의 정체성을 표현하는 시그널로 인식되면서 디자인의 사회적 중요성은 더욱

---

20) Arnould E., Price, L. & Zinkham G., *Consumers*, McGraw-Hill, Boston, MA. Salmi & Sharafutdinova, Op. cit. p.385에서 재인용.

21) Fernandez, D.R., Carlson, D.S., Stepina L.P., Nicholson J.D., "Hofstede's Country Classification 25 Years Later," *The Journal of Social Psychology*, 1997, 137(1), pp.43-54.;Salmi & Sharafutdinova, Op. cit.

커져가고 있기 때문이다. 아울러 암울한 체제 전환기를 경험한 흔적이라고 할 수 있는 부와 권력의 중요성에 대한 인식은 사라지지 않음으로 인해 러시아 소비시장에서 디자인의 역할에 대한 인지도는 계속 높아질 것이다. 특히, 일정한 경제수준의 회복 후 장기지향적 가치(가족, 친지와의 소통 등) 및 사회적 지위와 관련된 상징적 재화(옷, 휴대폰, 자동차 등등)에 투여되는 소비의 비중이 높아지는 만큼 사회문화적 요인과 기능적 특약에 대한 디자인적 측면에서의 고려는 절대적이 될 것이다.[22)]

러시아 사회의 항상적인 문화유전적인 요인들, 역사와 맞물려있는 가변적인 물질적 환경 등의 로컬리즘적 특징과 특정 소비재가 보편적으로 표상하는 의미체계를 동시에 고려하는 현대적 디자인 발상에 대한 요구가 결코 새롭게 들리지 않는 이유는, 러시아 시각예술 문화 에크프라시스의 고유한 특징인 말과 이미지의 일치, 즉, '읽히는 이미지'의 구조를 상기시키기 때문일 것이다. 신구의 문화적 가치와 규범을 동시에 표상하며 역내 역외 마케터들 사이에서 중간 조정자의 위치를 점유하고 있는 오늘날 디자인은 흡사 매끈하고 깊이를 결여한 수사적 장치 배면에 실제로는 깊고 거대한 사회문화적 콘텍스트를 숨기고 있다는 점에서 시각예술 문화의 현대적 각편이 아닐 수 없다. 러시아 시각예술에 나타난 에크프라시스의 의미장이 현대 소비사회의 디자인에 시사하는 바는 바로 그러하다.

---

22) Salmi et al.(2008)가 보여준 휴대폰의 사례로 살펴 본 문화기반적 디자인 설계에 관한 연구는 향후 러시아 국내용 제품 디자인 설계에 있어서 좋은 참고점이 된다. 이에 따르면, 러시아어로 설계된 정확한 인터페이스의 설비 외에도, 러시아인의 평균적인 낮은 수입구조를 고려한 기능적 장식적 내구성(방수·방진·충격저항 기능)의 확충 및 제품의 '진실'과 '신뢰성'의 인상을 창출하는 고급 소재사용, 주요 판매 대상 집단에게 어필하는 주류 패션과 제품 디자인의 조화, 일상속의 높은 범죄율을 고려한 안전장치 및 정보 백업기능, 젠더 차이를 중시하는 의복 습관을 고려한, 성별에 따라 뚜렷이 구별되는 제품의 디자인, 도심 밖 변두리 환경의 잦은 출몰을 고려한 강한 안테나 기능이 부가적으로 고려돼야 한다는 것이다.

참고문헌

Astaškin A.G. "Žurnal "Mir iskusstva" kak "Pole bitvy" khudožestvennykh manifestov," *Vestnik Čeljabinskogo gosudarstvennogo universiteta*, 2009, No.35 (173).

Bressler, Michael L.(ed.) *Understanding contemporary Russia*, Lynne Rienner Publishers, 2009.

Carev V.I. *Èstetika i dizajn neprodovol'stvennykh tovarov*, M.:Akademija, 2004.

Chow, Rey, "When reflexivity becomes porn?: Mutations of a modernist theoretical practice", *Theory After Theory*, Routledge, 2011.

Fernandez, D.R., Carlson, D.S., Stepina L.P., Nicholson J.D., "Hofstede's Country Classification 25 Years Later," *The Journal of Social Psychology*, 1997, 137(1).

Haynes, Deborah, *Bakhtin and the Visual Arts*, Cambridge University Press, 2008.

Kazakova, Svetlana, "K istokam 'bespredmetnogo' iskusstva," *Russian Literature* XXXIV, North-Holland, 1993.

Kelly, Catriona, Lovell, Stephen(ed.), *Russian Literature, Modernism and the Visual Arts*, Cambridge University Press, 2008.

Kotovič T.V. *Ènciklopedija russkogo avangarda*, M.:Èkonompress, 2003.

Lavrentiev, Alexander N. & Nasarov, Yuri V., *Russian Design: Tradition and Experiment 1920-1990*, Academy Editions, 1995.

Louvel, Liliane, *Poetics of the Iconotext*, Ashgate, 2011.

Mikhajlov S.M., *Istorija dizajna*, Tom 1. M.:"Sojuz Dizajnerov Rossii,"

2003.

Mikhajlov S.M., *Istorija dizajna*, Tom 2. M.:"Sojuz Dizajnerov Rossii," 2003.

Mitry D. & Bradley T., "Managerical leadership practices and cultural differences of Eastern economies," *Proceedings of 7th Cross-cultural Consumer and Business Studies Research Conference*, Cancun, Mexico, 1999.

Naumov A.I. & Puffer S.M., "Measuring Russian culture using Hofstede's dimensions," *Applied Psychology: An International Review*, Vol.49. No.4.

Peter P.J. & Olson J.C., *Consumer Behavior and Marketing Strategy*, Irwin, Boston Burr Ridge, IL., 1999.

Procaccia, Uriel, *Russian Culture, Property Rights, and the Market Economy*, Cambridge University Press, 2007.

Runge V.F. *Istorija dizajna, nauki i tekhniki*, Kn.2, Arkhitektura-S, 2006.

Salmi Asta & Sharafutdinova, Elmira, "Culture and design in emerging markets," *Journal of Business & Industrial Marketing*, Vol.23, No.6, 2008.

Zlydneva N.V. *Izobraženie i slovo v ritorike russkoj kul'tury XX veka*, M.:Indrik, 2008.

Ⅱ

동양과 서양 문화 속의 언어와 이미지

3

중세 필사본 및 고인쇄본의 삽화에 대한 단상

- 텍스트와 이미지의 관계를 중심으로

김 준 현

1. 서 론

잘 알려진 것처럼, '텍스트와 이미지'의 관계가 세기별로 동일한 연관성을 맺고 있었던 것은 아니다. 또 '세상이 지금보다 몇 백년 더 젊었을 무렵', 오늘날처럼 이미지에 대해 특별한 주목이 이루어진 것도 아니다. 중세 초기, 적어도 카롤링거 왕조 시기까지, 필사본의 삽화가들의 위상은 한 명의 예술가이기보다는 그저 글을 옮겨 적는 필경(筆耕)과 동일한 처지에 지나지 않았다. 또 한 개인에 의해 삽화가 만들어지기보다는 하나의 아틀리에에서 이루어지는 집단 작업을 통해 여러 이미지들이 만들어지곤 했다. 물론 오늘날의 시각에서 본다면 훌륭한 예술적 가치를 갖는 작품으로 여겨지는 삽화들도 이 시기에는 독립된 하나의 예술 작품으로 인식되지 못했던 것이 사실이다.

그러나 삽화가 항상 단순한 '옮겨 적기'처럼 정형화된 단일한 모습만을 취한 것은 아니다. 상당히 오랜 기간 동안의 반복을 통해 굳어진 전형들이 만들어지기도 했지만, 그 과정 속에서는 서서히 미묘한 변화의 움직임들이 생성되며 점차 차별화 경향을 보인다. 일례로 12-13세기, 아서 왕과 원탁의 기사들을 중심으로 한 기사 이야기가 성행하던 시절, 무게 중심은 분명 텍스트 쪽에 놓여 있었으며 이미지는 적절한 방식을 통해 텍스트를 보다 잘 드러내기 위한, 혹은 더 효과적으로 제시하기 위한 부수적인 방편에 가까웠다.[1)] 물론 삽화가의 재량이나 능력, 또는 삽화가에게 지침을 주는 구상자의 의도에 따라 텍스트와 이미지가 맺는 관계망에서 여러 변화들이 만들어진 것도 사실이지만, 대부분의 경우 이미지는 '글'에 종속된 처지에 다름 아니었다. 중세의 경우, 일반적으로 이미지는 텍스트의 부속물이자 내용 이해의 보조 수단으로 기능하곤 했으며, 난해한 부분을 효과적으로 설명하거나 텍스트만으로 설명되지 못하는 부족한 부분들을 채우는 역할을 담당했다.

> 저는 늙고 불쌍한,
> 아무 것도 모르며, 글자 한 자 읽을 수 없는 여인입니다.
> 제가 속한 교구의 교회에서, 저는 봅니다,
> 하프와 류트가 있는, 그림으로 묘사된 천국을,
> 그리고 단죄받은 죄인들을 불길에 끓이는 지옥을.
> 하나는 저를 두렵게 하며, 다른 하나는 기쁨과 즐거움을 줍니다.
> 전능하신 여신이시여, 제가 기쁨을 얻도록 해주소서.[2)]

---

1) 아울러 M. Mentré, "Remarques sur l'iconographie des romans arthuriens", *Cahiers de civilisation médiévale,* 29, 1986, pp. 231-242를 참조.

2) 비용 작품의 인용은 *Le Testament Villon*, éd. J. Rychner et Albert Henry, 2 vol, Genève, Droz, 1974에 의거하며, 『유언의 노래』는 이후 T로 약기하여 시행과 같이 적기로 한다. "Femme je suis povrecte et ancïenne, / Qui riens ne sçay, oncques lettres ne leuz. / Au moustier voy, dont suis parroissïenne, / Paradiz paint, ou sont harpes et

위의 인용에서 드러나듯, 성서뿐만 아니라 '글'을 읽을 수 없는 문맹이며 거창한 신학적인 논리도 알지 못하는 시인의 늙은 어머니가 이해할 수 있는 것은 오직 채색 유리에 그림으로 그려진 광경들뿐이다. 15세기 시인 프랑수아 비용(François Villon)의 시에서 짐작되듯, 중세의 경우 글을 아는 식자층이 극소수였던 만큼, 이 시기에 이미지가 맡았던 주된 역할 가운데 하나가 무엇이었는지는 분명하며, 이러한 차원에서 텍스트와는 별도로 외부 공간에 재현되었던 프레스코화나 채색 유리에 그려진 그림들, 나아가 건축물과 조각의 역할을 따져보는 것이 필요하다.

책 '내부'의 이미지들, 즉 텍스트와 함께 제시되는 이미지들의 경우, 텍스트와 이미지의 관계는 범주에 따라 상당한 차이를 보이는 것이 사실이다. 종교적인 내용이나 신화적인 전설들의 경우, 이미지와 텍스트는 상호적으로 그 내용을 풀이하는 역할을 담당했으며, 이 경우 '이미지의 언어'는 텍스트 이상의 효과를 거두어 말에 대한 우위를 점하기도 한다. 적어도 12세기 후반부터는, 여인의 아름다움을 표현하는 대목이나 그림 혹은 조상에 대한 세밀한 기술들에서 특히 두드러지는 '말로 만든 이미지들', 즉 '에크프라시스'(ekphrasis)에 해당하는 텍스트의 특정 대목들에, 한 인물 혹은 특별한 정경을 보여주는 시각적으로 재현된 삽화가 삽입되곤 하며, 이러한 삽화는 반복적인 소개와 설명의 기능을 넘어 경우에 따라서는 새로운 해석 가능성을 여는 출발점이 되기도 한다는 점에 주목할 필요가 있다.

필사본이 인쇄본에게 점차 자리를 내어주게 되는 15세기 후반부터, 인쇄술의 발명, 책과 관련된 신기술의 발달과 변화, 여백의 문제와 삽화에 대한 새로운 취향의 형성 등은 텍스트와 이미지 사이의 관계에도 부지불식간에 미묘한 변화를 만들게 된다. 그리고 이러한 과정 속에서, 삽

leuz, / Et ung enffer, ou dampnez sont bouluz; / L'un me fait paour, l'autre joye et lïesse. / La joye avoir me fais, haulte deesse,"(T, 893-899행)

화를 비롯한 이미지들은 텍스트 자체 외의 다양한 맥락들, 다시 말해 문화적인 맥락, 역사적인 맥락, 물질적인 제약 등과 밀접한 영향 관계를 맺게 된다. 물론 이러한 변화상들이 구체적으로 드러나게 되는 것은 보다 이후의 일이며 15세기 후반의 움직임들이 아직 발아 상태에 불과했음은 자명하지만, 이러한 다층적인 맥락과의 조우는 의미의 산출과 구성에서 이미지가 행하는 역할, 이미지가 텍스트 내부의 여러 코드들인 수사적인 장치나 문체 등과 맺는 관련성 등을 되짚어보는 출발점이라는 점에서, 광의의 의미에서의 '상호적 세미오시스 관계' 규명을 위한 첫 걸음이 될 수 있을 것이다.

2. 중세 필사본의 '텍스트와 이미지'

잘 알려진 것처럼, 중세의 경우, 글을 쓰기 위한 주된 소재로는 파피루스, 양피지, 종이가 존재했다. 대략 11세기 중반 정도까지 파피루스가 상용되었다면, 이후 중세 전반에 걸쳐서는 양피지가 그 역할을 대신하게 되며 13세기에 종이가 만들어지기 전까지 독보적인 자리를 차지한다. 양피지에 이루어지는 작업은 크게 필경과 채식사(彩飾師)의 작업으로 구분되었으며, 대부분의 경우 채식사는 필경이 글씨를 쓰고 난 뒤, 즉 그림을 위한 자리를 남겨둔 채 텍스트가 모두 기입된 양피지에 작업을 했으며, 이들의 소임은 글자 채식사, 테두리 여백 문양 채식사, 삽화 채식사 등으로 세분되었다.[3)]

'채색 삽화'(enluminure)라는 말이 다양한 의미를 포괄한다는 점을 먼

3) 필사본의 제작 과정에 대해서는 Roland Recht, *L'image médiévale. Le livre enluminé*, Paris, Réunion des musées nationaux, 2010, pp. 56-57을 참조. 이하 Recht(2010)으로 약기함.

저 짚어둘 필요가 있다.[4] 이 말은 단순한 글자 장식이나 테두리 장식을 의미하는 것에서 정교한 한 폭의 그림처럼 재현된 지극히 아름다운 작품을 칭하는 말에 이르기까지 다양하게 사용된다. 장식 문자로 표시되는 첫 글자는 장식적인 기능을 우선적으로 가지는 동시에 텍스트의 구성적인 차원에서도 중요한, 즉 논리적인 역할 역시 염두에 두었다.[5]

일례로 9세기의 아일랜드 시인인 세둘리우스 스코투스(Sedulius Scottus)의 작품을 수록한 15세기의 한 필사본(manuscrit latin H434, folio 1)에서 발견되는 장식 문자 'P'(<그림 1>)는 금박과 더불어 붉은색과 푸른색으로 치장된 식물 문양으로 장식되어 있으며, 텍스트의 새로운 시작점을 알려주는 기능을 수행한다. 새로운 문단의 시작이나 내용의 전환 등, 텍스트의 구성적인 분절을 쉽게 파악하게 해주는 장식 문자는, 14세기에 이르면 비약적으로 발전하게 되는 테두리 장식과 결부되어 상용되며,[6] 갖가지 식물들, 실제 혹은 가상의 동물들, 나아가 다양한 인물들이 함께 그려지기도 한다.

〈그림 1〉

중세 초기를 지나면, 특히 여러 필사본에서 다양한 채색 장식과 문자들, 여백 장식과 채색 삽화가 활용된다. 삽화에 대해 관심이 고조되었던 사실은, 이를 통해 텍스트가 이야기하는 내용들이 간명하게 전달될 수 있다는 점, 다시 말해 삽화가 내용 전달과 요약의 효과적인 수단이 될

4) 이하 논의는 주로 Hélène Toubert, "Formes et fonctions de l'enluminure", in *Histoire de l'édition française*, t. I, Pormodis, 1982, pp. 87-129를 참조·정리했음을 밝힌다.
5) 필사본의 장식 및 그림 문자 등에 대해서는 Recht(2010), pp. 78-88을 참조.
6) 필사본의 테두리 장식에 대해서는 Jean Wirth, *Les marges à drôleries des manuscrits gothiques*, Genève, Droz, 2008을 참조.

뿐만 아니라 호화로운 제작물로서의 책을 만들기 위해서도 필수적인 장치였다는 점에 그 이유가 있다. 다만 삽화가가 삽화의 주제나 도상의 배치를 정하는 데 독점적인 재량권을 갖고 있는 것은 아니었으며, 대부분의 경우 채식사들은 종래의 관습, 주문자나 헌정 대상의 구체적인 지시나 의향 등에 의거하여 작업을 진행하곤 했다.

13세기에 들어서면 속인들이 운영하는 공방이 활성화되고, 채식사들의 잦은 이동과 교류를 통해 채식에도 여러 가지 새로운 변화가 일어난다. 이전에 제작되었던 필사본들에서 아무런 삽화가 제시되지 않던 부분에 새로 삽화가 삽입되거나 기존의 삽화와 차별화되는 새로운 삽화들이 속속 삽입되는 일이 빈번해지며, 중심 삽화뿐만 아니라 테두리 장식에서도 새로운 유행이 만들어진다. 일례로 13세기 초에 기욤 드 로리스(Guillaume de Lorris)가 쓴 전반부와 미완으로 남겨진 전반부를 40여 년 뒤 장 드 묑(Jean de Meun)이 이어서 완결한 작품으로, 중세 전반에 걸쳐 '연애론'의 교본처럼 받아들여졌던 『장미 이야기』(*Roman de la Rose*)의 경우를 살펴보도록 하자.

새봄이 찾아온 어느 날 화자가 꿈에서 방문하게 되는 신비한 정원과 그 외벽에 그려진 열 가지 악덕의 모습을 한 필사본(Bibliothèque municipale d'Arras, 897)은 '연인이 쾌락의 정원을 발견하다'라는 제명 <그림 2>와 같이 재현한다. 삽화가는 궁정풍 사랑에 반대되는 열 가지 악덕들, 즉 '증오, 배신, 비열, 탐욕, 인색, 시기, 슬픔, 노쇠, 거짓 신앙, 빈곤'의 모습 가운데 일부를 벽감 위에 올려진 일종의 조각상처럼 제시한다. 그러나 또 다

〈그림 2〉

른 필사본(<그림 3>)의 경우, 삽화가는 텍스트의 시작부터 쾌락의 정원을 발견하게 될 때까지를 연속적인 네 장의 삽화로 재현하지만, 아래에서 볼 수 있듯이 흥미롭게도 이 삽화에 그려진 외벽에는 어떤 악덕의 모습도 제시되지 않는다.

〈그림 3〉

이와는 달리, 아르스날 도서관에 소장된 『장미 이야기』의 다른 필사본(<그림 4>)은 <그림 3>과 거의 동일한 구성 방식을 취하면서도 외벽에 그려진 악덕들을 시각적으로 드러나게 훌륭히 재현하고 있다. 한편 프랑스 국립도서관에 소장된 또 다른 필사본(ms. fr. 12595)은 앞선 <그림 3>과 <그림 4>의 방식을 절충하는 동시에 열 가지 악덕의 이미지를 해당 맥락 앞에서 개별적으로 차례차례 제시하는 방식을 택한다(<그림 5>, <그림 6>을 참조).

〈그림 4〉

〈그림 5〉

〈그림 6〉

위의 <그림 5>는 화자인 젊은이가 신비한 정원 앞에 도달하기까지의 노정을 보여주며, <그림 6>은 139행부터 소개되는 '증오'의 모습을 재현한 것에 해당한다.

> 벽 한 가운데 분노를 터뜨리는 듯한 모습의 '증오'가 자리잡고 있었습니다. 그녀는 화를 잘 내고 시비 걸기를 좋아하는 모습으로 천박하게 묘사되어 있었습니다. 게다가 제대로 단장하지도 않은 모습이라 광폭한 미치광이 같아 보였습니다. 얼굴은 잔뜩 찌푸려 주름이 잡혔고, 들창코에다가 혐오스러울 정도로 흉측했으며 누더기를 보기 흉하게 두르고 있었습니다.

물론 텍스트에서는 격노한 모습이자 누더기를 걸치고 있으며, 형언할 수 없을 만큼 흉물스러운 외양으로 '증오'를 소개하지만, <그림 6>의 경우, 삽화가는 텍스트와 무관하게 알레고리적인 인물을 재현하고 있다는 점을 쉽게 발견할 수 있다.

삽화가의 손에 의해 이루어지는 변주는 『장미 이야기』의 다른 대목들에서도 쉽게 확인된다. 여러 예들 가운데 마침내 로쿠스 아모에누스(locus amoennus)의 전형,[7] 즉 이상화된 낙원의 모습을 닮은 '쾌락'의 정원에 들어가 이곳저곳을 거닐던 젊은이가 '울타리로 완전히 둘러싸인

---

7) 김준현, "'로쿠스 아모에누스'(locus amoenus)의 중세적 변용", 「중세르네상스 영문학」, 11(2), 2003, pp. 219-241을 참조.

외진 곳에 있는 장미나무들을 보고, 어떤 보물을 준다고 해도 그곳에 가고픈 욕망을 버릴 수 없는 상태'에 빠진 뒤,[8] "장미 봉오리들 중에서 정말 눈에 띄게 아름다운 것 하나", 바로 "'자연'이 만들어 낸 최상의 진홍빛과 섬세한 색으로 빛나는" 장미를 택하자,[9] 이 젊은이를 주시하며 뒤따르던 사랑의 신이 지체없이 화살을 쏘는 장면을 예로 들어보자.

> 활시위를 당긴 채 쉬지 않고 나를 뒤쫓으면서 기회를 엿보던 사랑의 신은 무화과나무 곁에 멈추었습니다. 내가 수많은 장미 봉오리들 가운데 하나를 택한 것을 보고는 즉시 화살을 하나 잡았습니다. 그리고 엄청나게 강한 그 활에 화살을 걸어 시위를 귀까지 당겼다가 나를 향해 쏘았습니다. 화살은 내 심장에 격렬하게 꽂혔습니다.[10]

텍스트는 사랑의 신이 '금작화, 제비꽃, 협죽도, 노란 꽃, 파란 꽃, 흰 꽃, 장미' 등의 갖가지 작은 꽃들로 정성스럽게 만들어진 옷을 입고 있었으며, 여기에는 갖가지 무늬들과 수많은 짐승들이 수놓아져 있었음을 말한다. 또 그의 머리 위에는 장미관이 있었고, 꾀꼬리를 비롯한 여러 새들이 사랑의 신의 주위에 있었음을, 요컨대 그가 방금 하늘에서 내려온 천사 같은 모습이었음을 강조한다. 또 사랑의 신은 종자로 '부드러운

8) 『장미 이야기』의 인용은 Guillaume de Lorris, *Le Roman de la Rose*, éd. Jean Dufournet, Paris, Flammarion, 1999에 의거하며, 이하 RdR로 약기하여 시행 표시와 같이 적는다. "Ou miroër, entre mil choses / Choisi rosiers chargiés de roses / Qui estoient en un destour, / D'une haie clos tout entour ; / Adont me prist si grant envie / Que ne lessasse por Pavie / Ne por Paris que je n'alasse / La ou je vi la grignor tasse."(RdR, 1615-1622행)

9) "Entre ces boutons en eslui / Un si tres bel, qu'envers celui / Nus des autres riens ne prisé / Puisque je l'oi bien avisé ; / Car une color l'enlumine / Qui est si vermeille et si fine / Con Nature la pot plus faire."(RdR, 1655-1661행)

10) "Li diex d'Amors, qui l'arc tendu / Avoit touz jors mout entendu / A moi porsivre et espier, / Arrestez ere lez un fier ; / Et quant il ot aperceü / Que j'avoi ensint esleü / Ce bouton qui plus me plesoit / [Que nus des autres ne fesoit,] / Il a tantost pris une floiche ;"(RdR, 1681-1689행)

눈길'(Douz Regars)을 데리고 다녔으며, 이 젊은이가 그리스·로마 신화에서 상세히 소개된 바 있는 두 가지 종류의 활과 화살을 지니고 있었음을 말한다.

이 대목을 한 필사본(ms. fr. 12595)의 삽화가는 중후한 군주의 모습인 동시에 천사의 날개를 가진 사랑의 신의 모습으로 재현하면서 시종의 모습을 제외한 상태에서 독자들에게 소개하며(<그림 7>), 반대로 또 다른 필사본(University of Chicago Library, MS 1380)의 삽화가는 날개가 없으며 그 외관이 주인공인 화자와 다르지 않은 젊은이처럼 재현된 사랑의 신의 모습을 시종의 모습과 함께 표현한다(<그림 8>).

〈그림 7〉

〈그림 8〉

두 필사본 모두 특징적인 장면들을 시각적으로는 훌륭히 재현하고 있지만, 세부적인 면에서는 텍스트의 내용과 재현된 사랑의 신의 모습이 일치하지 않는다는 점을 쉽게 파악할 수 있다.[11]

이상의 예들에서 쉽게 파악되듯, 중세 필사본의 삽화가들은 텍스트의 내용을 한 눈에 파악하기 쉽게 요약하거나, 아니면 텍스트에서 부각되

11) 중세의 경우, 사랑은 '눈'으로 들어와 '심장'에 꽂힌다고 인식되었다. 이러한 점을 의식한 어떤 필사본의 삽화가는 실제로 사랑의 신이 쏜 화살이 젊은이의 눈에 꽂히는 정경을 그리기도 했다는 점을 부언해 두자.

는 사건이나 묘사를 보다 효과적인 방식으로 시각화하기 위해, 그러나 경우에 따라서는 텍스트의 내용을 별로 고려하지 않은 채, 삽화를 통해 재현하곤 했다. 하지만 이러한 텍스트와 이미지 사이의 간극의 경우, 구상가와 삽화가의 역할이라는 또 다른 차원의 문제 역시 고려할 필요는 있다. 일례로 투르의 그레고리우스(Grégoire de Tours)가 쓴 『프랑크족의 역사』(*Histoire des Francs*) 2권 17장에서는 클레르몽 주교의 아내가 도시 교외에 성당을 건립하고자 했고 그 벽을 다양한 색채의 그림들로 장식하고자 했다는 내용이 소개된다. 나마티우스(Namatius)의 아내는 무릎에 성 에티엔(saint Etienne)의 생애에 대한 책을 펼치고, 화가에게 그가 벽에 재현해야 할 사항들을 일러준다.[12] 여기서 화가는 글을 읽을 수 없는 자로 그려지며, 그에게는 구체적인 지침이 필수적인 만큼, 그가 그려야 할 이미지를 채울 내용들은 구상가의 입을 통해 전달된다.

스스로 상상력을 발휘했든 아니면 독자의 상상력을 유발시킨 경우이든, 또 헌정자의 취향에 부합하기 위한 것이었든 간에 필사본의 채색 삽화는 다양한 방식으로 만들어졌으며, 여기에는 독자와의 관련성과 제작 공방의 능력 여부도 하나의 중요한 요인으로 자리잡고 있었다. 삽화는 문단 내에 직접 삽입되는 형태와 여백에 따로 제시되는 경우가 가장 빈번했으며, 경우에 따라서는 텍스트 전후에 배치되기도 했다. 아래의 <그림 9>와 <그림 10>에서 드러나듯,[13] 채색 삽화를 포함한 대부분의 삽화는 구체적이면서도 시각적인 이미지가 필수적이라 할 수 있는 수학, 의

---

12) "Son épouse a édifié la basilique de Saint-Etienne dans le faubourg hors les murs. Comme elle voulait la décorer avec des peintures de couleurs, elle tenait dans son sein un livre où elle lisait des histoires de l'antiquité pour indiquer aux peintres ce qu'ils devaient représenter sur les murs."(Grégoire de Tours, *Histoire des Francs*, tr. par Robert Latouche, Paris, Les Belles Lettres, 1996, p. 106). 이 대목의 라틴어 원문은 다음과 같다: « [...] tenebat librum in sinum suum, legens historias actionis antiquae, pictoribus indicans quae in parietibus fingere deberent. »

13) Bodleian Library MS. Digby 83.

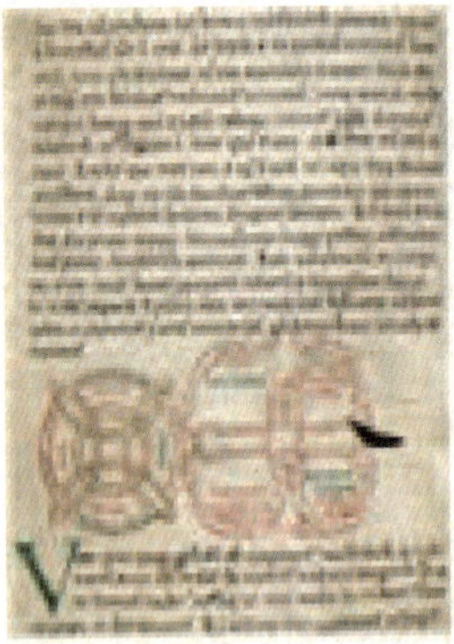

〈그림 9〉

〈그림 10〉

학, 식물도감, 동물지 등의 학술적인 글에서 빈번히 상용되었으며, 독자의 이해를 돕기 위한 구체적인 예시에 해당하는 이들 삽화들은 색다른 변화를 추구하기보다는 기존의 제시 양상을 충실히 되풀이 하곤 했다.

한편 단순한 장식 문자를 벗어나 그림 무늬로 꾸민 머리글자 역시 성행하며, 책의 헌정 장면을 그린 그림문자들이 부각되기도 한다. 일례로 <그림 11>의 경우, 'N'이라는 글자 안에는 성 토마스에게 의복을 주는 성모의 모습이 그려지며, 이는 윗단에 붉은 글씨로 작게 쓴 'nr dame vest un here a sceint tomas'라는 문장을 충실히 '재현'한 것에 해당한다.14)

〈그림 11〉

14) *De Brailes Hours*, England(Oxford), MS 49999, f. 49r.

요컨대 그림 무늬로 꾸민 머리글자는 이야기의 시각적인 번역이자 재현인 동시에 텍스트의 의미를 전달하는 효과적인 수단이 되기도 했으며, 여기에 일종의 소개 차원에서 저자나 헌정자의 초상이 들어가는 경우도 없지 않았다.

삽화 등의 이미지는 무엇보다도 종교적인 주제와 깊은 관련을 맺고 있었고, 시도서나 성인전, 구약의 주요 장면들이나 예수의 유년 시절 혹은 최후의 고난과 관련된 수많은 삽화들이 성행했다. 일례로 1270-1274년경에 만들어진 것으로 추정되는 『루이 성왕의 시편집』(*Psautier dit de saint Louis*)에는 「창세기」 4장에서 이야기되는 카인과 아벨의 봉헌 장면(<그림 12>), 삼손의 머리를 자르는 들릴라의 모습(<그림 13>) 등이 삽화로 제시되어 있다.[15)]

〈그림 12〉

〈그림 13〉

중세 필사본의 채색 삽화는 보이지 않는 것, 추상적인 것을 시각적으로 재현하는 측면에서 독창성을 보였다. 앞서 살펴보았던 『장미 이야기』의 경우에서 짐작되듯, 주로 알레고리를 통해 표현된 인물들의 재현이

15) B.N., ms. latin 10525, f. 1v, f. 61v.

그러했으며, 이러한 삽화의 역할은 일종의 주석과 주해로까지 이어졌다. 일면 보기에는 제시된 텍스트의 내용과 무관하거나 별로 관련성이 없는 것처럼 보이는 것들도 어떻게 읽어야 할지에 대한 방향 설정을 독자에게 제공했다는 점에서 의의를 갖는다. 물론 여전히 난제로 남아있는 삽화들, 텍스트와의 관계 및 정확한 의미를 파악하기 힘든 이미지들도 없지 않다는 점을 부기할 필요는 있다. 그러나 다른 텍스트들을 통해 당대의 용례들을 비교하고 검토함으로써 수수께끼처럼 다가오는 이미지의 구체적인 의미와 의도를 밝히는 계기가 마련될 수 있으며, 그 안에서 '여분'의 의미를 밝힘으로써 텍스트를 풍부하게 이해할 수 있는 길이 열리게 된다.

삽화나 이미지 자체가 하나의 독립된 개체로 받아들여질 수 있는 여지가 중세 필사본에서 완전히 마련되지는 않는다. 그러나 15세기 마지막 4분기 전까지의 '책', 엄밀히 말해 모든 '책'이 손으로 쓰고 장식된 필사본이었다는 점을 다시 짚어둘 필요가 있다. 왜냐하면 이 세상에 존재하는 '유일무이'한 '한 권의 책'이었던 필사본에서 '하나뿐인 작품'으로서의 이미지가 만들어지는 계기 또한 이루어지기 때문이다.

3. 중세 고인쇄본에 나타나는 텍스트와 이미지의 관계

13세기 중반 이전까지는 대부분 속인들을 위한 책, 이를테면 법률서, 백과사전, 과학 분야의 학술서 등에 삽화가 수록되곤 했다.[16] 13세기 중

16) 이하 중세 고인쇄본에 대한 논의는 주로 Dominique Coqt, "Les incunables: textes anciens, textes nouveaux", in *Histoire de l'édition française*, t. I, Pormodis, 1982, pp. 177-193과 D. Sansy, "Texte et image dans les incunables français", *Médiévales*, 22-23, 1992, pp. 47-70을 참조·정리했음을 밝힌다.

반 이후 책에 삽화가 수록되는 빈도수는 이전에 비해 현저한 증가추세를 보이며, 이와 같은 변화는 12-13세기 이래 가속화되었던 도시의 발달, 대학의 설립, 특정 독자층의 형성 등에 힘입은 바가 클 것으로 짐작되며, 후원자의 역할 또한 이미지에 대한 관심을 높이는 데 상당한 비중을 차지했던 것으로 보인다. 삽화에 대한 요구가 늘어남에 따라 장인과 삽화가들은 잦은 이동 현상을 보였고, 더불어 기본 모델의 빠른 변경과 함께 독특함을 드러내는 장식상의 기이함도 빈번히 추구된다.

물론 한 순간에 필사본이 자취를 감추게 되는 것은 아니다. 15세기 말의 10여 년 동안에는 필사본과 인쇄본이 공존하며, 삽화 역시 동일한 운명에 놓인다. 현란한 다색배합(多色配合)에서 일면 단조로운 흑백(黑白)으로의 이행이 주된 특징으로 대두되나 이러한 양상 역시 점차 변화를 겪게 된다. 서체의 변화와 함께,[17] 삽화 혹은 문단이나 장을 시작하는 특정 머릿글자에도 색이 입혀지며, <그림 14>(1493년 앙투안 베라르(Antoine Vérard)가 간행한 『프랑스 연대기』(*Chroniques de France*)의 3

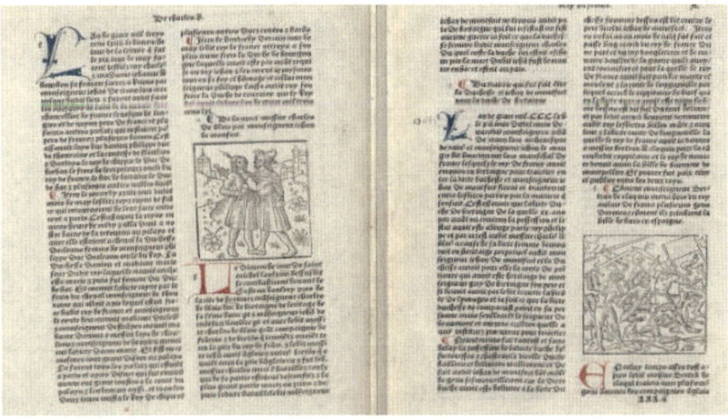

〈그림 14〉

17) 고인쇄본에서의 서체 변화에 대해서는 Yves Perrousseaux, *Histoire de l'écriture typographique de Gutenberg au XVIIe siècle*, Atelier Perrousseaux éditeur, 2005, pp. 76-109를 참조.

부)에서처럼, 특정 페이지에는 붉은색 등의 여러 색이 번갈아 사용된다.

삽화로서의 목판화가 최초로 사용된 것은 독일에서였으며, 그 시기는 1460년대 초로 추정된다.[18] 알브레히트 피스터(Albrecht Pfister)의 뒤를 이어 로마에서 울리히 한(Ulrich Han)이 1466년 34점의 목판화를 곁들인 인쇄본을 간행하기도 하며, 1470년대 초에 이르면 목판화의 사용이 독일 인쇄업자들 사이에서 널리 알려지게 된다. 프랑스의 경우, 최초의 삽화본은 리옹에서 1478년 무렵 만들어지며, 이는 독일, 스위스, 이탈리아, 스페인으로 가는 교차로이자 프랑스 왕국의 중심이었던 리옹의 지리적인 특성에 기인한 것으로 보인다.

1480년경부터는 파리에서도 삽화본 제작이 시작되었던 것으로 보인다. 1490년 이후에는 목판화를 사용한 삽화본의 제작이 활성화되며, 15세기 마지막 십년 동안 중세에 만들어진 삽화본의 절반 이상이 제작된다.[19] 리옹, 루앙 등지에서도 상당수의 인쇄본들이 제작되었지만, 거의 대부분의 인쇄본은 파리에서 제작되는 특징을 보인다. 한편 중세 인쇄본의 2/3가량은 토착어인 프랑스어를 텍스트로 삼고 있으며, 상당수는 라틴어의 번역과 14-15세기 문학 작품들로 이루어진 것도 중세 후기의 고인쇄본에서 발견되는 특징 가운데 하나이다.

기욤 아폴리네르(G. Apollinaire)의 『동물시집』(*Le bestiaire ou Cortège d'Orphée*)에 수록된 뒤피(Raoul Dufy)의 삽화들에서도 쉽게 짐작되듯(<그림 15>, <그림 16>, <그림 17>), 18세기 이래로 일종의 '중세풍 분위기'를 표현하는 데 상용되었던 목판화 삽화는,[20] 처음에는 단순히 텍스트의 내용을 보충 설명하기 위해 저자나 작품의 내용 혹은 배경 등을

18) Danièle Sansy, *op. cit.*, p. 49.

19) J.-M. Dureau, "Les premiers ateliers français", in *Histoire de l'édition française*, t. I, Promodis, 1982, pp. 163-175를 참조.

20) 고인쇄본에 사용된 목판화 삽화에 대해서는 Yves Perrousseaux, *op. cit.*, pp. 137-141을 참조.

〈그림 15〉

〈그림 16〉

〈그림 17〉

재현하는 데 사용되는 경우가 많았다.

일례로 시인 프랑수아 비용의 작품을 수록한 최초의 고인쇄본으로 추정되며 현재 세 권이 현존하는 피에르 르베(Pierre Levet)의 1489년 판본에서, '묘비명'(Epitaphe) 혹은 '목 매달린 자들의 발라드'(Ballade des pendus)로 칭해지는 유명한 발라드의 상단에는 삽화가 텍스트 위에 덧붙여져 있다(<그림 18>). 교수대에 매달린 세 명의 목 매달린 자들의 모습은, "우리 뒤까지 살아있을 인간 형제들이여"이라는 부름으로 시를 시작하면서, 형장에서 교수형당한 처지를 상정하고 모든 목 매달린 자들의 이름을 대표해 모든 사람들에게 이야기를 전하려는 시인의 의도를 정확히 재현하며, 아래의 인용 구절과도 관계가 없지 않다.

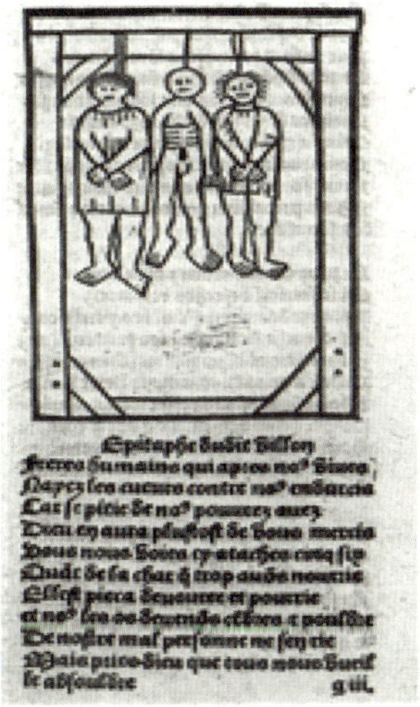
Epitaphe dudit Villon

〈그림 18〉

> 우리들에 대해 굳은 마음 갖지 말아다오
> 불쌍한 우리들에 대해 그대들 연민을 가져준다면

그 때문에 신께서 그대들을 긍휼히 여길 것이니.
그대들 보고 있으니, 매달린 우리 대여섯을.
너무 비계끼게 했던 살덩어리에 대해 말하자면
몸뚱이는 이미 오래 전부터 썩어 찢겨졌으며
우리들 뼈는 재가 되고 먼지가 된다
우리의 비참함에 대해 아무도 비웃지 말라
다만 신께 우리 모두를 용서해주도록 빌어달라.[21)]

마지막 발구에 이르러 시인은 다시 다음과 같은 당부를 남긴다.

만유를 관장하시는 왕 예수여,
지옥이 우리에게 권세를 떨치지 않도록 보호해 주소서
지옥과는 해야 할 일도 다툴 일도 없게 해주소서
인간들이여, 여기 조롱할 것 아무 것도 없으니
다만 신께 우리 모두를 용서해주도록 빌어달라.[22)]

비용의 당부가 처음에는 형장 주변에 모인 이들 혹은 당대인들에게 자비와 동정을 베풀어줄 것을 간청하는 것이었다면, 그 의미는 발구에서 모든 인간들의 관계를 조망하는 차원으로 확장된다. 어느 순간 이미지와 텍스트를 바라보는 독자를 포함한 '우리 모두'는 목 매달린 대여섯

---

21) "Freres humains qui aprés nous vivez, / N'ayez les cueurs contre nous endurcis, / Car se pitié de nous povres avez, / Dieu en aura plus tost de vous mercis. / Vous nous voiez cy attachez, cinq, six : / Quant de la chair que trop avons nourrie, / El est pieça devoree et pourrie, / Et nous, les os, devenons cendre et pouldre. / De nostre mal personne ne s'en rie, / Mais priez Dieu que tous nous vueille absouldre."(「목 매달린 자들의 발라드」, 1-10행)

22) "Prince Jesus qui sur tous a maistrie, / Garde qu'Enfer n'ait de nous seigneurie : / A luy n'ayons que faire ne que souldre ! / Humains, icy n'a point de mocquerie, / Mais priez Dieu que tous nous vueille absouldre."(「목 매달린 자들의 발라드」, 31-35행)

에서 인간 모두가 되며, 한 개인의 비통한 소회는 이미지와 텍스트가 직조하는 기이한 서정 속에서 어느 주변인의 외침을 모든 사람들에게 적용되는 보편성을 획득한 말로 바꾼다.

〈그림 19〉

〈그림 20〉

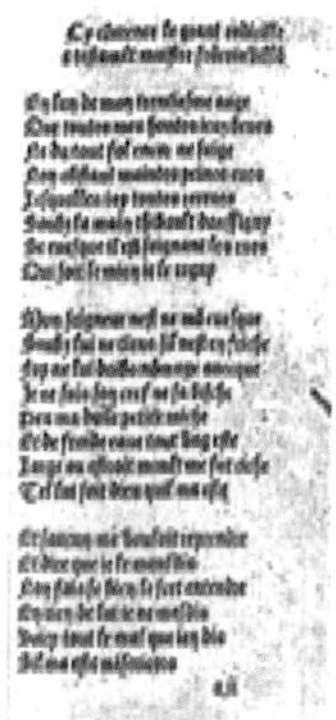
〈그림 21〉

〈그림 22〉

위의 <그림 19>는 1489년 간행된 피에르 르베의 인쇄본에 수록된 비용의 초상과 『유언의 노래』의 첫 대목이며, <그림 20>은 1490년 피에르르 카롱(Pierre Le Caron)이 파리에서 발행한 판본의 동일 대목이다. <그림 21>은 드니 멜리에(Denis Meslier)가 파리에서 발행한 1490-1491년 무렵의 판본의 같은 부분이며, <그림 22>는 장 트레프렐(J. Trepperel)이 파리에서 발행한 1497년 판본의 동일 대목에 해당한다. <그림 21>을 제외한 세 판본의 경우, 공통적으로 이미지 바로 밑에 삽화에 대한 간략한 설명을 부기하고 있으며, 그 아래 텍스트를 제시한다. 그러나 텍스트의 경우, 화자는 자신의 이름을 밝히지 않은 채, 통상 작품의 첫 머리에 두는 내용과는 사뭇 다른 기이한 '헌사', 일종의 '반(反)헌사'를 적는다.

내 나이 삼십에 이른 해,
그때 온갖 치욕을 마셨고,

수없는 고초를 겪었음에도 불구하고,
전적으로 어리석지도 그렇다고 전적으로 현명하지도 않다
나 받았으니, 그 모든 고난들을
티보 도시니 수하(手下)에서...
그가 주교라, 거리에서 십자성호를 그어 강복해도,
나의 주교일 수는 없으니, 이를 나 거부하노라.

이후 『유언의 노래』의 81행에서 객관적이고 역사적인 시간인 '1461년'이라는 지표가 밝혀지기 전까지, 시작 부분에서 드러나는 화자의 모습은 서른 살에 이른 신원을 알 수 없는 자이다. 크레티앵 드 트루아(Chrétien de Troyes)의 작품 『랑슬로 혹은 수레를 탄 기사』(*Lancelot ou Chevalier de la charette*)에서 호수의 기사 랑슬로의 이름이 작품 중반에 이르기까지 전혀 드러나지 않는 것이 의미가 없지 않듯, 비용 역시 드리운 휘장 뒤에서 오직 목소리로 모호한 이야기를 전하다 본격적인 순간에 이르면 무대 전면으로 등장하기를 의도했던 것으로 보인다. 이 점을 고려한다면 처음부터 삽화로 제시되는 저자의 이름과 모습이 시인의 원래 의도에 부합하는 것으로 보기는 힘든 것도 사실이다.

목판화는 채색 삽화에 비해 투박하지만 같은 책 안에서 여러 번 다시 사용된다는 점에서 특징적이며, 나아가 다른 판본들에서도 재활용된다는 점에서 필사본의 채색 삽화와 명확히 구별되는 새로운 기능을 선보인다. 한 연구자의 조사에 의하면,[23)] 593권의 인쇄본에서 9700개의 목판화가 사용되었으며, 여기서 재사용과 약간의 변화를 거친 삽화의 총수는 63000점에 이른다는 점에서, 목판화 삽화의 빈번한 재활용 양상을 확인할 수 있다.

목판화 삽화가 어떻게 상이한 대목들에서 활용되는지를 피에르 르베

23) D. Sansy, *op. cit.*, p. 52를 참조.

의 경우를 통해 살펴보도록 하자. 1489년에 간행된 비용 판본에서 늙은 투구상 아낙, 즉 퇴물이 된 매춘부가 세월의 무상함을 한탄하는 대목에, 피에르 르베는 목판화 삽화를 삽입한다(<그림 23>).[24] 늙은 매춘부는 자신이 젊고 아름다웠던 시절에는 "학생, 상인, 성직자 위에"[25] 군림할 수 있는 '전능하고 지고한 특권'이 있었지만, 당시 "수많은 남자들을 거절했으니, 이는 한 간교한 젊은이에 대한 사랑 때문이었고, 그에게 사랑을 듬뿍 주었으나,"[26] 그가 진정 자신을 사랑한 것이 아니었음을 뒤늦게야 깨닫는다.

〈그림 23〉

늙어 자신이 모든 힘을 잃게 되었음을 깨닫고, 투구상 아낙이 "아! 잔혹하고 비정한 노년아, 무엇 때문에 이렇게 빨리 나를 덮쳤느냐?"[27]고 한탄하던 대목에 사용되었던 목판화는 『유언의 노래』 후반부에 삽입된 「배불러 오른 마르고를 위한 발라드」에서 재차 사용된다(<그림 24>). 그러나 이 발라드에서 매춘부 마르고는 '애교 넘치는' 여인이자 '그

〈그림 24〉

---

24) <그림 23>의 이미지 아래 제시된 텍스트는 다음과 같은 내용이다: "Tollu m'as la haulte franchise/ Que Beaulté m'avoit ordonné/ Sur clers, merchans et gens d'Eglise,/ Car lors il n'estoit homme né/ Qui tout le scien ne m'eust donné,/ Quoy qu'il en feust des repentailles,/ Mais que lui eusse abandonné/ Ce que reffusent truandailles."(T, XLVIII, 461-468행)

25) "Sur clers, merchans et gens d'Eglise,"(T, XLVIII, 463행)

26) "A maint homme l'ay reffusé, / Qui n'estoit a moy grant sagesse, / Pour l'amour d'un garson rusé,"(T, XLIX, 469-471행)

27) "A ! Viellesse felonne et fiere, / Pourquoy m'as si tost abatue?"(T, XLVII, 457-458행)

누구라도 만족시킬 수 있는 훌륭한 자질들을 갖춘' 한창 때의 여인으로 그려진다.

그러나, 마르고가 돈 없이 잠을 자러 올 때,
그때 생기는 나의 불만과 언짢음이란!
나 더는 보기도 싫고, 내심 미워 죽겠구나.
그녀의 옷가지들, 허리띠와 겉옷을 잡고,
이것들이 내 몫의 이문이라 단언한다.
두 손을 허리에 붙인 채, 이 적그리스도는
예수 그리스도의 죽음에 걸고 맹세하건대,
그럴 수는 없다고 악을 쓰고 단언한다.
그러면, 나는 나무 조각을 움켜쥐고,
그것으로 그녀의 코 위에 기록을 남긴다.
우리가 다스리는 궁전인 곳, 이 유곽에서.28)

인쇄본에서의 삽화는 동일한 책에서의 반복 사용을 넘어 이제 다른 책들에서도 되풀이된다. 1490년 제르맹 비노(Germain Bineaut)가 간행한 『파틀랭 선생 소극』(*La Farce de maître Pierre Pathelin*)에 삽입된 삽화인 <그림 25>는 비용의 작품집에서 '무정한 여인'의 모습으로 이미 사용되었던 것이며, 예전에 비용의 모습이었던 삽화는 1490-1491년 사이 피에르 르베가 간행한 『파틀랭 선생 소극』에서 이번에는 파틀랭의 모습으로 사용되며, 삽화 아래에 '피에르 파틀랭 선생'이라는 문구가 병기된다(<그림 26>). 물론 비용과 파틀랭의 모습에 동일한 목판화를 사용한 것

28) "Mais adoncques, il y a grant deshet, / Quant sans argent s'en vient coucher Mergot; / Voir ne la puis, mon cueur a mort la het. / Sa robe prens, demy seint et seurcot, / Sy lui jure qu'il tendra pour l'escot. / Par les costez se prent, c'est Antecrist, / Crye et jure par la mort Jhesucrist / Que non fera. Lors empoingne ung esclat, / Dessus son nez lui en faiz ung escript, / En ce bordeau ou tenons nostre estat."(T, 1601-1610행)

〈그림 25〉

〈그림 26〉

〈그림 27〉

〈그림 28〉

에 이유가 없지는 않다. 비용은 이미 당대부터 '무전취식(無錢取食)의 대가' 및 '유쾌한 무뢰배'의 전형처럼 그려지며,[29] 비용에게 투사된 모습은 가상의 '거위구이'를 내세워 외상으로 옷감을 가로채는 파틀랭의 모습과 크게 다르지 않기 때문이다.[30] 한편 피에르 르베가 새로 만든 삽화인 <그림 27>은, <그림 28>에서 나타나듯 단지 명암의 변화만을 준 채 재차 1493년 간행된 트레프렐 판본에서 사용된다.

목판화의 재사용과 여기에 더해지는 경미한 변화의 예들 가운데 몇 가지를 부기해두자. 1497년 이후의 것으로 추정되며 파리에서 간행된 장 뒤 프레(Jean Du Pré)의 『장미 이야기』 판본은 1487-1488년 무렵에 리옹에서 만들어진 기욤 르 루아(Guillaume Le Roy) 판본에서 사용되었던 목판화들을 그대로 사용했으며, 여기에 새로 만든 일련의 가장자리 장식들을 가미했을 뿐이다. 기존에 발행된 판본의 목판화를 때로는 완전히 동일하게 때로는 약간의 변화를 가미하여 모방하는 것도 비일비재했

29) *Le recueil des repues franches de maistre François Villon et de ses compagnons*. Edition critique par Jelle Koopmans et Paul Verhuyck, Genève, Droz, 1995를 참조.

30) 이러한 동일시는 1520-1525년의 작품으로 추정되는 독백극 『사기꾼에게 사기를 당한 사기꾼』(*Les Trompeurs trompez par Trompeurs*)에서, 자신의 방탕했던 과거를 한탄하면서 '무전취식'을 노리는 사기꾼들에 대해, "흔히 말하기를, 그들은 파틀랭 혹은 비용의 아이들이었다"고 말하는 주인공의 말에서도 드러난다.

다. 일례로 1492년 앙투안 베라르(Antoine Vérard)를 위해 장 모랑(Jean Maurand)이 인쇄한 플라비우스 조제푸스(Titus Flavius Josephus)의 『유태 전쟁에 대하여』(*De la Bataille Judaïque*)에 삽입된 네로 황제의 모습은 (<그림 29>)[31] 몇 달 후 간행된 『프랑스 대연대기』(*Grands Chroniques de France*)에서는 황제가 쓴 관을 약간 변화시킨 채 다른 왕의 모습으로 재현된다(<그림 30>).[32]

〈그림 29〉

〈그림 30〉

필사본들에서와 마찬가지로, 인쇄된 여러 시도서들과 성인전에서 다양한 삽화와 성화들이 사용된 연유를 찾는 것은 그리 어렵지 않으며, 식자층 독자들을 겨냥한 티투스 리비우스나 발레리우스 막시무스, 수에토니우스 등의 역사서 번역들에서 삽화가 상용되는 이유도 금방 짐작할 수 있다. 고인쇄본의 경우, 대개 각 장의 첫 페이지에 집중된 가장자리 여백 장식은 매우 제한된 방식으로 사용되었고 필사본에서의 방식과 별로 다르지 않았다는 점을 확인할 수 있다. 또 그림문자로 된 머릿글자 역시 필사본과는 달리 인쇄본에서는 거의 사용되지 않았다는 점이 특기

31) 이 책의 경우 동일한 목판화가 네로 황제뿐만 아니라 앞서 티투스 황제의 모습에도 이미 사용되었음을 부기해두자.

32) D. Sansy, *op. cit.*, pp. 60-61을 참조.

할 만하다.

인쇄본에서의 목판화 사용은 크게 두 가지 범주로 나누어 볼 수 있다. 첫 번째로는 텍스트를 충실히 따르는 이미지, 다시 말해 문자 그대로의 의미에서의 '삽화'인 '예화'에 해당하는 목판화가 있었고, 두 번째로는 텍스트와 무관한 삽화가 존재했다. 후자의 경우 이미지의 기능과 의미, 독자의 수용 양상 및 해석 여부는 전체 맥락 속에서밖에는 파악할 길이 없다. 그러나 보다 세부적으로 살펴본다면 인쇄본에서의 목판화 삽화에는 세 번째 기능도 존재한다고 말할 수 있다. 표면적으로는 텍스트의 내용에 적절히 부합하는 것처럼 여겨지지만, 실질적으로는 여러 층위에서 텍스트의 내용과 간극을 보이는 '기이한 삽화'는 '죽음', 특히 15세기 말 출판업자 기요 마르샹(Guyot Marchant)이 펴낸 『죽음의 무도』(*Danse macabre*)에서 특징적으로 나타난다.

'중세'를 바라보는 부정적인 시각들, '중세'라는 말에 투사된 갖가지 어두운 음영들 가운데 가장 대표적인 것의 하나로 '죽음의 무도'를 들 수 있다. 잦은 재난과 전쟁, 흑사병으로 대표되는 질병들이 중세를 늘 불길한 그림자로 받아들이게 한 것도 사실이지만, 적어도 '죽음'은 이미지 차원에서는 새로운 표현의 물길 하나를 열어주었다는 점에서 특기할 만하다. 죽음에 대한 변화된 인식의 표상이자 재현인 왕생법(往生法)과 '죽음의 무도'는 '죽음'에 대한 새로운 시각과 변화된 이미지들을 선보였다는 점에서 다시 검토할 필요성이 있다. 따라서 기요 마르샹이 펴낸 『죽음의 무도』에서 드러나는 텍스트와 어긋나는 이미지의 특징을 논하기에 앞서, 중세 유럽 전역에서 성행했던 '죽음의 무도'와 관련된 전반적인 내용들을 짚어두도록 하자.[33]

---

33) 이하 '죽음의 무도'에 관한 전반적인 설명 가운데 상당 부분은 김준현, "'죽음'과 '시적 현대성' — 비용, 보들레르, 랭보", 「불어불문학연구」, 83, 2010, pp. 88-92의 정리·요약임을 밝힌다.

〈그림 31〉

'죽음'은 종종 베일을 쓰고 피묻은 옷을 입은 처녀의 모습으로 형상화되곤 했을 뿐이며, '죽음'에 대한 이야기는 이승에서의 삶이나 현세에 남겨진 자들이 겪는 고통의 정도를 드러내기 위해 거론되곤 했다. 그러나 위령 미사의 일반화와 '최후 심판'에 대한 강조, 나아가 '연옥'의 도입을 통해 '죽음'은 새로운 표상으로 등장한다. '죽음의 무도'에서 '세 명의 죽은 자와 세 명의 산 자'(Dit des trois morts et des trois vifs) 이야기가 기여한 몫은 상당하다. <그림 31>에서 볼 수 있듯이,[34] 이 이야기는 여러 필사본들에서부터 채색 삽화로 그려지곤 했으며, 어느 특정 지역에 국한된 것이 아니라 유럽 전역에서 이야기되었다. 아래의 <그림 32>에서 나타나는 은자(隱者)의 모습과 십자가에서

〈그림 32〉

---

34) *Psautier de Robert de Lisle*, Manuscrit Arundel 83 de la British Library(ca. 1310-1320), f. 127.

도 짐작되듯,[35] 지극히 교화적인 이 이야기의 기원은 불분명하지만, 죽은 자와 산 자가 서로 조우하여 대화를 나누며, '지금 그대들의 모습은 과거 우리의 모습, 지금의 우리 모습은 미래의 그대들'이라는 죽은 자들의 말 속에 '세 명의 죽은 자와 세 명의 산 자' 이야기의 중심 요체가 들어있다. '죽음의 무도'의 형성에 상당한 영향력을 행사한 또 다른 작품으로는 이른바 'Vado mori' 계열의 작품을 들 수 있다.[36] 'Vado mori' 계열의 시는 죽은 자와 산 자 사이의 '대화'가 아닌 '산 자의 독백'이라는 점에서 주목을 끈다. 갖가지 신분의 사람들과 고금의 저명한 인물들이 개인의 긴 독백 안에서 자유롭게 거론되며, 거의 모든 과거사를 작품 안에서 논할 수 있게 된다는 특징과 함께 진지한 개인적 성찰들이 중심에 자리잡게 된다.

중세의 '죽음'을 통칭하는 절대적 기호이자 상징처럼 받아들여지는 '죽음의 무도'는 장 르 페브르(Jean Le Fèvre)가 1376년에 쓴 작품인 『죽음의 유예』(*Respit de la mort*)에서 기원한다.[37] 초기의 경우, '죽음의 무도'와 관련된 작품 대부분은 '설교'의 형식이었고, 내용면에서는 육체의 부패, '영혼'의 구원, '영원한 생명' 등이 강조되었다. 그리고 '죽음'과의 조우에서 표출되는 반응들은 체념, 신의 은총에 대한 기원, 선한 기독교인으로 삶을 마감하겠다는 각오 등이었다.[38]

---

35) 1486년에 발간된 기요 마르샹의 『죽음의 무도』 판본에 실린 '세 명의 죽은 자와 세 명의 산 자' 삽화.

36) 아울러 Eleanor Prescott Hammond, "Latin Texts of the Dance of Death", *Modern Philology*, 8, no 3, 1911, pp. 399-410을 참조.

37) 장 르 페브르는 다음과 같이 말한다: "Je fistz de macabree la dance / Qui toutes gens mène à la tresse / Et à la fosse les adresse / Qui est leur deraine maison..." 그러나 여기서 'fistz' 동사가 의미하는 바가 '그가 작품을 만든 것을 의미하는지' 아니면 '실제로 그가 죽음의 무도를 춘 것을 의미하는지'는 불분명하다.

38) 중세의 '죽음' 및 '죽음의 무도'에 대해서는 T. S. R. Boase, *Death in the Middle Ages*, New York, McGraw-Hill Book Company, 1972; John Cohen, "Death and The Danse Macabre", *History Today*, 32, 1982, pp. 35-40; A. Corvisier, *Les danses macabres*, Paris, P.U.F., 1998; E. Dubruck, *The Theme of Death in French poetry*

인쇄술의 발명 이전, '죽음의 무도'는 주로 수도원이나 교회 혹은 묘지의 외벽에 그림으로 그려지곤 했다.[39] 이미 1424년부터 파리의 성 이노상 묘지 외벽에 '죽음의 무도'가 시각적으로 재현되며, 1478년경부터 책으로 출판되기에 이른다. '죽음의 무도'라는 주제는 15-16세기 거의 전 유럽에서 공통적으로 관심을 끌었으나, 나라별로 특별한 차이점을 보이지는 않았다.[40] 나이, 성별, 사회적 신분에 상관없는 '죽음'의 손길과 타격은 권세를 한 손에 쥔 황제이건 신의 대리인인 교황이건 간에 용서하지 않으며, 요람속의 아이도 연약한 여자도 피해갈 수 없는 것이었다. 한 쌍이 된 산 자와 죽은 자가 연이어 등장하는 죽음의 무도에서, 죽은 자는 사실 산 자의 미래의 모습에 다름 아니었으며,[41] 다양한 쌍들은 사회적인 계층에 의거하여 속인과 성직자층이 차례차례 번갈아가며 모습을 드러낸다.

'죽음의 무도'가 가장 널리 사람들에게 알려지게 되는 것은 1485년에 간행된 기요 마르샹의 판본을 통해서였고, 여기에 수록된 삽화는 성 이노상 묘지 외벽의 그것을 그대로 옮긴 것으로 알려져 있다. 기요 마르샹의 판본에 수록된 텍스트는 지극히 교화적인 어조에 비추어 보았을 때, 파리 대학의 샹슬리에였던 장 제르송(Jean Gerson)의 설교였을 것으로 추정되곤 했지만 사실 그 진위는 여전히 불명확하다. 다만 내용상 적어도 신학에 조예가 깊은 성직자가 저자였을 것이라는 점은 분명하다. 기

---

of the Middle Ages and the Renaissance, The Hague, Mouton & Co., 1964; J. P. Mackenbach, "Social Inequality and Death as Illustrated in Late-Medieval Death Dances", *American Journal of Public Health*, 85, 1995, pp. 1285-1292; Jane H. M. Taylor, "Danse macabré and bande dessinée: a question of reading", *Forum for Modern Language Studies*, 25, 1989, pp. 356-369 등을 참조.

39) P. Vaillant, "La danse macabre de 1485 et les fresques du charnier des Innocents", *Actes des congrès de la Société des historiens médiévistes de l'enseignement supérieur public*, 6, 1975, pp. 81-86을 참조.

40) Alberto Tenenti, *La vie et la mort à travers l'art du XVe siècle*, Paris, 1952, p. 27.

41) E. Mâle, *L'Art religieux de la fin du Moyen Age en France*, Paris, p. 395.

요 마르샹의 초판은 선풍적인 인기를 끌었고 금방 소진되어, 이듬해인 1486년에는 이전 초판에는 없던 6개의 새로운 삽화가 추가되었을 뿐만 아니라 '세 명의 죽은 자와 산 자' 이야기 및 라틴 격언들도 함께 수록된 일종의 확장판이 다시 간행된다. 같은 해 기요 마르샹은 여성들만 등장하는 '죽음의 무도' 역시 발간하며, 1490년에는 1486년의 재판을 다시 찍은 3판을 간행하기에 이른다.

기요 마르샹의 판본은 설교를 마친 한 인물이 의자에 앉아 앞에 놓인 서판의 책을 펼치는 장면으로 시작하며(<그림 33>), 여기서 그가 펼치는 텍스트는 바로 이제 소개될 책의 시각적인 재현처럼 보인다는 점에서 삽화 하단의 텍스트와 긴밀히 연계된다.[42] 한편 텍스트는 "영원한 생명을 욕망하는 자"에게, "죽을 수밖에 없는 운명적인 삶을 잘 마치기 위한 교의를", 즉 "죽음의 무도라 불리는" 가르침을 전하며, "이 거울에서 모든 이들이 춤추게 된다는 것을 읽을 수 있을 것"임을 강조한다.[43] "영원한 삶을 바라는 분별력을 갖춘 피조물"에게 가사자의 운명을 상기시키는 '죽음의 무도'에는 의미심장

〈그림 33〉

42) 이하 기요 마르샹의 판본에 나타나는 텍스트와 이미지의 관계에 대해서는 D. A. Fein, "Guyot Marchant's Danse Macabre. The Relationship Between Image and Text", *Mirator Elokuu*, 2000, pp. 1-11을 주로 참조, 정리하였음을 밝힌다.

43) 인용은 Joël Saugnieux, *Les danses macabres de France et d'Espagne et leurs prolongements littéraires*, Paris, Les belles lettres, 1972에 의거한다. 이후 DMGM으로 약기하며, 괄호 안에 쪽수를 병기하도록 한다. "O créature raysonnable / Qui desires vie eternelle. / Tu as cy doctrine notable: / Pour bien finer vie mortelle. / La dance macabre sappelle: / Que chascun a danser apprant. / [...] En ce miroer chascun peut lire / Qui le conuient ainsi danser. [...]"(DMGM, p. 143)

하게도 '구원의 거울'('Le Miroir salutaire')이라는 부제가 달린다.

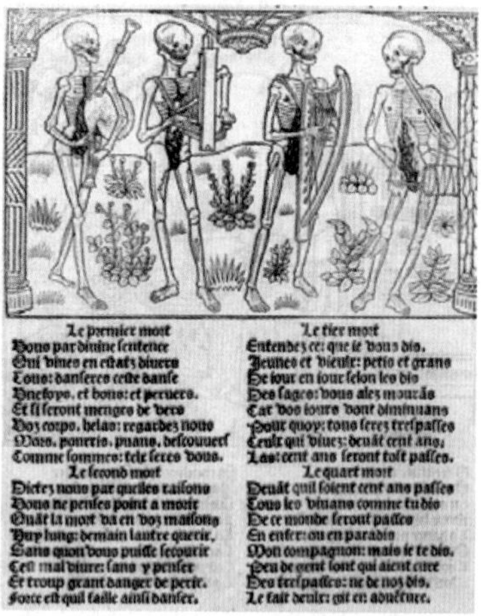

〈그림 34〉

다음으로는 네 명의 '죽은 자-악사'들이 저마다 악기를 갖고 등장하며(<그림 34>), 앞선 저자의 목소리와는 다른 목소리로, 그러나 그 본질은 유사한 전언들을 던진다. 1485년의 초판에서는 나타나지 않았던 이 네 명의 '죽음의 악사'들의 등장은, 정지된 모습으로 재현되었음에도 불구하고 일면 조화롭지 못한 불안정함을 느끼게 만드는 동시에 '기이한 유희'의 시작을 알린다는 점에서 효과적인 초대가 아닐 수 없다. 하지만 <그림 34>에 등장하는 네 명의 죽은 자들이 본격적인 무도에 재차 등장하는지 아니면 선두에서 무도의 행렬을 이끄는지 여부는 확실하지 않다. 일례로 첫 번째 죽음은 다음과 같이 말한다.

> 그대들, 신의 섭리에 따라
> 다양한 신분으로 살아가는 이여
> 모두가 이 춤을 추어야 하리니 [...]
> 슬프도다, 우리를 보라
> 죽어 썩고, 악취를 풍기며, 뼈만 남은.
> 우리와 마찬가지로, 그대들도 이렇게 되리.[44)]

---

44) "Vous par divine sentence / Qui vives en estatz divers / Tous danseres cette danse / [...] Hélas, regardez nous / Mors, pourris, puans, descouvers. / Comme sommes, tels seres vous."(DMGM, p. 144)

8음절 8행시로 구성된 각 텍스트의 경우, 시적인 상태의 재현이나 미묘함을 만들기보다는 다루는 주제에 내포된 도덕적인 교훈들을 암시하는 데 더 주안점을 두는 듯한 인상을 준다. 이와는 반대로 목판화로 재현된 이미지들은, 단조로운 텍스트의 내용처럼 기계적으로 동일한 면모의 판화를 만든 것이 아니라, 죽음의 의상, 죽음이 손에 쥔 도구, 초대하는 죽음의 몸짓과 발걸음, 시선과 동작에서 암시되는 조롱과 경멸의 표현, 초대하는 자와 원치않는 초대받은 자 사이의 대조를 생동감있게 표현한다.

황제와 교황, 추기경과 왕, 교황 특사와 공작 등이 등장하는 장면의 삽화에서는 죽음의 손길에 순응하고 체념하는 산 자들의 모습이 일관되게 표출된다. 그러나 돌연 주교와 시종 기사가 등장하는 <그림 35>에 오면, 마치 죽음이 어깨에 올린 낫과 뒤돌아보는 눈길에 체념한 듯, 순응하며 죽음이 이끄는 대로 발걸음을 옮기는 주교와는 달리, 시종 기사는 마치 거절하거나 사양하는 듯한 표시로 한 손을 들어 올리며, 몸을 슬며시 돌린 그의 발걸음은 죽음이 이끄는 방향과 반대로 나아간다. 물론 시종 기사의 몸짓이 죽음 앞에서는 결코 도망칠 수 없다는 무용함을 강조하기 위한 의도일 수도 있으나, 이러한 삽화상의 재현은 텍스트에

〈그림 35〉

서 이야기되는 내용과는 상당한 간극을 보인다.

> 미처 한 마디도 말하기 전에
> 죽음이 나를 제 그물에 잡았으니
> 쾌락이여 안녕히, 위안이여 안녕히
> 귀부인들이여 안녕히, 나 더는 웃을 수 없으리 [...]
> 모두가 죽을 수밖에 없는 운명이나 그 때를 알지 못하니.45)

물론 위에서 살펴본 하나의 이질적인 이미지만으로 기요 마르샹의 판본에 나타나는 목판화의 전반적인 특징을 충분히 설명할 수는 없다. 그러나 <그림 35>에서 제시되는 성직자층과 세속인의 죽음에 대한 반응은, 텍스트의 내용과 최소한의 관련성을 유지하지만 동시에 어느 정도 동떨어진 의미 부여와 해석 가능성을 암시한다는 점에서 주목할 필요가 있다. 목판화에서 재현된 산 자들의 의복과 그들이 지니고 있는 물건들은 저마다 하단 텍스트의 화자와 일치한다. 그러나 이미지에서 드러나는 성직자층의 반응이 교화적인 어조의 텍스트에 부합하는 데 비해, 목판화에서 재현된 속인들의 이미지는 교회의 통상적인 가르침과 설교들을 슬며시 비틀어 유사한 내용을 전하면서도 그 주안점을 이동시킨다.46)

따라서 텍스트의 내용이 종교적인 시각을 투영한 식자층의 관점이라면, 삽화인 목판화에는 민중의 시각을 담은 세속적인 재해석이 슬며시 가미되는 것처럼 보이며, 바로 이 점에서 대조를 이루는 세속 문화와 식자층 문화의 조우, 중세 특유의 현상이기도 한 '이중성'의 흔적을 짚어

45) "Puis que mort me tient en ses las/ Au moins que ie puisse vng mot dire/ Adieu deduis: adieu soulas/ Adieu dames plus ne puis rire/ [...] Tous fault mourir on ne scet quant"(DMGM, p. 150)

46) 이에 대한 예로는 고리대금업자, 변호사, 의사가 등장하는 대목 등을 들 수 있다.

볼 필요성이 대두된다. 매우 부분적으로 살펴보았지만, 기요 마르샹의 『죽음의 무도』에 삽입된 목판화 삽화들은 표면적으로는 텍스트 내용의 요약이자 설명임을 드러내면서도, 동시에 기술된 텍스트에서 슬며시 비켜남으로써 하나의 사안에 대한 '또 하나의 시각'을 '말없는 목소리'로 전달하고 해석하게 한다.[47)]

4. 결론을 대신하여

18세기 들어 다시 관심을 끌게 된 고딕 건축과 삽화본의 기원을 이미 '중세'에서 찾아볼 수 있듯이, 텍스트와 이미지의 관계 역시 고대 이래 중세부터 다양한 양상으로 표출된 바 있다. '책'이라는 특별한 공간 속에 자리잡은 이미지들은 텍스트 외부에, 다시 말해 채색 유리나 벽에 그려진 것과는 또 다른 층위에서 텍스트와 이미지의 관계를 조망하게 한다.

12-13세기 이래로 가속화되었던 여러 변화들, 도시의 발달과 대학의 설립, 새로운 독자층의 형성과 책에 대한 관심을 통해, 텍스트와 이미지의 관계 역시 미묘한 변화를 보이며, 아직 오롯한 제 모습을 갖추지 못한 면모이긴 하지만, 필사본과 고인쇄본들의 삽화 자체가 때로는 하나의 독립된 의미를 때로는 텍스트와의 상호적인 의미작용을 전달하는 계기가 형성되기 시작한다. 아울러 삽화, 서체, 텍스트의 상관관계 속에서 중세 문화의 연속성과 이질성을 파악할 수 있는 계기의 순간들이 마련되기도 한다는 점에 주의를 기울일 필요가 있다.[48)]

---

47) 기요 마르샹의 '죽음의 무도'에서 나타나는 텍스트와 이미지의 관계에 대한 보다 상세한 논의는 후속 연구로 남겨두기로 한다.

48) 1350-1450년 사이의 복고 분위기는 필사본 문화의 '최후의 황금시대'처럼 인식되

처음 그 모습을 드러낸 이후 수백년 동안 '죽지' 않고 살아남은 '불사(不死)의 죽음', '죽음의 무도'는 텍스트와 이미지의 상관관계에 새로운 시사점들을 던지게 된다. '죽음'이라는 보편적인 주제 안에는 수많은 이질적인 인물들이 등장하게 되며, 동시에 종교적인 사고와 사회적인 현상들을 담아내는 한편 끊임없는 '변신'과 다양한 이미지의 확산이 이루어진다.

과거 한 수사학 교본이 강조했던 바인 "시는 말하는 그림이어야 하며, 그림은 말없는 시가 되어야 한다"는 말은 중세의 텍스트와 이미지 관계에서도 항상 재조명될 필요가 있다.[49] 중세 문화의 상당부분을 '텍스트와 이미지'의 결합 관계에서 파악할 수 있으며, 바로 이 지점에서 역사, 예술사, 문헌학, 문학의 접점이 이루어지는 만큼, 중세의 텍스트와 이미지에 대한 고찰은 다양한 의미망을 연결시키고 새로운 의미 작용들을 짚어볼 수 있는 여러 층위의 '대화의 장', '끊임없는 의미작용의 터전'을 만드는 계기가 될 수 있을 것이다. 그리고 이를 통해 모파상이 『피에르와 장』(*Pierre et Jean*)에서 말했던 '독창성'의 추구, 다시 말해 '어느 것에나 남아있는 아직 탐구되지 않는 것'을 '우리'의 시각으로 바라보는 순간이 도래할 수 있을 것이다.[50]

기도 한다. 또 1450-1500년 사이에 이루어진 인쇄본의 출간에서, 대략 200부 정도가 간행되었다는 점은 책의 파급 효과면에서 특기할 만하다. 하지만 최초의 인쇄본과 필사본의 차이는, 구텐베르그 성서의 활자와 형식에서 쉽게 확인되듯이, 그리 크지 않았다. 자세한 내용에 대해서는 Elizabeth L. Eisenstein, *La révolution de l'imprimé à l'aube de l'Europe moderne*, Paris, Hachette, 1991을 참조.

49) *Rhetorica ad herennium*, IV, XXVIII, 39.

50) Guy de Maupassant, *Pierre et Jean*, éd. Bernard Pingaud, Paris, Gallimard, 1982, p. 58을 참조.

참고문헌

김준현. "'로쿠스 아모에누스'(locus amoenus)의 중세적 변용." 「중세르네상스 영문학」 11(2003): 219-41.

_____. "'죽음'과 '시적 현대성' — 비용, 보들레르, 랭보." 「불어불문학연구」 83(2010): 85-128.

Boase, T. S. R. *Death in the Middle Ages*. New York: McGraw-Hill Book Company, 1972.

Cohen, John. "Death and The Danse Macabre." *History Today*, 32(1982): 35-40.

Coqt, Dominique. "Les incunables: textes anciens, textes nouveaux." *Histoire de l'édition française*. t. I. Pormodis, 1982. 177-193.

Corvisier, André. *Les danses macabres*. Paris: P.U.F., 1998.

Dubruck, Edelgard. *The Theme of Death in French poetry of the Middle Ages and the Renaissance*. The Hague: Mouton & Co., 1964.

Dureau, J.-M. "Les premiers ateliers français." *Histoire de l'édition française*. t. I. Promodis, 1982. 163-175.

Eisenstein, Elizabeth L. *La révolution de l'imprimé à l'aube de l'Europe moderne*. Paris: Hachette, 1991

Fein, David A. "Guyot Marchant's *Danse Macabre*. The Relationship Between Image and Text." *Mirator Elokuu* 2000: 1-11.

Grégoire de Tours. *Histoire des Francs*. tr. par Robert Latouche. Paris: Les Belles Lettres, 1996.

Guillaume de Lorris. *Le Roman de la Rose*. éd. Jean Dufournet. Paris:

Flammarion, 1999.

Hammond, Eleanor Prescott. "Latin Texts of the Dance of Death." *Modern Philology* 8(1911): 399-410.

Huizinga, J. *L'Automne du moyen âge*. traduit par J. Bastin. Paris: Payot, 1975.

Labarre, Albert. "Les incunables: la présentation du livre." *Histoire de l'édition française*. t. I. Promodis, 1982. 195-215.

Mackenbach, Johan P. "Social Inequality and Death as Illustrated in Late-Medieval Death Dances." *American Journal of Public Health* 85(1995): 1285-1292.

Mentré, Mireille. "Remarques sur l'iconographie des romans arthuriens." *Cahiers de civilisation médiévale* 29(1986): 231-242.

Perrousseaux, Yves. *Histoire de l'écriture typographique de Gutenberg au XVIIe siècle*. Atelier Perrousseaux éditeur, 2005.

Recht, Roland. *L'image médiévale. Le livre enluminé*. Paris: Réunion des musées nationaux, 2010.

Sansy, Danièle. "Texte et image dans les incunables français." *Médiévales* 22-23(1992): 47-70.

Saugnieux, Joël. *Les Danses macabres de France et d'Espagne et leurs prolongements littéraires*. Paris: Les Belles Lettres, 1972.

Taylor, Jane H. M. "Danse macabré and bande dessinée: a question of reading." *Forum for Modern Language Studies* 25(1989): 356-369.

Tenenti, Alberto. *La vie et la mort à travers l'art du XVe siècle*. Serge Fleury, 1983.

Toubert, Hélène. "Formes et fonctions de l'enluminure., *Histoire de l'édition française*. t. I. Promodis, 1982. 87-129.

Vaillant, Pierre. "La danse macabre de 1485 et les fresques du charnier des Innocents." *Actes des congrès de la Société des historiens médiévistes de l'enseignement supérieur public* 6(1975): 81-86.

Wirth, Jean. *Les marges à drôleries des manuscrits gothiques*. Genève: Droz, 2008.

Wisman, Josette A. "La symbolique du miroir dans les Dances macabres de Guyot Marchant." *Romanische Forschungen* 103(1991): 157-171.

4

문자 · 이야기이미지 · 시각적 이미지의 상호교섭과 해독

- 조선후기 효제문자도(孝悌文字圖)를 중심으로

엄 소 연

요 약

본 논문은 한자문화권에서 유일하게 조선이 효제도라는 조형양식을 창출했다는 점에 주목하고, 유교윤리의 골자인 '효 · 제 · 충 · 신 · 예 · 의 · 염 · 치'의 8덕목을 한 세트로 한 효제도의 특징을 문자와 그림의 이미지 표현관계에서 발생하는 의미구조를 통해 고찰해보려 하였다. 이에 효제도의 형성이 가능했던 사회역사적 배후와 민화문자도의 양상을 알아보았고, 각 글자별로 함의하고 있는 텍스트의 내용 및 이와 결부된 이야기이미지(story-image) · 시각적 이미지(visual image)의 상호교섭방식 및 특징에 의해 6가지 유형(기본형, 상징형, 결합형, 의장형, 해체형, 복합형)의 의미구조를 분석하여 그 결과를 해독해 보았다.

1. 한자(漢字)문화와 문자도(文字圖)

문자도는 문자의 의미성과 그림의 시각성을 조형적으로 결합하여 그 시대를 살았던 사람들의 생각과 마음을 아우른 이미지라고 할 수 있다. 한국을 비롯하여 중국, 일본, 베트남 등 한자문화권에서 문자도가 성행[1] 했었는데, 이는 '한자(漢字)'[2]라는 문자의 특성을 바탕으로 하고 있다. 수천년 전부터 형성된 한자는 의미가 없는 글자가 모여 어떤 말을 나타내는 표음(表音)문자와 달리, 원칙적으로 그 자신의 의미가 있는 하나의 문자가 하나의 말을 나타내는 표의(表意)내지 표어(表語)문자로 형태[形]·발음[音]·의미[意]가 일체되어 쓰여진 '시각적 문자'이자 '시각적 자어(字語)'이다. 원래 한자는 상형문(象形文)에서 비롯하였기에 시각성이 강할 수밖에 없을 것이다.[3]

중국 최초의 문자학 서적인 『설문해자(說文解字)』의 서문에서 저자 허신(許愼, 58경~147경)은 다음과 같이 문(文)과 자(字)의 뜻을 밝히고 있다.

> 창힐(倉頡)이 처음 문자를 만들 때 아마도 종류별로 그 형태를 그대로

1) 한국, 중국, 일본, 베트남의 문자도에 대해서는 이명구·남인복, 「한자문화권 문자도의 그래픽 콘텐츠 연구-한, 중, 일, 베트남의 민간화를 중심으로-」, 『디자인학연구』, 통권 제57호, Vol. 17, No. 3(2004), 209-220쪽 참조.

2) 중국문자를 한자(漢字, 漢나라의 문자)로 부르게 된 내용에 대해서는 최영애, 『한자학강의』(서울: 통나무, 2006), 45-53쪽 참조.

3) "한자가 강력한 힘을 발휘할 수 있는 까닭이 視覺에 호소하는 표의문자에 있는 것이 아닐까?…[중략]…한 글자 한 글자가 시각적 파악의 단위로 인식이 되는 시각적 문자이기 때문이 아닐까." 최영애, 같은 책, 40쪽. 기억술을 통해서 한자 육서(六書; 상형, 가차/해성, 지사, 회의, 전주)원리와 한자의 이미지화를 적극적으로 서로 관련시키려 했던 마테오 리치(Matteo Ricci)의 『서국기법』에서 한자의 시각성을 파악해 볼 수 있다. 이에 대해서는 김남시, 「기억 이미지로서의 중국문자-마테오 리치의 『서국기법』(西國記法) -」, 『인문논총』, 제67집(2012), 445쪽의 표 참조.

그렸을 것이다. 그래서 이것을 文이라고 한다. 그 후 文을 단위로 해서 그 형태와 음을 서로 배합하여 늘어난 글자를 바로 字라고 한다. 字라는 것은 말이 파생되어 점점 더 많아진 것이다.[4)]

기원전 108년 한반도에 한자가 대거 전래되고 중국식 제도, 문화 등을 받아들이면서[5)] 늦어도 6세기에는 통치계층에서 한자를 널리 사용하였고 한문을 문어(文語, written language)로 삼았을 것으로 추측된다.[6)]

한편 한자문화권에서 통용된 한자와 그 서법(書法) 및 화법(畵法)의 친연성에 의한 '서화동원론(書畵同源論)'[7)]은 서예와 회화가 한자의 상형성(象形性), 시각성에서 비롯되었음을 여실히 보여줄 뿐만 아니라, 작가의 정신성이 반영된 묵운(墨韻)[8)]을 동일한 서화재(書畵材; 종이, 붓, 먹)로 표현하는데 가치를 두는 근거를 마련한 것이다. 기원전 8세기 무렵으로 추정되는 중국 문자도의 기원 역시 '문자[漢字]-서(書)-화(畵)'의 연관성에서 비롯하였다.

---

4) 倉詰之初作書, 蓋依類象形, 故謂之文. 其後形聲相益, 卽謂之子. 字者言孳乳而浸多也.

5) 최영애, 앞의 책, 31쪽. 지금 한국어에서 한자이휘가 70%를 자지하고 있으며 일상어휘에서도 25%를 차지하고 있다고 한다.

6) 세종 25년(1443) 우리 고유의 문자인 훈민정음(訓民正音)이 창제된 후 차츰 쇠퇴하기 시작한 이두(吏頭)는 넓은 의미로 한자차용 표기법 전체를 또한, 좁은 의미로는 한자를 국어의 문장 구성법에 따라 고치고 이에 토를 붙인 것만을 가리킨다. 이두는 신라 초기부터 발달하기 시작했다고 추측되는데 대개 의미부는 한자의 새김[釋]을 취하고 형태부는 한자의 음을 취하여 특히, 곡용이나 활용에 나타나는 격이나 어미를 표기하다가, 문장 전체를 표기하게 되는 향찰에 와서 그 난숙기에 다다른다. http://100.daum.net/encyclopedia/view.do? docid=b17a313a

7) 중국 당나라 때 서법가이자 서화이론가인 장언원(張彥遠)이 835년경 편찬한 화사(畵史), 『역대명화기(歷代名畵記』에서 언급한 이론이다. 자세한 내용은 이성미·김연희 공저, 『한국회화사용어집』(서울: 다홀미디어, 2003), 123-124쪽 참조.

8) 중국 송나라 이후 더욱 발전된 '수묵사의화(水墨寫意畵)'의 기본개념중 하나이다. 자세한 내용은 천촨시 지음, 안영길 역, 『시공아트 40, 푸바오스』(서울: 시공사, 2004), 150쪽.

문자도의 기원은 춘추말기부터 시작되어 명말 청초에 들어 장식화 양식으로 구축됐다는 것이 통설이다. 문자도는 중국 춘추말기 고동기(古銅器)나 깃발에 있는 새 모양에 착안하여 나온 조서(鳥書), 충서(蟲書) 등 문자를 장식하는 데서 출발하여, 비백(飛白)[9]으로 동물의 형상을 더하기에 이르렀는데, 이는 지금까지 그려지는 혁필화(革筆畵)와도 연관이 있다. 이후 명대에 수(壽)·복(福)문자를 중심으로 글자를 도안화하고 회화화(繪畫化)하여 각종 공예품이나 복식 등의 장식문양으로 나타났고, 청대가 되면 민간에까지 파급되어 각 지역을 중심으로 지역적 특징을 보이면서 다채롭게 전개됐다.[10]

한자문화권에서는 한자가 상형문자로서 갖는 문력(文力)에 기대어 재앙을 물리치고 행복을 기원하는 여러 습속이 발전해왔다. 그렇다고 모든 한자가 이미지화됐던 것은 아니다. 대체로 당대의 사회적 맥락을 반영한 사상체계의 '의미 있고 중요한' 문자들이 강화되며 문자도나 공예품의 문양으로 표출됐던 것이다. 중국 명청(明淸)시기의 문자도는 도교적인 복록수(福祿壽)[11]의 길상(吉祥)[12]문자를 중심으로 대형의 걸개그림부터 창문에 붙이는 창화(窓畵)에 이르기까지 다양하게 제작되었

9) 붓이 지나간 자리에 여백이 남는 특수한 기풍의 서예 화법인데 쓰기는 어려우나 우아한 멋이 있다. 조문윤 외, 김택중 외 옮김, 『무측천 평전』(서울: 책과 함께, 2004), 472쪽.

10) 이경남, 「儒敎文字圖의 사상체계와 변천과정에 대한 재검토」, 『陽明學』, 제23호 (2009), 314쪽.

11) '오복(五福)'이란 상서로움이 구체적으로 표현된 것으로 행복[福]·관직[祿]·장수[壽]·기쁨[喜]·재물[財]을 뜻한다. 복성(福星)·녹성(祿星)·수성(壽星)·희신(喜神)·재신(財神)은 신선 세계에서 오복의 신(神)으로 추앙받았다. 黃全信 편저, 이익희 역, 『Design CHINA POWER 그 상상력의 비밀 1-福』(서울: 도서출판 Notebook, 2002), 4쪽.

12) 원래 길상은 중국의 옛 종정(鐘鼎)과 이기(彝器)와 같은 기물에 많이 보인다고 하며, 『역경(易經)』에 '變化雲爲吉事有祥'(변화하여 구름이 되니 吉한 일에 상서로운 조짐이 있다)라고 한 이후 '길상여의(吉祥如意)', 즉 '운수가 좋아 일이 뜻대로 이루어지기를 바란다'는 송축(頌祝)의 의미를 형성하게 된 것으로 보인다. 野崎誠近(노자키 세이킨), 변영섭·안영길 역, 『중국길상도안』(서울: 도서출판 예경, 1992), 76쪽.

다.[13] 예를 들어 <그림 1>은 길상적 '동음유감작화법(同音類感作畵法)'[14]에 따라 '복도(蝠倒; 거꾸로 매달린 박쥐)'가 '복도(福到; 복이 들어옴)'를 의미하게 된다.[15] 원래 '복도형(蝠倒形)' 박쥐는 명나라의 길상풍속 중 하나로 홍색 마름모형 안에 박쥐가 함의한 복을 '거꾸로 쓴 복(福)자'로 써서 출입문 앞에 붙여 복이 문을 통해서 들어오길 기원한 것에서 비롯하며, 이후 복 중에서도 '재물복'의 상징을 함축한 것으로 보인다.[16] 특히, 명말청초(明末淸初) 때 연화(年畵)가 성행하면서 판화로 만든 다양한 길상 문자도가 유포되었다. <그림 2>는 청나라 때 소주(蘇洲)지역에서 만들어진 수(壽)자 연화이고, <그림 3>은 복건성(福建省)의 복(福)자 연화로 각 도안 안에는 그 의미와 관련된 전설과 고사(故事) 등의 상징적인 장면과 인물이 함께 표현된 경우가 많다.[17] 또는 대련(對聯)형식의 <그림 4>처럼 한자를 까치[18] 형상으로

〈그림 1〉 중국의 '복도형(蝠倒形)' 문자도

13) 이경남, 앞의 논문, 335-336쪽 참조.

14) 다른 단어나 의미가 동음이자(同音異字)에 따라 상호 적용되는 방식을 말한다

15) 한국문화상징사전편찬위원회, 『한국문화상징사전 1』(서울: 두산동아, 2006), 309쪽, 각주 16.

16) 중국의 경우…[중략]…돈을 많이 벌기 위한 재물 복의 상징으로 생각했다. 예컨대 중국 식당에서는 붉은 글씨로 '福'자를 크게 써서 거꾸로 붙여 놓은 경우가 많은데, 이는 박쥐가 거꾸로 매달려 있는 것처럼 복이 달려 있으라는 뜻이다. 박영수, 『유물속의 동물상징이야기』(서울: 내일아침, 2005), 137쪽, 각주 25.

17) 연화에서는 길상문자가 중요한 제재의 하나로, '복(福)'·'록(祿)'·'수(壽)'·'희(喜)'의 네 글자가 가장 널리 제작되었다. 국립중앙박물관, 『길상-중국 미술에 담긴 행복의 염원』(서울: 시조문화, 2012), 102쪽. 중국 宋代에 민중의 생활화로 정착하기 시작한 연화는 새해의 풍년과 행복을 기원하는 복을 빌고, 사악한 기운을 물리치는 뜻을 넣어 문이나 벽, 실내에 붙이고 장식하는 길상화이다. 이러한 민간 연화는 17세기 이후 明末淸初에 들어서면서 전성기를 맞이한다. 특히 18세기 청대가 되면 연화의 풍습은 일반의 연례적인 문화 행사로 자리 잡으며 중국전역에 유행한다. 우영숙, 「朝鮮後期民畵와 明.淸代年畵 비교연구」, 명지대학교 석사학위논문(2008), 8쪽.

청나라, 소주(蘇洲), 도화오(桃花塢)판화
30.3×23.1cm

〈그림 2〉 수(寿)문자도

청나라, 복건성(福建省), 장주시(漳州市)판화,
23×22cm

〈그림 3〉 복(福)문자도

절강성(浙江省), 무강(武康)

〈그림 4〉 연화(年画) 문자도

쓰고 꽃으로 장식한 문자도도 있다.

아울러 기물에 길상문양을 표현하고 길상어구를 기록한 것은 대체로 한(漢)나라 때부터 시작하여 길상어구를 청동거울[銅鏡], 기와[蓋瓦], 청동기 등 다양한 기물에 기록하게 되었다고 한다.19) "한대 기와의 특징은 표면에 글자가 새겨져 있는 명문 막새가 유행하였다는 점이다. 글씨는 적게는 1자 많게는 12자까지 있지만 일반적으로 4자가 가장 많다. 글씨체는 전서(篆書)가 일반적이며, 그 내용으로는 길상적인 어구, 궁전이나 관청의 이름 등이 있다. 막새에 새겨진 길상구로는 '천추만세(千秋

18) 까치는 옛날부터 상서로움과 기쁨을 전해 준다고 하여 희작(喜鵲)으로 부르던 길조(吉鳥)이다. 따라서 까치는 기쁠 '희(喜)'를 상징한다.

19) 길상의 표현이 나타나는 시기는 중국 한(漢)나라 이전이고 민중의 생활 속에 정착된 것은 송대(宋代)무렵이지만, 본격적인 성행은 18세기 청(淸)대에 와서이다. 이명구·남인복, 앞의 논문, 211쪽.

萬歲, 국가가 천년만년 계속되기를)'<그림 5>, '부귀만세(富貴萬歲, 부귀가 계속되기를)', '연수장구(延壽長久, 수명이 오래 이어지길)', '장생미앙(長生未央, 오래도록 끝없이 살기를)', '장생무극(長生無極, 끝없이 오래 살기를)', '한병천하(漢并天下, 한나라가 천하를 아우르기를)', '장락미앙(長樂未央, 즐거움이 길게 이어져 끝나지 않기를)'등이 있으며, 그 중 '장락미앙' 막새가 가장 큰 비율을 차지한다. 전돌에 새겨진 길상구로는 '대길(大吉)', '부귀(富貴)' 등을 찾아볼 수 있다."[20] <그림 6>[21]

낙랑, 지름 14.3cm, 국립중앙박물관

〈그림 5〉 글자 수막새(千秋万歲)

청나라, 66x48.2cm, 숙명여자대학교 정영양자수박물관

〈그림 6〉 '수'자가 수놓인 덮개 (부분)

은 청나라 때 만들어진 '수'자가 수놓인 덮개이다. 양기(陽氣) 충만한 적색 바탕에 장수를 상징하는 학과 부귀영화를 상징하는 모란으로 행서체(行書體) '수'자를 형상화하여 장수의 의미를 강화하고 있다. 여성의 생일을 축하하는 선물로 만든 것으로 보인다. 전서체(篆書體)의 큰 '복'자 안에 작은 '복'자들이 가득 채워져 있는 자수공예품 <그림 7>은 문자의 반복을 통해 복을 희구하는 염원을 강조하고 있다.

"의미를 전달하기 위한 글씨와 형태를 나타내기 위한 그림이 미분리 상태였다"[22]

---

20) 국립중앙박물관, 앞의 책, 25쪽.

21) <그림 6>의 조선판이라 해도 무방할 만큼 유사한 형식의 <수자문(壽字紋)자수침장>(220x160cm)이 삼성미술관 리움에 소장돼 있다.

22) 장언원이 『역대명화기』의 「서화지원류(書畵之源流)」에서 한자의 창시에 대해 말

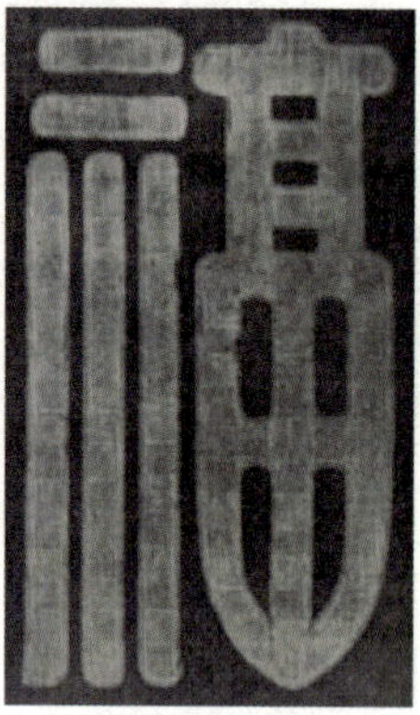

청나라, 자수, 147.7×85.1cm,
대만 국립고궁박물원

〈그림 7〉청건륭격사복자
(清乾隆緙絲福字)

는 한자의 연원은, 문자와 그림이 조형적 이미지로 결합된 문자도의 자연스러운 발생을 예고하는 것일지 모른다. 또한 행복[福]·관직[祿]·장수[壽] 등 길상문자와 길상어구로 이루어진 중국의 문자도와 공예품은, 새해와 같은 주요시기 및 상황에 벽사초복(辟邪招福)하여 모든 일에 행운이 따르기를 기원하는데 있어 가장 함축적인 문력을 가진 문자들로 이루어진 것들이다. 이것은 시대나 계층의 구별 없이 남녀노소 누구나 희구한 염원의 반영으로, 오랜 기간 한자문화권에 속해있던 한국의 길상풍속과 문자도에도 지속적인 영향을 끼쳤다고 볼 수 있다.

2. 조선시대 민화(民畵)문자도와 효제문자도(孝悌文字圖)[23]의 형성

2.1 민화문자도

"조선시대에는 한자를 사용한 각종 문화적 장치들이 생활 곳곳에 자리를 차지할 수밖에 없었다. 구체적인 예를 들어보면 제사 때 제단에 세우는 신위(神位)를 비롯해 연화, 문배(門排), 춘첩자(春帖字)[24], 춘련(春

한 내용이다. 이성미·김연희 공저, 앞의 책, 123쪽.

23) 이하 효제도(孝悌圖)로 약칭함. 효제도의 여러 명칭에 대해서는 이경남, 앞의 논문, 309-311쪽 참조.

24) 입춘(立春)날에 대궐 안의 기둥에 써 붙이는 한시(漢詩)의 대구(對句)를 이르던 말이다. 제술관(製述官)에게 명하여 하례(賀禮)하는 시를 지어 올리게 하여, 잎과

聯)[25] · 춘축(春祝)[26]이 있고, 문력(文力)으로 재앙을 물리치려 했던 옥수용호(玉水龍虎) 등의 벽사문자(辟邪文字), 또 현대 그래픽디자인에서도 놀랄 만큼 다양한 응용력을 보이고 있는 전서체(篆書體)의 백수백복도(百壽百福圖), 불사백수도(不死百壽圖), 불사백수부(不死百壽符), 불사백복부(不死百福符)와 같은 주술적인 글자부적[文字符籍] 그리고 민화, 의복, 건축물, 가구, 침구, 그림, 병풍, 부적, 식기나 각종 생활용품, 음식물 등 셀 수 없을 정도로 매우 다양한 곳에 수복강녕부귀다남(壽福康寧富貴多男) 등과 같은 길상문자가 사용되고 있었다."[27] 이중에서 문자도와 관련된 것은 벽사문자인 용호문배도[28], 길상문자의 백수백복도<그림 8>, 수묵화 계통의 길상문자도 <그림 9>와 민화[29]풍의 길상문자도<그림 10> 등이다.

19세기, 견본채색, 184.7x482.4cm, 서울역사박물관

〈그림 8〉 李亨祿필 백수백복도 10폭병풍(부분)

연꽃의 무늬를 그린 종이에 써서 붙였다.

25) 입춘에 문이나 기둥 따위에 써 붙이는 글씨이다. 입춘대길(立春大吉) 등의 글을 붙인다.

26) 입춘에 대궐에서는 춘첩자(春帖子)를, 민가(民家)에서는 춘련(春聯) 등의 글을 붙여 봄을 송축(頌祝)하는 일이다.

27) 이명구, 「조선후기 효제문자도와 지방적 조형특성 연구-효제문자도의 그래픽 콘텐츠를 중심으로-」, 『디자인학연구』, 통권 제58호, Vol. 17, No. 4(2004), 17쪽.

28) 호랑이는 진택(鎭宅), 용은 대길(大吉)의 기능을 하는 것이다. 조선시대 용호문배도에서 호랑이는 액막이(벽사), 용은 길상을 상징하는 것과 같은 개념이다. 정병모, 『민화』(서울: 다홀미디어, 2011), 253쪽.

29) 조선후기의 시대적 상황에서 성장한 신흥계층과 관련하여 성행했던 '속화(俗畵)'인 민화(民畵)에 대한 자세한 논의는 지면상 생략하기로 한다. 민화의 정의 및 유형 등에 대해서는 졸고, 「우리나라 박물관의 민화전시와 민화인식」, 『민속학연구』 제19호(2006.12.)와 졸고, 「朝鮮後期 動物象徵 硏究 -博物館 所藏品의 記意分類를 中心으로-」 홍익대학교 대학원 박사학위논문(2005), 39-42쪽 참고.

견본(絹本)자수, 각 57x34cm, 국립고궁박물관

〈그림 8-1〉 백수백복도 10폭병풍

100과 관련한 그림[30]이 처음 등장한 기록은 1610년 『광해군일기(光海君日記)』 2년 4월 16일 남평현감 조유한(趙維韓)이 명나라에서 들여온 전서체 백수도(百壽圖) 한 폭의 진상에 관한 것으로 <그림 7>과 유사한 형식으로 추정되고 있다.[31] 하지만 실제 전하는 백수도류(百壽圖類)는 어떤 이유에서인지 200여년이 지난 19세기의 작품들이 대부분이며 그 형식 또한 <그림 7>과 사뭇 다르다. 즉 화원 이형록(李亨祿, 1808~?)이 그린 <그림 8>처럼 전서체의 '수'자와 '복'자가 화면 전면에 포진한 10곡병이며 궁중유물인 백수백복자수병풍<그림 8-1>과 매우 흡사한 것을 볼 때, 이러한 형식이 당시에 궁중의 지배적인 길상문자도 형식이었음을 알려준다.

조선후기, 남농기념관

〈그림 9〉 小痴 許鍊, 寿字梅樹,

또한, 19세기의 길상문자도인 <그림 9>는

30) 숫자상징 100은 '많음'을 뜻하며 '百'의 고어인 '온'은 '모든전부'를 상징한다. 구미래, 『한국인의 상징세계』(서울: 교보문고, 2002), 23쪽. 백수도(百壽圖)는 처음에 중국의 장효라는 사람이 그림 속에 목숨 수(壽)자를 크게 한 자 쓰고, 그 안에 다시 목숨 수자를 작게 100자 써서 길상의 뜻으로 삼은 데서 유래한다.

31) 이를 근거로 정병모는 중국의 문자도가 우리나라에 전래된 시기를 1610년 광해군 때로 보고 있다. 정병모, 「조선민화에 끼친 유교의 영향」, 『미술사학』, Vol. 23(2009), 207쪽.

각 53.5×31.5cm, 한국고미술협회

〈그림 10〉 화훼문자도 8폭병풍

지본수묵(紙本水墨), 전주시립박물관

〈그림 11〉 문자도 6폭병풍

문인화가 허련(許鍊, 1809~1892)의 수묵화로 매화나무의 덩굴진 특징을 '수(壽)'자로 표현하였으며 민화풍의 길상문자도인 <그림 10> 역시 꽃나무의 굴곡을 '수(壽)'자, '복(福)'자 등의 길상문자로 형상화하였다. 이와 같이 그림의 한 부분을 문자의 형태감으로 대체하는 방식은 <그림 11>의 매국송죽(梅菊松竹) 민화문자도에서도 찾아 볼 수 있다.

지금까지 살펴본 조선시대의 문자도들은 용호문배도의 경우 '수호적(守護的)상징 문자도'로, 백수백복도와 수묵화 및 민화의 길상문자도는 세시(歲時)·명일(名日)의 풍속인 세화(歲畵)[32] 및 문배세화(門排歲畵)[33]

32) 세화는 새해를 송축하고 재앙을 막기 위한 용도로 그려진 그림으로 질병이나 재난 등의 불행을 사전에 예방하고 한 해 동안 행운이 깃들이기를 기원하는 벽사적·기복적인 성격을 띠고 전개되었으며, 새해 첫 날의 세시풍속의 하나로 이루어졌다. 처음에는 궁중풍속으로 시작되어 점차 민간층으로 확산되었다. 궁중에서 사용하는 것은 도화서에서 제작하여 12월 20일경 왕에게 진상하였으며, 이를 우열별로 등급을 나누어 각 殿과 宗室, 宰相과 군신들에게 하사품으로 내렸다. 『한국민족문화대백과사전』12권(성남: 한국정신문화연구원, 1991), 625-626쪽.

겉고름길이: 좌)62.5cm 우)76cm, 국립고궁박물관

〈그림 12〉 부금수복(付金寿福) 당저고리

와 연관되며 『삼국유사』의 기록으로 볼 때"고대 민간의 문첩벽사신앙(門帖辟邪信仰)에서 그 기원을 찾을 수 있다"[34] 이들은 중국의 세시연화(歲時年畵)·문배의 길상 풍속과도 연관성을 갖지만, 문자도의 종류나 제작방식, 조형형식 등에 몇몇 차이점도 있다. 즉, 조선시대의 용호문배도는 그림보다 문자로 대문에 붙여지는 경우가 빈발하며, 백수백복도를 포함한 길상문자도는 중국 연화처럼 판화로 제작되기보다는 직접 그린 것이 많고 그 종류는 다양하지 않다. 오히려 길상문자는 <그림 12>[35], <그림 13>[36],

---

33) "(음력 정월 초하루) 이른 새벽에 그림 그린 종이를 문과 창과 사립문에 붙인다…[중략]…또는 닭, 호랑이 그림 따위이다." 성현(成俔), 『慵齋叢話』제2권 九; 남만성 역, 『용재총화』(서울: 양우당, 1988), 81-82쪽.

34) 이명구·남인복, 앞의 논문, 212쪽. 문배세화의 풍속은 중국 제석(除夕)에 잡귀를 쫓고 새벽이 되면 대문에 문신상(門神像)을 붙이는 중국 궁중의 나례(儺禮)가 우리나라에 전해져 시작되었고, 점차 우리 식의 문신풍습이 자리 잡아 길상적 성격이 첨가·강화되면서 세화 풍습이 형성된 것이다. 전경욱, 「탈놀이의 형성에 끼친 나례의 영향」, 『민족문화연구』28(1995), 199-223쪽 참조.

35) 당의(唐衣)는 조선시대 여성 예복의 하나로 궁중에서는 평상복으로 입었다. 이 당의는 연두색 도류불수문고단(桃柳佛手紋庫緞)으로 지었는데 두껍고 광채가 난다. 겉은 도류(桃柳: 석류, 복숭아)와 꽃문양인 연두색 단에 수복(壽福) 두 글자를 부금(付金; 금박으로 문양을 찍음)하였다. 안은 능직(綾織)의 바닥에 큰 크기의 매화, 국화, 난초를 문직(紋織: 무늬를 넣어서 짬)하였다. 매화는 용기와 고결을, 난초는 우정과 고아(高雅)를, 국화는 군자의 고귀함을 나타낸다. 고름은 안과 같은 자주색 고단(庫緞)으로 했고, 안고름은 진분홍색 견(絹)이다. http://www.gogung.go.kr/gallery.do?cmd=galleryAroundForm&menu=19

36) 안쪽 바닥 가운데에 청화 안료로 넓게 원을 그리고, 그 안에 '복(福)'이라는 글자를 넣었다. 몸통에는 장수와 부 그리고 건강을 상징하는 '수(壽)', '복(福)', '강녕(康寧)'이라고 써넣었다. 유약은 푸른빛이 도는 백색 유약이 발라졌고 광택이 흐른다. http://www.museum.go.kr/program/relic/relicSearchList.jsp?menuID=001005 002001&langCodeCon=&searchSelect=NAME&keyWord=%EC%88%98%EB%B3%B5&pageSize=10&x=18&y=4

조선시대(19세기), 높이 11.8cm,
입지름 26cm, 국립중앙박물관

〈그림 13〉 백자 수복강녕(寿福康寧) 무늬대접

조선시대, 지름 10.1cm, 두께 3.3cm,
국립민속박물관

〈그림 14〉 베개모판(福자)

<그림 14>[37]처럼 의식주 생활용품의 문양으로 많이 등장하고 있다. 조형형식에 있어서는 청나라 연화(<그림 2, 3>)와 같이 문자의 내부를 관련 설화, 고사의 내용과 장식문양으로 꾸미는 것은 희박하고, 그림의 한 부분을 문자의 형태감으로 대체하는 방식이 주류를 이룬다.

2.2 효제도의 형성

한자문화권 중에서 유독 조선이 창출하고 폭넓게 수용했던 문자도가 있는데, 이것이 바로 효제도(孝悌圖)<그림 15, 15-1>이다. 따라서 조선시대의 민화문자도는 크게 세 종류로 "첫째는 용(龍), 호(虎), 구(龜) 등 수

37) 베갯모에 자수를 놓기 위하여 문양을 그려 놓은 밑그림을 새겨 놓은 판을 베개모판이라 한다. 베갯모 즉 베개의 양 마구리에 수를 놓기 위해 문양을 그려 놓은 밑그림을 새긴 것이다. 대개 나무판에 문양을 조각한 후 찍도록 하는데 서민용은 소나무를 가장 많이 사용하였다. 베갯모는 일반적으로 남자의 것은 둥글게, 여자의 것은 네모나게 꾸몄는데 이는 천원지방(天圓地方) 즉, 하늘[남자]은 둥글고 땅[여자]은 네모지다는 것을 상징한다. 베갯모 문양은 수복(壽福), 부귀(富貴), 다남(多男) 등의 문자문(文字紋)과 장수를 염원하는 장생문(長生紋)이 주를 이루었다. 베갯모에 사용된 문양은 대부분 한 쌍인데 이것은 부부화합과 자손번창을 의미하는 것이다. http://www.nfm.go.kr/Data/col_view_test.nfm?seq=466&gubun=N 이 유물은 둥근 형태의 남자용으로 보이며 가운데 '복(福)'자를 향하는 다섯 마리의 박쥐[蝙蝠]로 오복(五福; 壽, 富, 貴, 康寧, 多男子)을 강조하고 있다.

조선시대(18세기), 74.2x42.2cm, 삼성미술관 리움

〈그림 15〉 효제문자도 8폭병풍-효제충신

조선시대(18세기), 74.2x42.2cm, 삼성미술관 리움

〈그림 15-1〉 효제문자도 8폭병풍-예의염치

호적 상징 문자, 둘째는 부귀(富貴), 수복강녕(壽福康寧), 다남(多男) 등 부귀와 길상을 뜻하는 문자와 그것들을 응용한 문자 그림 그리고, 셋째는 효제도(孝悌圖)라 불리는 효(孝), 제(悌), 충(忠), 신(信), 예(禮), 의(義), 염(廉), 치(恥)의 8폭 문자도 병풍이다."[38]

그렇다면, 효제도는 언제부터 어떤 이유에서 제작되고 수용되었는가? 유교윤리의 8가지 골자를 표현한 효제도의 발생 시기에 대해서는 대개 다음의 4가지로 논의돼왔다. 첫째는 『삼강행실도(三綱行實圖)』(1432), 『속(屬)삼강행실도』(1514), 『이륜행실도(二倫行實圖)』(1518)가 왕명으로 발간된 세종에서 중종연간인 15~16세기[39] 둘째, 양란(兩亂)이후 은일

---

38) 유홍준, 『문자도』(서울: 대원사, 1993), 23쪽. 수호적 상징문자도와 길상문자도에 대해서는 졸고, 「조선시대 후기 民畵文字圖에 표현된 美意識 -孝悌文字圖를 中心으로-」, 이화여자대학교 석사학위논문(1989), 22-25쪽 참고.

39) 이무렵 유교윤리의 골자를 시각적으로 제시하기 위해 만들어진 것이 효제도이

(隱逸)풍조가 만연한 16세기말~17세기[40] 셋째, 『오륜행실도(五倫行實圖)』(1797)의 간행 및 청나라의 길상적 수복문자도의 유입에 따른 18세기 이후[41], 끝으로 글자체의 도상적·미학적 관점 형성으로 그림과의 결합을 위한 기반이 성숙한 18세기 무렵[42]이다.

이상의 논의를 종합해보면, 효제도의 발생은 지배층이 가치를 둔 유교윤리가 감계(鑑戒) 및 교화(敎化)를 목적으로 백성에게 정책적으로 유포되면서, 그 핵심적 의미를 함축한 8자의 이해를 전제로 하고 있다. 글을 모르는 일반백성을 위한 이해의 방법으로 택한 것은 흥미유발과 '기억'이다. 즉, 15세기부터 18세기까지 지속적으로 보급된 관찬교화서(官撰敎化書)인 효자도·행실도는 효자, 충신, 열녀 등에 관한 모범사례(주로 중국인물)를 사건[43]별로 '삽화그림[主]+ 이야기 설명[從]'으로 구성함으로써, 보는 재미가 있는 이미지로 기억에 남는 장치를 마련한 것이

다. 김만희, 『한국의 문자(효제)도: 한국민속칼라북스』2집(서울: 상미사, 1984), 71쪽.

40) 위로는 당쟁의 성행과 그에 대한 반동으로 은일풍조가 조성되고, 아래로는 정치에 대한 불신으로 절개와 은일을 간접 표현한 것이 효제도이다. 김호연, 『한국민화』(서울: 경미문화사, 1972), 13쪽.

41) 유홍준, 앞의 책, 55-58쪽과 정병모, 앞의 논문, 207-212쪽 참조.

42) 윤열수, 「문자도를 통해 본 민화의 지역적 특성과 작가연구」, 동국대 박사학위논문(2007), 22-27쪽. 가회민화박물관 윤열수관장은 중국의 38書體를 완전 체득한 허목(許穆, 1595~1682)과 김진흥(金振興, 1621~?), 비백서법의 도를 되살렸다 자부한 이광사(李匡師, 1705~71)를 예로 들면서 18세기가 되면 다양한 서체가 완전히 수용되어, 단순히 의사전달이라는 실용적 관점보다는 글자체가 주는 圖象의 외형적인 미학의 관점으로 변화하고, 이런 변화는 글씨자체를 그림으로 이해하는 것이므로, 그 다음 단계인 글씨와 그림이 결합하기 위한 기반이 성숙됐음을 뜻한다고 보았다.

43) 하나의 효자 이야기(story)는 효자의 여러 행위들로 이루어져 있다. 따라서 이야기는 한 개 또는 여러 개의 에피소드(episode)로 이루어지며, 하나의 에피소드는 다시 한 개 내지 여러 개의 사건(event)들로 구성되는 것이다. 효자가 특정 시간과 공간에서 행한 효행 '사건'은 孝子圖에서는 장면(scene)으로 표현할 수 있으며, 에피소드의 전개 및 시간 및 공간의 변화는 이러한 장면들의 배열로 나타나게 되는 것이다. 이수경, 「朝鮮時代 孝子圖 -行實圖類 孝子圖를 중심으로 -」, 『미술사학연구』, No.242·243(2004), 206쪽.

세종16년(1434), 26.5x16.5cm, 세종대왕기념사업회

〈그림 16〉 삼강행실도-왕상부빙(王祥剖氷)

다. 예를 들어, 진(晉)나라 때 효자인 왕상이 얼음을 갈라지게 하여 어머니를 위해 잉어를 구한 '왕상부빙(王祥剖氷)'이야기에 관한 <그림 16>의 화면구성은 "직사각형을 나누고 일련의 장면들을 배치하여 한 화면에 여러 사건들을 보여주는 방식으로 이전에는 찾아보기 힘든 것이다."[44] 반면 <그림 16-1>은 "이전의 행실도와 달리 단일장면방식으로 제작"[45]되어 시각 이미지의 변화상을 알게 해준다.

이렇듯 기억에 중점을 두는 가르침의 방식은 조선시대의 대표적 어린이 교육서인 『소학(小學)』[46]에서도 찾아볼 수 있다.[47]

---

44) 이수경, 같은 논문, 200쪽.

45) 『삼강행실도』가 주로 2~4개의 장면으로 그려진 것과 달리 『오륜행실도』가 단일장면방식으로 제작된 원인으로 외적으로는 『중국소설희모본』과 같은 중국소설 삽화류의 영향과 내적으로는 동시대에 제작된 『부모은중경』, 『화성성역의궤』와 같은 판화의 영향과 관련지어 새로운 형식을 창출했던 당대 역량의 반영이라는 견해가 있다. 이 외에도 효행고사에 대한 인지도가 높아진 것도 변화의 한 요인이라고 생각할 수 있을 것이다. 이수경, 같은 논문, 212-213쪽.

46) 중국 송나라의 주희(朱熹, 1130~1200)의 제자 유자징(劉子澄)이 주희의 지시에 따라 여러 경전에서 동몽(童蒙)들을 교화(敎化)시킬 수 있는 일상생활의 자잘한 범절과 수양을 위한 격언과 충신·효자의 사적 등을 모아 편찬한 것이다. 한국에서는 조선초기부터 중요하게 다루어져 사학(四學)·향교·서원·서당 등 모든 유학 교육기관에서 필수과목으로 다루어졌으며, 사대부의 제자들은 8세가 되면 유학

王祥琅琊人蚤喪母繼母朱氏不慈數譖之由是失
愛於父每使掃除牛下祥愈恭謹父母有疾衣不解
帶湯藥必親嘗母嘗欲生魚時天寒冰凍祥解衣將
剖冰求之冰忽自解雙鯉躍出母又思黃雀炙復有
黃雀數十飛入其幕有丹柰結實母命守之每風雨
輒抱樹而泣母歿居喪毁瘁杖而後起後仕於朝官
至三公

詩 王祥誠孝眞堪羡承順親顔志不回不獨剖冰
雙鯉出還看黃雀自飛來 鄕里驚嗟孝感深皇
天報應表純心白頭重作三公貴行誼尤爲世所

정조21년(1797), 21.5x14cm, 국립중앙도서관

〈그림 16-1〉 오륜행실도-왕상부빙(王祥剖冰)

> 아이들을 가르칠 때 날마다 고사(古事)를 기억하게 하고 옛날과 지금에 구애받지 말고 먼저 '효제충신예의염치'등의 일을 들려주고, 황향이 침석에 부채질한 일, 육적이 귤(橘)을 품은 일, 손숙오의 음덕, 자로가 등에 쌀을 져 나른 일 같은 것을 세속의 이야기처럼 들려준다면 곧 그 도리를 깨닫게 되고, 이것이 오래되어 마음에 젖으면 덕성이 자연적으로 우러나오게 될 것이다.[48]

물론 식자층에게는 기억을 위한 구체적 이야기나 시각적 이미지 없이 8자의 가치를 이해하고 이를 미학적으로 표현하는 수준이 가능했을 것이다. 16세기 '팔자병(八字屛)'[49]에 대한 다음의 기록은 조선에서 먼저

의 초보로 배워 조선시대의 충효사상을 중심으로 한 유교적 윤리관을 보급하는데 큰 기여를 했다. http://100.daum.net/encyclopedia/view.do? docid=b12s2511a

47) 유교문자가 효제문자도의 도상으로 전환되는 시점이나 계기를 구체적으로 설명하기는 불가능하지만, 효자도와 행실도 등을 통한 이야기들이 회화 형태로 제작되다가 교화용인 효제문자도로 정착된 계기는 『소학(小學)』의 기록에서 찾아볼 수 있다. 안호숙, 「효제문자도(孝悌文字圖)에 나타난 미의식 연구」, 『수행인문학』, Vol. 40, No. 2(2010), 8쪽.

48) 『小學』「嘉言」'廣入敎'第二章; 윤열수, 앞의 논문(2007), 30쪽에서 재인용.

49) 중국인들이 욕하는 말 가운데에 버릇없는 망나니를 "亡八[왕빠]"이라고 하는데 이는 "孝, 悌, 忠, 信, 禮, 義, 廉, 耻의 여덟 가지를 잃어버린 자" 또는 팔덕목(八德

유교윤리의 주요 8덕목을 세트로 한 수신용 글씨병풍을 제작했다는 점에서 주목된다.[50)]

> …시와 문장은 여유가 있을 때 하는 일이므로 도리어 이 문자의 뜻만 못하니 마침내 붓을 잡아 크게 효제충신예의염치 여덟 자를 써주며 말하기를, 이것은 선비 군자가 죽을 때까지 날마다 쓰는 물건이니 하루라도 이것이 없으면 안된다. 그 사람이 사례하며 말하기를, 이것은 진실로 군자의 배움이다라고 하였다. 중국 사람들은 지금까지 이것을 일컬어 八字屛이라 한다.

'팔자병'은 효제도가 일단 서법의 미학성을 추구하는 가운데 비롯됐을 가능성을 시사하는 한편, 현재 전하는 효제도가 주로 8곡병(八曲屛) 형태인 것과도 상관성을 갖는다고 볼 수 있다. 또한 16세기에 전서체를 자득한 허목이 자신의 고전체(古篆體)로 쓴 4곡병풍<그림 17, 17-1>이나, 18세기에 비백서법(飛白書法)의 도를 되살렸다고 자부한 이광사(李匡師, 1705~77)[51)] 등 시(詩)·서(書)·화(畵) 삼절(三絕)의 문인층은 8자의 함의에 대한 학문적 이해와 미학적 수위의 서법 및 화법이 동시에 가능한 특징을 가졌기에, 문자와 그림이 결합된 효제도를 만들 수 있는 자질은 충분했을 것

〈그림 17〉 허목, 4곡병풍
(효제충신)

目) 가운데에서 마지막에 해당하는 "치를 잃어버린 자"라는 뜻에서 유래한 것이다. 유홍준, 앞의 책, 69쪽, 각주 17.

50) 중종 13년(1518) 서장관(書狀官; 조선시대 때 중국에 보내는 사신을 수행하여 기록을 맡던 임시 벼슬)으로 명나라에 다녀왔던 적이 있는 松齋 韓忠(1486~1521)의 문집에 있는 기록이다. 이영주, 「조선후기의 孝悌文字圖」, 『미술사논단』, Vol. 24(2007), 233쪽.

51) 이경남, 앞의 논문, 316쪽.

이다. 이광사는 강원도 필맥의 계통에 중요한 위치를 차지하고 있으며 관동지역 효제도의 계보를 이룬 이희수(李喜秀, 1836~1909), 이규황(李圭璜, 1868~1926) 등과 연결된다.[52)]

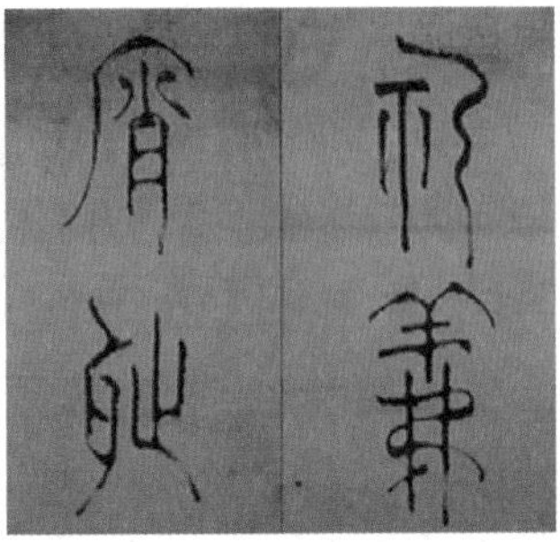

〈그림 17-1〉 허목, 4곡병풍 (예의염치)

이광사가 언급한 비백서가 효제도와 직접적인 관련성이 있다고 추정할 수 있는 기록은 당시 한양의 세시풍속을 기록한 유득공(柳得恭, 1749~?)의 『경도잡지(京都雜誌)』에 나타나 있다.

> 비백서가 있다. 버드나무 가지를 깎아 그 끝을 갈라지게 하고 먹을 찍어 효·제·충·신·예·의·염·치 등의 글자를 쓴다. 점찍고, 긋고, 파임하고 삐치는 것을 마음대로 하여 물고기·게·새우·제비 등의 모양으로 만든다. 벽에는 종규(鐘馗)가 귀신을 잡는 그림, 신선이 사슴을 탄 그림을 건다. 병풍에는 금강산 일만이천봉, 혹은 관동팔경을 그린다.…[중략][53)]

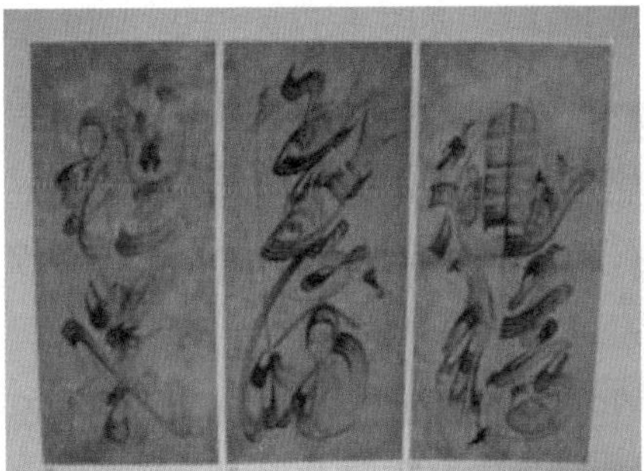

조선시대(19세기), 지본수묵, 각 61.6x26.8cm,
靜岡(시즈오카)시립 세리자와케이스케 미술관

〈그림 18〉 문자도(부분-孝悌信)

이러한 비백서는 <그림 18> 같은 효제도와 흡사할 것이다. 그런데 동일한 시기에 비백서법이 아닌 형식의 효제도 2가지가 전하고 있다. 그중 하나가 목판으로 제작한 효제도 8폭이다.[54)](<그림 19>)

---

52) 윤열수, 「關東地域을 中心으로 본 孝悌文字圖 作家 硏究」, 『동악미술사학』, Vol. 7(2006), 411-415쪽 참조.

53) 柳得恭, 『京都雜誌』 卷 1 風俗; 이석호 역, 『京都雜誌』(서울: 동문선, 1991), 198-200쪽.

조선시대(18세기후반), 지본목판, 각 30.5x37cm 동산방화랑

〈그림 19〉 효제도 8폭

18세기 조선 상류사회의 글씨체인 액체(額體)<그림 20> 안에 이와 관련한 고사와 구름, 학 등의 길상문양으로 꾸며져 있다. 글씨체의 종류 및 엄격한 서풍(書風), 각 글자에 합당한 화제(畵題), 『오륜행실도』와 일치되는 표현내용 및 서술기법, 치밀하고 섬세한 묘사, 당시 초상화의 의문(衣紋)이나 흉배그림과 상통하는 길상문, 촘촘한 장식효과 등에서 왕공사대부의 미감을 적용시킨 도화서 제작 민간 교화보급용 효제도 원형으로 여겨진다.[55]

하지만, 그 크기가 조선후기에 선호됐던 문배세화도인 삼재부(三災符)[56]와 비슷한 점에서 민간 교화용이라기보다는 상류계층을 위한 새로

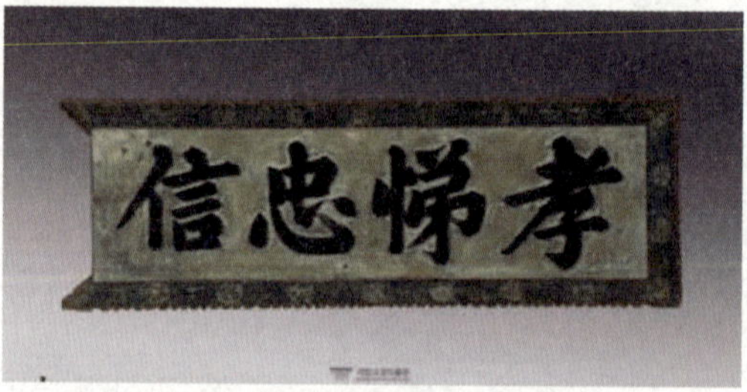

41x12.5cm, 국립고궁박물관

〈그림 20〉 현판(孝悌忠信)

54) 유사한 형식의 효제도8폭이 삼성미술관 리움에 소장돼 있다.(지본목판, 각 45.1x29cm)

55) 유홍준, 앞의 책, 103-104쪽 참조.

56) 조선후기, 지본목판, 30.5x24cm, 국립민속박물관 소장. 삼재부는 강한 벽사력의 매와 '호축삼재(虎逐三災)'의 관념을 반영한 호랑이가 결합하게 된다.

운 형식의 문배도였을 가능성도 엿볼 수 있다. 일반 여염집에서 이미 효제도가 문배도로 사용되고 있었음을 18세기 판소리 <춘향가>의 다음 대목에서 확인할 수 있기 때문이다.

> 대문에 그려 붙인 울지경덕(蔚遲敬德) 두 장수는 외눈만 남아 있고, 내 손으로 써 붙인 입춘서 부벽서(付壁書)는 풍우에 떨어져서 기운 없이 펄렁펄렁, 효제충신 예의염치, 충성 忠자 바라보니 가운데 中은 어디 가고 마음 心자만 남았구나.[57)]

이렇게 볼 때, 효제도의 발단은 조선후기의 시대적인 특수상황[58)] 속에서 일단 교화를 목적으로 지배층이 유포한 것에 있으나, 18세기전후 비백서풍의 유행 및 문배세화의 길상풍속과 관련하여 촉발된 가능성을 배제할 수 없다.[59)] 무엇보다 효제도의 구성방식이 중국 청나라의 길상문자도와 매우 흡사한 점도 간과하기 힘들다.

〈그림 21〉 〈그림 15〉의 孝자 부분

<그림 21>은 18세기 효제도의 또 다른 종류이다. 초기의 정통적인 효제도 형식으로 논구된[60)] 이 그림은 정자체인 행서체(行書體)[61)]를 기본으로 그 삐침을 혁필(革筆)느낌으로 처리한 '효(孝)'

57) 김진영·김현주 역주, 『춘향가』(서울: 박이정, 1996), 207쪽.

58) 조선후기의 사회적 맥락에 대해서는 졸고(2005), 227-234쪽 참고.

59) 지배계층에서 민간에 효제문자도의 유행을 어느 정도 장려했다. 효제도는 자연스러운 생활 속에 파고든 그림으로써 다른 무엇보다도 유교의 중요한 덕목을 백성들에게 알리는데 효과적인 수단이다. 다만 그것이 애초에 정책적으로 배포된 것인지 아니면 자연스럽게 민간에게 제작된 것인지는 지금으로서는 확인하기 어렵다. 정병모, 앞의 논문, 209-212쪽 참조.

60) 유홍준, 앞의 책, 108쪽과 정병모, 같은 논문, 207-208쪽 참조.

61) 행서는 초서와 해서 사이에 속하는 글씨체로 힘이 있고 장엄하다. 조문윤 외, 김택중 외 옮김, 앞의 책, 472쪽.

자의 형태와, 글자 안에 이와 연관된 이야기에 충실한 화조·산수·인물을 화려하게 채색하였다.

"전체적으로 비례가 엄정하고 내용은 대부분 중국 고사의 내용을 중심으로 설명적 성격이 강하며, 소재는 사실적으로 묘사되어 있는 것이 특징이다."[62] 이러한 형식은 일견 청나라의 길상문자도<그림 21-1>와 유사하게 보인다. 다만, 차이점은 후자가 길상적인 도교적 내용을 문자 안에 빈틈없이 다채색 목판화로 표현했다면, 전자는 유교적 내용과 장식무늬 등을 화려한 채색으로 세밀하게 표현하면서도 문자의 먹색을 여백처럼 남겨놓아 필세의 강렬함과 정중한 무게를 느끼게 해준다. 특히, "관련 고사를 요약하여 글로 써넣되, 글자는 모두 붉은 색의 둥근 원 속에 배치하여 장식적 효과를 배가"[63]시켜 왕공사대부층의 장식화 성격을 강하게 나타낸다.

아울러 <그림 21-2>는 <그림 20>, <그림 20-1>과 같은 글자체에 혁필풍의 삐침처리가 동일하지만, 그 내용구성이 전혀 다른 예이다. 즉, "글자 안에 물결선을 그리고 글자 획의 끝봉을 두세 겹의 꽃문양으로 도안화한 양식"[64]으로 <그림 6>의 끝봉 처리와는 물론 제주도 효제도<그림 21-3>의 글자 안 표현 및 끝봉처리(B 부분)와 동일하다. 단, <그림 21-3>(A 부분)처럼 그 특징은 자획의 끝부분에 "뾰족한 새의 머리(鳥頭)를 그려 글자 삐침에 힘을 실었다. 글자 마지막 획에 뱀을 연상하게 하거나 물고기를 그려 마감한 경우도 종종 있다."[65]

---

62) 심수지, 「조선후기 민화 문자도의 도상 변화와 화법」, 『한국디자인문화학회지』. Vol. 13, No. 2(2007), 4쪽.

63) 안호숙, 앞의 논문, 17쪽.

64) 이는 상서로운 구름이 축약되어 꽃문양과 같은 형태로 변형된 것으로 보인다. 중국의 <수자도>는 상서로운 구름과 함께 각종 신선들이 등장하는데, 여러 작품을 통하여 살펴보았을 때 구름이 축약되는 과정에서 이러한 꽃문양과 같은 형태로 디자인화되어 장식된 것으로 보인다. 이영주, 앞의 논문, 245쪽.

65) 특히 '신(信)과 예(禮)'자에는 뱀을 연상하게 하는 역동적이고 빠른 필력으로 처리하거나, '충(忠)'자의 마음 심(心)이나 '의(義)'자 부분에 새나 물고기를 그려 포

청나라, 蘇洲, 95x56cm

〈그림 21-1〉 寿자 길상도

청나라, 湖南省, 강남지역

〈그림 21-2〉 寿자 길상도

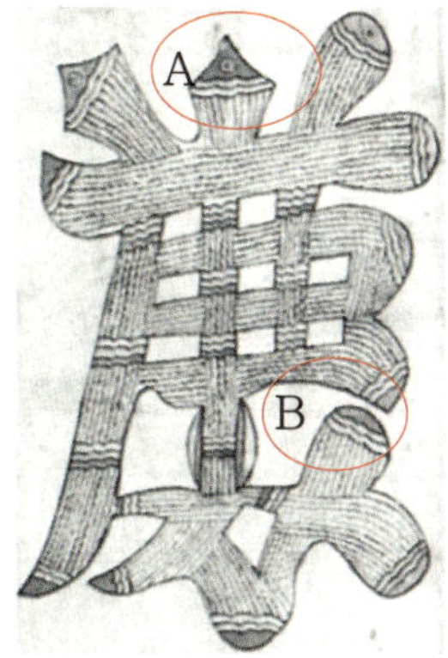

염(廉)자

〈그림 21-3〉 제주도효제도

요약하면, 조선후기의 문자도 중에서 효제도는 유독 조선이 창출하고 폭넓게 수용했던 특성을 갖는다. 효제도의 발생은 관찬교화서(官撰教化書) 등의 지속적 보급으로 인한 유교윤리의 저변화를 전제로 하고 있다. 이를 위해 채택한 사건별 시각 이미지의 기억장치는 효제도의 조형적 구성방식에 밑거름이 되었다. 또한 '팔자병', 비백서법(飛白書法) 등은 효제도 8자의 핵심적 함축 의미와 서법의 미학성과의 연관성, 조형적 자질의 구축 가능성을 나타낸다. 특히, 초기 형식의 효제도가 보여준 지배층의 미감, 문배세화의 길상풍속과의 연관 가능성, 중국 길상문자도의 형식과 흡사한 점, 제주도 효제도의 특징 등을 볼 때, 효제도는 18세기의 시대적 상황에서 지배층의 주도로 중국 길상문자도의 형식을 차용하되 내용을 유교윤리로 변용시켜 제작·확산된 것으로 보인다.

인트를 강조한 것, 간혹 염(廉)자 끝에 소의 머리로 마감한 것은 육지 효제문자도와 큰 차이점이라고 할 수 있다. 전은자, 「제주도 효제문자도 연구」, 『탐라문화』, Vol. 36(2010), 246쪽.

3. 효제도 8글자의 이야기 내용구성

효제도는 효도·우애·충절·교신·예절·의리·청렴·부끄러움을 뜻하는 효(孝)·제(悌)·충(忠)·신(信)·예(禮)·의(義)·염(廉)·치(恥) 8자를 한 단위로 하여 대개 8폭병풍으로 제작되었다. 이 8자는 인간이 준수해야 할 개인적·사회적 규범의 총체로 일찍이 신라시대 세속오계(世俗五戒)[66]와 통일신라시대 설총(薛聰)의 시[67]에 윤리강령으로 등장했던 중요 윤리 덕목이었다. 즉, 효제충신은 『논어(論語)』에서, 예의염치는 『관자(管子)』에서 유래하였는데, "『논어』에서 '효는 인의 근본이다'[68]라 하였고, '충신(忠信)'에 대해서도 여러 차례 나오고 있다. 그러나 '예의(禮義)'와 '염치(廉恥)'라는 단어는 『관자(管子)』에서 '나라를 받치는 네 기둥[國之四維]'[69]으로 언급되어 있다. 이와 같이 『논어』에서는 개인적 행실에서 인륜의 도덕을 갈파(喝破)한 효제충신을, 『관자』에서는 개인의 사회적인 도덕관을 강조하는 예의염치를 따온 것이 여덟 글자의 유

---

66) 신라 진평왕 때 원광법사가 귀산(貴山)과 추항(箒項)의 요청을 받아 알려준 다섯 가지 수신계(修身戒)로 유교의 덕목(德目: 忠·孝·信·勇·仁)에 불교의 사상이 가미되어 있다; 첫째, 사군이충(事君以忠, 충성으로써 임금을 섬기어야 한다) 둘째, 사친이효(事親以孝, 효로써 부모를 섬기어야 한다) 셋째, 교우이신(交友以信, 믿음으로써 벗을 사귀어야 한다) 넷째, 임전무퇴(臨戰無退, 싸움에 나가서 물러남이 없어야 한다) 다섯째, 살생유택(殺生有擇, 살아있는 것을 죽일 때에는 가림이 있어야 한다). http://ko.wikipedia.org/wiki/%EC%84% B8%EC% 86%8D_%EC%98%A4%EA%B3%84

67) "人心은 터이 되고 孝悌忠信 기둥이 되야 禮義廉恥 가즉이 에워쓰니 千萬年 風雨를 만난들 기울 줄이 있으리". 김철순, 앞의 책, 215쪽.

68) 『論語』「學而」: "孝悌也者, 其爲仁之本與."

69) 관자는 예의염치 등 네 가지가 나라를 다스리고 인재를 등용하는 大綱 즉, 큰 벼리가 된다고 주장하였다. 이를 사유설이라 한다. 『管子』의 牧民편을 보면, "나라에는 사유가 있는데, 일유가 끊어지면 나라가 기울고, 이유가 끊어지면 나라가 위태로우며, 삼유가 끊어지면 나라가 뒤집어지고, 사유가 끊어지면 나라가 멸망한다. 節度를 넘지 않는 것이 예이며, 스스로 나아가지 않는 것이 의이며, 악을 덮어두지 않는 것이 염이며, 그릇된 것을 따르지 않는 것이 치이다"라 한다. 이경남, 앞의 논문, 310쪽, 각주 5.

래"[70]로, 유교를 국시(國是)로 삼았던 조선초기부터 이를 국가의 근간이자 수신(修身)의 기강으로 삼아왔던 것이다.[71] 조선중기 경주부윤(慶州府尹)을 지낸 이시발(李時發, 1569~1626)이 효제충신예의염치 8자를 새긴 도장을 찍고 지었다는 다음의 시는, 이 8자가 함축한 뜻이 유교의 근본 도리라는 중요성을 강조하고 있다.

> …8자 안에는 오묘한 이치가 있으니 孝悌는 본래 백가지 행위의 근원이다. 忠信은 오로지 一心으로 하면 덕이 된다. 禮義廉恥는 四維라 한다. 이것들은 모두 修身하는 것으로 삼는데 근본이 되는 법이 존재한다. …한 글자의 뜻대로 다 실천 못하고 지금 백발이 되니 간절히 시를 지어 아이들에게 경계하니 내 말을 망령된 것이라 여기지 말고 마땅히 노력하라.[72]

앞서 살펴본 관찬교화서들에 '효자', '충신', '열녀'로 평가받아 수록된 인물들의 이야기는 유교적인 도리를 수행한 모범사례로서 인식되었고, 당위적 생활윤리의 표지(mark)로 민간에 저변화 하였다. 조선 중기의 문신 유몽인(柳夢寅, 1559~1623)이 엮은 설화집 『어우야담(於于野談)』에는 유교윤리의 근본인 효에 관한 여러 민담이 수록돼 있다.[73] 아울러 광해군 5년(1613) 간행된 『시경언해(詩經諺解)』로 일반백성도 유학의 주요 경전 중 하나인 『시경』의 내용을 보다 상세히 알 수 있게 되었다.

70) 유홍준·이태호, 『한국미술사의 새로운 지평을 찾아서』(서울: 학고재, 1997), 130쪽.
71) 조선시대에 '효제충신'과 '예의염치'가 처음 기록된 『태종실록』에 대해서는 안호숙, 앞의 논문, 7쪽.
72) 『西厓先生文集』 卷 二 「詩一胸庵八字歌」, 이영주, 앞의 논문, 234쪽에서 재인용.
73) 부모를 보호하려다가 죽는 내용, 부모와의 약속, 삼년상에 관한 이야기들이 등장한다. 즉, 삼강행실도나 불교의 영향을 받아 환상적인 삼국유사에 비해 순수한 한국의 민담으로 바뀐다. 민담의 내용 가운데에는 부친병환을 고친 지극한 효성, 여름에 홍시를 구한 효자개로 변한 어머니 모시기, 전처 자식의 효자, 호랑이의 먹이가 될 뻔한 시아버지를 살린 효부 등의 이야기가 전해져 내려오고 있다. 서민자, 「조선후기 孝·忠의 사상과 문자도 연구-효제문자도를 중심으로-」, 『아시아민족조형학보』, 통권 제8집(2010.3.), 129쪽.

"뿐만 아니라 사대부들의 시 문학 작품에서나 인용되고 있었던 옛 성현들의 행적이나 일화 등도 어느덧 이 윤리문자도에 자연스럽게 인용되고 있었던 것은 조선후기의 사회적 변화에 따른 것이라고 생각된다."[74)]

이러한 배경에서, 유교의 핵심 윤리덕목을 압축한 8자를 문자도로 표현한 효제도의 내용은, 조선시대 사람들이 공유했던 특정 고사(故事)나 시문(詩文)과 결부된다. 본 장에서는 효제도 8자의 이야기 내용구성을 화제별(畵題別)로 관련 텍스트에 나오는 고사, 시문, 기타로 구분하여 살펴보고자 한다. 이때 고사는'주인공(시대)-특정 시공간-행위(계기-전개-결과)-텍스트'로, 또한 시와 기타에 대해서는 '주인공/중심물-속성-비유-문구-상징-텍스트'의 항목으로 분류하여 체계화하였다.[75)]

3.1 효

8덕목의 기본으로 중시된 효도에 대한 것이었던 만큼 (표 1, 1-1)과 같이 많은 이야기를 보유하고 있다.

26.5x16.5cm, 세종대왕기념사업회

〈그림 22〉 삼강행실도-순제대효(舜帝大孝)

명나라(1591년), 중국 북경대학도서관

〈그림 23〉 삼국지연의(金陵万卷楼刊本)-도원공계(桃園共契)

74) 허균, 『전통미술의 소재와 상징』(서울: 교보문고, 1991), 128쪽.
75) 이하 8글자의 이야기 내용은 김영재, 『민화와 우리신화』(서울: 조선민화박물관출판부, 2004), 152-159쪽, 허균, 같은 책, 129-143쪽, 졸고(2005), 67-70쪽, 졸고(1989), 29-34쪽을 참조하여 정리하였다.

〈표 1〉 孝의 이야기 내용구성

	화제(畵題)	주인공 (시대)	특정 시공간	행위			텍스트
				계기	전개	결과	
고사	왕상부빙 (王祥剖冰) 왕상리어 (王祥鯉魚) 개빙약리 (開氷躍鯉) 부빙득리 (剖氷得鯉) 구빙어약 (扣氷魚躍)	왕상 (중국 진나라)	엄동설한	계모의 구박 (무리하게 물고기 원함)	얼음 깨며 물고기 구함	쌍잉어 얻어 공양	晋書 搜神記 卷十二 王祥 오륜행실도 삼강행실도 심청가
	황향선침 (黃香扇枕)	황향 (중국 한나라)	무덥거나 추울 때	부모봉양	더울 땐 부채질로 이불을 식히고, 추울 땐 자신의 체온으로 데워드림	정성스런 공양으로 부모의 불편 덜어줌	삼강행실도 오륜행실도
	강시출리 (姜詩出鯉)	강시 (중국 한나라)	식수 부족한 집	노모 봉양에 부족함	먼 강에 가서 물을 길러옴	집 가까이 샘이 솟고, 매일아침 나오는 쌍잉어로 노모 공양	삼강행실도
	두효기어 (杜孝寄魚)	두효 (중국 촉나라)	벽역지	노모 봉양을 못함	노모가 좋아하는 쌍어를 통에 담아 강물에 띄움	두효의 아내가 발견, 노모에게 익혀드림	〃
	성무구어 (成茂求魚)	이성무 (조선 태종 17년, 1417)	엄동설한 (강릉 거주)	노모 봉양	얼음 깨며 물고기 구함	잉어 얻어 노모 공양	삼강행실도
	맹종읍죽 (孟宗泣竹) 맹종죽절 (孟宗竹節) 맹종설순 (孟宗雪筍) 답설생순 (踏雪生筍)	맹종 (중국 삼국시대)	한겨울	노모가 죽순 원함	대나무밭에 가서 울며 애원함	눈물 떨어진 자리에 솟은 죽순으로 노모 공양	吳誌-孫皓傳注

(표 1-1) 孝의 이야기 내용구성

	화제(畵題)	주인공(시대)	특정 시공간	행위			텍스트
				계기	전개	결과	
고사	대순탄금(大舜彈琴) *<그림 22>	순임금(중국 태고)	어릴 때	눈먼 아버지, 계모, 이복동생의 괴롭힘	효심 지킴	어버이 위해 거문고 연주(요임금이 딸을 순임금에게 시집 보내며 선사한 五絃琴)	史記 卷一 五帝本紀 삼강행실도-舜帝大孝 오륜행실도 朴仁老, 五倫歌
	육적회귤(陸績懷橘)	육적(중국 한나라)	6살 때	원술(袁術)이 귤 줌	부모 봉양 위해 안 먹고 가슴에 품음	부모 공양	-
	백리부미(百里負米) 자로부미(子路負米)	자로(子路, 중국 노나라)	공자의 제자로 동행	노모 공양	백리길 쌀을 지고 고향행	노모 공양	-

3.2 제

형제의 우애에 관한 ‘제’자의 관련 이야기(표 2)는 다른 글자들에 비해 상대적으로 적은 편이다. 그 이유에 대해서는 조선후기 사회적 변동 상황의 질서화를 위해 강화된 종법(宗法)제도와 이를 의도한 『오륜행실도』의 간행을 연관하여, 비교적 늦은 시기에 의미구축이 시도됐던 점에서 논의되고 있다.[76]

3.3 충

임금에 대한 무조건적인 충성과 살신적 헌신을 뜻하는 ‘충’자의 이야기 내용(표 3, 3-1)은 고사 외에 ‘동음유감작화법(同音類感作畵法)’[77]에

76) 유홍준, 앞의 책, 57쪽.

77) 각주 14 참조. 같은 발음을 차용하여 길상적인 이미지를 형성하는 중국풍습으로 특히, 조선후기 회화와 공예품의 무늬 표현에 많이 쓰였다.

따른 새우와 대합의 “하합상하(鰕蛤相賀)”가 특징적이다.

(표 2) 悌의 이야기 내용구성

<table>
<tr><td rowspan="3">고사</td><td rowspan="2">화제(畵題)</td><td rowspan="2">주인공
(시대)</td><td rowspan="2">특정
시공간</td><td colspan="3">행위</td><td rowspan="2">텍스트</td></tr>
<tr><td>계기</td><td>전개</td><td>결과</td></tr>
<tr><td>도원결의
(桃園結義)
*<그림 23></td><td>유비,
관우,
장비
(중국
후한)</td><td>황건적의
난→유주
에서
의병모집</td><td>관우,
장비(의형
제), 후한의
왕손 유비
만남</td><td>장비(혹은
유비)의 집
뒤뜰(복숭아밭)
에서 만나
검은 소와 흰
말을 제물로 함</td><td>3명이
의형제
맺음</td><td>三國志演義</td></tr>
<tr><td rowspan="3">시</td><td>화제(畵題)</td><td>중심물</td><td>속성</td><td>비유</td><td>문구</td><td>상징</td><td>텍스트</td></tr>
<tr><td>척령재원
(鶺鴒在原)</td><td>척령
(할미새)</td><td>걷는
모양새의
분주함</td><td>형제간의
급난(急難)</td><td>鶺鴒在原
兄弟急難
(척령재원
형제급난)</td><td>형제의
우애</td><td>시경-小雅
홍부가</td></tr>
<tr><td>상체지화
(常棣之華)</td><td>상체
(산앵두
나무)</td><td>꽃받침이
서로
모이며
꽃이 만발</td><td>형제간의
상부상조</td><td>常棣之華
鄂不韡韡
(상체지화
악불위위)</td><td>〃</td><td>〃</td></tr>
</table>

(표 3) 忠의 이야기 내용구성

<table>
<tr><td rowspan="4">고사</td><td rowspan="2">화제(畵題)</td><td rowspan="2">주인공
(시대)</td><td rowspan="2">특정
시공간</td><td colspan="3">행위</td><td rowspan="2">텍스트</td></tr>
<tr><td>계기</td><td>전개</td><td>결과</td></tr>
<tr><td>용봉직절
(龍鳳直節)</td><td>관룡봉
(關龍逢,
중국
하나라)</td><td>하나라
폭군 걸왕
(桀王)의
통치시기</td><td>걸왕의
주색에
간언한
태사령
(太史令)
종고(終古)
의 자살</td><td>대신
관룡봉이
재차 간언.
격노한
걸왕이 그를
죽임</td><td>관룡봉이
죽은 뜰에서
서책을 등에
진 거북이가
나옴</td><td>삼강행실도</td></tr>
<tr><td>비간쟁간
(比干爭諫)</td><td>비간
(중국
은나라)</td><td>주왕
(紂王)이
달기
(妲己)를
총애한
상나라 때</td><td>달기를 멀리
하라 간언한
신하 처형
→간신들이
중요 직책에
등용됨</td><td>비간은
주왕에게
간언하다
죽임 당함</td><td>상나라 정치
회생불가
→주왕은
주나라
무왕(武王)
과의 목야
(牧野)전투
에서 패하고
자살</td><td>史記 卷三
殷本紀</td></tr>
</table>

구분	화제(畫題)	주인공(시대)	특정 시공간	행위: 계기	행위: 전개	행위: 결과	텍스트
고사	기신광초(紀信狂楚)	기신 (중국 한나라)	초나라의 침략	한나라 영양왕(滎陽王)이 초나라 항우(項羽)에 포위됨	충신(忠臣) 기신의 지략으로 초군을 속임	초군을 물리침	삼강행실도
	어변성룡(魚變成龍)	잉어	해마다 봄철 황하상류 (용문 협곡)	잉어들이 용이 되기를 원함	급류 타고 뛰어오름	성공한 잉어가 용이 됨	後漢書 -李膺傳
		과거 응시자 (조선 시대)	정기적 과거시험 (登龍門)	시험에 합격, 높은 관직 원함(登用)	용이 된 잉어처럼 합격하려 노력	과거급제로 나라에 충성, 화합	〃
	굴원지충(屈原之忠)	굴원 (중국 초나라)	강가에서 낚시하다 물에 빠짐	간신의 모함으로 노한 경양왕(頃襄王)이 삼려대부(三閭大夫) 굴원을 강으로 추방	어부를 통해 자신의 부족한 충절을 깨달음	멱라수에 투신자살	皇甫謐의 高士傳

(표 3-1) 忠의 이야기 내용구성

구분	화제(畫題)	중심물	속성	비유	문구	상징	텍스트
기타	하합상하(蝦蛤相賀)	새우, 대합	길상적 발음 동일화	하(蝦) →화(和) 합(蛤) →합(合)	화합상하(和合相賀), 화합화하(和合化賀)	충성으로 군신화합이 이루어짐	-
		〃	〃	단단한 껍데기 갑(甲)→ 첫째 갑(甲)	갑제(甲第)	장원급제로 나라에 충성	-

3.4 신

통일신라시대, 지름 15.6cm,
국립중앙박물관

〈그림 24〉 가릉빈가무늬수막새

'신'이란 '인언위신(人言爲信)' 즉, 사람사이의 오가는 말에 믿음이 있어야 한다는 덕목이다.[78] 한무(漢武) 고사와 서왕모왕림(西王母往臨) 고사에 등장하는 상상의 새 청조(靑鳥)는 얼굴은 사람, 몸은 새의 형상을 하고 있다.[79](<그림 24>) 이에 대한 이야기 내용은 다음의 (표 4, 4-1)과 같다.

(표 4) 信의 이야기 내용구성

	화제(畵題)	중심물	특정 시공간	행위			텍스트
				계기	전개	결과	
고사	요지벽도 요지춘궁(瑤池碧桃 瑤池春宮), 청조애남 청조애명(靑鳥哀喃 靑鳥哀鳴), 청조전요대 청조전어(靑鳥傳瑤臺 靑鳥傳語)	청조(靑鳥, 파랑새)가 입에 문 서신(書信)	음력 7월7일 한나라 무제(武帝) 의 궁전(승화전)	청조가 음력 7월7일 무제의 궁전으로 날아듦	동방삭이 말하기를 "이것은 요지(瑤池)의 서왕모(西王母)가 이곳에 온다는 소식을 알리기 위함이요"	서왕모가 온다는 언약→믿음	漢武故事-穆天子傳 3 춘향가
		〃	음력 7월7일 7각(七刻, 정오) 위와 같은 장소	청조가 서방에서 날아옴	구름 없는 하늘에 은은한 뇌성소리가 들리는 듯하다 마침내 하늘에 자기(紫氣)가 서림	잠시후 서왕모 도착(옥녀가 모는 자색 수레를 타고 7개의 비녀를 꽂았으며 푸른 기가 구름 같았는데 2마리 청조가 서왕모 시중)	西王母往臨故事-穆天子傳 3 춘향가

78) 『莊子』「子路」尾生之信 故事: 노나라의 미생이라는 사람이 오지 않는 여자와의 약속을 지키려다 급류에 목숨을 잃은 일에 대해, 장자는 이런 미생이 사소한 명목에 끌려 목숨을 소홀히 한 자이며, 참다운 삶의 도리를 모르는 어리석은 자라고 규탄했다는 이야기이다. 지나친 신의가 가져온 비극을 뜻한다.

79) 허균, 앞의 책, 137쪽. 청조의 형상은 불교에서 극락세계를 동경한다는 가릉빈가(迦陵頻伽; Kalavinka)와 유사하다.

	화제(畵題)	중심물	특정 시공간	행위			텍스트
				계기	전개	결과	
고사	상림추풍 상림춘풍 (上林秋風 上林春風), 상림춘풍 백안전신 (上林春風 白雁傳信)	백안 (白雁, 흰 기러기)	흉노, 한나라 조정 (朝廷)	한나라 때 소무(蘇武)가 흉노에 사신으로 감	북해상에 억류됨	억류된 사실을 흰 기러기를 통해 조정에 전함	-

(표 4-1) 信의 이야기 내용구성

	화제 (畵題)	주인공 (시대)	속성	비유	문구	상징	텍스트
시	상산 사호 (商山 四皓)	4명의 은사 (隱士); 동원공 (東園公), 염리선생 (苒里先生), 기리계 (綺里季), 하황공 (夏黃公) (중국 진나라)	유가의 인의 (仁義)가 무너짐 한탄 →상산의 자연에 은거하며 선인 (仙人)의 삶	*상산→높은 뜻을 지켜내는 지사(志士)를 뜻하는 '높은 말' *사호 (四皓): 머리도 눈썹도 흰[皓] 4명의 지사	共入商山裏 (공입상산리) 상산 깊은 곳에 다 함께 들어와 霜鬢歲月深 (상빈세월심) 어느 덧 세월 흘러 귀밑머리 하얗게 세어 松陰棋一局 (송음기일국) 소나무 그늘 아래서 바둑을 두며 揮斷世途心 (휘단세도심) 세상으로 향한 마음 모두 털어버렸네	바둑→ 은거, 지조, 탈속	耘谷行錄 卷之二- 題四皓圖

3.5 예

'예'의 뜻은 하늘이 내려준 인간관계의 서열을 따르고 심복한다는 예의를 뜻한다. 이와 관련한 이야기 중에서 주된 내용은 '하도락서(河圖洛書)'고사<그림 25>이며, 공자가 예를 강론한 내용으로 구성된다.(표 5)

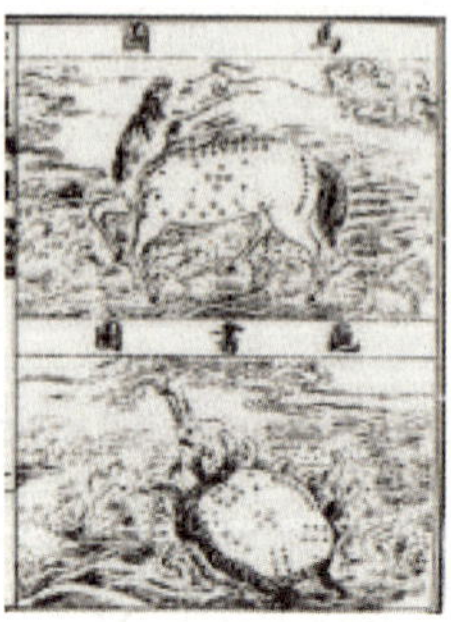

〈그림 25〉 (위) 하도 (아래) 락서

〈표 5〉 礼의 이야기 내용구성

<table>
<tr><th rowspan="2"></th><th rowspan="2">화제(畵題)</th><th rowspan="2">주인공(시대)</th><th rowspan="2">특정 시공간</th><th colspan="3">행위</th><th rowspan="2">텍스트</th></tr>
<tr><th>계기</th><th>전개</th><th>결과</th></tr>
<tr><td rowspan="4">고사</td><td rowspan="2">하도락서(河圖洛書), 락구부도(洛龜負圖), 신구부도(神龜負圖), 하구부도(河龜負圖), 락구정서(洛龜呈瑞), 락출신구(洛出神龜), 낙구부도 천리절문(洛龜負圖 天理節文)</td><td>복희씨(伏羲氏, 중국고대)</td><td>용마(龍馬)가 나온 황하(黃河)</td><td>복희씨가 황하에서 용마를 만남</td><td>용마의 털꼬임을 보고 천하의 이치인 역(易)의 팔괘(八卦)를 만들 때 기초가 된 그림[河出圖]을 그림</td><td>복희씨는 글과 유리(類理), 예의의 근본이 됨</td><td>書經 下經 -周書 洪範</td></tr>
<tr><td>우(禹)임금(중국 하나라)</td><td>책을 짊어진 거북이가 나온 락수(洛水)</td><td>우임금이 락수에서 거북이를 만남</td><td>거북이가 짊어진 책을 보고 글[洛書]을 얻고, 이 법칙을 응용[洪範]</td><td>천하를 다스리는 대법(大法)인 구주(九疇)로 발전→그 여섯 번째의 예용삼덕(乂用三德). 삼덕[三德; 정직(正直), 강극(剛克), 유극(柔克)]이 禮의 기본</td><td>〃</td></tr>
<tr><td>강론시서(講論詩書)</td><td>공자(중국 노나라)</td><td>큰 나무 아래에서 강론</td><td>禮에 대한 공자의 가르침</td><td>큰 나무 아래에서 위정(魏筵)에게 예도(禮道) 강론</td><td>후일 위정은 예도로 나라를 다스림</td><td>論語</td></tr>
<tr><td>행단고슬(杏壇鼓瑟)</td><td>〃</td><td>은행나무 강단[杏亶]</td><td>〃</td><td>행단에 앉아 거문고 타며 예의 강론</td><td>禮의 뜻을 전함</td><td>〃</td></tr>
</table>

3.6 의

사람간의 의리에 대한 '의'의 이야기는 앞서 '제'에서 등장했던 '도원결의(桃園結義)'고사, 절개를 위해 의롭게 죽은 '백이숙제(伯夷叔齊)'고사를 주 내용으로 한다. 또한, 『시경』에 있는 '관저(關雎; 저구새)'에 대한 시를 내용으로 하는데, '관저' 1쌍의 생태적 속성에 비유하여 의로움을 노래한 것이다.(표 6, 6-1)

(표 6) 義의 이야기 내용구성

	화제(畵題)	주인공 (시대)	특정 시공간	행위			텍스트
				계기	전개	결과	
고사	도원결의 (桃園結義), 도원현의 (桃園紘義), 도원춘일 (桃苑春日), 일난도원 (日暖桃園), 양주도원 (釀酒桃園), 춘일서도원 (春日棲桃園)	유비, 관우, 장비 (중국 후한)	황건적의 난→유주 에서 의병모집	의형제였던 관우와 장비, 후한의 왕손 유비 만남	장비(혹은 유비)의 집 뒤뜰(복숭아 밭)에서 만나 검은 소와 흰 말을 제물로 함	3명이 의형제 맺고 함께 출정 (기마인물 출정도)	三國志演義
	채수양산 이제지의 (採首陽山 夷齊之義), 수양산 (首陽山), 이제지의 (夷齊之義), 백이숙제 (伯夷叔齊), 은어수양 산사 (隱於首陽 山死)	백이 (伯夷), 숙제 (叔齊) (중국 은나라)	수양산 (首陽山)	주나라 무왕이 은나라를 토벌함	은나라 고죽군의 아들로서 주나라의 곡식 먹기를 부끄러이 여겨 수양산에 숨어 고사리와 나물로 연명	절개를 지키다 굶어 죽음 (의로운 죽음)	史記-伯夷傳 삼강행실도

(표 6-1) 義의 이야기 내용구성

	화제(畵題)	중심물	속성	비유	문구	상징	텍스트
시	관저화명(關雎和鳴)	1쌍의 저구(雎鳩; 물새의 일종)	저구는 날 때부터 정해진 짝이 있음	짝이 항상 같이 놀아 난잡하지 않고 서로 친압(親狎; 업신여기다) 하지 않는 정이 깊고 분별 있는 새 →주나라 문왕(文王)과 그의 비(妃; 太姒)처럼 의로운 짝으로 여김	關關雎鳩, 在河之洲. 窈窕淑女, 君子好逑. (암수 서로 우는 저구새, 하수의 모래섬에 있도다. 그윽하고 고요한 숙녀(문왕의 비) 군자(문왕)의 좋은 짝이로다.)	정이 두터우면 서도 서로 분별 있음	詩經-周南, 關雎

3.7 염

'염'은 "세상을 살아가면서 인간적인 기호나 취향과 무관히 지켜야 할 체면과 절개가 있다는 뜻"의 염치를 말하며 청렴, 검소, 정직과 통하는 것이다. 이와 관련한 이야기로는 '소부허유(巢父許由)' 고사가 대표적 이며 봉황[80] <그림 26>과 게의 생태적 속성에 근거한 내용으로 구성된다.(표 7, 7-1)

조선시대, 94x140cm, 국립진주박물관

〈그림 26〉 서조도(瑞鳥図)

특히, 게와 닭에 관한 '염계진퇴(廉鷄進退)'의 경우에는

80) 주시대의 기봉문(夔鳳紋)은 머리의 앞쪽은 수컷의 기린, 뒤쪽은 사슴, 목은 뱀, 꽁지는 물고기나 용과 같은 비늘이 있고, 등은 귀갑(龜甲)과 같으며 털은 제비, 부리는 닭과 같다고 한다. 그 고상한 품위로 왕비, 태평성대에 비유되기도 한다. 이하 봉황의 내용에 대해서는 임영주, 『한국의 전통문양』(서울: 대원사, 2004), 97-100쪽 참조.

의미를 따라 닭으로 그리거나, 아니면 발음대로[81] 게를 그리게 되며 게가 전진후퇴하는 속성은 주돈이(周敦頤; 북송 때 유학자)[82]에 비유되기도 한다.

(표 7) 廉의 이야기 내용구성

	화제(畵題)	주인공(시대)	특정 시공간	행위			텍스트
				계기	전개	결과	
고사	소부허유 입기산(巢父許由入箕山), 소부세이(巢父洗耳), 허유인독(許由引犢), 오류촌연명(五柳村淵明)	소부(巢父), 허유(許由) (중국 요나라)	영수(潁水), 기산(箕山)	요(堯)임금이 소부와 허유에게 나라를 맡기려함	소부와 허유는 이에 불응함	허유는 자기 귀가 더러워졌다고 영수에 가서 귀를 씻고 기산에 은거→이 소리를 전해 들은 소부는 제 소가 그 물을 마실까봐 다시 끌고감 (세속명리에 물들지 않는 청렴의 전형)	史記-伯夷, 傳注 遊山歌

(표 7-1) 廉의 이야기 내용구성

	화제(畵題)	중심물	속성	비유	문구	상징	텍스트
기타	봉비천인 기불탁속(鳳飛千刃飢不啄粟) 봉불탁속(鳳不啄粟)	봉황	키는 6척 가량이며 오동나무에 깃들고 대나무 열매를 먹으며 예천(醴泉; 중국에서 태평할 때 단물이 솟는다는 샘)을 마심	식음의 절도가 자연이치에 맞고 오음(五音)을 냄. 수컷[鳳]은 예로부터 德·義·仁·信·正을 지니며, 암컷[凰]은 성천자(聖天子)가 나타날 때 나타는데 뭇 짐승들이 따라 모임 (상서로움)	鳳飛千刃 飢不啄粟粟 (봉황은 천길을 날며, 배가 고파도 닭모이(조) 따위는 먹지 않음)	봉황은 고고한 품위의 청렴함 상징	說文解字

---

81) '게'는 '닭[鷄]'과 한글발음이 같다.
82) 그는 청렴하여 관직에 연연치 않았으며 진퇴가 분명하였다고 한다.

	화제(畵題)	중심물	속성	비유	문구	상징	텍스트
기타	염계새천 전진후퇴 울림극석 율리송국 (廉溪塞川 前進后退 鬱林戟石 栗里松菊) 염계진퇴 (廉鷄進退)	게	전진후퇴 (前進後退) 하는 행동 습성	남이 자기 에게 호의를 베풀 때 자기분수를 알고 받아들임[進]/ 사양[退] (廉의 도리에 조응)	廉溪塞川 前進后退 鬱林戟石 栗里松菊	군자로서 염(廉)의 실천은 물러날 때 물러날 줄 아는 현명함	-
	출처지리 (出處之理)	〃	밖에서 먹이구하다가 여의치 않으면 집속으로 몸을 숨김	나가고[出] 머무는[處] 이치를 앎	出處之理	〃	-

3.8 치

'치'란 자신의 잘못된 행동에 대하여 부끄러움을 스스로 알고 그것을 바로 잡아야 한다는 치격(恥格)을 말한다. 즉, "인간적인 도리를 벗어난 부끄러움을 경계하라는 뜻"이다. 이에 대한 이야기는 앞서 '의'자에 나온 '백이숙제' 고사를 내용으로 한다. 단, '치'자에서는 백이와 숙제의 고아한 죽음을 기리기 위한 제각(祭閣)과 비석[忠節碑][83], 매화, 달 속의 옥토끼[月像圖]가 등장하게 된다.(표 8)

83) 비석에는 '백세청풍이제지비[百世淸風夷齊之碑; 백세(혹은 萬世)토록 청풍을 드날리는 백이와 숙제의 비(碑)]'라는 뜻의 명문이 적혀 있다.

(표 8) 恥자의 이야기 내용구성

	화제(畵題)	주인공 (시대)	특정 시공간	행위			텍스트
				계기	전개	결과	
고사	천추청절 수양매월 (千秋淸節 首陽梅月)	백이(伯夷), 숙제(叔齊) (중국 은나라)	수양산(首陽山)	주나라 무왕이 은나라를 토벌함	은나라 고죽군의 아들로서 주나라의 곡식 먹기를 부끄러이 여겨 수양산에 숨어 고사리와 나물로 연명	절개를 지키다 굶어 죽음 (부끄러움을 바로잡은 자)	周書-伯夷叔齊傳 삼강행실도
	화제(畵題)	중심물	속성	비유	문구	상징	텍스트
기타	수양매월 이제청절 (首陽梅月 夷齊淸節) 백세청풍 이제지비 (百世淸風 夷齊之碑)	제각, 비석, 달 속의 옥토끼, 매화꽃	달 속의 옥토끼, 매화꽃 (각주84) 85)참조)	달 속의 옥토끼 →고아함 매화꽃 →고상한 품격, 순결, 절개, 지조	桐江之釣 首陽之菜微 貴場深處. 梅月分明 (동강지조 수양채미 귀장심처 매월분명)	절개를 지키기 위해 죽음을 택한 절개와 고아한 삶	백이숙제 고사 本草綱目 禮記-曲禮

84) 달 속에서 떡방아를 찧고 있는 옥토끼는 태음(太陰)을 상징한다. 삼족오와 함께 금조옥토(金鳥玉兎)라 하였고, 태양과 태음의 대표적인 동물로 알려져 있다. 『본초강목(本草綱目)』에 "토끼는 명월의 정"이라 하였고 『예기(禮記)』 「곡례(曲禮)」에는 "달의 정은 명시(明視)이고 그 상은 토끼"라고 되어 있다. 임영주, 앞의 책, 37-39쪽.

85) 고우(故友), 기우(奇友), 선비의 깨끗한 기풍을 나타낸다. 매화가 꽃이 피어 봄소식을 전하므로 춘선(春先)이라고 하기도 한다. 임영주, 같은 책, 143쪽. 매화는 겨울과 봄이 교차하는 시기에 핀다고 해서 보춘화(報春花)라는 별명을 가지고 있다. 이른 봄에 홀로 피어 봄의 소식을 전하고 맑은 향기와 우아한 신선의 운취가 있어 순결과 절개의 상징으로 널리 애호되었다. 그런가 하면 매서운 추위에도 꿋꿋이 피는 매화의 상태를 인간의 고상한 품격에 비유하기도 하며, 겨울이 되어 잎이 지고 나면 일견 죽은 것 같으나 다음해 다시 꽃이 피는 속성을 지니고 있어 장수의 상징물로도 여겼다. 허균, 『전통문양』(서울: 대원사, 2002), 77쪽.

4. 효제도의 이야기이미지 · 시각적 이미지의 상호교섭과 유형별 의미구조

한자를 제재(題材)로 한 문자도는 "이미지를 문자화하거나 문자를 이미지화하여 제작된 것"[86]이며 "문자를 설명할 수 있는 그림 또는 그림들을 해석할 수 있는 문자가 서로 관계성을 지니며 얽혀져 있는 것이다."[87] 효제도의 경우에는 8개의 문자가 지닌 의미성 및 시각성과 더불어 각 글자와 관련된 텍스트를 근거로 한 '1(주제):1(그림)'구성[88]의 화제(畵題)와 이에 연관된 이야기이미지(story-image, 이하 SI)[89] 및 시각적 이미지(visual image, 이하 VI)의 상호교섭에 따른 복합적 의미구조를 갖고 있다.

따라서 본 장에서는 효제도의 의미구조를 먼저 한자를 문자이미지로 전제하고, 이와 결부된 문자도로서 그 SI와 VI의 상호교섭 방식과 특징을 통해 고찰해 보고자 한다. 이를 위한 분석대상[90]은 효제도의 초기형식(18세기 후반)을 '기본형(*t-1*)'[91]으로 하였고, 그 변형형식들(19세기 이후)[92]은 일단 그림의 외연에서 시각적으로 파악되는 특징들[93]에 따

86) 이명구· 남인복, 앞의 논문, 220쪽.

87) 오세권,「민화에서 나타나는 '중층구조'에 대한 연구-효제문자도(孝悌文字圖)를 중심으로」,『기초조형학연구』, Vol. 7, No. 4(2006), 406쪽.

88) 그림을 보는 사람들은 전체 이야기 내용이나 이를 이루는 여러 개의 에피소드를 모두 기억하기보다는 하나의 장면을 기억하는 경향이 있다. 사람들에게 하나의 기호(sign)로 각인되기 때문이다. Susan Onega and Jose Angel Garda Landa, *Narratology: An Introduction* (London: Longman, 1996), p.5.

89) 이야기이미지란 단어가 하는 첫째 일이 어떤 것을 말하게 하고 진술하게 하는 것과 같이, 이미지가 이야기를 envisage(마음속에 그려보게) 하는 일을 말한다. Susanne Langer, *Philosophy in a New Key* (Ohio: Mentor Book, 1951), p.128.

90) 본 연구의 참고문헌들을 연구자가 종합 정리하여 범위를 설정하였다.

91) 서법의 미감을 바탕으로 하여 전개된 18세기의 비백서풍 효제도는 제외하였다.

92) 19세기 이후 효제도는 수요가 증대하여 서울의 경우 주로 그림가게를 통해 판매가 되었고, 지방의 경우에는 지방화사(畵師) 또는 떠돌이 화공(畵工)을 통해 확산되면서 주로 8폭병풍으로 제작되었다. 특히, 효제도는 지방양식의 차이가 뚜렷한

라 '상징형(*t-2*)', '결합형(*t-3*)', '의장(意匠)형(*t-4*)', '해체형(*t-5*)', '복합형(*t-6*)'의 6유형으로 집단화하였다.

4.1 기본형(*t-1*)

효제도의 초기형식으로 간주되고 있는 <그림 19>를 기본형으로 설정하였다. 각 문자별 SI와 VI의 상호교섭방식과 특징은 다음과 같다.[94]

1) 효

'효'자 안에 관련 고사의 내용은 없어 SI는 어려우나, 화면 왼쪽 상단의 "왕상부빙 쌍리약출(王祥剖氷 雙鯉躍出)"이란 화제가 문자의 의미를 직접 진술하고 있다. 글자의 형태를 고수하며 그 안에 배치된 4발가락의 이룡(二龍), 해태, 천도복숭아를 입에 문 학, 구름무늬 등 장엄한 장식은 궁중이나 관청을 위한 용도였음을 추정하게 한다. 특히, '효제(孝悌)는 인(仁)의 근본'[95]이자 '사친(事親)에서 비롯하여 사군(事君)에까지 미치고 입신(立身)에서 그친다'[96]라 할 만큼 유학의 첫째가는 도덕규범이므로, 이를 강조하기 위해 상서로운 무늬로 8자 중에서 유독 '효'자를 장식한 것으로 여겨진다. 따라서 <그림 27>의 VI

〈그림 19〉의 부분

〈그림 27〉 효

특징을 갖는데, 본 논문에서는 다양한 변형형식의 의미구조에 중점을 두고자 지역성의 고려는 일단 배제하였다.

93) 효제도 글자체의 변형, 형태감의 파형(破形), 회화화(pictorialization) 경향 등을 들 수 있다.

94) 그림에 대한 설명은 유홍준, 앞의 책, 103-104쪽을 참조하였다.

95) 『論語』「學而」

96) 『孝經』「開宗明義章」

는 '효'의 중요성을 장중하게 보여준다.

2) 제

〈그림 19〉의 부분

〈그림 27-1〉 제

'제'자의 윗부분은 <그림 27-1> 화면 왼쪽 상단의 화제인 "양주도원 삼인결의(釀酒桃園 三人結義)"에서 알 수 있듯 '도원결의'고사와 관련된 것이다. 즉, 복숭아꽃이 만발한 언덕에 술상을 놓고 마주한 유비, 관우, 장비와 그들이 타고 왔을 말 3마리가 있다. 설사 화제가 없더라도 '도원결의'이야기의 SI가 떠오를 수 있을 정도로 명시적인 VI이다.

앞서 '제'자의 내용구성(표 2)에서 살펴봤듯이 다른 글자에 비해 관련 이야기가 부족하다. 이 그림을 제작한 화원급 화가도 그래서였을까? 글자의 아랫부분은 매화분재, 대나무, 소나무의 세한삼우(歲寒三友)로 그들의 변치 않는 우애를, 또한 '학수천세(鶴壽千歲)'[97]의 학과 참새 1쌍으로 그 우애가 영원하고 다정함을 표현하고 있다.

3) 충

〈그림 19〉의 부분

〈그림 27-2〉 충

<그림 27-2>의 화면 왼쪽 상단의 화제는 "유충기신 모이강준(維充紀信 貌以降準)"의 '기신광초'고사를 알려준다. '中'자의 중심에 말을 타고 칼과 창을 든 주인공 기신이 보인다. 그의 왼쪽에는 병사 1명과 그 뒤로 깃발과 성문이, 오른쪽에는 소나무와 칼을 든 병사 2명이 있는데, 초나라 병사에 대항하여

---

97) 『淮南子』「說林訓」

지략을 펼치는 기신의 모습에 대한 SI이다. 그 아래쪽에는 불로초를 입에 문 학[花喰鶴][98]이 화면의 중심에 있다.

'心'자 부분에는 충신 기신의 활약으로 구출되는 한나라 영양왕이 기신과 반갑게 상봉하는 장면이다. 그 양옆은 송학(松鶴), 화손학, 서기(瑞氣)를 내뿜는 운귀(雲龜)[99]의 상서로운 문양으로 장식하였다.

글자를 '中'과 '心'2부분으로 나누고 각각 고사 내용의 전반부와 후반부를 담아 텍스트에 밀착한 SI가 되고 있으며 세밀한 표현과 장식성으로 장중한 VI를 더해준다.

4) 신

'신'자에서 그림을 가장 많이 포치할 수 있는 부분은 오른쪽 아래의 '口'자이다. 여기에 '상산사호'고사의 내용을 담았다. 4명의 은사(隱士)들이 그들의 은거(隱居)와 탈속을 상징하는 바둑을 두고 있다. 그들의 바로 위에는 선인(仙人)의 전유물인 선학(仙鶴)[100]이 상서로운 구름과 함께 그려져 탈속의 경지를 강조한다.

〈그림 19〉의 부분

〈그림 27-3〉 신

---

98) 원래 조류가 입에 물건을 문 도식은 중국에서 시작되었으며 불교의 향화공양(香華供養)과 접합되면서 꽃가지를 문 화손형식이 등장하였다고 한다. 우리나라에서는 꽃가지보다 주로 장수길상을 상징하는 구름, 소나무가지, 불로초 등을 물고 있는 형태가 많다. 구미래, 앞의 책, 226쪽.

99) 거북은 실재하는 동물임에도 불구하고 오랜 역사를 통해 영험하고 신령스러운 동물로 변신했는데, 개충(介蟲)의 우두머리, 주술적 효능, 북방신(北方神)인 현무(玄武), 영년불사(永年不死)의 상징으로 여겨졌다고 한다. 서기를 내뿜는 거북은 신령한 동물 또는 상서의 징후를 상징하고 있다. 허균, 앞의 책(2002), 36-38쪽 참조.

100) 『相鶴經紀』: "…蓋羽族之宗長 仙人之騏驥也"(…학은 날개달린 동물의 우두머리이며, 仙人의 탈 것[천리마]이다)라 하였다. 허균, 앞의 책(1991), 88쪽.

나머지 부분은 당시 진나라의 어지러운 정국을 전투장면으로 묘사했다. <그림 27-3>의 화제인 "초택녹평 사호상산(楚澤鹿枰 四皓商山)"에서 알 수 있듯이 4명이 바둑을 두고 있는 그곳이 바로 탈속의 선계(仙界)인 상산이라는 SI가 되며, 선학과 구름이 그려진 글자 부분은 전투장면으로 묘사된 어지러운 속세와 상산을 경계지어주는 VI가 되고 있다.

5) 예

<그림 27-4>의 화제는 "현가습례 대수춘풍(絃歌習禮 大樹春風)"의 '현가불철(絃歌不輟)[101)]' 고사에 관한 것이다. 이에 대한 SI는 우선 '豆'자 부분에 집중되는데 공자가 거문고를 타면서 제자들과 이야기를 나누는 모습으로 표현되고 있다. 이밖에 '曲'자에는 공자의 고고한 기품을 느끼게 해주는 국화[102)], 파초[103)] 등이 자리 잡고 있으며 '示'부분은 위로부터 방아를 찧으며 선약(仙藥)을 만드는 선수(仙獸)인 옥토끼, 운학, 봉황, 복숭아 등의 VI로 상서로운 느낌과 무병장수의 염원을 선하게 된다.

〈그림 19〉의 부분

〈그림 27-4〉 예

101) '공자가 어려움을 당했을 때도 현가(거문고를 타며 노래함)를 계속한다'는 뜻으로 학문정진을 의미한다.

102) 국화는 도연명(陶淵明)의 삶과 연계되어 맑은 아취와 높은 절개를 지닌 꽃으로, 주돈이(周敦頤)가 『애련설(愛蓮說)』에서 '국화는 은일(隱逸)'이라 한 뒤부터 고결한 품격의 상징으로 보편화되었다. 또한 늦은 서리를 견디면서 그 청초한 모습을 잃지 않는 국화의 생태로 길상의 징조 또는 상징으로 받아들여졌으며 은군자(隱君子), 은일화(隱逸花), 영초(齡草), 옹초(翁草), 천대견초(千代見草) 등 고상함과 품위와 장수를 의미하는 별명을 많이 가지고 있다. 허균, 앞의 책(2002), 80쪽.

103) 강희안(姜希顔)의 『양화소록(養花小錄)』에 파초를 앙우(仰友)로 명명하여 파초의 푸르름 속에서 군자의 기상을 찾고 있다. 임영주, 앞의 책, 145쪽.

6) 의

〈그림 19〉의 부분

〈그림 27-5〉 의

'의'자하면 떠오르는 SI는 '도원결의' 고사에 관한 것이다. 그런데 이 이야기는 이미 '제'자에서 쓰였기 때문에 동어반복을 피하기 위해 "?용우조 비의하석(?容遇操 匪義何釋)"이라 화제를 쓰고 <기마인물출정도>라는 그림형식의 VI로 문자도를 꾸몄다.(<그림 27-5>) 말을 탄 유비, 관우, 장비의 의로운 기세는 '我'자의 혁필풍 서체의 삐침, 깃발의 휘날림, 운학과 봉황의 힘찬 비상으로 표현된 VI와 어우러져 더욱 힘찬 느낌을 준다.

7) 염

<그림 27-6>의 화제는 "소부세이 허유공독(巢父洗耳 許由孔犢)"의 '소부허유'고사이다. '广'염 글자 중심에 사선 방향으로 흐르는 영수(潁水)가 있고, 그 오른쪽에 귀를 씻고 있는 허유와 그의 말이 보인다. 이어서 '广'자의 삐침 부분 위에는 허유의 이야기를 듣고 기산(箕山)으로 돌아가려는 소부가 반쯤 돌아선 자태의 VI로 표현돼 있으며 그의 아래쪽 방향 아래 그가 끌고 왔던 소가 우뚝 서있다. 이러한 '소부허유'의 SI는 글자 아래 '灬'부분의 각 점에 무릎을 꿇거나 허리를 조아린 사람들의 모습을 그려 넣어 소부와 허유의 청렴한 기상에 대한 존경을 강조하는 VI와 연동된다. 또한 '广'자 윗부분의 쌍학과 운학[104], 소나무의 VI는 <학수송

〈그림 19〉의 부분

〈그림 27-6〉 염

104) 흉배에서 쌍학과 구름의 결합은 '뜻이 높고 바른 것이 으뜸간다'라는 뜻을 갖

령도(鶴壽松齡圖)>[105]<그림 27-6-1>의 다른 VI가 결합한 것으로 상서로운 장식기능과 함께 소부와 허유의 은일한 품격을 강조하는 VI로 작용하게 된다.

조선후기, 55.6x33cm, 경기대박물관

〈그림 27-6-1〉 송하쌍학도

8) 치

'자신의 잘못된 행동에 대하여 부끄러움을 스스로 알고 그것을 바로 잡아야 한다'는 '치'자 문자도<그림 27-7>의 화제는 '백이숙제'고사와 관련한 "동강지균 수양지미(桐江之鈞 首陽之薇)"이다. '치'자의 중심부에 수양산의 산세를 뒤로 한 백이(또는 숙제)가 동강에서 잉어를 낚고 있고, '心'자 부분에는 고사리[薇]를 손에 쥔 숙제(또는 백이)가 그려진 SI의 형태이다. 글자의 위아래 부분에는 복숭아꽃이 만발한데 윗부분에는 괴석과 함께, 또한 아래 부분은 쌍학이 그려져 그들이 절개를 지키기 위해 택한 고결한 죽음이 헛된 것이 아니라 영원한 생명을 얻은 것임을 의미하는 VI가 되고 있다.[106]

〈그림 19〉의 부분

〈그림 27-7〉 치

는다.

105) '학수천년 송학만년(鶴壽天年 松鶴萬年)'과 『시경』에서 말한 '송백지무(松柏之茂; 소나무와 잣나무의 무성함)'를 함의한 그림형식이다.

106) 복숭아와 관련한 서왕모의 전설, 오래 변치 않는 괴석의 속성, 천년을 산다는 학의 관념으로 이들은 모두 장수의 상징물이 된다.

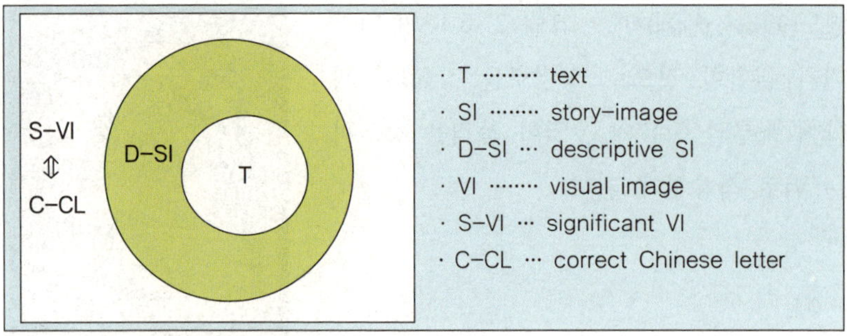

〈그림 27-8〉 효제도 기본형(*t-1*)의 의미구조 : S-VI(⇔C-CL)⇐[D-SI≒T]

이상에서 18세기 후반 지배층에 의해 목판 제작된 것으로 추정되는 효제도의 초기형식을 '기본형(*t-1*)'으로 상정하여 각 문자가 지닌 SI와 VI의 상호교섭방식 및 특징을 분석해 보았다. 그 결과, (*t-1*)은 그림의 화제와 텍스트를 충실하게 반영한 사건전개식의 설명적 SI로 하여금 그 의미에 밀착한 VI로 연동되도록 하고 있다. 이를 위해서 문자의 정확한 형태를 유지하되, 각 글자를 대개 부수와 획/상하/좌우의 2영역으로 구분하여 SI의 이야기 내용이 갖는 의미에 부합하도록 VI를 구성하는 한편, 글자의 먹바탕을 남기거나 상서로운 의미의 장식무늬 배치, 또는 다른 그림형식의 도입 등의 VI를 통해 궁극적으로는 글자가 가진 의미의 가치를 부각시키게 된다. 이와 같은 (*t-1*)의 의미구조를 도식화한 것이 <그림 27-8>이다.

4.2 상징형(*t-2*)

(*t-1*)이 기본 의미에 충실한 안정적이고 분명한 형태감을 보여줬다면, (*t-2*)의 대상이 된 19세기 효제도의 전형은 문자의 기본 형태를 어느 정도 유지하지만 회화적인 형태로 유동하며, 주로 텍스트의 이야기 내용이 압축된 상징물[107]이 시각적으로 부각되도록 변형된 것이다. 이러한

〈그림 28〉 문자도 8폭, 조선시대(19세기후반), 각 62.5x32.5cm, 국립민속박물관

상징물의 반복적 표현은 효제도의 기존 이미지를 민간이 번안하여 수용하는 가운데 비롯한 것으로, 정형적이고 관습적인 개념적(conceptual) 이미지로 확대 재생산된 것으로 볼 수 있다.

예를 들어 <그림 28>에서 '효'자의 상단은 '왕상부빙'고사를 압축한 상징물인 잉어가 전면에 자리하며 '맹종읍죽'고사의 죽순과 '황향선침'고사의 부채가 함께 글자의 형태를 이뤄 즉각적인 SI를 유발하고 있다. 또한 '子' 부분의 가운데 획 안에는 '대순탄금'고사의 거문고가 그려져 있다.

'제'자의 경우에는 '忄'변에 '척령재원'의 할미새 1쌍이 다정히 마주보고 있으며 '弟'자 부분의 상단에는 연꽃 또는 모란꽃 화분을 그려 넣고 그 잎을 크게 과장하여 획을 대신하고 있다.[108] 또한 '弟'자의 하단부분 안에 '상체지화'고사의 산앵두나무 꽃을 장식해 넣은 VI를 확인할 수 있다.

'충'자는 '어변성룡'고사의 내용에서 잉어가 용으로 변신한다는 SI를

107) 상징물은 보는 사람으로 하여금 행위자를 인지하게 하고, 충분한 정보를 전달하는 역할을 한다. Richard Brilliant, *Visual Narrative: Storytelling in Etruscan and Roman Art* (Ithanca & London: Cornell University Press, 1984), p.17.

108) 연꽃이나 모란꽃은 대륜화(大輪花)로서 양(陽)·풍요·다산을 상징하므로, 세륜화(細輪花)인 산앵두나무 꽃과 지상새인 할미새가 상징하는 음(陰)을 보완하기 위해 그려진 것으로 여겨진다.

잉어의 입에서 용이 나오는 VI로 묘사하여 '中'자와 '心'자가 자연스럽게 이어지도록 하였으며, '心'자의 양쪽 획에 각각 '하합상하'의 새우와 조개를 배치하였다.

'신'자를 보면, '亻'변에 청조가 인두조신(人頭鳥身)의 형상으로 복숭아나무 위에 앉아 있는 VI로 '한무· 서왕모왕림'고사의 SI를 유발하게 된다. 또한 '言'자 부분의 상단에는 '상림춘풍 백안전신'이야기의 흰기러기가 편지를 입에 물고 서있는 VI로 표현하고 있다.

'예'자는 '示'변의 상단 점획을 '하도락서'고사의 상징물인 거북이가 대신하고 있으며 '豊'자 부분의 안에 표현된 상징물을 통해 거북이가 등에 진 하도락서가 홍범구주의 원리로 발전된 내용에 대한 SI를 순차적인 VI로 보여준다.

'의'자의 경우에는 상단의 2획을 '관저화명'의 저구새 1쌍이 다정하게 마주보도록 하여 SI가 가능하도록 하였고, '我'자 부분의 안은 저구새가 사는 물가의 정경으로 표현한 VI인 듯하다.

또한 '염'자에는 '广'의 상단에 '전진후퇴'·'출처지리'이야기의 SI를 함축한 게를 두드러지게 배치하였고, 나머지 글자 부분 안에는 소나무와 수석 같은 전형적인 장수의 상징물을 장식한 VI로 표현하고 있다.

마지막 '치'자의 '心'자 부분은'백이숙제'이야기와 관련한 수양산을 배경으로 사당과 비석, 그리고 은일의 상징인 달과 매화로 SI를 작동시키고 있는데, 전체적인 '치'자와 거리감을 두도록 포치시켜 마치 속세와 멀리 떨어진 탈속의 경지를 전하는 VI가 되도록 한 것으로 볼 수 있다.

이와 같은 '상징형(*t-2*)'는 다른 그림형식의 요소를 부분적으로 차용하여 재변형되기도 한다. 이때 가장 선호된 그림형식은 책거리[109]<그림

109) 문자도의 접합 형태에서는 유난히 책거리(책을 중심으로 문방사우나 이와 관련된 물건들을 구경한다는 뜻)가 많다. 심수지, 앞의 논문, 7쪽. 효자도와 책거리의 양식적인 상동성에 대해서는 이영주, 앞의 논문, 250-251쪽 참고.

조선후기, 한국외국어대박물관

〈그림 29〉 효제문자도 8폭병풍-효제충신

29-2>이다. 예컨대 <그림 29, 29-1>의 '제'자, '신'자, '예'자, '치'자의 왼쪽 변(邊) 부분이 주로 책거리 형식으로 시각화된 것을 알 수 있다. 한편 이 그림을 <그림 28>과 비교해 보면, 글자의 형태는 아직 유지하고 있으나 보다 율동적이며 '충'자의 '中'부분은 주로 '굴원지충'이야기에서 굴원의 대쪽같이 곧은 충절을 상징한 대나무가 등장하는데, 이러한 SI와 연동되는 또 하나의 SI는 '하합상하'이야기의 상징물 중 하나인 새우이다. 이들은 대개 대나무를 끼고 있는듯한 새우의 VI로 묘사되고 있다.

조선후기, 한국외국어대박물관

〈그림 29-1〉 효제문자도 8폭병풍-예의염치

조선후기, 삼성 미술관 리움

〈그림 29-2〉 책거리

또한 '염'자의 상징물은 '봉비천인 기불탁속'이야기의 중심물인 봉황[110]이 두드러지고, '치'자의 경우에는 '백이숙제'고사 중에서 주로 "백세청풍 이제지비"가 쓰인 비석이 마치 위패처럼 표현된다. 이러한 재변형은 효제도가 민간화되면서 그들의 감정과 생각에 적합한 이야기의 선별적 압축과 상징물의 선택 및 집중 경향에 따른 이미지의 정형화·개념화의 영향으로 볼 수 있다.

결국 (*t-2*)는 (*t-1*)의 변형으로 글자의 형태감은 유지하되, 텍스트의 내용을 압축한 시각적 상징물을 위주로 한 전형적 이미지이며 문자의 좌변 또는 점획(點劃) 등 특정 위치에 전면화함으로써, 개념적인 SI의 즉각적인 유발과 VI의 연대 및 확장을 도모하고 있다. 이는 책거리와 같이 효제도와 동원적(同源的) '문(文)'을 기반으로 한 그림형식을 부분적으로 도입하여 (*t-2*)의 다양한 변형을 유발하는 것에서도 확인해 볼 수 있었다. 이와 같은 '상징형(*t-2*)'의 의미구조를 도식화한 것이 <그림 29-3>이다.

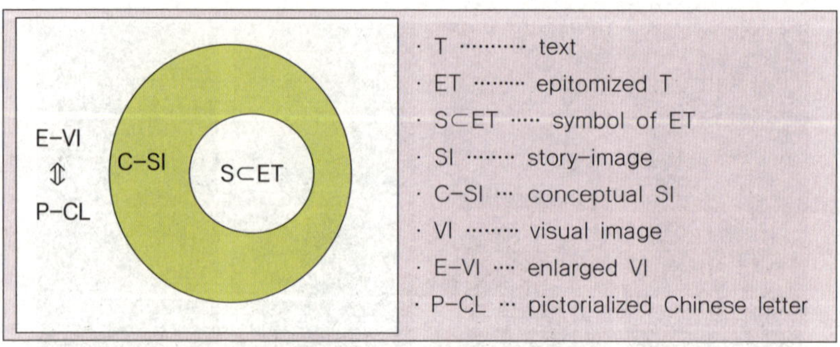

〈그림 29-3〉 효제도 상징형(*t-2*)의 의미구조 : E-VI(⇔P-CL)⇐[C-SI←S⊂ET]

110) 민간신앙의 '즉물적(卽物的)'사고의 영향으로 종종 수탉, 사슴, 해태로 표현되기도 한다.

4.3 결합형(*t-3*)

조선후기, 홍익대박물관

〈그림 30〉 효제문자도8폭병풍-효제

효제도의 '결합형(*t-3*)'은 (*t-2*)를 기반으로 화조도[111], 산수화[112] 등과 같은 그림형식이 등위적(等位的)으로 한 화면에서 서로 포치한 유형이다. <그림 30>을 보면 화면 하단에 (*t-2*)의 효제도가 자리하고, 화면 상단에는 산수화를 포치시켰다. 또한 <그림 30-1>의 경우에는 화면 상단에 (*t-2*)의 효제도가 있으며 그 아래는 화조도로 꾸며져 마치 화조도 의 화제(畵題) 부분 여백을 효제도가 장식하는 것처럼 보인다. 당시 선호되었던 그림형식 간의 결합은 보는 이에게 일석이조의 VI를

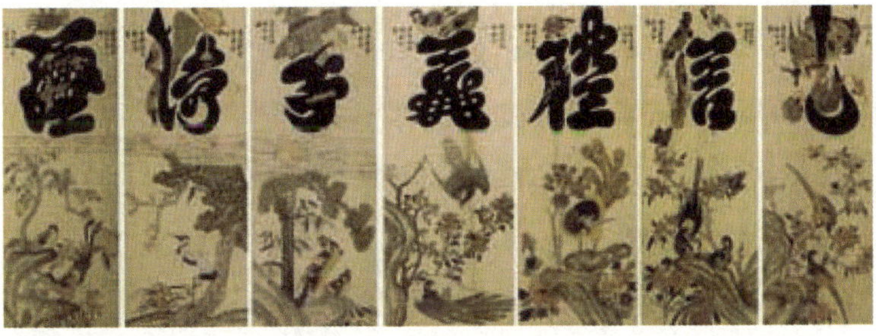

조선후기, 가회민화박물관

〈그림 30-1〉 문자도8폭병풍(부분)

111) 화조도는 그 내용이나 발상 등에서 한국적인 심성과 염원이 가장 깊게 깔려있는 그림으로 조선시대에 선호되었다고 한다. 윤열수, 『민화이야기』(서울: 디자인하우스, 1995), 101쪽.

112) 산수화, 문자도 등이 병풍형식으로 조선후기에 애용된 것에 관해서는 『한양가(漢陽歌; 1884 이후 한양의 풍물과 역사를 노래한 장편 가사집)』에 나와 있다. 김태곤 편, 『한국무가집』(서울: 집문당, 1971), 126-129쪽 참조.

전해주는 효과를 주었을 것이다. 이러한 (*t-3*)의 의미구조를 도식화한 것이 <그림 30-2>이다.

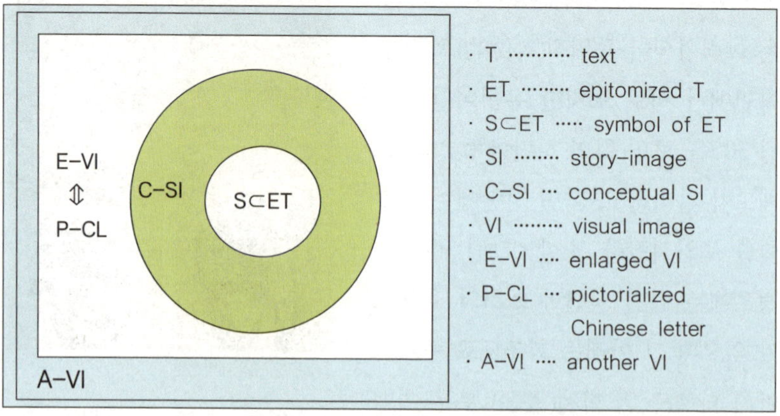

〈그림 30-2〉 효제도 결합형(*t-3*)의 의미구조 : A-VI+[E-VI(⇔P-CL)]⟸[C-SI←S⊂ET]

4.4 의장(意匠)형(*t-4*)

이 유형은 텍스트에 기반을 둔 설명적·상징적 SI가 소멸하고, 문자이미지의 장식성에 중점을 두면서 도안화된 VI를 보여주는 것이다. <그림 31>은 서체의 곡선미를 간결하게 표현하면서 글자의 획 내부를 화조무늬로 화려하게 꾸민 VI로 표현되었다. <그림 31-1>은 제주도 효제도

〈그림 31〉 효제도8폭 조선시대, 각 60.9x36.4cm, 운향미술관

〈그림 31-1〉 문자도병 8첩, 조선시대, 파리 국립기메동양박물관(Guimet Musee)

의 특징[113]을 잘 보여주는 그림이다. 즉, 화면을 2단 내지 3단으로 구성하여 도안화한 '기하학적 추상형식'의 제주도 효제도의 VI는 <그림 21-3>(2장)에서처럼 중국 남부지역의 길상문자도 <그림 21-2>와 유사한 표현형식을 보여준다.[114] 특히 <그림 31-1>의 가운데 위치하는 '신'자와 '예'자의 위에 감실(龕室)과 '예'자 아래에 상차림을 그려 넣은 점은, 이 병풍이 <감모여재도(感慕如在圖)> <그림 31-1-1>와 같은 제례용의 대용이었음을 알게 해준다.

조선시대(19세기), 103x85cm, 일본민예관(日本民藝館)

〈그림 31-1-1〉 감모여재도

이처럼 (*t-4*)는 텍스트에 의거한 설명적 SI나 상징물에 따른 압축적 SI는 물론 이와 연동하는 VI가 부재하고, 최소한의 문자이미지만을 잔존시킨채 그 내부 또는 주변을 디자인하는 장식적·기능적 VI의 효과에 치중한 유형이라고 할 수 있다. (*t-4*)의 의미구조는 다음의 <그림 31-2>와 같다.

---

113) 제주도의 지역성을 반영하여 장식성과 추상성이 강조된 제주도 효제도의 특징에 대해서는 전은자, 앞의 논문, 244-245쪽 참조.

114) 제주도는 중국 강남지역 중국인들의 유배지와 포착경유지였다고 한다. 전은자, 같은 논문, 253쪽.

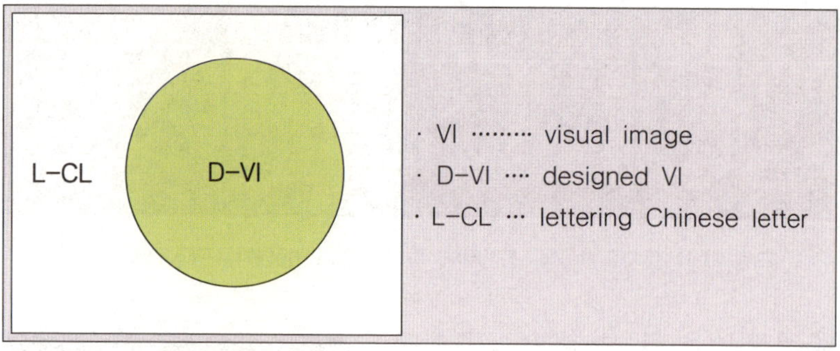

〈그림 31-2〉 효제도 의장형(*t-4*)의 의미구조 : L-CL⇐D-VI

4.5 해체형(*t-5*)

효제도의 '해체형(*t-5*)'은 문자의 형태는 다소 잔존하지만, 오히려 VI의 한 요소로 기여하도록 해체되는 유형이다. 여기서 (*t-2*)에 등장하는 주요 상징물들은 전혀 다른 시각물로 대체된다. 가령 <그림 32>를 보면 '염'자의 SI를 유발하던 봉황이 장끼(수컷 꿩)[115]로 바뀌어있어 화면 상단의 죽실(竹實)과 맞지 않는 SI가 되고 있다. 이 그림에서 장끼는 화면 하단의 까투리(암컷 꿩)와 함께 의미 있는 VI가 되며, '봉비천인 기불탁속'이야기 내용보다는 꿩 1쌍의 화목과 사랑이 더 큰 의미를 전하게 되는 것이다.

조선후기, 48x29.2cm, 홍익대박물관

〈그림 32〉 염자 문자도

아울러 <그림 32-1>에서 '관저화명'의 상징물인 저구새는 '我'자 부분으로 밀려있고 원래의 자리였던 글자 위의 점획 부

115) 꿩은 사이좋은 한 쌍을 상징한다. 허균, 앞의 책(2002), 61쪽.

분을 단정학(丹頂鶴)[116] 1쌍에게 내준 VI이다. 또한 '我'자 끝의 삐침 부분에는 왼쪽에 물고기[117]를, 오른쪽에 포도[118]를 배치하여 장수와 다산을 기원하는 VI를 형성하고 있다. 이는 '의'자의 기본 텍스트가 민간의 관념차원으로 전이되면서 번안된 SI에 따른 VI의 극단적인 시각화라고 볼 수 있다. 이와 같은 효제도의 (*t-5*)의 의미구조를 도식화하면 다음 <그림 32-2>와 같다.

조선후기, 48x29.2cm, 홍익대박물관

〈그림 32-1〉 의자 문자도

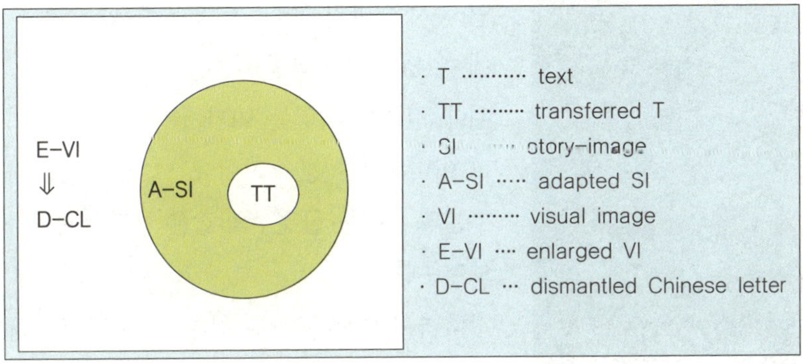

〈그림 32-2〉 효제도 해체형(*t-5*)의 의미구조 : E-VI(⇒D-CL)⇐[A-SI←TT]

116) 두루미 머리의 붉은 반점으로 불리게 된 이름이다.
117) 물고기의 많은 알은 다산을 상징하며, 많은 수의 비늘은 '효양어(孝養魚; 자손창성)'라는 즉물적(卽物的) 관념을 반영한다.
118) 알알이 달린 포도는 즉물적 관념으로 '다자(多子)'를 상징한다.

4.6 복합형(*t-6*)

효제도의 '복합형(*t-6*)'은 지금까지 살펴본 '기본형(*t-1*)', '상징형(*t-2*)', '결합형(*t-3*)', '의장형(*t-4*)', '해체형(*t-5*)'이 모두 복합된 유형이다.

조선후기, 전주역사박물관

〈그림 33〉 효제문자도8폭(효)

<그림 33>은 '효'자의 '子'부분에 (*t-2*)의 상징물인 물고기가 가운데 획을 이루고 있으며 민화풍의 꽃그림과 결합한 (*t-3*)을 보여준다. 또한 글자의 내부를 줄무늬처럼 도안화한 (*t-4*)이며 전체적으로 '孝'자가 민화의 일부와 같은 VI의 (*t-5*)를 나타내고 있다. <그림 33-1>의 경우 '신'자에서 (*t-2*)의 상징물인 청조가 비둘기로 번안돼 있으며 '亻'부분은 책거리와 결합한 (*t-3*)인 동시에 마치 공중에 떠 있는듯한 화병 위에 청조가 서있는 VI가 글자를 소실시키고 이미지를 이룬 (*t-5*)이다. 그 옆의 '言'자 부분의 내부는 물결무늬 같은 꾸밈의 (*t-4*)를 보여준다.

조선시대(19세기), 각 48.2x 26.5cm, 일본민예관

〈그림 33-1〉 문자도-효제신의 염치(신)

따라서 (*t-6*)는 서로 다른 유형을 복합하여 문자와 그림, 사실과 추상, 실경과 허경 등의 경계를 자유롭게 넘나드는 이미지의 세계를 창출하고 있으며 그 의미구조는 다음과 같이 도식화 해 볼 수 있다.(<그림 33-2>)

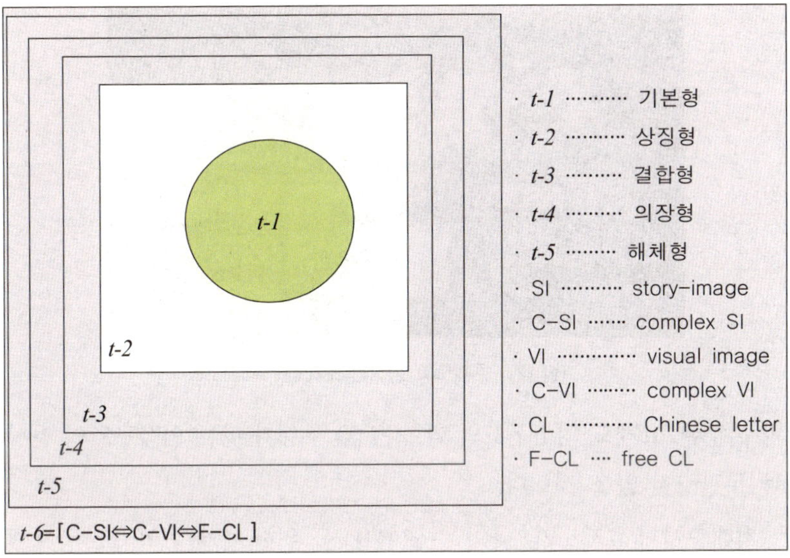

〈그림 33-2〉 효제도 복합형(*t-6*)의 의미구조 : [C-SI⇔C-VI(⇔F-CL)]⟸[(*t-5*)+(*t-4*)+(*t-3*)+(*t-2*)+(*t-1*)]

5. 효제도 의미구조의 해독 결과

효제도는 유교윤리의 골자인 '효·제·충·신·예·의·염·치'의 8덕목을 한 세트로 하여 각 글자별로 갖는 텍스트의 이야기와 결부시켜 시각화한 SI와 VI가 상호교섭하며 의미를 전하는 문자그림내지 그림문자로, 그 상호교섭방식 및 특징에 의해 6가지 유형(기본형, 상징형, 결합형, 의장형, 해체형, 복합형)의 의미구조를 분석해 보았다. 그 결과, 효제도는 지배층의 하달식 교화(敎化)의도를 그들의 이념과 미감에 준수하여 만들어낸 이미지였으나, 이를 수용하는 민간에서는 자신들의 관념과 욕구에 맞춰 번안하고 변형하여 다양한 이미지를 형성하였다.

한자문화권에서 유일하게 조선이 효제도라는 양식을 창출했다는 점은 이 문자도가 발생한 시점으로 추정되는 18세기 이후의 사회적 맥락

〈그림 34〉 효제도로 장식한 초례청(20세기초)

과 결부된, 효제도 의미구조의 발화(發話) 주체가 갖는 의식구조의 양상과 무관하지 않을 것이다.

지배층에게 효제도가 '나의 수신(修身)'을 위한 감계의 의미로 중요했다면, 이를 수용한 신흥계층[119]에게는 '나의 현시(顯示)'를 위한 '기표'로 작용했다고 여겨진다. 즉, 지배층이 주도한 그림양식과 이들을 대변하는 '문자(한자)'를 소유함으로써, 대외적인 과시와 자기만족을 충족시켰던 것이다. 무엇보다 19세기 이후 민간으로 저변화된 효제도가 주로 병풍으로 제작되고 의례를 위한 치레용으로 기능(<그림 34>)하였던 사실은, '병풍'이란 기물 또한 원래 지배층의 전유물이었다는 점과 유관할 것이다.

이러한 수용과정에서 기층화된 민간신앙 및 관념이 효제도의 의미구조에 적극 개입하여, '어질게 바로 사는 것이 인간의 도리'라는 유교윤리의 핵심적 이념은 '사람의 도리를 다하면 복을 받는다'는 인과응보적·현세구복적 염원으로 전이되고, 이에 부합하는 SI 및 VI의 다양한 변형을 초래했던 것이다. 효제도가 전국적으로 확산되어 뚜렷한 지방양식

119) 상층문화는 물론 기층 문화적 분위기에도 익숙한 계층이 문예활동의 주축으로 떠오른 것은 전혀 새로운 흐름이었다. 김현주, 『판소리와 풍속화 그 닮은 예술세계』(서울: 효형출판사, 2000), 14쪽. 신흥계층은 조선후기의 신경향인 판소리, 풍속화, 민화 등을 주도하였다.

을 구축한 것은 물론, 사회구조의 급격한 변화 시기 전까지 지속될 수 있었던 것(<그림 34-1>)도 이처럼 민간에서 희구하는 믿음과 생각을 반영한데 있지 않나 여겨진다.

〈그림 34-1〉 제주도 효제도병풍으로 장식한 결혼식 광경(20세기 중반무렵)

끝으로 본 연구가 한국적 타이포그래피(typography)의 모색에 있어 작은 단초가 될 수 있기를 기대하며 효제도의 특징적인 지방양식의 의미구조에 대해서는 후속 연구로 남기고자 한다.

참고문헌

저서

구미래, 『한국인의 상징세계』, 서울: 교보문고, 2002.

국립중앙박물관, 『길상-중국 미술에 담긴 행복의 염원』, 서울: 시조문화, 2012.

김만희, 『한국의 문자(효제)도: 한국민속칼라북스』 2집, 서울: 상미사, 1984.

김영재, 『민화와 우리신화』, 서울: 조선민화박물관출판부, 2004.

김진영 · 김현주 역주, 『춘향가』, 서울: 박이정, 1996.

김철순, 『한국민화논고』, 서울: 예경산업사, 1991.

김태곤 편, 『한국무가집』, 서울: 집문당, 1971.

김현주, 『판소리와 풍속화 그 닮은 예술세계』, 서울: 효형출판사, 2000.

김호연, 『한국 민화』, 서울: 경미문화사, 1972.

박영수, 『유물속의 동물상징이야기』, 서울: 내일아침, 2005.

윤열수, 『민화이야기』, 서울: 디자인하우스, 1995.

유홍준, 『문자도』, 서울: 대원사, 1993.

______. 이태호, 『한국미술사의 새로운 지평을 찾아서』, 서울: 학고재, 1997.

이성미 · 김연희 공저, 『한국회화사용어집』, 서울: 다홀미디어, 2003.

임영주, 『한국의 전통문양』, 서울: 대원사, 2004.

정병모, 『민화』, 서울: 다홀미디어, 2011.

최영애, 『한자학강의』, 서울: 통나무, 2006.

한국문화상징사전편찬위원회, 『한국문화상징사전 1』, 서울: 두산동아, 2006.

한국정신문화연구원, 『한국민족문화대백과사전』12권, 성남: 한국정신문화연구원, 1991.

허균, 『전통문양』, 서울: 대원사, 2002.

______. 『전통미술의 소재와 상징』, 서울: 교보문고, 1991.

역서

野岐誠近(노자키 세이킨), 변영섭·안영길 역, 『중국길상도안』, 서울: 도서출판 예경, 1992.

成俔, 남만성 역, 『용재총화』, 서울: 양우당, 1988.

柳得恭, 이석호 역, 『京都雜誌』, 서울: 동문선, 1991.

조문윤 외, 김택중 외 옮김, 『무측천 평전』, 서울: 책과 함께, 2004.

천촨시 지음, 안영길 역, 『시공아트 40, 푸바오스』, 서울: 시공사, 2004.

黃全信 편저, 이익희 역, 『Design CHINA POWER 그 상상력의 비밀 1-福』, 서울: 도서출판 Notebook, 2002.

논문

김남시, 「기억 이미지로서의 중국문자- 마테오 리치의 『서국기법』(西國記法) -」, 『인문논총』, 제67집, 2012.

서민자, 「조선후기 孝 · 忠의사상과 문자도 연구-효제문자도를 중심으로-」, 『아시아민족조형학보』, 통권 제8집, 2010.3.

심수지, 「조선후기 민화 문자도의 도상 변화와 화법」, 『한국디자인문화학회지』. Vol. 13, No. 2, 2007.

안호숙, 「효제문자도(孝悌文字圖)에 나타난 미의식 연구」, 『수행인문학』, Vol. 40, No. 2, 2010.

엄소연, 「우리나라 박물관의 민화전시와 민화인식」, 『민속학연구』, 제19호, 2006.

______. 「朝鮮後期 動物象徵 硏究-博物館 所藏品의 記意分類를 中心으로-」, 홍익대 박사학위논문, 2005.

______. 「조선시대 후기 民畵文字圖에 표현된 美意識-孝悌文字圖를 중심으로-」, 이화여대 석사학위논문, 1989.

오세권, 「민화에서 나타나는 '중층구조'에 대한 연구-효제문자도(孝悌文字圖)를 중심으로-」, 『기초조형학연구』, Vol. 7, No. 4, 2006.

우영숙, 「朝鮮後期民畵와 明·淸代年畵 비교연구」, 명지대학교 석사학위논문, 2008.

윤열수, 「문자도를 통해 본 민화의 지역적 특성과 작가연구」, 동국대 박사학위논문, 2007.

______. 「關東地域을 中心으로 본 孝悌文字圖 作家 硏究」, 『동악미술사학』, Vol. 7, 2006.

이경남, 「儒敎文字圖의 사상체계와 변천과정에 대한 재검토」, 『陽明學』, 제23호, 2009.

이명구, 「조선후기 효제문자도와 지방적 조형특성 연구-효제문자도의 그래픽 콘텐츠를 중심으로-」, 『디자인학연구』, 통권 제58호, Vol. 17, No. 4, 2004.

______. 남인복, 「한자문화권 문자도의 그래픽 콘텐츠 연구-한, 중, 일, 베트남의 민간화를 중심으로-」, 『디자인학연구』, 통권 제57호, Vol. 17, No. 3, 2004.

이수경, 「朝鮮時代 孝子圖 -行實圖類 孝子圖를 중심으로 -」, 『미술사학연구』, No. 242·243, 2004.

이영주, 「조선후기의 孝悌文字圖」, 『미술사논단』, Vol. 24, 2007.

전경욱, 「탈놀이의 형성에 끼친 나례의 영향」, 『민족문화연구』, 28, 1995.

전은자, 「제주도 효제문자도 연구」, 『탐라문화』, Vol. 36, 2010.

정병모, 「조선민화에 끼친 유교의 영향」, 『미술사학』, Vol. 23, 2009.

원서

Brilliant, R. *Visual Narrative: Storytelling in Etruscan and Roman Art*, Ithanca & London: Cornell University Press, 1984.

Langer, S. *Philosophy in a New Key*, Ohio: Mentor Book, 1951.

Onega, S. and Landa, J. A. G. *Narratology: An Introduction*, London: Longman, 1996.

인터넷

http://100.daum.net/encyclopedia/view.do? docid=b17a313a(이두-각주 6)

http://www.gogung.go.kr/gallery.do?cmd=galleryAroundForm&menu=19(부금수복당저고리-각주 35)

http://www.museum.go.kr/program/relic/relicSearchList.jsp?menuID=001005002001&langCodeCon=&searchSelect=NAME&keyWord=%EC%88%98%EB%B3%B5&pageSize=10&x=18&y=4(백자수복강녕무늬대접-각주 36)

http://100.daum.net/encyclopedia/view.do? docid=b12s2511a(소학-각주 46)

http://www.nfm.go.kr/Data/col view test.nfm?seq=466&gubun=N(베개모판-각주 37)

http://ko.wikipedia.org/wiki/%EC%84%B8%EC%86%8D_%EC%98%A4%EA%B3%84

(세속오계-각주 66)

III

사회 · 이데올로기 · 역사와 이미지

5

이미지, 역사, 해석: 「라메종 프랑스」 읽기

서 종 석

1. 「라메종 프랑스」 혹은 역사의 재해석

이미지는 역사의 산물이다. 과거의 역사를 증거하고 현재와 미래의 세대에게 전달되고 수용된다. 이 글에서 다루려는 「라메종 프랑스(La maison France)」라는 선전 포스터도 마찬가지이다. 비시(Vichy)라는 과거의 시간에 기획되고 제작되어 현재의 우리의 시각장 안으로 들어오면서 역사적 연속성을 갖는다.[1] 그런데 이 선전 포스터는 상당히 흥미로운 특징을 보여준다. 아래의 두 그림 <1>과 <2>를 보자. <그림 1>은 아마도 「민족혁명(Révolution Nationale)」을 주창하던 비시정부의 선전물들 중 가장 잘 알려진 선전 포스터들 중의 하나일 것이다. 이 포스터는 필립 앙리 누와이에(Philipe Henry Noyer)의 작품이다. 이 포스터는 1940년 가

1) '선전' 즉 프로파간다라는 용어는 가톨릭에서 종교적 목적으로 탄생되었지만, 현대적인 의미에서 프로파간다는 제 1차 세계대전 동안 만들어져 이후 전 세계적인 현상으로 자리 잡게 되었다(Gervereau 1996: 11).

〈그림 1〉

을 자유지역(zone libre) 벽보로 게시되기 시작해서 1941년에 이르기까지, 상당히 많은 부수가 제작·배포되어 비시정부의 「민족혁명」을 전파하는데 효과적인 선전 도구 역할을 수행하였다. 프랑스의 삼색기를 배경으로 페탱 원수가 전면에 나타나 있고 텍스트 「REVOLUTION NATIONALE」이 포스터의 하단을 차지하면서 문자와 텍스트가 상호작용하고 있다.

<그림 2>는「라메종 프랑스」라는 이름으로 불리는 선전 포스터이다. 이 포스터의 정확한 제작 연도는 Rossignol(1991: 168)의 선전 포스터 목록에 의거해 볼 때 1942년이라고 할 수 있지만 이에 대해 많은 이견이 있는 것도 사실이다. 이 선전물은 아비뇽 민족혁명 선전센터(Centre de Propagande pour la Révolution Nationale d'Avignon)가 기획하고 바셰(M. Vachet)라는 인물이 만든 것으로 알려져 있다. 이 <그림 2>의 특징은 현재 <그림 1>보다도 더 비시체제의 대표적인 프로파간다의 하나로 간주되고 있다는 점이다. 최근의 연구들, 특히 Gervereau(2001)와 Pinson (2007)이 밝히는 이 이미지의 역사를 종합해 보면 그 이유를 이해할 수 있다(학교의 역사교육 문제와 관련해서는 Delporte et Gachet(2002)도 참조할 것). 이미지 「라메종 프랑스」는 90년대 이후 발간된 대부분의 프랑스 중고등학교 교재에 출현한다. 국가의 역사 교육의 필요성을 위한 공인된 학습 도구로 정착되었다는 뜻이다. 이는 또한 청장년을 포함한 최근의 젊은 세대들 거의 모두 이 포스터가 비시정부의 정책과 방향을 담고 있는 역사적 이미지라고 교육을 받았거나 받고 있는 상황이라는 것

〈그림 2〉

을 의미한다.

그러나 「라메종 프랑스」의 기획과 탄생 그리고 배포와 관련된 역사적 사실과 현재의 이러한 상황은 모순적이다. 이 포스터는 1990년에 열린 전시회 <비시 치하 프로파간다 La propagande sous Vichy>의 카탈로그에 처음으로 실리면서 세상에 그 존재를 알리게 된다. 학교 교재에 이미지 자료로 나타나기 시작한 시점과 정확히 일치한다. 그런데 이 포스터의 내용은 Gervereau(ibid. : 128)의 표현을 그대로 옮기자면 "역사적으로는(historiquement) 맞는 얘기지만 도상적으로는(iconographiquement) 거짓이다." 현재 이 포스터는 – 다른 곳에서도 발견될 가능성을 열어둔 채 - 프랑스 현대사 박물관(BDIC: Musée d'histoire contemporaine)에만 한 부가 존재한다. 중앙정부의 선전국이 제작했다는 표식이 없는 것을 볼 때 이 포스터는 비시정권 차원에서 제작한 선전물이 아닌 것으로 판단된다. 문제는 이 선전물이 비시정부에서 제작된 것들과 내용적으로 다르다는 것이다. 바셰의 「라메종 프랑스」는 1940년부터 비시정부가 주도적으로 실행한 여러 가지 배타적인 정치적 조치들을 재현에 놓았기에 현재의 우리에게는 교육적으로 유익한 역사적 이미지이다(아래 역사적 배경 참조). 비시정부는 이러한 조치들을 취하면서도 겉으로는 합의적 가치를 내세우며 이중적인 행동을 하였다. 비시정권이 프랑스 대중에게 주창하고자 했던 것은 페탱 원수를 중심으로 단결된 힘을 발휘하자는 메시지였다. 그런데 이 포스터는 아래의 분석을 통해 드러나겠지만 당시 프랑스를 구성하던 특정한 집단의 프랑스인들과 정당, 그리고 이전부터 정착되어 온 프랑스적인 가치들을 비판하고 타도의 대상으로 묘사하고 있다. 따라서 이 선전포스터는 정치적인 이유로 배포되지 못할 운명이었던 것이다.

그런데 이 선전 포스터가 이렇게 극적으로 다시금 현재의 우리에게 나타날 수 있었던 배경에는 역사적 해석의 시대적 변화라는 인자가 있다. 50년대와 60년대 비시정부에 대한 프랑스 사회와 역사학계의 주된 관심은 페탱 원수를 단죄하게 된 근원인 대독협력 문제에 집중되어 있었다. 이 대독협력이 의지적이었는가 아니면 어쩔 수 없는 선택이었는가가 가장 큰 관심사였다. 당시 학생들의 교재들에 실린 비시정권의 이미지는 몽뚜아르(Montoire-sur-le-Loir)에서 페탱과 히틀러가 악수를 하는 회담사진이었다. 이 사진은 프랑스 공화국을 배신한 페탱의 이미지로 이해되어 지금까지도 상징적인 의미를 갖는다. 70년대 비시정부에 대한 미국 학자 로버트 팩스턴(R. Paxton)의 연구는 또 다른 방향으로 역사의 흐름을 진행시키게 된다. 비시정권의 역사는 보다 이데올로기적으로 흘러 반공화주의와 반유대주의 문제가 비시체제를 이해하는데 중심적인 요소가 되어버린 것이다. 그러므로 이 이미지가 '성공'을 거둔 작금의 이유는 「민족혁명」에 대한 우리의 시각과 관심사에 정확히 일치하며, 현재에 필요한 역사적 담론을 만들어 낼 수 있는 내용을 지니고 있기 때문이다. 따라서 역사의 산물인 이미지가 다시 주체가 되어 역사를 만들어 낼 수 있음을 보여준다고 할 수 있다(cf. Pinson ibid.).

이 이미지는 마치 수십 년간 우리의 눈앞에서 사라졌다가 갑자기 나타난 듯 비시체제의 선전물을 대표하며 이제는 역사적인 증거로 자리를 잡았다. 본고에서 우리는 이 이미지가 지닌 비시체제의 이데올로기들을 현재의 우리의 시각에서 살펴보게 될 것이다. 그러나 그 방법론은 역사학이나 정치학적이 아닌 사회기호학적인 시각에 둘 것이다. 이는 이미지 자체에 대한 독해와 해석에 집중하면서 이미지가 재현해 내는 것에 충실해 보려는 시도이다.

2. 예비적 고찰

2.1 「민족혁명」의 역사적 배경

「라메종 프랑스」라는 선전물이 어떻게 탄생되었는지 이미지 분석에 앞서 그 역사적 배경에 대해 간략히 살펴보기로 한다.[2] 이 포스터는 1940년 6월 수 주간의 전투 끝에 프랑스가 독일에게 패퇴하면서 배태되었다고 할 수 있다. 패배의 충격에 빠진 프랑스는 6월 17일 1차 세계대전 승리의 영웅인 필립 페탱(Philippe Pétain) 원수를 프랑스 정부의 수반으로 삼고 이 국가적 위기를 극복하고자 하였다. 페탱 원수는 정전을 선포하고 6월 22일 휴전 협정에 조인을 하게 되는데 이는 굴욕적인 항복을 의미하는 것이었다. 평화를 원하던 대부분의 프랑스 국민은 휴전 협정에 압도적인 지지를 하였다. 1940년 7월 10일, 비시에 모인 의회는 페탱 원수에게 합법적으로 전권을 부여하게 된다. 페탱은 이전의 정치적 환경과 제도와는 완전히 단절하고 비시를 새로운 수도로 하여 「프랑스국(l'État français)」이라는 새로운 정부를 구성하게 된다. 이것이 바로 보

2) 본 장과 본문에서 설명한 비시정부의 정치적 상황 및 이데올로기의 문제들은 Rossignol(ibid.)과 박지현(2004)을 참조하였음.

통 우리가 비시체제, 비시정권 혹은 비시정부라 부르는 독재 체제이다. 비시정부가 수립되고 그 수반으로 페탱이 자리를 잡을 수 있었던 것은 당시 프랑스 국민들의 신망이 있었기 때문에 가능한 일이었다.

페탱을 중심으로 한 비시정권은 제 3공화국까지 이어오던 민주주의와 공화제를 배척함으로써 과거와 단절하고, 정치적·경제적·사회적 구조를 근본적으로 개혁하여 프랑스의 옛 영광을 되찾으려는 근본적인 국가 개조작업에 돌입한다. 이를 위한 정치적 프로그램이 바로 「민족혁명」이었다. 페탱에게 있어 프랑스의 군사적 패배는 오히려 유태인과 외국인, 프리메이슨단 그리고 프로테스탄트들에 의해 추락한 조국 프랑스를 일신하고 새로운 민족 국가를 세울 수 있는 기회가 되었다. 「민족혁명」은 프랑스의 전통적인 가치와 계층적 구조들을 전복시킨 프랑스 혁명의 악습과 유산을 타파하고, 반의회주의, 반민주주의를 기반으로 '진정한 프랑스', '새로운 프랑스'를 세우려는 정치 운동이자 강령이었다. 「민족혁명」은 단일한 이데올로기가 아니라 다양한 이데올로기로 구성된 집합체의 성격을 띠고 있었으며, 「노동」, 사회조직의 기본세포를 구성하는 「가족」, 그리고 최상의 범주인 「조국」 등 세 가지를 그 근간으로 삼았다. 공화국 모토의 전환과 함께 비시정권은 「민족혁명」을 담은 온갖 선전물의 발행과 선전활동을 펼치면서 대중에 대한 심리적 조작에 막대한 비용과 공을 들이게 된다. 페탱을 마치 종교적인 숭배의 대상으로 상징 조작하는 작업은 그중 하나의 일이었는데, 「민족혁명」과 관련된 당시의 선전물들을 보면 <페탱 = 프랑스 = 구원자 = 희망>이라는 등식이 작동되고 있음을 쉽게 관찰할 수 있다(Rossignol ibid. : 94). 우리가 살펴볼 선전 포스터 「라메종 프랑스」도 바로 「민족혁명」의 본질을 보여주는 정치적 환경과 여러 이데올로기들을 충실히 담고 있다. 이제 그 내용이 무엇인지 먼저 구성적 측면에서 「라메종 프랑스」를 간략히 살펴본 후 이를 바탕으로 사회기호학적인 관점에서 이미지를 읽어보자.

2.2 포스터의 구성

포스터의 이미지 요소들은 수직적이거나 수평적인 축을 따라 배치된다. 「라메종 프랑스」는 수평적 읽기를 요구한다. 포스터의 기획자는 두 채의 집을 나란히 놓으며 시각적인 비교 전략을 택했다. 왼쪽의 집과 오른 쪽의 집의 구분에는 다양한 요소들이 작용하는데, 이중 무엇보다 시각적으로 안정과 불안정을 나타내는 집의 기울기가 현저한 역할을 한다. 왼쪽 집은 무너질 듯 기울어져 있고 오른쪽 집은 수평의 상태로 안정된 느낌을 준다. 두 집은 채색의 차이로도 구분된다. 왼쪽의 집을 구성하는 색채는 흰색과 붉은색이지만 붉은색의 강렬함이 흰색을 압도하면서 지배적인 색채를 이룬다. 오른쪽 집은 노란색 계통의 색이 집을 채색하고 있고, 집의 근간을 이루는 아랫부분은 프랑스 국기처럼 파란색, 흰색, 붉은색 등 세 가지 색으로 구성되어 있다. 이는 집 위쪽에 걸려 있는 프랑스 국기(대)뿐만 아니라 상단의 언어 텍스트를 구성하는 색채와 자연스럽게 연계된다. 그러나 오른쪽 집에 나타나는 붉은색은 왼쪽 집의 붉은색과는 다른 의미이다. 세 가지 색은 함께 읽히지만 왼쪽의 붉은색은 따로 해석된다.

두 집 모두 저마다 깃발과 깃대를 하나씩 갖추고 있는데, 왼쪽 집의 것은 휱날리는 모습으로, 오른쪽 집은 바람이 없는 듯 깃발은 움직임이 없다. 굴뚝의 상태도 두 집의 차이를 만들어 낸다. 왼쪽 집과는 달리 오른쪽 집에는 사람이 사는 듯 연기가 나오는 모습으로 묘사되어 있다. 또 왼쪽 집의 경우는 모든 창문이 닫혀져 있는 반면 오른쪽 집은 사람이 창문에 나와 있고 커튼도 눈에 띤다. 왼쪽 집 마당의 정원(혹은 마당)은 죽은 풀과 나무로, 오른쪽 집의 경우는 이와는 달리 초록의 살아있는 생명의 색채로 풀과 나무가 재현되어 있다. 두 집의 성격을 특징짓는 또 다른 요소는 하늘 위를 장식하는 두 표식의 차이이다. 왼쪽 집엔 너무도 잘 알려진 유태인의 표식이, 오른쪽 집의 경우는 일곱 개의 별이 다이아몬드와 유사한 형태로 모여 있다.

이 포스터의 특징은 많은 언어 텍스트들이 사용되었다는 것이다. 포스터의 상단에 놓인 언어 텍스트 <REVOLUTION NATIONALE>은 배치된 위치와 크기로 포스터의 전체를 지배하는 인상을 준다. 이 텍스트는 언어를 통해 이미지의 내용을 간결하고 효과적으로 전달하는 포스터 내 핵심적인 요소 중의 하나이다. 이와는 달리 보다 작은 크기의 텍스트들이 두 집의 기반부터 기둥들까지 다양한 이미지들과 함께 사용되는데, 모두가 두 집의 성격을 규정해 주고 있는 기호들이다.

2.3 분석 도구

본 논문은 「라메종 프랑스」의 분석을 위해 「시각 디자인 문법 Grammar of Visual Design」(Kress & Leeuwen 2006, 이하 '이미지 문법'이라 함)[3]의 이론적 도구들을 활용하였다. 이미지 문법은 세 가지 메타기능, 즉 재현적 기능(Representational Function), 상호작용적 기능(Interactional Function), 구성적 기능(Compositional Function)에 따라 이미지를 분석한다. 이 세 가지 기능은 이미지를 해독하기 위한 기능적인 분류에 불과하다. 세 기능은 사실상 상호작용하면서 밀접한 관계를 형성하기 때문이다. 이 기능들 중 특히 구성적 기능은 두 기능을 아우르며 이미지 구성 요소들이 전체적으로 하나로 통합되도록 조직한다. 본 논문에서는 이 기능들 중 상호작용적 기능을 제외한 나머지 두 기능을 중심으로 「라메종 프랑스」를 분석할 것이다. 상호작용이라는 메타기능은 이미지 안에 재현된 참여자, 이미지 생산자와 관람자 등이 만들어 내는 관계들과 관련되는데, 그 구체적인 인자들은 접촉(contact), 사회적 거리(social distance) 그리고

3) Kress & van Leeuwen(2006)은 같은 제목으로 출판된 1996년도 판의 제 2판임.

태도(attitude) 등으로 분류된다. 이 선전포스터의 경우 이러한 요소들이 관찰되지 않으므로 이 메타기능은 논의에서 제외한다. 또 재현적 기능을 다루면서 무엇보다 이 포스터의 특징인 상징적인 측면을 집중해서 살펴보려 한다. 아래에서 우리는 논의의 편의를 위해 「라메종 프랑스」의 구성적 기능을 먼저 살펴본 후 재현적 기능의 상징적 과정을 중심으로 보다 구체적인 해석을 진행하도록 한다.[4)]

3. 분 석

3.1 구성적 기능

이미지는 그것이 기하학적 도형이건 텍스트나 사진이건 다양한 요소들의 도움으로 하나의 전체를 이룬다. 이 요소들은 기획자의 의도에 맞게 제한된 공간 안에서 적절하게 배치됨으로써 전달하고자하는 메시지를 극대화 한다. 이러한 의미에서 이미지 요소들의 공간적 배치와 구조화는 이미지를 바라보는 관람자를 고려하여 이루어지는 것은 당연하다. 이미지의 수용과 해석은 문화적인 영향을 받을 수 있으며, 각 사회와 문화는 공동의 보편적 요소를 공유할 가능성과 더불어 개별적인 이미지 문법을 지니고 있다. 이미지의 구성적 기능도 문화 종속적이면서 일반화 될 수 있는 특성을 지니고 있는데, 기획자의 의도와 이미지 문법에 따라 이미지 성분들이 어떻게 유의미하고 일관적인 응집성을 통해 상호 관련되면서 하나의 목적으로 수렴되는지 보여준다. 아래에서는 이미지 문법의 구성적 기능을 구성하는 정보가치(information values), 현저성(salience) 그리고 프레이밍(framing) 등 세 유형을 중심으로 「라메종 프

4) 이미지 문법에 대한 보다 자세한 소개는 서종석(2013)을 참조하기 바람.

랑스」를 읽어 보도록 한다.

1) 정보가치

정보가치는 이미지 구성요소들이 어떠한 공간적 구성을 바탕으로 조직되어있는가와 결부되는 사안이다. 이미지의 한 성분은 예를 들어 포스터의 오른쪽이나 왼쪽, 혹은 위나 아래, 또는 중심이나 주변 등 어느 곳에 배치되느냐에 따라 그 역할과 정보적 가치는 다르다. 광고나 포스터의 기획자는 이러한 공간적 배열의 효과를 염두에 두고 이미지 성분을 배치한다. 이미지 문법에 따르면 이미지 속 성분들의 구성적인 의미는 수직(vertical)과 수평(horizontal)이라는 두 축에 따라 해석된다. 서구문화의 이미지 문법에서는 관람자가 바라보는 방향에서 왼쪽과 오른쪽의 배치는 각각 '알려진 것(Given: 이하 「구정보」라 함)'과 '새로운 것(New: 이하 「신정보」라 함)'을, 위와 아래의 배치는 '이상적인 것(ideal)'과 '실제적인 것(real)'을 나타내는 것으로 본다. 또 하나의 이미지를 중심이나 아니면 주변으로 놓는 것은 정보의 중요성과 정도를 나타내는 것으로 본다. 물론 이미지의 종류에 따라 중심이나 주변의 선택이 중요하지 않는 경우도 있을 수 있으며, 아울러 좌우나 상하 혹은 중심과 주변이라는 시각적 의도가 모두 하나의 이미지에서 언제나 관찰되는 것은 아니다. 중요한 것은 이미지 기획자의 목적과 소통의 대상, 그리고 이미지의 유형 등에 따라 특정한 배치나 혼성적인 방식이 활용된다.

「라메종 프랑스」의 경우 앞선 언급한 것처럼, '집'이라는 좌우로 재현된 두 참여자를 놓고 비교 제시 하는 전략을 사용하고 있다. 왼쪽의 집(<그림 3>)은 <France et Cie(프랑스 회사)>[5]라는 타이틀로 규정되는, 비시정권 이전의 제 3공화국을 의미한다. 제 3공화국으로 묘사되는 이 집

5) 'C ie'는 'compagnie(회사, 상사)'의 약자임.

의 근본은 다양한 정책과 이데올로기로 구성되어 있는데, 이는 집의 하단을 구성하는 이미지와 다양한 언어 텍스트들의 내용으로 알 수 있게 해 놓았다(이 언어 텍스들이 지시하는 내용에 대해서는 아래에서 자세하게 다룰 것이다). 시간적으로 과거에 속한 제 3공화국과 이 공화국의 정치적 토대와 정책들은 그것의 진위나 혹은 호부((好否)의 문제를 떠나 관람자인 프랑스 대중들에게는 '구정보'에 속하는 것이다. 이 구정보는 오른쪽 집(<그림 4>)이 제시하는 '신정보'를 위해 존재한다. 오른쪽 집은 'France'라는 현판이 집 앞에 걸려있다. 그러므로 두 집 모두 'France'라는 이름을 갖지만 서로 다른 프랑스의 이미지를 재현하고 있다고 할 수 있다.

〈그림 3〉

포스터 상단을 구성하는 언어 텍스트가 이상적인 것을 나타내는 것이라면 하단을 이루는 언어 텍스트는 구체적이고 현실적인 것 혹은 실제적인 정보를 담고 있다. 좌우의 두 집 모두 하단에 많은 언어 텍스트가 출현하는데, 상단의 언어 텍스트 <REVOLUTION NATIONALE>은 왼쪽과 오른쪽 집을 구성하는 모든 언어 텍스트들(<그림 5>)에 호응한다. 「민족혁명」이라는 정치적 프로그램은 이상적이고 일반화된 어떤 것(국기의 색깔인 세 가지 색채로 채색되어 프랑스를 재현하고 있음을 아울러 주목하자)을 가리킨다면 이에 대한 보다 구체적인 정보는 아래의 이미

〈그림 4〉

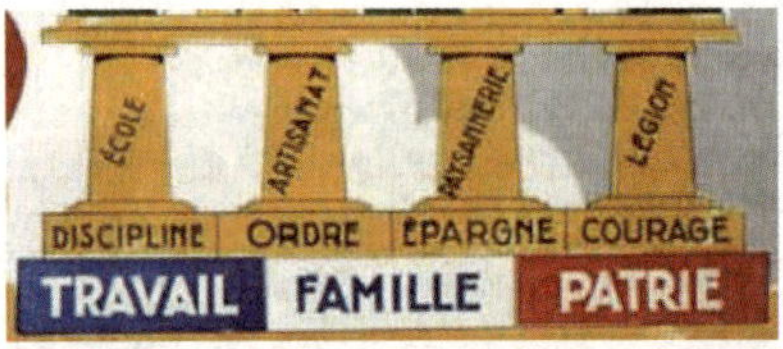

〈그림 5〉

지와 언어 텍스트들로서 이상적이고 희망적이며 높은 가치와, 사실적이며 현실적인 가치 혹은 자세한 면면을 재현해 내고 있다.

2) 현저성

일반적으로 이미지는 관람자의 관심을 끌기위해 기획 목적에 따라 특정한 요소들을 다양한 방법으로 두드러지게 한다. 이러한 현저성은 이미지를 구성하는 요소들 간의 차별화를 함의하는 것으로, 선전포스터의 경우도 특정한 성분들을 계층화해서 관람자의 주의를 더욱 끌 수 있도록 한다. 현저성을 드러내 주는 수단들은 이미지의 종류에 따라 다르겠지만 일반적으로 색채나 특정한 요소의 크기, 비중, (카메라) 앵글, 사회적 거리 등 다양하다. 또 위에서 논의한 공간적 배열 등도 시각적인 현저함을 드러내는데 큰 영향을 미칠 수가 있다.

「라메종 프랑스」의 현저성은 무엇보다 상단에 자리 잡은 큰 폰트의 언어 텍스트(<그림 6>)에 의해 드러난다. 텍스트는 간략하지만 그 크기가 상당하고 포스터 내에서 차지하는 범위가 넓어 관람자의 시선을 제일 먼저 사로잡는다. 이 텍스트는 포스터의 윗부분에 위압적으로 배치되어 시각적으로 전체를 지배할 뿐만 아니라, 포스터를 구성하는 다른 요소들의 의미까지도 규정하면서 관람자의 해석을 유도한다. 이러한 텍스트의 크기와 더불어 색채적인 요소도 포스터의 현저성을 강조하기 위해 활용된다. 상단의 언어 텍스트를 채색하고 있는 세 가지 색채가 이 포스터 내에서 갖는 상징적 의미는 매우 크다(아래 「재현적 구조」 참

〈그림 6〉

조). 또한 이 삼색은 오른쪽 집의 토대를 이루는 색채 및 깃발과 연관을 가지면서 재현된 참여자와 언어 텍스트의 내용이 상호 관련되어 있음을 알려준다. 또한 색채의 현저함은 두 집의 대비에서도 나온다. 특히 왼쪽 집의 붉은색은 본래 지니고 있는 강렬함과 더불어 포스터의 왼쪽 부분을 차지하는 비중으로 인해 포스터의 지배적인 색채 중의 하나가 된다. 이에 비해 오른쪽 집을 구성하는 노란색 계열은 왼쪽을 지배하는 붉은색과 대조적으로 편안하고 안정된 느낌을 주지만 상대적으로 약하다. 붉은색을 통하여 왼쪽 집의 상징성을 더욱 현저히 드러내려는 포스터 기획자의 의도가 읽힌다.

「라메종 프랑스」의 현저함을 드러내는 또 다른 요소는 바로 상단 언어 텍스트의 배경(흰색)이자, 위에서 아래로 향하고 있는 'V'(字)의 날카로운 형태이다. 이 기하학적 형태를 주목해야 할 이유는 상징적인 부분에서 보다 구체적으로 다루겠지만 상단의 언어 텍스트를 유의미하게 만들고 좌우의 두 프랑스를 구분해주는 벡터로도 작동된다. 아울러 왼쪽 집의 불안정감을 시각적으로 재현해 내는 기울기도 포스터의 전체적인 의미를 파악할 수 있게 해주는 중요한 요소이다. 관람자라면 누구나 두 집의 차이를 만들어 내는 가장 유의미한 시각적 요소들 중의 하나가 기울기임을 제일 먼저 파악하게 된다. 기울기는 벡터의 역할을 하면서 하단의 여러 블록들의 이미지들이 만들어 내는 다양한 벡터들과도 연계되면서 의미를 갖는다. 그러므로 현저성은 이미지 구성 요소들 간의 상호작용에서 결과하며 아울러 이미지를 바라보는 사람의 직관도 큰 역할을 한다고 말할 수 있다.

3) 프레이밍

프레이밍은 이미지 구성 요소들 간의 정체성이나 소속감을 시각적으로 나타내 주는 것이다. 프레이밍에 활용되는 요소들은 색채, 공백, 형태 혹은 선 등 매우 다양한데, 프레이밍은 이 요소들이 분리 혹은 결합되면서 만들어 진다. 「라메종 프랑스」의 프레이밍은 포스터를 구성하는 지배적인 색채들의 연속성과 비연속성의 만남이 만들어 낸다. 포스터 상단과 하단의 흰색, 왼쪽 집을 감싸고 있는 붉은색 그리고 나머지 부분의 채색을 담당하고 있는 하늘의 색채(아마도 푸른색으로 청명한 하늘을 묘사하고자 했을 것으로 보이나, 다른 색채들과의 조화를 위해 옅게 채색한 듯 보인다) 등은 서로 만나는 곳에서 자연스러운 프레이밍의 경계를 만들어 내고 있다. 포스터 왼쪽의 상당 부분을 채색하고 있는 붉은색은 감싸고 있는 집의 정체성을 시각적으로 재현해 주고 이미지의 다른 부분과 고립된다. 왼쪽의 집은 배경으로 채색된 색채들이 독립적인 프레이밍들을 만들어 내고 있지만 집의 전체적인 분위기를 돕고 오히려 하나 된 소속감을 갖게 함으로써 왼쪽 집과는 완전히 다른 느낌을 준다. 이러한 의미에서 이미지 상단에서 중심부 방향으로 내려오는 'V'자 형태는 왼쪽 집과 오른쪽 집을 단절하고 경계선을 만들어 내지만 그 단절감과 경계선은 오직 왼쪽 집을 격리시키고 고립시키기 위한 것이라는 인상을 주게 된다. 따라서 「라메종 프랑스」의 프레이밍은 전체적으로 볼 때, 왼쪽의 붉은색으로 만들어 지는 강렬한 채색의 프레이밍과 이를 제외한 나머지 부분으로 나눌 수 있다. 붉은색이 그려내는 프레이밍과는 다르게 포스터의 나머지 부분들은 서로 독립된 여러 개의 프레이밍들로 나누어지지만, 서로 배타적이지 반목하지 않고 조화롭게 상호 작용 한다. 달리 말하자면 붉은색과 나머지 색은 서로 강한 분리감과 동시에 저마다 내적인 일체감과 소속감을 형성한다. 이러한 해석은 「민족혁명」으로 귀결되는 이 선전포스터의 핵심적인 내용을 충실히 전달하도록 각 부분들이 짜임새 있게 마련된 것임을 알려준다.

3.2 재현적 기능

지금까지 우리는 「라메종 프랑스」 구성적 기능을 통해 그 전체적인 얼개를 살펴보았다. 이제 포스터라는 이미지 속에 존재하는 다양한 성분들이 구성적 조직을 토대로 어떻게 재현되고 있는지 주의 깊게 관찰해 보도록 한다. 본 장에서 살펴볼 재현적 기능은 이미지 안에서 출현하는 사람, 동물 혹은 장소나 사물 등의 재현된 참여자(represented participant)들이 어떻게 서로 연결되어 유의미한 결과를 시각적으로 나타내는지 알려준다. 이미지를 구성하는 요소들이 매우 다양한 만큼 여기서 말하는 '재현된 참여자'란 무생물까지도 포함하는 광범위한 개념이다. 이미지 문법에서는 이미지 안에 출현하는 참여자들이 재현되는 방식을 두 유형으로 나누어 설명하고 있다. 첫 번째 유형은 '서사적 재현(narrative representation)'이라 불리는 구조로서 이미지로 묘사된 행위나 사건 등과 관련되고, 두 번째 유형은 '개념적 재현(conceptual representation)'으로 서사적 재현과는 달리 재현된 참여자들의 개념적이거나 정태적인 상태를 나타내는 구조이다.

서사적 재현과 개념적 재현의 두 구분은 '벡터'라는 개념에 의거한다. 서사적 재현에는 벡터가 존재하지만 개념적 재현에는 벡터가 존재하지 않는다는 것이다. 두 구분이 행위와 상태를 나타내는 것이라는 점을 상기해보면 쉽게 이를 짐작해볼 수 있다. 벡터는 이미지 속 재현된 참여자들을 연결하는 요소이다. 이미지 내에서 벡터가 실현되는 양상은 매우 다양하다. 화살표 등을 포함하는 선이 될 수 있고 어딘가를 바라보는 참여자의 시선도 벡터가 될 수 있다. 또는 몸의 일부가 만들어 내는 방향성이나 사용하는 도구 등도 벡터의 역할을 할 수가 있어 그 모습은 다양하다. 벡터는 재현된 참여자들 중 행위 과정 에 참여하는 주체, 즉 행위자에게서 발산되는데, 이 벡터가 향하는 대상을 '목표(goal)'라고 한다.

이미지 속에 벡터가 존재한다는 것은 그 이미지의 관람자가 재현된 참여자들이 만들어 내는 '이야기'를 포착해낼 수 있다는 것이다. 또한 개념적 이미지는 참여자들 사이에 존재하는 다양한 개념적 패턴을 이해할 수 있다. 특히 이 개념적 재현은 우리의 연구 대상인 「라메종 프랑스」를 읽고 해석하는데 중요한 역할을 한다. 이상의 간략한 이론을 바탕으로 재현 구조와 개념적 구조가 「라메종 프랑스」에서 어떻게 드러나는지 살펴보도록 한다.

1) 서사적 재현

우리에게 이야기를 제공해 주는 서사구조를 알기 위해서는 우선 이미지 안에서 벡터가 존재하는지 살펴보아야 한다. 「라메종 프랑스」의 벡터 중 가장 현저한 것은 무엇보다 상단에서 하단을 향하고 있는 'V'자형의 벡터이다. 크기나 위치상으로 가장 시각적으로 눈에 띠면서 관람자의 눈을 사로잡는다. 이 형태는 프랑스 국기를 구성하는 삼색 중 흰색을 담당하면서, 형태 자체가 지니는 날카로움과 방향성으로 벡터의 역할도 수행 하고 있다. 구성적인 면에서 이 기하학적 형상은 포스터의 주요한 프레임 선을 만들어 내고 공간적으로 이미지의 중심부까지 이르면서 유의미한 위치를 점유한다. 위에서 아래를 향해 낙하하듯 내려가는 이 형상은 중력의 힘을 느끼게 한다. 이러한 시각적인 힘 덕분에 우리는 벡터의 강한 역동성과 운동성을 느낄 수 있으며 이미지 속에 재현된 행위와 행위자 그리고 목표를 확인할 수 있다. 행위자의 개념은 기하학적 형상에서만 나오는 것이 아니라, 언어 텍스트의 내용과 언어 텍스트를 채색하고 있는 빨강, 파랑, 흰색이 함께 만들어 내는 상징적 정체성 및 소속감이 모두 어우러져 만들어 낸다. 이 행위의 목표는 벡터가 향하는 방향을 살펴보면 추정할 수 있다. 이데올로기와 정치적 성향이 다른 두 개의 프랑스는 벡터의 역동성으로 분리되고 절연되는 인상을 주면서 「

민족혁명」이라는 정치적 운동의 역할과 중요성이 자연스럽게 관람자에게 각인된다.

〈그림 7〉

「라메종 프랑스」에서 관찰되는 또 다른 벡터는 왼쪽 집의 기울기에서 나온다. 왼쪽 집의 기울기는 오른쪽 집의 안정적인 수평 상태와 비교가 되면서 시각적으로 더욱 현저하게 느껴진다(<그림 7>). 벡터의 방향성이 만든 힘으로 인해 집은 넘어갈 듯 불안한 인상을 관람자에게 준다. 그런데 이 기울기로 표현되는 벡터는 또 다른 벡터들과 밀접하게 연계되어 왼쪽 집의 불안정한 상태를 더욱 강화하고 있다. 왼쪽 집이 기울게 된 원인은 집의 하단을 구성하는 다양한 이데올로기와 정책으로 인한 것이다. 벽돌을 재현한 듯한 블록의 이미지와 언어 텍스트가 만나 형성된 이 요소들은 모두 도형으로 볼 수 있는 기하학적 형태들이다. <그림 7>이 보여주는 것처럼, 이 블록의 형태들은 건물의 아랫부분을 견고히 지탱해 주어야 하지만, 이미지는 이와는 반대의 상황을 묘사해 주고 있다. 하단을 구성하는 각각의 도형은 저마다 벡터를 만들어 낸다. 방향을 달리하는 이러한 수많은 벡터는 관람자에게 혼란과 무실서의 인상을 심어주며 이미지의 서사성을 더욱 강조하는 것으로 보인다. 왼쪽 집이 만들어 내는 벡터의 역동성은 오른쪽 집이 주는 안정감 – 굴뚝의 연기도 바람이 없는 듯 흔들리지 않는다 – 과 시각적으로 비교가 된다. 이러한 공간적 구성과 배열들은 물론 포스터 기획자가 의도적으로 연출한 것이다.

2) 개념적 재현

개념 구조는 이미지 구성요소들의 정태적 상태와 존재 방식의 양상과 관련됨으로써 앞서 간략히 언급한 것처럼 서사 구조와 달리 벡터가 없는 재현 구조이다. 이 개념적 재현은 「라메종 프랑스」를 체계적으로 분석하고 설명하는데 큰 도움이 된다. 특히 이 선전 포스터가 지니고 있는 다양한 상징적 문제들을 개념적 측면에서 다루는데 유익할 것으로 생각된다.

이미지 문법에서 개념적 재현은 분류적(classificatory) 과정, 분석적(analytical) 과정, 상징적 (symbolic) 등 세 유형의 과정들로 유별한다. 분류적 과정은 이미지 속 참여자들 간에 수립된 관계의 '종류(kind of)'를 재현한다. 어떠한 참여자들이 동일한 부류나 범주로 분류되고 있는지 시각적으로 보여주고자 하는 재현 구조라고 할 수 있다. 분류적 과정과는 달리 분석적 과정은 재현된 참여자들을 부분과 전체라는 관계의 틀(part of)로 파악하는 것이다. 따라서 이 과정은 항상 전체에 해당하는 요소와 부분을 가리키는 요소 등 핵심적인 두 참여자를 함의한다.

상징적 과정은 이미지가 의미하는 것 혹은 정체성 문제와 관련된다. 따라서 이미지들 간의 관계에 초점을 둔 분류적 과정과 분석적 과정과는 그 성격이 다르다. 상징적 과정은 참여자의 수와 상호 관계에 따라 '상징적 속성(symbolic attributive) 과정'과 '상징적 암시(symbolic suggestive) 과정' 등으로 나뉜다. 먼저 상징적 속성 과정에는 '매개자(Carrier)'와 '상징적 속성(symbolic attribute)' 이라는 두 참여자가 존재한다. 매개자의 의미나 정체성은 상징적 의미를 운반하는 다른 참여자의 상징적 속성이 규정해 준다. 따라서 매개자뿐만 아니라 상징적 속성을 규정해 주는 참여자를 읽어내는 작업도 중요하다. 상징적 속성을 드러내는 요소들은 다양하다. 보통 크기, 위치, 색 혹은 빛 등은 이미지 속에서 상징적 속성을 재현해 내는 일반화된 수단들이다. 그런데 상징적 암시 과정은 이러한 상징적 속성 과정과는 달리 매개자라는 하나의 참여자만을 갖는다. 상징적 암시 과정에서는 매개자가 그 자체로 상징적 속성을 지니게 되는

데, 색채나 빛 등을 조정하여 이미지의 디테일한 재현을 약화시키는 방법 등으로 매개자의 전반적인 본질을 드러내는 '분위기(mood/atmosphere)' 효과를 재현한다.

「라메종 프랑스」에서 가장 두드러진 요소 중의 하나는 상단의 언어 텍스트인 슬로건 'REVOLUTION NATIONALE'(<그림 6>)이다. 이 슬로건은 정치적 구호로서 그 실천적인 내용과 행동이 무엇이건, 적어도 '민족(nation)'과 '혁명(révolution)'이라는 두 어휘가 갖는 개념적 가치를 총합하여 프랑스 국민 전체에 호소하기 위해 만들어진 것이라 짐작할 수 있다. 이 텍스트는 공간적으로나 내용적으로 포스터 전체를 지배하는 메시지이며, 관람자에게 그 자체로 상징적 암시 과정을 드러낸다. 프랑스 국기를 구성하는 세 가지 색채, 빨강, 파랑, 그리고 흰색으로 이루어져 있기 때문이다. 이미지 문법의 용어를 빌자면, 그 자체로 매개자 역할을 하는 참여자로 세 가지 색채로 재현된 상징적 속성들을 동반한다. 간략하고 단순한 언어 표현이지만 그 역할이 단지 포스터의 다른 이미지들의 성격을 규정하는데 머무르지 않는다. 삼색의 「민족혁명」은 그 자체로 '프랑스'라는 정체성을 표현하며, 과거의 패배의식에서 조국과 민족을 구할 정치적 프로그램으로서 '새로운 프랑스'이자 '희망'으로 제시된다. 이 정치적 구호는 상징적 암시 과정을 통해서 이미지에 나타난 다른 상징적 요소들을 지배하고 강화하며 해석의 방향을 유도한다. 왼쪽과 오른쪽의 두 집이 담고 있는 상징 과정들은 이러한 의미에서 이 상징적 암시 과정의 보다 구체적인 구현이라고 할 수 있다.

이러한 슬로건 아래로 두 채의 집이 관람자의 시선을 사로잡는다. 여기서 사용되고 있는 개념적 은유(conceptual metaphor) - Lakoff & Johnson (1980)의 의미에서 - 는 언어에서도 많이 관찰되는 '건물 은유(house metaphor)'이다. '프랑스'라는 국가는 '집'으로 재현되었다. 두 집은 저마다 상징적 속성을 운반하는 매개자들이다. 왼쪽 집은 비시체제 이전의 프랑스, 즉 의회민주주의를 토대로 한 제 3공화국이다. 특히 인민전선 (Front Populaire: 1936-1938)이 시기가 그러했다. 이 프랑스는 이제 프랑스 국민들에게 패배의식을 남기고는 그 존재 가치를 상실한 채 무너졌다. 오른쪽의 집은 페탱의 주창한 「민족혁명」의 기치아래 다시 옛 영광을 회복하게 될 프랑스의 이미지이다. 따라서 포스터의 구성은 분명하고 단순하다. 과거라는 제 3공화국의 프랑스와 현재와 미래를 담보할 '프랑스국', 즉 비시정부의 프랑스는 이원론적인 시각에 기초해 비교되고 있다.

왼쪽 집을 구성하는 요소 중 가장 두드러지는 것은 아무래도 붉은색이라는 색채이다. 붉은색은 왼쪽 집의 정체성을 나타내주는 가장 현저한 상징적 속성이다. 붉은색이 사용된 곳은 집을 온통 뒤덮고 있는 광범위한 구름, 그리고 현판과 창문, 또 집의 최하단에서 토대를 이루는 세 개의 블록 등이다. 여기에다 붉은색 깃발이 지붕 위에서 흩날리고 있고 다윗의 별의 표식이 붉은 구름 속에 희미하게 자리 잡고 있다. 여기서 붉은색은 공산주의를 상징한다. 이는 서구 사회에서 관습적으로 수용되는 상징적 가치이며, 비시 이전의 제 3공화국 시절의 정당 및 정치적 상황과 자연스럽게 결부된다. 붉은색은 왼쪽의 집을 지배하는 상징이자, 오른쪽 집의 성격을 시각적인 변별을 통해 규정하는데 기여한다.

이러한 색채의 상징과 함께 「라메종 프랑스」는 다양한 상징적 속성들의 존재로 매개자의 정체성을 강화한다. 우선 살펴볼 것이 마치 지옥의 불길 같은 붉은 구름 속에서 희미하게 자신의 존재를 드러내며 집을 내려다보고 있는 표식 하나가 있다 (<그림 8>). 앞서 간략하게 언급한 것처럼 이는 다윗의 별이라 불리며 유대인과 유대교를 상징하는 표식이다. 포스터는 이 상징을 통해서 제 3공화국의 잘못된 정책과 1940년의 프랑스의 패배 원인을 유대인과 유대주

〈그림 8〉

의로 돌리고 있다. 이 다윗의 별은 보다 구체적으로 제 3공화국 인민전선의 유태계 총리였던 레옹 블룸(Léon Blum)을 지시한다고 할 수 있으며, 아래에서 다시 논의하겠지만 무너지는 건물 아래에 불록으로 재현된 텍스트 'Juiverie'(탐욕/유태인)와 필연적으로 연결된다. 포스터의 이러한 개념적 구조는 비시정부의 반유대주의의 성향을 그대로 드러내 보이는 것이기도 하다. 포스터의 또 하나 특징적인 상징적 속성은 이 다윗의 별 안에 자리 잡은 세 개의 점들이다. 이 모양은 비밀 조직인 프리메이슨단을 나타내는 여러 표식들 중의 하나이다. 이 단원들 역시 유대인만큼이나 프랑스를 좀 먹고 있다고 간주된 타도의 대상이다. 이렇듯 다윗의 별과 프리메이슨 표식, 그리고 이를 감싸고 있는 붉은 색채를 통해 포스터의 기획자는 프랑스를 위협하는 사악한 힘들을 효과적으로 재현해 내고 있다.

<France et Cie(프랑스 회사)>라는 현판을 달고 있는 왼쪽 집은 비시체제에서 바라보는 제 3공화국의 모습을 상징적으로 표현한 것이다(<그림 3>). '회사'라는 표현이 말해주고 있듯이 제 3공화국은 프랑스적인 가치보다는 돈과 탐욕을 쫒다가 몰락한 모습으로 묘사되고 있다. 제 3공화국을 정치와 금융의 타락한 뒷거래로 특징짓는 일명 '스타비스키 사건(Affaire Stavisky)'을 생각해보면 쉽게 이해할 수 있다(스타비스키가 유대계였던 점을 생각하면 이 또한 반유대주의와 연결되어 있다고 할 수 있다). 따라서 '프랑스 회사'라는 요소는 상징적 속성으로, 이 왼쪽의 매개자의 정체성을 또 다른 방식으로 규정해 주는데 일조하고 있다. 이 집은 기울기가 보여주듯 무너진 집이다. 기울기로 표현되는 벡터는 불안감과 불안정을 만들어 내는데 일조하고 왼쪽 집이 만들어 내는 부정적인 의미를 배가한다. 이 집은 이제 프랑스를 대표하지 못한다는 것을 재현하듯이 세 가지 색채는 나타나지 않는다. 따라서 삼색으로 채색된 상단의 언어 텍스트 'REVOLUTION NATIONALE'과도 자연스럽게 절연

된다. 집 안마당으로 보이는 곳에는 풀과 나무(등나무로 보임)는 모두 죽은 채 방치되어 있고, 사람이 더 이상 살지 않는 듯 창문의 덧문은 닫혀있다. 기울어진 지붕 위로 너덜너덜한 붉은색 국기가 바람에 흩날리고 있다. 앞서 언급한 것처럼 붉은색은 공산주의를 나타내며, 이 깃발은 볼셰비키 혁명의 깃발로 프랑스 공산당을 상기시켜 주고 있다. 모두 상징적 속성들로 매개자의 정체성이 무엇인지 관람자에게 알려주고 있다.

왼쪽 집은 오른쪽 집에 비해 많은 언어 텍스트들이 등장하여 이미지들의 의미와 조화를 이룬다. 이는 앞서 언급한 것처럼 선전 포스터의 슬로건을 구체화 시켜주는 내용으로 가득 차있으며, 비시정권의 정책과 이데올로기를 상세히 증언해 주고 있다. <그림 9>에서 보듯이 하단을 받히고 있는 3개의 커다란 블록을 먼저 살펴보도록 하자. 왼쪽 집의 가장 굳건한 기반이 되어야 하지만, 이미지가 보여 주듯이 하나같이 모두 금이 가있어 집의 기울기만큼이나 불안감을 준다. 각각의 블록은 '나태(Paresse)', '우민정치(Démagogie)', '국제주의(Internationalisme)' 라는 단어들로 채워져 있다. 공화국의 모토 – 프랑스 혁명의 정신을 이어받은 지금의 프랑스 모토처럼 - '자유(Liberté)', '평등(Egalité)', '박애(Fraternité)'는 '나태', '우민정책', '국제주의'로 폄하되고 대체되었다. 자유는 사람을 게으르게 만들고 평등은 국민을 바보로 만들며 박애는 공산주의와 동일시된다. 나태는 인민전선이 만든 40시간 노동, 유급휴가 등의 사회정책에 대한 비시정권의 불만을 나타낸다. 우민정치는 국민들

〈그림 9〉

에게 달콤한 것만 선사하고 정작 필요한 일은 하지 않은 공화국의 정책을 비판하는 것이다. 특히 우정과 형제애를 부르짖는 국제주의로 인해 프랑스 땅은 온갖 이민자들로 넘쳐나게 되었다고 생각한다. 이렇듯 「라메종 프랑스」는 제 3공화국의 주요한 세 토대가 바로 프랑스를 폐허로 만든 주된 원인이라고 우리에게 얘기해 준다.

이 세 개의 토대는 보다 구체적인 현실적인 이유들로 명시되는데 토대 위에 무너진 불럭더미를 채우고 있는 온갖 종류의 텍스트들이 그것들이다(<그림 9> 참조). 이 더미들은 보다 분명하게 왼쪽 집의 몰락을 알려주는 상징적 속성들이다. 포스터의 기획자는 이미지를 통해 재현된 특정한 요인들을 다시금 텍스트로 반복함으로써 메시지를 강조하고 강화하는 전략을 취하고 있다. 텍스트들 중 어떤 것들은 식별이 가능하지만 어떤 것들은 관람자 스스로 맞춰보라는 듯 완성되지 않은 채 제시된 철자들도 있다. 여기서 포스터 기획자는 다양한 벡터의 방향을 이용해 「민족혁명」의 이름으로 폐기된 이미지/텍스트를 무질서하고 불안정한 방식으로 재현해 내고 있다. 포스터가 제시한 텍스트들을 모아 보면 다음과 같다.

> 알코올 중독(alcoolisme), 반군(反軍)주의(antimilitarisme), 탐욕(avarice), 자본주의(capitalisme), 공산주의(communisme), 민주주의(démocratie). 무질서(désordre), 프리메이슨(franc-maçonnerie), 이기주의(égoïsme), 탐욕(혹은 유태인 juiverie), 의회(parlement), 혼란(pastis), 급진주의(radicalisme), 투기(spéculation), 뇌물(pots de vin), 투기(spéculation), 약은 꾀(système D)[6],

이외에도 텍스트들이 완전하지는 않지만, 표면으로 드러난 <-philie>나 <-phobie> 등의 접미사를 고려해 보았을 때, 친영주의(anglophilie), 독일

6) «(le) Système D »는 프랑스어 '(le) système débrouille'의 구어체 약어로서 사전적 의미로 '곤경에서 벗어나는 요령', '약은 꾀' 등을 의미한다.

혐오(germanophobie), 친유대주의(judéophilie) 등으로 추정할 수 있는 단어들을 들 수 있다.

따라서 이 선전 포스터가 보여주는 1940년 프랑스의 패배의 원인과 제 3공화국의 실책은 매우 복합적이고 다양하다. 이 모든 요인들이 어우러지고 작동하여 프랑스라는 제국의 영광은 필연적으로 과거의 것이 될 수밖에 없었다는 것을 암시한다. 이 텍스트들은 몇 가지 유형으로 나눠 보면서 구분할 수가 있어 비시체제의 핵심적 이데올로기가 무엇인지 쉽게 파악할 수 있다. 대략 보아도 정치 이데올로기와 관련되어서는 의회제도, 자본주의 체제, 반민족주의, 그리고 유대인과 프리메이슨 혹은 공산주의자 등 타도해야 할 사악한 집단들도 눈에 띤다. 비시정권의 눈에는 이러한 공화국의 정치적, 사회적 환경으로 인해 노동자들이 혼란(pastis)과 알코올 중독(alcoolisme), 그리고 급진주의(radicalisme)와 연결되는 것이 당연한 것이다. 이러한 태도는 자연스럽게 비시체제의 성격이 반유대주의, 반공산주의, 반자본주의, 반의회주의 혹은 반민주주의적이라는 것과 함께 외국인 혐오증이 동반된 인종편견주의, 반유대주의 그리고 극우적인 사상 등임을 연상시킨다.

어둡고 불길한 왼쪽 집을 벗어나 이제 밝고 화사한 오른쪽 집으로 들어가 보자(<그림 4> 참조). 오른쪽 집은 왼쪽 집과 모든 면에서 대조적이다. 색채뿐만 아니다. 오른쪽에 있는 집은 깨끗하고 정돈되어 있으며 안정적이다. 왼쪽 집의 붉은색 깃발이 흩날리던 자리엔 프랑스의 국기인 삼색기가 자리 잡고 있으며, <FRANCE>라는 삼색의 현판이 집의 성격을 나타내 준다(<France et Cie(프랑스 회사)라는 왼쪽 집의 현판과 비교해 보라). 이는 매개자인 오른쪽 집의 정체성을 규정해 주는 가장 본질적인 상징적 속성들이며, 상단의 슬로건의 색채뿐만 아니라 집의 근간을 이루는 세 블록의 색채와 자연스럽게 관계를 맺는다. 깃발과 현판을 구성하는 이 세 가지 색깔은 단순히 프랑스라는 나라를 대표하는 색

채가 아니라 배타적인 민족주의를 구현해내고 있다. 이 오른쪽 집을 규정하는 또 다른 상징적 속성들도 관찰된다. 우선 왼쪽의 집과는 다르게 마당의 초목이 살아있음을 보여주는 듯 푸르름을 뽐내고 있다. 이 집엔 사람도 산다. 창문엔 커튼도 있고 2층 창문엔 남편을 기다리는 듯한 모습으로 여성이 집을 지키고 있다. 집 굴뚝에서는 연기가 나온다. 이미 게양된 국기에서 볼 수 있듯이, 바람이 없으므로 굴뚝에서 나오는 연기는 흩날리지 않는다. 이 모든 것이 황폐한 왼쪽 집과 대비를 만들면서 상징적 속성들로 기능한다.

〈그림 10〉

이렇게 행복하고 안정된 프랑스를 뒷받침해주는 것은 무엇일까? 그 대답은 집의 근간을 이루는 삼색의 세 블록에서 찾을 수 있다. <그림 10>의 '노동(travail)', '가정(famille)', '조국(patrie)'은 비시정권의 모토이다. '자유', '평등', '박애'는 '나태', '우민정책', '국제주의'로 폄하되고 이제 새로운 프랑스에서 또 다른 모토로 대체되었다. 이 모토를 채색하는 빨강, 파랑, 그리고 하얀색은 프랑스적 가치를 대표하는 상징적 속성이다. 공화국의 기치를 폐기하고 대신 새로운 모토를 설정한 것은 제 3 공화국과는 완전히 다른 국가의 가치관을 수립했다는 의미이다. 비시체세는 전통적 가치로의 회귀를 꾀하고 자성(自省)을 부르짖었으며 가정과 조국에 충실할 것을 요구하였다. 따라서 조합과 파업권은 파기되고 흙으로 돌아가자는 운동이 장려되었으며 전통적인 가정상이 일반 국민들에게 독려되었다. 이혼은 어렵게 만들고 출산과 전업주부로서의 역할은 장려되고 어머니날이 제정되었다. 가정은 비시정권에 있어 사회의 기본 세포단위로 간주되었다. 조국이라는 모토는 외국인, 특히 유대인을 배제한 프랑스인을 강조하기 위한 배타적 민족주의와 연결된다.

이렇듯 비시정권에 의해 '복원된' 프랑스의 동량지재는 <그림 11>에서 보듯이 여러 가치의 기둥들로 재현되어 있다. 이는 새로운 모토를 실

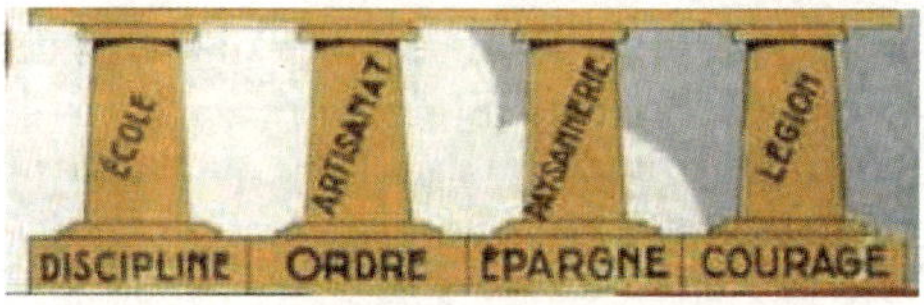

〈그림 11〉

현하기 위한 가치들을 담아내고 있다. 특징적인 것은 '질서(ordre)', '규율(discipline)', '의용대(légion)' 그리고 '용기(courage)' 등은 그 의미가 연상시키듯 군사적인 문화와 연결되어 있어, 비시정권이 중시한 정신적 차원을 이해할 수 있다. 이러한 엄격한 가치는 아버지가 가장으로서 지배하는 가정 내에서뿐만 아니라 국가 차원에서도 유지해야할 덕목이다. 포스터는 19세기 이후 광범위하게 이루어진 프랑스의 산업화를 부정하고 '농민(paysannerie)'과 '수공업(artisanat)'에 보다 더 가치를 부여하고 있다. 도시와 산업은 프랑스의 회복을 위해 해로운 것이며 귀농과 농업 활동이 장려되고, 여기에다 '절약(épargne)'의 미덕을 내세운다. 비시정부는 청년층에 대한 공도 많이 들였다. 포스터에 '학교(école)'라는 텍스트가 출현한 것은 우연이 아니다. 젊은이들이 주목대상이 되었던 것은 프랑스가 전쟁에 패한 원인들 중의 하나를 잘못된 교육시스템에서 비롯되었다고 판단했기 때문이다. 교육시스템의 개혁을 통해 프랑스를 재건할 수 있는 새로운 인간형을 단련하고 학교라는 장소를 새로운 가치들을 보급할 수 있는 최적의 장으로 삼고자 했다. 따라서 교육 시스템의 전반에 대한 개혁은 비시 정부의 주된 관심사 중의 하나였다. 교과 과정 운영은 변했고 교재도 다시 마련되었고 '노동', '가정', '조국'이라는 기치 아래 모든 프로그램들이 운영되게 된다. 한마디로 학교는 "민족혁명의 특권화된 미디어들 중의 하나"가 되게 된다(Rossignol ibid.: 136).

다시 <그림 4>로 돌아가 보자. 어머니가 남편을 기다리는 모습으로 재현된 오른쪽 집은 가족적인 프랑스의 이미지, 가정의 이미지를 유감없이 보여준다. 가정으로 비유되는 프랑스의 이미지는 비시 정부가 만든 다른 선전물들 속에 자주 나타난다. 이러한 이미지는 가정을 중시하고 농업을 강조하며 가정에서 아버지의 권위를 내세운 비시 정부 이데올로기의 중요한 부분을 전달한다. 이는 궁극적으로 페탱의 상징 조작으로 연결된다. <그림 12>는 이를 잘 나타낸다. 우선 이 7개의 별들은 왼쪽의 '프랑스 주식회사' 집 위에 자리 잡은 다윗의 별과 대립되면서 이를 대체하는 것이다. 7개의 별은 프랑스 군에서 가장 높은 지위인 원수의 계급을 나타낸다. 따라서 하늘에 높이 떠서 프랑스라는 오른쪽 집을 굽어보며 지배하는 이 별의 주인공은 당연히 페탱원수를 가리킨다. 이 포스터가 이러한 상징 조작을 통해 전달하고자 하는 메시지는 페탱이라는 인물만이 프랑스의 유일한 구원자이며 그가 주창한 「민족혁명」을 통해서 프랑스는 재건될 수 있다는 것이다. 이러한 발상은 전형적인 독재체재를 떠올리게 한다. 이는 모두에서 본 첫 번째 포스터(<그림 1>)가 프랑스를 상징하는 국기와 더불어 오직 하나의 인물만을 담고 있듯이 페탱이 곧 프랑스라는 점을 보여준다. 페탱 자신도 가정 내의 질서에 관심을 갖고 일관적으로 아버지의 역할을 재현하곤 했다. 그러니까 페탱은 아버지의 모습으로, 프랑스인들은 그 자식으로 구현되는 것이다. 이 선전 포스터도 페탱이 곧 국가라는 암시를 상징적 속성들을 통해 보여주며 매개자의 정체성을 드러내 주고 있다.

〈그림 12〉

4. 결 론

지금까지 우리는 「라메종 프랑스」라는 선전 포스터를 사회기호학적인 도구들을 이용하여 분석하고 그 역사적인 의미와 해석을 짚어보았다. 이 포스터는 제 2차 세계대전이라는 특정한 시점에 기획·제작되었지만 배포가 되지는 못하였다. 그러나 도입부에서 언급한 것처럼 현대사 박물관의 전시회를 기회로 세상에 나와 새로운 프랑스 세대의 교육을 위해 제 2의 삶을 살면서 그 존재 가치를 되찾게 되었다는 특징을 지닌다.

이 포스터가 제작된 시기는 페탱이 국가수반으로서 여전히 폭넓게 프랑스 국민 대다수의 신임을 받던 시기였다. 포스터는 비시정권이 핵심 정책과 이데올로기를 매우 세세하고 분명하게 보여준다. 프랑스의 전쟁 패인을 과거의 공화국 제도에서 찾고 이를 타파하고 새로운 프랑스를 건설하기 위한 이데올로기의 토대들을 잘 표현해주고 있다. 이러한 실천적인 행동들은 많은 선전물 속에서 의도적으로 감춰지고 다른 모습으로 제시되곤 했지만, 이 선전 포스터는 가면을 벗고 현재의 역사적 가치와 판단 속에서 비시정권의 생생한 모습을 다시금 우리에게 재현해 놓고 있다고 할 수 있다. 「라메종 프랑스」는 매우 섬세하면서도 치밀한 의도로 기획되어 포스터 곳곳에 다양한 상징 장치들을 마련해 놓고, 선전 포스터가 갖는 목적을 충실히 수행하고 있다. 우리의 노력은 바로 이러한 의도적인 기제들이 어떠한 모습으로 재현되어 있는지 살펴보면서 이미지 자체에 대한 충실한 해석에 초점을 맞추었다고 할 수 있다.

참고문헌

박지현, 2004, 『누구를 위한 협력인가 – 비시 프랑스와 민족혁명』, 서울, 책세상.

서종석, 2013, 선전 포스터와 이미지 언어: '붉은 포스터'의 사회기호학적 읽기, 프랑스학 연구 64집 (2013년 5월 15일 출판예정).

Delporte, Christian et Gachet, Marie-Claire, 2002, Les images dans l'enseignement de l'histoire, *Actes du colloque «Apprendre l'histoire et la geographie a l'Ecole»*, les 12, 13 et 14 décembre 2002, Direction de l'Enseignement scolaire, Bureau de la formation continue des enseignants, pp.185-190.

Gervereau, Laurent, 1996. *Histoire mondiale de l'affiche politique* : *Terroriser, manipuler, convaincre*, Paris, France Loisirs.

Gervereau, Laurent, 2001, Le Musée, source ou moteur de recherche, *Vingtième Siècle. Revue d'histoire* 72, pp.125-131.

Kress, Gunther & van Leeuwen, Theo, *Reading Images. The Grammar of Visual Design*, 2nd ed., London/New York: Routledge. 2006.

Lakoff, G. & Johnson, M., 1980, *Metaphors We Live By*. Chicago/London: University of Chicago Press.

Pinson, Gérard, 2007, *Enseigner l'histoire : un métier, des enjeux*, Paris, Hachette/CNDP.

Rossignol, Dominique, 1991, *Histoire de la propagande en France de 1940 à 1944: l'utopie Pétain*, Paris, PUF.

6

러시아 유대인 화가 마르크 샤갈의 회화 세계

- 경계인으로서의 삶과 정체성

이 은 경

1. 서 론

20세기 색채 미술의 대표자인 마르크 샤갈(Марк Шагал)은 흔히 정의할 수 없는 독창적 영역을 개척한 화가로 인식되어왔다. 러시아 태생의 유대인 화가이지만, 여생의 대부분을 프랑스에서 살았으며 에콜 드 파리(École de Paris)에 속했던 삶의 복잡다단한 면이 그를 자연스럽게 어느 한쪽에 귀착될 수 없는 화가로 만들었다. 그가 명성을 얻게 된 데에는 파리에서 활동했던 국외예술가로서의 역할이 컸지만, 정작 평생에 걸쳐 그가 추구했던 회화적 주제의 대부분이 고향 비텝스크와 유대적 상상력에 기인한 것이었음을, 그리고 그의 회화 기법에는 러시아 이콘화의 영향이 컸음을 부인할 수 없다.

전통적 예술개념에서 독창성은 예술작품의 질적 척도를 구별하는 중요한 잣대 가운데 하나이다. 독창성을 지나치게 강조하면 예술작품은 실험주의의 한계를 벗어나지 못하고 만다. 마르크 샤갈은 당시의 모더니즘 회화 기법에 충실하면서도 독특한 창작의 세계를 창조해냈다는 점에서 의미를 지닌다. 본 글은 마르크 샤갈이 러시아계 유대인이었다는 점에 주목한다. 그가 태어나고 성장한 러시아는 예술이론의 토대를 제공했다. 또 다른 한편으로 그에게서 떼어낼 수 없는 유대적 뿌리는 잠재적으로, 또 때로는 구체적인 소재와 색채 표현에서 유대적 세계관의 표현을 가능하게 만들었다. 이러한 두 가지의 혼합이 당시 러시아의 다른 화가들이 모방할 수 없는 독창적 영역을 만들게 했다. 샤갈이 당시 러시아 모더니즘이라는 대대적인 전위운동으로부터 떨어져 나왔다는 것은 그의 경계적 정체성을 잘 말해준다. 대다수의 유대인들이 그렇듯 주변과의 동화를 꿈꾸지만, 결국에는 그들과 섞일 수 없다는 것을 깨닫고 자신의 뿌리를 찾기 위한 길을 택하는 것이다.

본 글은 유대적 화가로서 샤갈이 지녔던 이중적 정체성과 그것의 한계를 뛰어넘어 창조적이고 독창적 예술이 어떻게 구현되고 성취되었는가를 밝힐 것이다. 연구의 범주는 샤갈이 프랑스로 이주한 1922년 이전, 즉 샤갈의 예술을 이해하는 데 있어 가장 핵심적인 시기인 비텝스크(Витебск)와 러시아에서 작품 활동을 했던 1910년~1922년의 작품이 주 대상이 될 것이며, 그 이후의 작품이라 할지라도 연관성을 가지거나 또는 여러 차례 재작업을 거쳐 보충 설명이 필요한 경우들은 함께 다루도록 할 것이다. 무엇보다도 그에게 가장 큰 영향을 미친 것이 러시아적 화풍과 예술개념이었다는 것을 다룰 것이며, 이어 그의 작품에 담긴 유대적 의미와 세계관을 밝힘으로써 이 두 가지가 각각의 제한된 시선을 딛고 어떻게 하나로 조화될 수 있었는지를 밝힐 것이다.

2. 러시아적 정체성의 확립과 아방가르드 예술의 재해석

2.1 이콘(икона)화의 영향

샤갈의 작품에는 러시아적 특성과 유대적 특성이 역동적인 상호작용을 일으키며 상징적 기호로서 등장한다. 샤갈의 정체성은 많은 이들이 주목하였듯이, 유대적 뿌리가 밑바탕에 있음을 부인할 수 없다. 그러나 많은 연구자들이 그가 러시아 출신이라는 점에 대해서는 상당 부분 간과하고 있거나, 포그롬(погром)[1] 또는 러시아 화단(畵壇)에서의 불미스런 사건 등 주로 아픔의 역사와 관련된 전기적 사건들에 미루어 볼 때 러시아와의 관계에 있어 긍정적인 것보다는 부정적인 영향에 주목해온 것이 사실이다. 그러나 한 인간에게 있어 초기교육의 중요성과 생애 전체에 걸쳐 드러나는 그 영향력을 고려한다면, 러시아에서 보낸 샤갈의 삶을 단순히 교육과 초기 예술적 경험들이 이루어진 시기로만 간주하기란 어렵다.

샤갈의 회화에 러시아적 특성이 어떻게 유입되고 반영되었는가를 알기 위해서는 그의 생애 전반기, 즉 그가 미술에 입문에서 재능있는 화가로 인정받기까지의 시기를 살펴볼 필요가 있다. 샤갈이 비텝스크를 떠나 러시아에 머문 시기는 둘로 나뉜다. 첫 번째는 1907년에서 1910년에 이르는 페테르부르크 시기이고, 두 번째는 1914년에서 1922년에 이르는 러시아에서 보낸 시기이다. 1910년에서 1914년까지 샤갈은 러시아를 떠나 파리에 머물렀고, 그 기간 동안 그의 예술은 비약적으로 발전했다. 그렇다하더라도 이 시기 역시 러시아 시기의 연장선상으로 보아야 할

1) '포그롬(погром)'은 근대 러시아에서 널리 행해진 살해, 절도, 개인에 대한 폭력 등 유대인에 가해지는 폭력행위를 일컫는다. 1881년에 시작된 1차 포그롬과 알렉산드르 2세 암살 이후 1881~1884년에 발생한 제 2차 포그롬에 이어 1905년 1차 혁명기에 오데사를 비롯한 러시아 제국의 전역에서 제3차 포그롬이 일어났다.

것은 페테르부르크 시절부터 그가 지속적으로 묘사해오던 주제와 양식에서 크게 벗어나지 않기 때문이다. 샤갈 스스로도 이 시기를 러시아에서 가져온 자신의 것에 파리가 빛을 준 시기였다고 언급한 바 있다.

페테르부르크로 상경한 후, 샤갈은 에르미타쥬(Эрмитаж)와 러시아 박물관(Русский музей)을 통해 프랑스의 화가들을 비롯한 다른 나라의 유명 화가들의 그림을 접하게 된다. 특히 1907년~1908년에 이르는 2년 동안 그는 왕립협회 예술학교(Рисовальная школоа Общества поощрения художеств Николая Рериха)를 다니면서 알렉산드르 3세 미술관(현 러시아 박물관)을 자주 방문하고, 안드레이 루블료프(Андрей Рублёв)의 이콘(икона)화에 매료된다. 또한 이 시기 유럽 최고의 규모를 자랑하는 페테르부르크의 유대인회당에서도 이콘화를 보며 상상력을 키워간다.

이콘은 물질적 성격보다 성스러운 신의 이미지를 재현하는 까닭에 초월적인 상징의 속성을 지닌 '색채 신학'으로, 동방정교의 전례물이자 신자들에 대한 교화의 수단이다.[2] 사실 이콘은 유대교의 개념에서 보면 우상숭배나 다름없는 것이었다.[3] 비록 유대교의 성격과는 달랐지만, 러시아 미술의 가장 기본이라 할 수 있는 바로 이 이콘화[4]로부터 샤갈의

---

2) 이덕형, 『러시아 예술문화의 천년』 (서울: 생각의 나무, 2009), 327쪽 재인용.

3) 토라의 신명기 5장 8~9절에는 "너는 자기를 위하여 새긴 우상을 만들지 말고 위로 하늘에 있는 것이나, 아래로 땅에 있는 것이나 땅 밑 물 속에 있는 것의 아무 형상이든지 만들지 말며 그것에게 절하지 말며 그것들을 섬기지 말라"라고 기록되어 있다.

4) 기독교 초기 구약과 신약의 모티프들, 그리고 빵과 물고기, 포도 같은 상징들이 빠르게 확산되었지만, 이러한 상징들은 숭배의 대상이 아닌 알레고리적이고 교화적 수준의 성스러운 이미지에 불과했다. 4세기 이후 교리 신학적 토대를 마련하는 과정에서 그리스도의 본성에 대한 논쟁은 끊이지 않았고, 451년 신성과 인성이 한 인격 안에 포함된다는 '칼케돈 신조'가 채택되면서 본격적으로 동방정교의 예술이 박차를 가하게 되었다.

정교의 확립과정에서 어떻게 그리스도의 하나의 인격 속에 신성과 인성이 형성되는가가 가장 중요한 논쟁이었고, 러시아에서 8~9세기에 본격화된 이콘 논쟁도 신성과 인성의 결합문제와 연관되어 있었다. 이콘 공경론자들은 그리스도는 신성과 인성의 결합이며, 그리스도가 인간의 모습을 하고 우리에게 보이는 것처

예술 인생이 시작되었다고 해도 과언이 아니다. 러시아 이콘화는 지역마다 다소 차이를 보이지만, 금욕주의 정신을 드러내기 위해 음울한 정조, 무채색의 어두운 톤이 대부분이었다. 12세기 들어 프스코프(Псков) 이콘 화파는 붉은 색을 주로 사용하는 등 차별화를 시도했고, 페오판 그렉(Фелфан Грек)이 이끄는 모스크바 화파에 이르러서는 빛의 자연스런 인상을 창조하여 현실의 생동감을 부여하는 이콘이 탄생되기도 했다. 페오판 그렉의 제자였던 안드레이 루블료프는 비잔틴적 요소를 러시아화하는데 기여했을 뿐 아니라 러시아 이콘화가 전성기를 맞이하게 되는데 큰 공헌을 하였다. 루블료프는 당시 독창적이고 자의적인 해석이 불가하던 때, 일탈이 허용하는 범위 내에서 러시아적인 민족적 색채를 가미시켰다. 부드러운 색채의 사용과 얼굴의 이미지에 슬라브적인 인상을 가미한 것이 바로 그것이었다.[5] 루블료프의 작품은 러시아 민족의 문화적 통일과 자각의 강화에 영향을 미쳤다.[6]

이콘화의 이런 특징은 샤갈에게 또 다른 식의 해석과 변주로 나타난다. 러시아적 이콘화의 기법에 유대민족의 색채를 입히는 것이다. 특히 1912년~13년에 걸쳐 연필, 구아슈, 유채화 등으로 그린 <모성(Материнство)> 시리즈에는 이콘화의 기법이 잘 드러나고 있다. 모성 시리즈는 주제면에서 성모 이콘과 자연스럽게 연결될 수밖에 없다. 아기예수를 가슴에

럼, 이콘도 역시 그리스도처럼 물질과 정신, 초월과 내재, 신과 인간이 합일의 상징이라고 주장한다. 반면 이콘 파괴론자들은 그리스도가 신이라면 물질적으로 가시화될 수 없기에 물질적으로 묘사되는 건 신의 속성이 아니라고 주장한다.

초기 기독교 내에서의 이콘 논쟁이후 10세기 러시아에서는 이콘에 신성의 정신적 가치를 어떠한 형식과 주제로 구현할 것인가가 대두된다. 당시 비잔틴은 초월적 위엄과 금욕주의, 자기비하적인 모습과 종교적 감동을 위해 금빛과 하늘빛을 더욱 상징적으로 처리하였다. 러시아는 동슬라브의 자연숭배와 이교적 범신론이 기독교문화와 조우하면서 러시아적 이념을 형성하게 된다. 따라서 '민족적 특색'이 러시아 이콘화의 특징이라 할 수 있다. 이덕형, 『러시아 예술문화의 천년』, 161~171쪽.

5) 앞의 책, 307~321쪽.

6) A. I. 조토프, 『러시아 미술사』 이건수 옮김 (서울: 동문선, 1996), 63쪽.

품듯, 자신의 배에 아기를 품은 여인, 그리고 해산 직전의 산양은 모성의 본질을 이콘식 상징으로 전달하고 있다. 성모 이콘은 러시아에 가장 널리 확산된 것으로 러시아 민중들의 사랑을 가장 많이 받은 이콘이자 가장 러시아적인 성격을 반영하고 있다. 동슬라브의 대지여신을 숭배하던 전통에서 고통받는 어머니 이미지로, 그리고 성모의 이콘으로 그 관심이 옮겨진 것으로 볼 수 있다. 이제 샤갈에게 이르러서 이러한 성모의 이미지는 모성애의 강렬한 감동으로 전해진다.

1910년~1914년에 이르는 시기, 샤갈의 그림에는 그로테스크적 요소가 나타난다. <모성> 시리즈가 바로 그런 그림들 중 하나인데, 중심인물인 여인뿐만 아니라 마치 개별적인 화면처럼 보이는 그녀의 태중의 아기도 다차원의 시간으로 살아간다. 이 아기는 다 자란 의식이 있는 소년처럼 보이는데, 성모 마리아의 성자전을 슈제트로 하는 이콘화에 있어 이러한 결합은 지극히 전통적인 것이다. 이 그림은 중세의 '미래파'가 20세기에 적용과 발전을 얻어낸 것이라 할 수 있다.[7)]

〈모성〉(1912)

이콘에서 조형적 비율은 빼놓을 수 없는 요소이다. 이콘의 구성에 있어 표현되는 주제의 내용과 일치시키기 위해 사용되는 기법은 전체 구도를 위한 삼각형, 사각형, 원형 등의 기하학적 구조와 등장인물들에 대한 일정한 비례, 역원근법, 색채와 빛의 상징 등이다. 기하학적 구도 속에서 비잔틴 이콘이 주로

7) А. Каменский, *Марк Шагал. Художник из России* (М.: Трилистник, 2005), с. 113.

1:7의 비율로 인물들의 신장을 표현한 반면, 14세기 이후 러시아 이콘에서는 1:8, 1:9의 비율로 확대되었다.[8] 얼굴의 크기 역시 코의 길이에 따라 결정되었는데, 비잔틴의 이콘이 대체로 키가 작고 손발이 작은 데 비해 가슴이 넓게 표현되었다면, 러시아 이콘의 등장인물은 키가 크고 손발이 길며 가슴이 좁은 형태로 제시된다. <모성>에 표현된 여인 역시 러시아 이콘화의 비율을 그대로 따르고 있는 것을 확인할 수 있다. 특히 1913년의 <모성>은 이전 그림에 비해 샤갈의 표현 기법이 한층 성숙해지고, 다양한 예술적 실험을 도입하고 있음을 잘 드러낸다. 1:9의 비율로 제시된 여인은 다른 그림의 등장인물에 비해 가슴이 좁고 손발이 길게 그려져 있으며, 이콘에서 사용되는 붉은색, 파란색, 초록색, 노랑색, 흰색의 범주를 벗어나고 있지 않다.

〈모성〉(1913)

이콘은 전체적으로 기하학적인 구성을 통해 관조적인 안정감을 마련하며, 인물들의 상반신은 주로 이등변 삼각형의 구조를 바탕으로 한다. 후광은 머리와의 비율이 1:2, 2:3, 3:5의 비율로 나타나며, 이콘의 중심적 부분으로 전체구도를 위해 제일 먼저 그 크기와 위치가 결정된다.[9] 15세기에 들어오면서 이 후광을 확대해 보는 이의 시선이 집중되는 효과를 얻기도 하였다. 얼굴을 묘사하는 이등변 삼각형 위의 후광은 이등변

8) 이덕형, 『러시아 예술문화의 천년』, 327쪽.
9) 앞의 책, 323쪽 재인용.

삼각형의 정점에 해당되어 전체적으로 안정감과 균형을 가져다주는 역할을 한다. <모성>의 여인은 그리스도와 성모, 성인에게 있는 후광을 갖지 않은 평범한 여인으로 표현되어 있다. 샤갈은 이 여인에게 이등변 삼각형과 원형의 후광 대신, 둥근 얼굴을 부여하고 있다. 그럼에도 불구하고 여인의 얼굴에서 단순한 촌부의 인상이 느껴지지 않는 것은 이콘화의 안정감과 균형을 상징하는 이등변 삼각형과 원형이 재구성되고 있기 때문이다.

여인의 얼굴은 눈의 비대칭, 즉, 정면을 응시하는 왼쪽 얼굴과 측면을 응시하는 오른쪽 얼굴로 인해 착각을 일으키게 만드는 눈의 비대칭, 정면 얼굴의 삼각형 코, 오른쪽 옆얼굴의 삼각형 코, 오른쪽 눈에서 왼쪽 뺨으로 펼쳐지는 짙은 녹색 삼각형의 그림자, 그리고 이마의 절반을 분해한 왼쪽의 녹색 원뿔로 인해 이콘에 대한 새로운 기하학적 해석을 얻고 있다. 마치 이등변 삼각형이 하나의 원 안에서 여러 개로 분할되어 재배치되는 효과를 얻는 것이다. 오른쪽으로 치우친 입술은 얼핏 보면 반원형으로 보이나 이 역시 아래 부분에 흰색 라이트를 주어 덜 선명하게 느껴질 뿐 원형으로 처리되어 있다. 뿐만 아니라 후광 대신 여인의 얼굴을 감싸고 있는 두건 역시 흥미롭다. 두건의 전체적 느낌은 원형에 가깝지만, 얼굴 아래의 매듭은 마치 역삼각형을 두 개 배치시킨 것처럼 보인다. 이 매듭 역시 정확히 얼굴 중심에 맞지 않고 왼쪽으로 약간 치우쳐 있는데, 이것은 오른쪽으로 기울어진 입술의 원형과 균형을 맞춤과 동시에 동적인 느낌까지 부여한다. 이처럼 <모성>은 여러 방향에서 보이는 부분들을 기하학적 형상으로 재구성시켜 큐비즘의 특징을 잘 드러낸 작품이다. 샤갈은 이콘화의 전통적인 화법에 큐비즘의 새로운 미(美)를 덧입히고 있다.

비잔틴 이콘의 전통에서 직사각형의 패널에 인물을 표현할 때는 전체적으로 세 개의 사각형으로 분할하여, 맨 위의 사각형에는 후광에 쌓인

상반신이, 중간의 사각형에는 가슴부터 무릎까지, 마지막 맨 아래의 사각형에는 무릎에서 발까지가 표현된다. 물론 이 전통 역시 페오판 그렉과 안드레이 루블료프에 이르러서는 조금씩 변형되기도 했지만, 샤갈의 <모성> 역시 이러한 규칙에서 멀리 벗어나고 있지 않다. 여인의 몸은 세 등분으로 나뉘어 있고, 각각의 부분이 사각형의 틀 안에 놓여 있다. 특히 상체는 허리부분이 느껴지지 않을 만큼, 사각형의 몸통이 두드러져 보인다. 샤갈은 이 부분을 연필과 구아슈로 그린 그림에서보다 유채화에서 더 분명하게 부각시켜 놓고 있다. 그러나 이 부분 역시 이콘의 또 다른 해석을 유추해볼 수 있다. 첫 번째 사각형인 몸통에는 가슴을 연상시키는 두 개의 원이, 그리고 두 번째 사각형인 몸 안에는 자궁이 원형으로 그려져 있다. 마지막으로 세 번째의 사각형을 형성하는 무릎 아래의 부분은 두 번째의 사각형과 이어지는 둥근 꽃들로 장식되어 있다. 사각형으로 등분한 신체를 좀 더 부드럽게 표현하기 위한 방법으로 원을 이용하고 있는 것이다. 이것은 여인의 오른쪽 옆 만월이 왼쪽으로 이동하면서 3개의 해와 달로 바뀌는 부분에서도 잘 활용된다.

둥근 원이 조금씩 기울어가면서 분할된 형태로 나타나는 달의 형상은 큐비즘에서 파생된 오르피즘의 특징을 잘 드러낸다. 오르피즘은 선명한 색의 원과 호(弧)를 많이 쓴 율동적인 화면을 구성하는 등 추상적 표현 속에 풍부한 환상을 섞어 넣어 독자적인 화풍을 확립한 것으로 잘 알려져 있다. 이 그림에서 달은 마치 나선형처럼 올라가다가 왼쪽 화면의 그믐달로 바뀌며 몽환적이고 신비스런 분위기를 연출한다. 과거 신성의 가치를 묘사하려던 이콘 화가들의 노력처럼 샤갈은 초월적 세계의 신비와 신성한 삶의 성격을 수태한 여인에게서 찾고 있다. 또한 여인이 서 있는 땅과 하늘, 오른쪽의 집과 지붕 역시 사각형과 삼각형으로 이루어져 있으며, 이것은 만월과 여인의 가슴, 배, 치마에 그려진 원형의 꽃무늬에 의해 안정감을 갖게 된다. <모성>은 전통에 대한 해박한 이해, 그리고 이것을 자신의 예술적 표현으로 승화시킨 샤갈의 재능이 잘 살아나는 부분이라 할 수 있다.

이콘화의 특징 가운데 하나가 '역원근법'이다. 관찰자, 소실점, 조형평면의 여건 속에서 관찰자는 조형 평면 뒤로 뻗어나가는 소실점과 동일한 수평적 수준에 놓이게 되어, 조형 평면에 표현된 대상은 원근감을 갖게 되고, 투사의 중심인 관찰자의 시선은 자연히 하나로 고정되고, 부동을 전제로 하게 된다. 즉 관찰자와 대상 사이에 존재하는 시각적 거리를 상징적이고 정신적인 거리로 전환시킬 수 있는 가능성을 부여하는 방법이다. 역원근법은 묘사된 대상들의 다중시점이 관찰자를 향해 있어서, 관찰자는 자신이 그 대상들의 내부에 있는 인상을 받게 되는 것이다. <모성>은 상징적 표현에 충실하다. 아이를 밴 여인 뒤의 풍경은 원근을 알 수 없게 그려져 있다. 멀리 있어야 할 지평선은 화면 아래로 최대한 내려와 있고, 넓은 하늘을 배경으로 아기를 가진 여인이 우뚝 솟아 있다. 멀리 산양과 달, 앞부분의 소를 이끄는 농부, 집들, 그리고 이 모든 이야기의 화자인 오른쪽 화면 하단에 있는 샤갈로 추정되는 남자의 옆얼굴에 이르기까지 이 모두가 한 공간 안에, 그리고 만월에서 그믐달로 이어지는 시간성 안에 존재한다. 이들의 위치가 멀리 있어 원근법이 적용되는 듯 보이나, 실제로는 이 모두가 이콘의 과장법에 충실하다는 점이다. 전면의 여인도, 그리고 각 사물들, 인간들, 동물들의 배치 역시 소실점을 상실하게 만들어 관찰자와의 거리를 상징적으로 전환시킨다.

영혼의 눈을 통해 관조의 체험을 가능하게 해주는 감각적 요소는 '빛과 색'이다. 이콘에 있어 색채는 상징적 의미체이다.[10] 생명과 순수함, 평화와 선이라는 긍정적 가치는 흰색, 붉은색, 초록색, 푸른색에 의해 묘사되었다. 죽음과 위협, 더러움의 부정적 가치는 무채색으로 표현되었다. 색채의 마술사라고 불리는 샤갈에게서 가장 기본색이 바로 이 이콘

10) 앞의 책, 327쪽 재인용.

의 색이라는 것을 상기해야 할 것이다 이콘에서 푸른색은 깊이감과 고요함, 비현실적 세계를 떠올리게 하는 색이며, 붉은색은 모든 색채들 중 가장 활동적인 색으로, 피의 빛이자 생명의 빛이다. 피의 이미지를 통하여 생명, 열정, 분노, 위험을 나타낸다. 신의 세계의 창조와 구원에 대한 신의 무한한 애정을 상징함과 동시에 그리스도의 수난의 색이자 성령의 불을 나타낸다. 이콘에서 붉은색은 성령강림의 색이자 순교자의 색이다. 또한 자연과 식물의 생명을 위해서 녹색이 사용되었고, 황금의 후광과 가장 근접한 색으로 노란색이 성스러운 색을 상징하였다.

샤갈은 이콘화의 기본 색들을 자신의 화폭으로 가져왔지만, 이 역시 자신만의 해석으로 또 다른 색채 감각을 만들어내게 되었다. 이콘화가 원색보다는 색채혼합 방식을 통해 성스러운 이미지를 가진 반면, 샤갈은 색의 순도를 높여 색이 긴장감을 갖고 서로를 밀어내는 강한 인상을 심어준다. 특히 샤갈에게서 녹색은 생명을 상징한다. <나와 마을(Я и деревня)>(1912)에서도 그렇듯이 샤갈은 본인의 얼굴을 녹색으로 상징화한다. <모성>에서도 생명 탄생의 중요성은 자궁 속 아기의 녹색 몸, 샤갈의 모자에 드리워진 녹색, 여인의 상체와 얼굴에 드리워진 녹색, 그리고 소멸되지만 곧 다시 생성될 운명을 지닌 그믐달의 녹색으로 드러나고 있다. 평소 고흐와 마티스를 좋아했던 샤갈은 인상주의와 표현주의, 야수파가 순도 높은 원색을 병렬적으로 화면에 펼치는 방식을 자신의 그림 속에 재현해놓고 있다. 샤갈은 아기 예수를 원형이나 타원형의 테두

〈성탄(聖誕)의 조력자〉(17세기 이콘화)

리 속에 넣어 성모의 뱃속을 투시시켜 그리는 기존의 전통[11])을 현대적 성모상, 즉 세속적 성모상으로 그려내었다. 그리하여 태아를 감싸고 있는 소우주와 여인을 둘러싼 외계와의 교감이 분명하고도 우아하게 표현되어 있으며, 화면은 이제 샤갈의 그림에서 큐비즘의 화면분할법이 자취를 감추어가고, 오히려 그런 화법에 의해 내적으로 샤갈의 조형적 의도에 순화되어 공간을 더욱 깊고 크게 설정하도록 만들고 있다. 여인의 표정과 스카프, 치마 등에서 보여지는 세속성은 성(聖)과 속(俗)의 접근을 드러낸다. 새끼를 밴 산양은 지상의 존재에서 천상으로 향해 달려 나가는 존재를 상징하고, 경작하는 농부, 해와 달의 순환, 이 모든 것이 모성 그 자체가 가장 성스러운 것임을 부각시켜주고 있다. <모성>에서는 이처럼 이콘에 대한 샤갈식의 재해석, 입체주의와 표현주의 기법에 대한 영향들을 자유자재로 다루는 재능을 엿볼 수 있다.

이콘은 보이지 않는 것을 보이게 하는 것으로, 신의 계시를 표의적인 상형으로 나타낸 것이다. 그러므로 이콘을 주로 사용하여 신에 대한 이해를 돕고자 했던 정교 세계의 문화는 '시각의 문화'라고 할 수 있다. 이러한 문화의 계승자로서 샤갈은 존경하던 루블료프에 대한 최종 답변을 내놓고 있다. 세 천사가 아브라함의 장막으로 찾아와 아들의 출생을 예언하는 장면은 많은 이콘 화가들에게 흥미로운 주제였다. 세 천사는 삼위일체를 상징하며, 이콘 화가들은 이 세 천사 사이의 전체적 비율과 색채의 상징적 대칭성, 구도의 균형 등을 유지하기 위해 많은 심혈을 기울였다. 그 중에서도 안드레이 루블료프의 <삼위일체(Троица)> 이콘은 최고의 걸작으로 손꼽힌다.

루블료프는 초기 비잔틴 규범을 벗어나 밝은 색채를 사용했고, 각 천

11) 16~17세기의 성모마리아의 임신을 모티프로 한 이콘화 가운데 <태중의 복(Блаженное Чрево)>, <성탄(聖誕)의 조력자(Помощница в родах)>, <말씀이 육신이 되다(Слово плоть бысть)>는 성모 마리아의 자궁과 그 안에 있는 아기예수를 투시하듯 묘사하고 있다.

사의 몸과 중앙과 오른쪽 천사가 걸친 덮개 옷, 그리고 날개 부분을 삼각형의 구도로 그려내었다. 또한 후광과 더불어 세 천사가 서로에게 귀를 기울이는 듯한 조화로운 인상을 부여하기 위해 천사들의 위치를 원형구도로 하여 삼위일체의 이미지를 가장 잘 구현해내었다. 평온한 마음으로 서로 이야기를 나누는 세 천사 앞 화면의 중앙에는 산 제물이 된 어린양을 담은 잔 모양의 접시가 놓여있는데, 이 잔의 모양이 왼쪽과 오른쪽 천사의 안쪽 몸선을 따라서도 동일하게 나타난다. 역시 제물이 될 어린양 예수가 그 잔 안쪽에 위치하게끔 구도적 통일성을 이룸과 동시에, 이것이 이들이 마셔야 할 운명의 잔임을 상징한다. 삼각형, 원과 더불어 이들이 앉아있는 식탁 하단의 단 모양 역시 기하학적으로 흥미롭게 처리되어 있다. 원근법이 완전히 소실된 역사다리꼴 모양으로 처리되어 있다. 이들을 실제 거리로 측정한다면 화면 밑변이 윗변보다 넓어야하지만, 루블료프는 관찰자가 마치 그림의 안쪽에 위치한 듯 놓이도록 밑변의 길이가 짧고 윗변이 넓은 형태로 그려넣고 있다. 샤갈은 루블료프식 구성을 정확히 이해함과 동시에 자신만의 새로운 창조적 구성으로 동일한 테마를 여러 차례 선보인 바 있다. <아브라함과 세 천사(Авраам и три ангела)>시리즈는 색채와 오른쪽 그림에서 약간씩 변화를 겪지만, 주요 등장인물들의 구도는 일관되게 처리되어 있다.

안드레이 루블료프
〈삼위일체(Троица)〉(15세기)

루블료프의 <삼위일체>에서 세 천사가 앞을 보고 있는 구도인 반면,

샤갈의 천사들은 모두 감상자로부터 등을 돌리고 있는 독특한 구조로 이루어져 있다. 또한 루블료프에게는 세 천사 이외에 다른 등장인물이 나오지 않은 반면, 샤갈의 그림에는 아브라함과 사라가 연속으로 등장하고 있다. 다만 40년대 이후에는 오른쪽에 이삭을 번제로 드리는 장면이 추가되고, 50년대 이후에는 같은 자리에 이삭의 번제 그림은 사라지고 아브라함의 집을 방문하는 세 천사의 모습이 대신하고 있다. 샤갈은 루블료프의 그림에서 그림 바깥의 감상자가 마치 그림 안쪽에 위치한 듯 착각을 불러일으키도록 거리를 상징화시켰던 것을 또 다른 정신적 거리로 전환시키고 있다.

그리하여 감상자가 마치 이들의 식사 장면을 들여다보는 듯한 착각에 빠지게 만든다. 루블료프의 역사다리꼴 모양의 식탁 밑단은 1954~1967년 작 <아브라함과 세 천사>에 이르면 상단으로 갈수록 폭이 좁아지는 붉은 단으로 바뀌어 위쪽으로 툭 튀어나와 있다. 그러나 이 역시 착각을 일으키게 만드는 모양일 뿐, 자세히 들여다보면 이것은 사다리꼴 하나와 역사다리꼴 하나가 좌우로 비스듬히 놓여 있어 겹쳐진 모양이다. 그러므로 두 개가 마주 닿는 부분이 좁아 보일 뿐이지, 실제로는 루블료프

〈아브라함과 세 천사〉(1940~50)

〈아브라함과 세 천사〉(1954~67)

의 역사다리꼴의 넓은 밑면이 위로 향한 채 좌우로 120° 돌아간 형태의 하나와 또 다른 하나는 180° 돌아서 사다리꼴 형태가 된 것이다.

샤갈은 큐비즘을 어느 정도 도입했지만, 큐비즘과의 완전한 분리를 추구한 결과, 집과 사람의 몸이 뒤집히고 수레가 날아오르는 등, 거꾸러져 보이는 전면(全面)회화로 발전하기에 이른다. 정상적인 위치에서 은밀하던 신비의 색채들이 도치됨으로써 강력한 다른 세계의 언어로 말하게 되는 것이다. 이러한 예술표현으로 루블료프의 <삼위일체>가 완전히 뒤바뀌어진 세계를 연출하는 것이다.

<아브라함과 세 천사> 시리즈에서 오른쪽 위의 그림은 초기에 없던 것이 몇 년의 간격을 두고 이삭의 번세와 세 천사의 방문이라는 각기 다른 주제들로 삽입되어 있다. 흥미로운 것은 이삭의 번제가 그려진 두 번째 그림이 미래의 시간과 관계된다는 점이다. 세 천사의 방문은 아브라함과 사라에게 아들이 태어나게 될 것이라는 예언을 전해주기 위해서이다. 그런데 이삭의 번제는 태어나지도 않은 아이의 미래, 즉 그가 번제로 바쳐지게 될 극적 사건을 동시에 이야기하고 있다. 따라서 위의 그림 삽입이 미래적 시간을 담고 있다면, 이 시리즈 중 가장 널리 알려져 있는 후기의 <아브라함과 세 천사>의 경우는 세 천사가 아브라함의 접대를 받기 직전의 시간을 묘사한다. 오히려 이것은 시간적으로 자연스

럽게 연결될 수 있는 선행적 사건과 후행적 사건의 배치로 볼 수 있다. 그렇게 본다면 그림 내에서 극적인 효과는 보다 떨어지게 마련이다. 대신 후기 그림으로 이동하면서 또 다시 강렬한 붉은색이 대지, 그림 전체를 휘감고 있다.

붉은색은 샤갈에게 있어 초감각적인 기원이다. 러시아인들은 어머니 대지에 대한 강한 동경과 애착이 있어왔고, 이것은 대지를 상징하는 모꼬쉬(Мокош) 숭배에서 기원한 민중 신앙의 영향이기도 했다. 샤갈의 그림에서 대지는 붉은색으로 선명하게 이 모든 사실을 전한다. 후기 그림의 오른쪽 하단에는 또 다른 천사 한 명이 등장한다. 샤갈의 여러 그림에는 이 모든 이야기를 전해주는 화자로서의 등장인물이 존재한다. 때로는 그것이 샤갈 본인의 모습으로 드러나기도 하고(<모성>(1913), <이디시 극장의 소개(Введение в еврейский театр)>(1920)), 또 때로는 제3자를 통해서이기도 하다. 오른쪽 하단의 천사는 화자 또는 서술자로서 이 그림의 세계로 인도하는 안내자인 것이다. 이콘이 그리스어의 '이미지', '초상'이라는 뜻에서 왔다는 것은 주지하는 바이다. 샤갈에게서 이콘은 이처럼 또 하나의 현대적 해석의 이미지로 탄생되고 있었다.

20세기 초는 미술사에서 많은 실험적 유파들이 탄생하는 시기였다. 샤갈은 첫 프랑스 방문에서 인상주의와 큐비즘에 대한 이해와, 또 그것의 한계를 일찍이 느끼고, 보다 창조적인 독창적 화법에 대한 탐구가 필요하다는 것을 느꼈다. 인상주의의 영향을 받으며 그가 내린 결론은 시각적 혁명은 없다는 것이었다. 샤갈의 독창적 화법은 바로 여기에서부터 시작한다. 그가 러시아의 이콘화에서 받은 강렬한 감동, 그것을 어떻게 자신의 것으로 재해석하고 창조할 것인가가 그의 화법에 대한 첫 질문이었다고 할 수 있다. 색채에 대한 해석 역시 마티스의 그것과 닮아있다는 점은 또 다시 이 두 사람이 이콘화의 영향에서 출발했음을 상기하게 만든다.

마티스는 슈킨(Сергей Щукин)으로부터 <춤>과 <음악>을 의뢰받고, 이 그림을 그리기 위해 모스크바에 머물렀다. 이 시기 그는 많은 시간을 러시아의 이콘화와 민속예술을 배우며 보냈고, 비잔틴 회화를 이해하게 된 것은 모스크바에서 이콘화를 바라보면서부터였다고 고백하였다.[12]

앙리 마티스 〈춤〉(1910)

마티스의 방식들은 본질적인 것으로 환원하여 장식적으로 평평하게 그리는 성상화가들의 회화방식과 유사했다. 그러므로 샤갈과 마티스, 이 둘에게서 이콘화의 영향이라는 공통점을 찾을 수 있을 것이다. 샤갈은 러시아의 이콘화 전통과 더불어 20세기 러시아의 실험적 유파들과 관계를 맺으며 새로운 영향 하에 놓이게 된다. 그것은 주제적인 면과 실험적 측면에서 고찰되어야 할 문제이다.

2.2 "예술세계(Мир искусства)"와 신원주의(Неопримитивизм)

<러시아의 결혼식(Русская свадьба)>(1909)에서는 러시아민중예술, 특히 이동파(Передвижники)의 화풍을 쉽게 엿볼 수 있다. 물론 이러한 기

---

12) 캐밀러 그레이, 『위대한 실험 러시아미술 1863-1922』 전혜숙 옮김(서울: 시공아트, 1989), 71쪽.

〈러시아의 결혼식〉(1909)

법이 샤갈에게 이르러서는 유대적 주제와 연결되면서 또 다른 변주를 만들어내지만, 회화의 방향 면에서는 러시아의 그것을 잘 드러내고 있다. 19세기 러시아 미술에서 이동파가 일군 업적은 러시아 회화의 고유한 사실주의 경향을 만들어낸 것이었다.

이동파의 화가들은 민중 예술로서의 리얼리즘을 정착시키고 민중들의 삶 속에 나타난 '민중성'의 요소들을 화폭에 옮기려는 내재적이고 현실적인 공리주의 미학을 옹호하였다.[13] 유대인 화가들이 처음으로 등장한 시기는 러시아 예술에서 민족미학 사상이 번영하던 때와 일치한다. 그들은 러시아의 '민족학교(Национальная школа)' 개념과 관련된 '이동파'들의 창작에서 그와 같은 구현을 찾아낸 이들이었다.[14] 러시아의 자연과 민중의 저력, 지혜로움을 사실적으로 묘사하고자 했던 이동파의 예술적 관심이 샤갈에게서는 자신의 민족에 대한 관심으로 이동하고 있었다.

<러시아의 결혼식>이라는 제목을 달고 있지만, 정작 이 그림은 러시

13) A. I. 조토프, 『러시아 미술사』, 241~260쪽.

14) Казавский, Г. "Еврейские художники в России на рубеже веков", *Вестник еврейского университета в Москве* (Москва, № 3(10), 1995), с. 166.

아 땅에서 행해진 유대 결혼식을 보여주고 있다. 유대인들의 전통악기인 바이올린이 엄숙하게 행렬을 선도하고, 이를 물끄러미 바라보는 마을 사람들과 흥겨운 행렬을 보여주면서 유대인들의 일상과 삶의 사건들, 그들의 해학이 사실적으로 펼쳐진다. 대신 <러시아의 결혼식>은 색채에서부터 주제에 이르기까지 이동파의 그림들을 연상시킨다. 이동파에 대한 온전한 이해는 샤갈로 하여금 다른 유파들에 대한 관심, 그것들을 자신의 미술과 어떻게 접촉점을 찾고 적용할 것인가로 발전할 수 있게 했다.

1908년 당시 페테르부르그에 머물던 샤갈은 레리흐(Н. Рерих)가 운영하던 왕립협회 예술학교를 그만두고 당시 명성을 얻고 있던 즈반체바(Званцева) 학교로 옮긴다. 즈반체바의 교장이었던 레온 바크스트(Леон Бакст)와의 만남은 샤갈의 예술인생에서 제2의 막을 올리는 시기가 된다. 바크스트는 20세기 초 예술작품은 사회적 속박으로부터 자유롭게 예술가의 개인적 체험과 감정만을 표현해야 한다고 주장하던 "예술세계(Мир искусства)"의 주창자 가운데 한 사람이었다. 샤갈은 즈반체바 학교에서 유명한 발레리노 니진스키(В. Нижинский)와 만나고, "예술세계"와의 접촉을 통해 아카데미와 자연주의를 외면한 서구의 미학적 상징주의 운동을 접하게 된다. 그러나 샤갈은 "예술세계"를 통속적이며 매너리즘이 만연된 단체로 규정하고 그들과 다른 길을 가기로 결심한다. 샤갈의 눈에 "예술세계"는 지나치게 인위적이고 장식적일 뿐 그림에 대한 진정성을 찾아볼 수 없게 했다.

그러나 바크스트, 그리고 "예술세계"와의 만남은 샤갈에게 더 큰 세계로 나아갈 수 있는 발판을 마련해주었다. "예술세계"의 작품들은 샤갈에게 러시아 민속에서 이국적인 요소들을 활용한 색채의 가능성에 눈을 뜨게 해주었다. 색채를 그 나름의 구성 요소로 여기라던 바크스트의 가르침은 샤갈에게 지속적인 영향을 미쳤다. 샤갈은 특히 민속예술에 대

레온 바크스트
〈세헤라자데〉를 위한 무대디자인(1910)

한 관심을 적극적으로 수용하였다. 뿐만 아니라 샤갈은 바크스트를 통해 당시 파리에서 발레 뤼스(Ballets Russes)로 활발히 활동을 하던 댜길레프(С. Дягилев)를 소개받으며, 무대화가로 참여할 기회를 얻기도 했다. 비록 발레 뤼스에서의 데뷔는 이루어지지 못했지만, 이후 시간이 흘러 샤갈은 이디시 극장의 무대디자인을 맡게 되고, 바크스트와는 전혀 다른 연극의 요구에 종속되지 않은 무대 디자인을 보여주었다.

샤갈은 예술을 위한 예술, 기존 예술에 대한 거부와 새로운 예술에 대한 탐색이라는 "예술세계"의 획기적인 혁신마저 거부한 것은 아니었다. 특히 댜길레프는 러시아의 작품들을 끊임없이 프랑스로 가져와 전시를 했다. 샤갈이 잠시 파리에 머물렀을 때에도 이런 영향으로부터 완전히 자유롭지는 않았다. 브루벨(М. Врубель)의 전통에서 얻어낸 장식적 인상주의, 아브람체보(Абрамцево) 미술가들이 부활시킨 민속미술의 영향을 받은 색채와 형식적 모티프 등등의 다양함을 계속 접할 수 있었다. 특히 댜길레프의 발레 뤼스는 "예술세계"의 예술가들이 창출해낸 완전한 소우주였다.

"예술세계"가 회화부분에서 이룬 가장 큰 혁신은 전통적인 원근법에 의존하지 않고 공간을 표현하는 새로운 구성을 발견했다는 것이었다. 많은 기법들을 무대에서 빌어 왔고, 이런 것은 감상자와 회화 공간 사이에 존재하는 명백한 거리감보다 오히려 느껴진 것을 강조하려는 목적에서 비롯되었다. 그러므로 매우 높거나 과감하게 낮은 시점을 사용하여 회화 공간에 대한 즉각성과 친밀감을 느끼게 했다. 특히 "예술세계"의 화가들이 선호하던 방법 중의 하나는 르네상스 화가에게서 끌어낸 것으로, 창문을 통해 다른 풍경이 배경으로 흘끗 나타나게 하고, 한 장면을 반복하거나 다른 각도에서 그 장면을 바라보거나, 그 장면이 거울에 반영된 것을 그려내는 방식이다. 샤갈은 "예술세계"의 이런 기법들을 활발하게 사용했고, 직접적으로는 "예술세계"에 속해 있던 도부진스키(M. Добужинский)로부터, 그리고 역시 "예술세계"를 통해 활발한 활동을 펼친 란세레(E. Лансере)로부터 간접적인 영향을 받기도 했다.

도부진스키는 즈반체바 시절 샤갈의 스승이기도 했으며, 후에 샤갈이 비텝스크의 예술학교 교장으로 재직하게 되었을 때 교사로 초청해서 함께 일을 했던 예술가였다. 소묘화가이자 무대미술가였던 도부진스키는 주로 도회의 무의미한 생활을 그린 화가였다. 대표작 <안경 쓴 남자(Человек в очках)>(1905~1906)에는 탐미적 시인 에르베르크가 창가에

므스티슬라브 도부진스키
〈안경 쓴 남자〉(1905~1906)

서서 미라처럼 깡마른 모습을 한 채 뿌연 안경 너머로 멍하니 색이 바란 사각의 건물들, 장작더미, 공터, 채소밭을 멍하니 바라보고 있다. 시인은 감상자를 향하고 있지만, 그의 시선은 등을 돌리고 서 있는 뒤의 배경을 향하고 있는 듯한 착각이 들게 만든다. 그는 현실에서 등을 돌리고 마치 자기 자신 외에는 아무 것도 보지 않는 듯 뿌옇고 어둔 그늘 속에 서 있을 뿐이다. 이 시선은 도부진스키 자신과 "미술세계"에 속해 있던 모든 화가들을 상징한다고 알려져 있다. 도부진스키의 시선 처리는 샤갈에게 영향을 미쳤다. 샤갈 역시 시선에 대한 관심이 대단했다. 샤갈의 그림에는 특별한 시선으로 감상자를 응시하거는 화면 속의 시선과, 또 때로는 화면 속 주제와는 동떨어져 있지만, 화면의 등장인물을 바라보는 시선들이 존재한다. 또 때로는 샤갈 자신이 직접 화면의 모든 사건을 목격하는 목격자 또는 화면의 이야기를 들려주는 화자로서 그림 속에 내재하기도 한다.

도부진스키는 "예술세계"의 작가들과 차별되게 대도시의 혼잡함 속에서 시니시즘, 희비극, 저속한 실리주의를 찾아내었다. 도부진스키의 또 다른 그림 <이발소의 창(Окно парикмахерской)>(1900) 역시 흥미로운 구도가 엿보이는 작품이다. 화면을 가득 채운 창 너머로 익살스럽게 내다보는 인물들이 인상적이고, 환한 가로등과 대조적으로 창 너머로는 중산모를 쓴 프록코트 차림의 남자가 등을 돌린 채 무심하게 걸어간다. 화면에 그려진 세 개의 대상 모두 소통없는 각기 다른 삶의 일면들을 보여준다, 현대 도회생활의 허무함을 그대로 드러낸 채 또 다

므스티슬라프 도부진스키
〈이발소 창문〉(1906)

시 이발소 창으로부터 내다보는 시선들은 감상자를 향해 있다. 샤갈의 <바이올린 연주자(Скрипач)>(1912~13)의 화면 왼쪽 하단에서도 도부진스키의 모티프와 유사한 세 개의 머리를 찾아볼 수 있다.[15)]

마르크 샤갈
〈바이올린 연주자〉(1912~13)

세 개의 머리는 바이올린 연주자를 신기하다는 듯 쳐다보고 있다. 이 그림은 유대인의 음악을 상징하는 바이올린 때문에 유대성향이 짙은 그림처럼 간주되지만, 사실은 여러 문화들의 혼합이다. 녹색 얼굴에 대해서는 여러 의견이 분분하다. 앞서 <모성>에서 녹색은 생명과 결부된 색이었다. 큐비즘 화법이 돋보이는 <시인 혹은 세시 반(Поэт или в половине четвёртого)> (1911)에서 녹색 얼굴은 술에 취한 상태를 드러낸다. 녹색은 고대 이집트인들이 부활을 상징하는 오시리스의 얼굴을 그릴 때 사용하던 색이기도 했다. 이 모든 것을 고려할 때 샤갈의 녹색은 이질적인 여러 문화들이 고도로 세련되게 결합된 세계시민주의적 환경에서 나온 것이라 할 수 있다. 샤갈은 바크스트나 도부진스키에게서 받은 영향을 언급한 적이 없다. 자신만의 예술세계를 구축하고자 했던 샤갈의 자존심은 의도적으로 이들과 거리를 두는 행보를 선택했다. 그럼에도 불구하고 이들과의 관련성은 그의 예술 작업에서 지속적으로 확인된다.

도부진스키의 시선에 대한 샤갈의 오마주를 비롯해서 "예술세계"의 또 다른 거장 란세레 역시 샤갈로 하여금 회화작업의 영역을 넓힐 수 있게 해준 인물이었다. 그는 톨스토이(Л. Толстой)의 <하지 무라트(Хаджи Мурат)>의 삽화작업(1912~1916)에 참여하였고, 이것은 러시아의 삽화

---

15) А. Каменский, *Марк Шагал: Художник из России*. с. 117.

예브게니 란세레
〈하지 무라트〉(1912~16)

미술의 걸작으로 남게 되었다. 그의 장정미술은 부자연스런 데포르메(deformer)나 진부한 양식화를 거부하고 자연과 인간에 대한 생생한 감각으로 넘쳐났다.

톨스토이의 주인공들의 강하고 맑은 정신과 인간적 매력을 힘찬 리얼리즘으로 살린 란세레의 작업은 고골(Н. Гоголь)의 『죽은 혼(Мёртвые души)』의 삽화작업에 참여했던 샤갈에게 적지 않은 영향을 끼쳤다. 란세레와 샤갈 간의 구체적인 접촉은 없었던 것으로 알려져 있다. 그러나 란세레를 시작으로 러시아 화가들에게 일러스트로서의 작업은 중요한 의미를 부여하기 시작했다. "예술세계"를 시작으로 러시아 아방가르드 화가들은 러시아 미래주의 시인들의 거의 모든 초기 출판물들에 삽화를 싣기 시작했으며, 샤갈 역시 이러한 흐름에서 벗어나지 않았다는 점을 주목해야 할 것이다. 당시 아방가르드 화가들이 동시대의 미래주의 시인들과 작업을 했던 것과 달리 샤갈은 특이하게도 란세레와 마찬가지로 19세기의 작가의 작품에 매달리게 된다.

1920년대 후반은 샤갈이 파리에 거주하던 시절이었다. 당시 엘유아르(П. Элюар)는 샤갈에게 초현실주의와 합류할 것을 권했지만, 그는 이를 거절하고 『죽은 혼』 삽화를 그리자는 볼라르(А. Волар)의 제안에 동의

한다.[16] 샤갈은 이처럼 시대의 조류와는 거리가 멀었다. 그는 자신만의 영역을 만들어내고자 하는 갈망이 컸던 화가였다. 그렇게 해서 샤갈은 1923년에서 1927년 까지 『죽은 혼』에 삽입될 107점을 제작하였다. 샤갈은 이미 『죽은 혼』 이전에 자신의 책 『나의 삶(Моя жизнь)』의 독일어번역이 어렵다는 것을 알고 삽화로만 구성된 『마인 레벤(Mein Leben)』(1923)을 출판한 바 있었다. 『마인 레벤』에는 총 110점의 판화가 수록되어 있었고, 이 판화들은 샤갈이 회화나 드로잉 작업을 해놓았던 기존 모티프들의 변주였다. 샤갈은 베를린에서 처음으로 동판화 기법을 접하면서 그림의 선과 판화의 선이 근본적으로 다르다는 것을 느끼고 여기에 몰두하였다. 샤갈은 또 하나의 새로운 표현수단의 매력에 빠져들었고, 그렇게 해서 탄생된 『마인 레벤』에 이어 『죽은 혼』 작업에도 참여

마르크 샤갈 〈죽은 혼〉의 삽화(1923~1927)

---

16) *Бюллетень Музея Марка Шагала*. Вып. 15. Минск: Рифтур, 2008. С. 28-32. http://www.chagal-vitebsk.com/node/121에서 재인용.

하였다.

샤갈의 목판화는 블라디미르 파보르스키(Владимир Фаворский, 1886~1964)의 전통적 목판화의 영향이 많이 느껴지는 것이었다. 『죽은 혼』 작업은 책을 완성하는 아름다운 그림들로 기능하였다.

샤갈은 1840년대 러시아 사회의 부패와 비인간적 관료제를 비판하는 내용이 자신이 살고 있는 1920년대와도 유사하다고 생각했다. 고골의 예술적 정신과 일체감을 느낀 그는 『죽은 혼』 작업에 중요한 기여를 했다. 우스꽝스러운 글에 노골적인 면과 활기를 결합시키는 것이다. 풍부한 구조와 예기치 못한 다양한 시각은 독자의 호기심을 자극하며 직접 원문을 접하고 싶은 생각이 들게 만들고, 그 결과 화가가 진정 작가 자신이 되는 것이다. 흥미로운 것은 1948년 『죽은 혼』이 마지막으로 출간되었을 때 권두화로 사용된 삽화이다. 이 삽화의 왼쪽에는 고골이, 오른쪽에는 샤갈이 자리하고 있다. 『죽은 혼』 작업은 고골과 샤갈의 예술이 하나로 응집된 결과물이었던 것이다.

고골의 인물들은 샤갈의 그림 속 인물보다 과장되어 있다. 고골이 이들을 통해 '초자연적인' 분위기까지 풍기면서 러시아 농촌을 꾸밈없이 보여주고자 했던 반면, 샤갈의 인물들은 익살맞고 풍자적이고, 어떤 경

우는 신랄할 정도로 잔혹해 보인다. 그러한 인물들에게는 환상적이고 호기심을 자극하며 유머가 깃들인 러시아적 색채가 부여되어 있다. 『마인 레벤』에서는 여백을 거의 비워두는 방법이 사용되었지만, 『죽은 혼』 삽화작업은 인물들로 가득하고, 구성과 이야기의 세부묘사로 빽빽하게 채워져 있다. 시각적으로 독창적이고 뛰어난 삽화들에는 인간의 약점과 단점, 심지어 우스꽝스러운 모습까지도 삶의 통합적 일부로 인식된다.

샤갈은 『죽은 혼』의 삽화작업을 시작할 당시, 각각의 그림에 개별적인 명칭을 달아놓지 않았다. 그는 한 장면 한 장면을 설명하기 위한 삽화가 아닌, 『죽은 혼』 의 느낌을 전체적으로 전달하고자 했다. 이것은 기존에서 보던 삽화 영역에서 한 차원 끌어올린 것이었다. 작품에 삽입된 부차적인 기능이 아닌 작품 전체를 이해하고 느낄 수 있는 통합적 회화이자 화가 자신의 해석까지도 포함된 삽화를 만들어낸 것이다. 샤갈의 작업은 그렇게 시작되었고, 이 작업에 뒤이어 작품 속 인물들을 아주 생생하게 구현해내면서 장면과 관련된 구체적인 명칭들이 생겨나기 시작했다.

『죽은 혼』의 등장인물들의 저속함과 기괴함은 샤갈의 작업을 거쳐 생생하게 다가오게 되었다. 란세레이 작업이 사실성에 맞춰졌다면, 샤갈

『죽은 혼』의 마닐로프

『죽은 혼』의 노즈드료프

『죽은 혼』의 사바케비치

의 작업은 유머러스하게 이루어졌다. 이러한 유머러스함은 러시아의 전통에서 얻은 것이 아닌 16~17세기의 플랑드르 화가의 작품에서 기인했을 것으로 보고 있다. 샤갈은 1920년대 중반에 벨기에의 평론가 플로렌트 펠스(Florent Fels)를 통해 플랑드르 화가들을 접하게 된 것으로 알려져 있으며, 피테르 브뢰헬(Pieter Bruegel)과 다비트 테니르스(David Teniers)의 작품과 유사한 부분이 많이 보인다.[17] 그러나 분명한 건 란세레와 샤갈, 이 두 사람이 인간에 대한 깊은 이해로 공통점을 갖고 있었다는 것이다. 이들의 삽화작업 속에 드러난 인간에 대한 성찰과 묘사가 기존의 다른 화가들과는 차별화된 삽화작업의 한 장을 열었음은 부인할 수 없는 사실이다. 당시까지 천대받던 흑백 판화 장르에 고귀한 문학성을 부여했다는 점에서 샤갈은 대가로 인정받게 된다. 판화에 시적인 품격과 모던함의 은유적 표현을 더했다는 평가 속에 브르통은 "은유는 샤갈과 함께 현대회화에 화려하게 등장한다"고 지적하였다.

그럼에도 불구하고 샤갈에게 있어 "예술세계"와의 거리는 좀처럼 좁혀지지가 않았다. "예술세계"의 지나치리만큼 이상화된 예술론은 샤갈이 추구하는 미술과 표현양식에서 큰 차이를 보였다. 반면, 이후의 다른 화가그룹들과의 조우 속에 샤갈은 어느 정도 합일점을 찾아가는 듯 보였다. 20세기 초 러시아는 모더니즘 운동으로 수많은 유파들이 탄생하고 소멸되며 이합집산을 반복하고 있었다. 1907년 경부터 순수회화의 새로운 가치가 대두되기 시작했다. 이러한 새로운 운동의 징조로 프랑스후기인상주의와 야수파의 영향을 받은 "푸른 장미(Голубая роза)" 그룹의 전시와 「황금 양털(Золотое руно)」 잡지가 등장하기 시작했다. 이후 3년간 러시아에는 신원시주의(Неопримивитизм) 운동이 지배하고 의식이 강한 양식이 자리를 잡게 된다. 이 양식은 러시아 민속미술의 양성과 당대 유럽의 유파들의 종합을 기초로 한 것이었다. 그 운동의 중심에

17) 모니카 봄 두첸, 『샤갈』, 남경태 옮김 (서울: 한길아트, 2003), 183쪽.

나탈리야 곤차로바
〈성모와 아기〉(1911)

나탈리야 곤차로바
〈아기예수 탄생〉(1910)

있던 라리오노프(М. Ларионов)와 곤차로바(Н. Гончарова), 이 두 사람이 샤갈에게 미친 영향은 실로 지대한 것이었다.

1909년 12월 「황금 양털」의 세 번째 전시에서 라리오노프와 곤차로바는 신원주의 양식의 시작을 알린다. 이들의 표현은 고갱과 세잔으로부터 배웠던 직접성과 단순성을 민족적인 민속예술 전통으로 전환하는 데 반영되었다. 라리오노프와 곤차로바는 시베리아의 자수품, 전통적인 반죽 형태와 장난감들, 그리고 농가의 목판화 루복(Лубок)에서 새로운 원시적 양식의 영감을 이끌어냈다. 신원주의에 영향을 준 또 하나의 민족적 전통은 '이콘화'의 전통이었다. 곤차로바는 이콘화를 회화 구성의 원천으로 삼으면서 러시아현대 회화 운동에 독창적인 기여를 하게 되었다.[18] 곤차로바는 민족양식에 대한 탐구와 더불어 프랑스 야수파에 충격을 받고 유럽 양식에 대해 아카데믹한 해석을 하려 애를 썼던 예술가였다.

---

18) 볼로쉰(М. Волошин)은 고대 이콘화법이 현대 러시아 예술에 있어 아주 중요하며, 그것이야말로 현대 예술을 갱신할 수 있으며 새로운 생명과 생생한 힘을 불어넣을 수 있다고 주장했다. 곤차로바와 라리오노프가 이러한 회화 운동의 선두에 섰으며, 그 외에도 말레비치(К. Малевич)와 셰브첸코(А. Шевченко), 그리셴코(А. Грищенко) 등이 있었다. Г. Коваленко, *Амазонки авангарда* (М.: Наука, 2004), с. 140.

나탈리야 곤차로바
〈춤추는 농부들〉(1911)

곤차로바의 남편인 라리오노프는 보다 혁신적이고 방법을 탐구하며 광선주의(Лучизм)로까지 예술 양식을 확장해나간 화가였다. 러시아의 인상주의자라고 칭할 만큼 원숙한 그림을 선보였던 라리오노프는 인상주의의 영향보다는 반 고흐를 연상시키는 긴 색점의 사용과, 마티스와 피카소의 영향이 더 많이 느껴지는 예술가였다. 특히 1906~1907년에 이르는 시기에 이러한 영향은 그의 그림 속에 더욱 두드러지게 나타나고, 개개의 사물들과 기하학적인 원근법이 사라지는 것을 볼 수 있다. 그에게선 하늘이 생략되거나 구성요소들을 가까이에서 확대하는 접근 방식

미하일 라리오노프
〈이발사〉(1907)

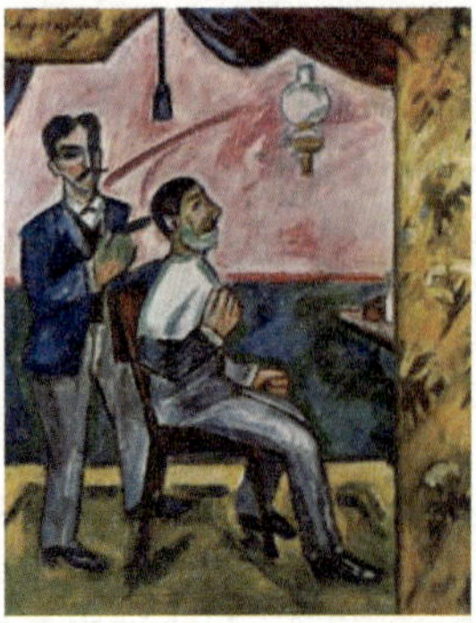

미하일 라리오노프
〈이발사〉(1907)

이 특징적이다. 이 시기부터 시작된 일련의 시리즈 <이발소>는 원근법이 사라진 자리에 러시아 민중예술이 영향이 강하게 드러나는 것을 볼 수 있다. 샤갈은 라리오노프의 영향을 받으며 화가가 된 것으로 알려져 있다. 라리오노프의 <이발소> 시리즈와 샤갈의 <이발소>시리즈들이 묘하게 중첩되는 이유는 바로 이러한 교차점이 있기 때문이다.

미하일 라리오노프
〈장교의 이발사〉(1910)

라리오노프는 1909년 3월에 열린 제2회 「황금 양털(Золотое руно)」 전시회에 <장교의 이발사(офицерский парикмахер)>를 출품했다. 이 작품은 모델링과 기하학적인 원근법이 거의 사라졌음을 보여준다. 인물들은 마치 인형처럼 풍자되어 있고 촌극처럼 쉽게 알아볼 수 있게 되어 있다. 라리오노프의 이발사 시리즈의 대부분에는 수평적 요소가 지배적인데, 이것 역시 루복(лубок)으로부터 얻은 영감이다. 이와 같은 수평적 요소는 작품의 영역을 좁고 긴 띠로 두르고, 실루엣으로 보이는 인물들은 화면에 평행하게 움직이면서 수평적인 평면을 강조하게 된다. 따라서 완전한 세계로서의 회화에 대한 개념이 파괴됨으로써 그림이 임의적으로 잘리거나 단축되었다는 느낌을 받게 한다. 이처럼 '띠를 두른 만화'같은 작품들은 관습적인 법칙을 무시하는 효과를 발생시키게 마련이다. 라리오노프는 전통적인 관습을 조롱하며 자신만의 화법을 찾아가고 있었다.

샤갈은 대중적 그림과 루복에서 착안한 라리오노프의 <이발사>에 대한 오마주와 더불어 자신만의 색채로 새로운 이발사 시리즈를 만들어내었다. 1912년에 발표한 <이발사 옆에서(У парикмаера)>는 강한 대조를 이루는 다채로운 색채 배합, 강조된 외곽선의 장식, 형태와 구성을 초월

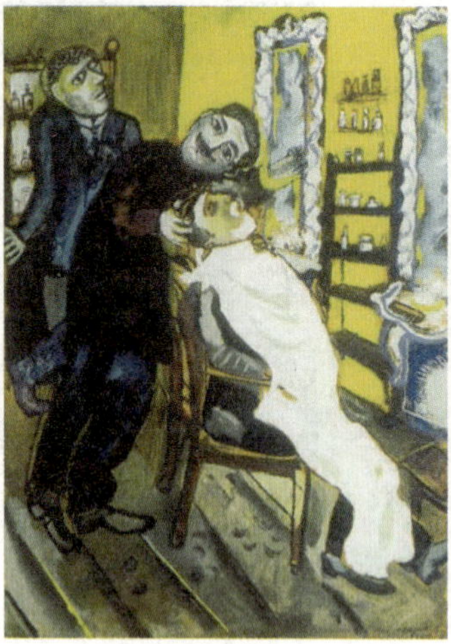

마르크 샤갈
〈이발사 옆에서〉(1912)

마르크 샤갈
〈이발소에서(주스만 삼촌)〉(1914)

한 표현주의 등 러시아 민중의 영혼을 특징짓는 요소들이 잘 드러난다. 이 그림에서는 거칠고 성긴 라리오노프의 색감으로부터 보다 안정감있는 샤갈 자신만의 색채를 찾아가는 것을 볼 수 있다.

1914년 작 <이발소에서(주스만 삼촌)(Парикмахерская(дядя Зусман))>은 색을 단순화시키고, 채도를 낮춤으로써 자연스러운 연출을 살리도록 했다. 그러면서도 기발하면서도 불가사의한 구도로 주목하게 만들고 있다. 특히 주스만 삼촌 뒤로 보이는 대형 거울은 맞은편을 비추어 감상자의 시선을 확장시킨다. 뿐만 아니라 오른쪽 창문 역시 시야를 트이게 해서 인위적이고 과장된 만화이기를 포기하고 보다 사실적이면서도 그 자체로 하나의 극적인 효과를 얻을 수 있도록 하였다. 그 결과 더 이상 루복같은 평면의 공간이 아니라 입체적인 공간이 만들어졌음을, 그리고 루복의 요소를 충분히 수용하되 그 한계를 뛰어넘은 새로운 양식이 가능하게 되었음을 드러내게 된다. 게다가 주스만 삼촌의 모습은 희화적이면서도 서정적 분위기를 지니고 있어, 사랑하는 사람에 대한 샤갈의 따뜻한 시선을 느낄 수 있게 한다.

이외에도 샤갈은 라리오노프의 군인 시리즈를 연상시키는 표현들을 삽입하기도 하였다. 라리오노프가 1908~1911년에 그린 군인 시리즈는 해부적인 왜곡이 특징적이며, 손과 발의 과장된 비례와 갈겨쓴 외설스런 말과 만화적 특성들이 발견된다.

그의 작품에 나타나는 의도적 '무례함'은 회화적, 사회적 관습에 대한 경멸로서, 러시아 문학의 미래주의 운동에 많은 영향을 미쳤다. 불손하고, 부적절한 연상들과 어린아이의 그림을 모방한 것, 민속 미술의 상상력과 모티프를 수용한 것 등은 미래주의 시인들의 시에 사용된 다양한 문학 기법들과 직접적으로 관계를 갖고 있었다. 특히 군인 시리즈는 그림과 시의 두 가지 요소를 병합하여 하나의 시각적인 전체로 융합되는 탁월한 재능을 보여준 것이었다.

미하일 라리오노프
〈군인들〉 II(1909)

미하일 라리오노프
〈담배 피는 군인〉(1910)

미하일 라리오노프
〈쉬고 있는 군인〉(1911)

샤갈의 군인 시리즈는 라리오노프의 그림과 달리 문학적 요소가 아닌 회화적 요소에 의한 실험을 보여준다. 라리오노프의 그림이 모든 회화적 관습을 부정하는 불손함으로 가득 채워져 있는 반면, 샤갈의 그림은 입체주의와 표현주의, 그리고 오르피즘의 화법 등을 다양하게 표현해가

〈군인들〉(1912)

〈차 마시는 군인〉(1913)

며 군인 시리즈를 만들어내고 있다.

군인 시리즈를 처음 시작했을 때만 하더라도 화려한 색채감과 입체주의가 돋보이지만, 1914년으로 넘어가면 이미 샤갈의 군인 시리즈는 역사적 사건들과 맞물려 사회적 목소리를 지니게 된다. 1차 세계대전의 발발은 샤갈에게 군인 존재에 대한 또 다른 시각을 부여했다. 군용 코트를 입고 총을 멘 군인들은 선량한 인간들에게 공포감을 주며 자신의 존재감을 확인하는 불량배나 다름없다. 샤갈은 단순화와 평면화된 색채로 그들의 모습을 강조하고 주관적 표현으로 이들의 형태를 뒤틀리게 해 강렬하고 불안한 느낌을 극대화시켰다. 1914년의 <부상당한 병사(Раненый солдат)>과 <빵을 든 병사(Солдат с хлебом)>에서는 인물들이 표현주의적으로 변형되어 주제의 비애감이 극대화되는 것을 볼 수 있다. 흑백 그림으로 처리한 <부상당한 병사(Раненый солдат)>는 전쟁의 상처가 그의 예술정신에 큰 영향을 미쳤음을 보여주는 것이었다.

샤갈은 이처럼 동시대의 실험적 미술인 아방가르드 유파와 밀접한 관계를 갖고 있었다. 당시 샤갈은 러시아 아방가르드 미술그룹들이 주관하는 "다이아몬드 잭(Бубновый валет)" (1910), "예술 세계"(1912), "당나귀 꼬리(Ослиный хвост)"(1912), "과녁(Мишень)"(1913) 등에 참여했으

〈부상당한 군인〉(1914)

〈부상당한 군인〉(1914)

〈빵을 든 군인〉(1915)

며, 1912년 모스크바에서 개최한 라리오노프, 곤차로바, 말레비치(К. Малевич), 타틀린(В. Татлин)으로 구성된 '네 명의 거장'이란 전시회에 <죽음(Смерть)>을 보내오기도 하였다.

20년대에 들어서면서부터 샤갈은 서커스를 모티프로 한 그림들을 선보이기 시작한다. 서커스는 큐비즘에서 관심을 갖고 있었던 것이었다. 그러나 1890년대 러시아 화가들이 오페라 극장의 장식에 관심을 갖기 시작하여 "예술세계"로 넘어가면서 무대의 배경과 의상 제작에 참여하였다는 점에 비추어 볼 때 샤갈의 그림에 나다니는 서커스는 서유럽의 영향에서 비롯된 것만은 아니었다. "예술세계"는 선을 중시하는 페테르부르크 화파와 색채를 중시하는 모스크바 화파, 두 방향으로 분화해나갔다. 중요한 것은 이 두 경향 모두 중요한 작품을 극장에서 실행했으며, 무대 장치의 영향은 그들이 계속 밀고 나간 회화의 혁명에서 절정을 이루었다는 것이다. 이처럼 당시 회화적 실험이 이루어지던 곳은 화랑이 아닌 극장이었다. 공식적으로는 샤갈은 24년부터 서커스를 통해 자신의 심중을 이야기하려는 데 열중해왔다고 알려져 있으며, 30년~50년대에 이르러서 이러한 주제의 그림들은 더욱 다양한 색채와 화법으로 비약하게 된다.

19세기 말의 로트레크와 드가로부터, 그리고 1929년 경제공황 이전과 그 기간 동안, 그리고 이후 피카소를 비롯하여 몬드리안에 이르기까지 많은 유명화가들이 서커스에 열광해 있었다. 샤갈에게 서커스 주제가 등장한 것은 볼라르(A. Волар)의 주문으로 시작되었다고 알려진 1920년대가 아니라 이미 1910년대부터였다. 10세기 비잔티움에서 유래한 익살 광대의 세계인 서커스는 그를 매료시키기에 충분했다. 어린 시절부터 샤갈은 유대축제인 부림절을 통해 카니발의 세계와 곡예사에 익숙해 있었다. 겨울서커스단(시르크디베르)에 자신의 전용좌석을 갖고 있던 볼라르는 샤갈과 그의 가족을 서커스에 초대한다. 그리하여 시작된 '볼라르의 서커스' 작업은 이야기꾼처럼 탁월한 캐리커처 솜씨로 화면을 풀어나갈 수 있음을 보여주는 것이었다. 줄타기 곡예사, 광대, 마술사와 환상 세계에서 튀어나온 듯한 동물들은 샤갈이 그려낸 순수한 세계의 경이로움에 동참한다. 서커스를 통해 샤갈은 익살스런 성향을 마음껏 발휘할 수 있었으며 유희에 대한 영감을 얻기도 했다.

또 다른 한편으로 서커스는 샤갈에게 있어 화면공간을 자유로이 설정할 수 있게 만드는 성공적인 주제이자 몽환적이고 환상적인 사고들을 효과적으로 전달할 수 있게 했다. 서커스를 주제로 한 그림들이 화려한 색채감과 공간 분할 효과를 얻기 전이었던 초기작에서도 이러한 시도는 충분히 엿보인다. 1914년 <곡예사(Акробат)>는 인간의 몸을 직선과 곡선으로 분할하는 흥미로운 시도가 나타나는데, 이 그림은 이후 다른 연작들 <세 명의 곡예사(Три акробата)>(1926), <서커스 여기수(Наездница)>(1927), <곡예사 여인(Акробатка)>(1930), <푸른 서커스(Синий цирк)>(1950) 등을 통해 보다 실험적으로 발전한다. 1919년 작 <서커스(Цирк)> 역시 공을 중앙에서 약간 비껴 배치한 뒤, 곡예사와 말의 꺾인 몸을 통해 공간을 분할하는 인상적인 시도가 드러난다. 서커스는 마법을 이루

〈곡예사〉(1914)

〈서커스〉(1919)

는 하나의 완전한 세계로 샤갈을 사로잡았던 주제였으며, 현실과는 또 다른 환상의 세계, 샤갈이 꿈꾸던 세계를 드러낸다. 춤과 노래, 음악과 연극이 한 데 어우러지고, 온갖 동물들과 인간들과 사물들이 하나가 되는 세계, 그것이야말로 샤갈이 그리고 싶었던 이상적 현실이었던 것이다.

이처럼 샤갈의 그림에는 러시아적인 화풍이 존재하고 있음은 부인할 수 없는 사실이다. 물론 1905년부터 시작된 러시아 미술계의 큰 변화와 아방가르드 화가들의 등장을 러시아적 전통에서 비롯된 움직임으로만은 볼 수 없다. "예술세계" 운동은 대다수 중상층의 사립학교를 다닌 외국 혈통의 예술가들이 주축이었다. 게다가 이들이 영국과 유럽의 "아르누보(Art nouveau)"운동과 평행을 이루고 프랑스의 나비파(Nabis)와도 유사성을 갖고 있었으며, 진보적인 파리파였다는 점은 당시 러시아 화단이 유럽과 긴밀한 관계에 있었다는 것을 알려준다. 그럼에도 불구하고 "예술세계"를 후기 인상파 및 야수파 등의 프랑스 미술을 전폭적으로 받아들이고 수용한 비창조적 운동으로 볼 수 없는 것은 "예술세계"의 멤버들이 러시아에 새로운 예술의식이 있는 지식층을 창조해야 할 임무를 느끼고 있었기 때문이었다. 그들은 비록 프랑스의 영향을 받기는 했지만, 중세 러시아 미술에서 그 해답을 찾고자 했으며, 또한 활발한 전시와 무대예술과의 접목 등 공격적인 방법을 통해 "예술세계"만의 영역을 찾아나갔다. 심지어 댜길레프를 주축으로 하는 발레 뤼스는 회화와 발레를 수입해오던 프랑스에게 오히려 자신들의 예술을 전수하는 역전된 상황을 보여주기도 했다.

샤갈이 처음 파리에 머무른 1910~1914년 시기도 그런 의미에서 러시아 시기의 확장으로 볼 수 있다. 이 시기 샤갈은 서유럽 화법을 배우고 프랑스 회화의 영향을 많이 받지만, 그것은 궁극적으로는 회화 표현에 대한 탐구가 주를 이루었지, 새로운 주제에 대한 탐색으로 보냈던 시기가 아니기 때문이다. 실제로 이 시기에 그의 회화에서 큐비즘에 대한 시도들이 엿보이지만, 그렇다하더라도 비텝스크와 페테르부르크에서 다룬 회화주제에서 크게 벗어나지 않는 것들이었다. 비록 잠시지만 샤갈이 "예술세계"와 함께 했으며, 그 주축 멤버들과 지속적으로 관계하였다는 점, 그리고 "예술세계" 이후의 다른 분파들과도 지속적인 교류를 통해 예술적 영감을 얻고 화법을 발전시켰다는 점은 그의 예술적 근원이 러시아에 있음을 재확인시켜준다.

샤갈은 자신이 전(全)러시아 전통(российская традиция)라는 동일한 뿌리에서 나왔다는 것을 끝까지 강조하면서 이콘화, 브루벨(M. Врубель)의 창작, 그리고 무명 간판화가들의 작품과 극단적인 좌익들의 회화를 포함한 '러시아의 화가'임을 자처했다. 샤갈이 브루벨과의 연관성을 강조했다는 것은 보다 상징적이다. 1910~1920년대 러시아 아방가르드 예술가에게 가장 많은 영감을 준 예술가가 바로 브루벨이었다. '러시아의 세잔'으로 불리는 브루벨은 19세기와 20세기를 구별짓는 두 개의 시각을 연결시키는 화가이자, 작품을 통해 두 세기를 연결하는 이였다. 브루벨은 캔버스의 평평한 표면을 강조하기 위해 장식적 리듬을 지속하였으며, 회화적 표현의 가능성을 끊임없이 탐구했다. 모든 시점에서 모델을 탐구하여, 투명하게 교차하는 구성과 서로 대립함으로써 균형을 이루는 덩어리들, 날카롭게 각진 조각들을 쌓아올린 형태들, 모자이크를 이루는 패턴 등을 만들어냈다. 그럼에도 불구하고 브루벨은 새로운 유파를 형성하거나 새로운 회화 어휘를 만들지 않았다. 브루벨은 존재 자체만으로 다른 화가들에게 실험을 가능하게 했던 화가였다. 샤갈 역시 그 어느 유파에도 속하지 않은 채 자신만의 회화 영역을 추구해나간 점은 브루벨과 유사성을 지닌다. 브루벨의 회화 역시 이콘화에서 그 방법을 찾았던 것이 사실이었다. 다른 그 어떤 화가와의 연관성이나, 심지어는 유대 화가라는 명칭마저 거부했던 샤갈이 브루벨의 이름을 직접적으로 거론하며 연계성을 가지려했다는 것은 의미심장하지 않을 수 없다.

비록 샤갈 스스로 "예술세계" 운동과의 직접적인 연관성을 언급하지는 않았지만, 그가 영향을 받았다고 하는 좌익예술이야말로 "예술세계"의 두 진영 가운데 하나였다. 새로움을 추구하고 편협하거나 지방적이거나 시대에 뒤떨어진다고 생각되는 모든 것을 원천적으로 공격하는 좌익예술은 그에게 회화에서의 혁명을 강조했다. 뿐만 아니라 "예술세계" 운동은 색채를 강조하던 모스크바 학파나 선을 강조하던 페테르부르크 학파나 할 것 없이 캔버스 표면의 평평함을 추구하고 있었다는 점에도 주목할 필요가 있다. "예술세계"는 이콘화처럼 역동적인 열린 형태를 얻기 위해 모델링을 거부하고 전체적으로 평평한 채색을 함으로써 정적이고 닫힌 형태들을 와해시켰다.

20세기 현대 러시아 미술의 흐름을 따라가다 보면 서구의 경향들을 빠르게 습득함과 동시에 거기에만 머물지 않고 나름의 해석 속에 러시아적인 것을 탐색해나가려던 화가들의 노력이 눈에 띈다. 또한 그러한 현대 러시아 미술의 흐름을 거슬러 올라가면 화가들에게 영감을 부여하고 러시아 미술이 추구하는 바에 대한 진정한 이해를 만든 것이 이콘화였다는 것을 알 수 있다. 샤갈은 러시아 회화의 발전 과정 속에서 자라났고, 그것들을 체득한 상태에서 서구 미술을 받아들인 것이었다. 그러므로 이콘화, 브루벨의 회화, 그리고 "예술세계"와 "신원주의"를 비롯한 일련의 20세기 러시아 아방가르드 예술 운동과 그 참여 화가들은 샤갈의 예술을 이해하는데 있어 밑바탕이 되는 작업일 수밖에 없다.

샤갈의 회화 작업은 이처럼 러시아적 정체성을 기반으로 하고 있다. 처음 파리에 갔을 때 샤갈은 마네와 밀레를 보며 왜 자신이 러시아 예술에 들어갈 수 없었는지를 이해하게 된다. 자신의 언어가 조국에 왜 낯선 것인지, 자신의 그림이 왜 공감을 불러일으키지 못하는 건지 자문하는 가운데 샤갈은 러시아에서의 자신은 수레의 다섯 번째 바퀴(пятое колесо в телеге)처럼 아무 쓸모없는 존재라고 느낀다. 러시아에 자신을 이해시킬만한 해답을 찾지 못한 샤갈은 그럼에도 불구하고 러시아를 너무 사랑하노라고 고백하였다.[19] 샤갈은 러시아 문화예술을 진심으로 아끼고 사랑했으며, 그 안으로 들어가고자 노력했던 화가였다. 다만 그는 자신을 어느 한 사조나 유파에 국한시키고 정형화시키려는 모든 움직임을 거부했을 뿐이고, 가장 깊이 관련을 가졌던 "예술세계"와 차별되고자 하는 바가 컸다. 그러나 그가 당대 러시아 아방가르드 예술에 참여하며 자신의 화법과 주제를 찾아나가기 위한 분투했다는 사실만으로 그가 러시아 예술로부터 받은 영향이 상당했음을 알려준다. 그럼에도 불구하고 그가 러시아 예술로부터 벗어나려고 한 노력의 이면에는 그에게 또 다른 내면의 목소리가 존재했기 때문이다. 그것은 바로 유대 민족이라는 또 다른 그의 정체성에서 비롯된다.

---

19) М. Шагал, *Моя жизнь* (СПб.: Азбука, 2012), с. 108.

3. 유대적 상상력의 기원과 예술적 실천

3.1 유대인 거주한정지역 비텝스크와 하시디즘

마르크 샤갈은 본명이 모이슈 세갈(Мойше Захарович Сегал)로, 벨라루시의 한 도시인 비텝스크에서 출생하였다. 비텝스크는 유대인 거주한정지역(Черта оседлости)[20]이 있던 곳으로, 가난한 유대인 가정에서 태어난 샤갈은 이곳에서 유대식 교육을 받으며 자랐다. 샤갈이 처음 미술교육을 받은 것도 고향 비텝스크에서였다. 이 시기 그에게 가장 많은 영향을 미친 것은 20세기 초 러시아에 유대인 예술의 르네상스 시기를 이끈 유리 펜(Юрий Пэн, 1854~1937)[21]이었다. 유리 펜은 당시 비텝스크에 러시아 최초로 유대인 미술학교(Школа живописи Пэна)를 세우고 일찌감치 샤갈의 재능을 알아보았던 사람이었다. 물론 샤갈은 이후의 다른 예술적 지도자들과도 그러했듯 자신의 예술을 표현하는 방식에서 다른 길을 가긴 했지만, 풍경화와 인물화를 중심으로 하는 유리 펜의 관학파 미술은 샤갈의 전 생애에 걸쳐 지대한 영향을 미쳤다. 샤갈은 유대인 미술학교 시절, 종교적 색채를 띤 유대인 인물화를 곧잘 그렸던 것으로 알려져 있다. 물론 페테르부르크에서 고흐의 그림을 접한 이후 샤갈은

20) 러시아 제국에는 유대인들이 제국의 내부로 이동하는 것을 금지하기 위해 직업, 거주지 및 각종 권리를 제한하는 규정이 존재했다. 샤갈이 태어나고 얼마 되지 않았던 1891년에는 모스크바 시와 지방에서 유대인들이 거주할 수 없게 되었다. 1897년 인구통계를 살펴보면 유대인들은 대부분 유대인 거주 한정지역에서 살 뿐 다른 지역으로는 이동하지 않고 있었다. 유대인 거주 한정 지역에 살고 있는 유대인은 거의 500만 명에 달했고, 러시아 지역에 살고 있는 유대인은 20만 명에 불과할 정도였다.

21) 펜의 이름은 러시아어, 히브리어 또는 이디시어로 표기할 때마다 약간씩 달라진다. 러시아의 문헌들에서는 그를 유델(Юдель), 유달(Юдаль), 이예구다(Иегуда), 유들(Юдл)로 소개하고 있음을 밝혀둔다. 샤갈에 관한 국내 서적에서는 모두 그를 유대식 이름인 예후다 펜으로 지칭하고 있지만, 본 글은 러시아 유대인 화가이자 교육가였던 그를 러시아에서 통용되는 이름으로 소개하고자 한다.

〈소파위의 소녀〉(1907)

〈자화상〉(1914)

그와 마찬가지로 자화상에 몰두하는 등, 자신을 비롯하여 아내 벨라와 다른 인물화를 많이 그렸다. 비록 자연주의적이고 향수에 호소하는 유리 펜과는 완전히 달랐지만, 유대 풍속화 전통이 샤갈에게 중요했다는 사실을 간과해서는 안 된다. 유리 펜을 뒤이어 페테르부르크에서 그를 이끌어준 레온 바크스트 역시 유대인이었다. 바크스트와도 완전히 다른 길을 걸었지만, 그럼에도 불구하고 유리 펜과 바크스트 두 유대인 스승, 그리고 유대인과 유대문화는 샤갈에게 화가로서의 인생에 중요한 초석일 수밖에 없다.

샤갈의 그림에는 삶과 죽음을 소중하게 생각하는 유대인의 세계관이 반영되어 있다. 그에게서는 유대인의 회화에 자주 등장하는 탄생, 결혼, 죽음, 절기풍습이 공통적으로 발견된다. 특히 1910년대의 그림에서 이러한 주제들은 보다 상징성을 띠며 샤갈의 캔버스를 채워나가고 있다. 1912년 작 <탄생(Рождение)>에서 산모의 모습은 강렬한 빨강으로, 이와 대조적으로 벽면은 초록, 천정은 파랑으로 표현되고 있다. 화면 정중앙을 빨강색으로 강렬하게 표현하는 화법은 샤갈의 이후 다른 그림에서도 자주 볼 수 있는 것이다.

〈탄생〉(1910)

〈탄생〉(1912)

1910년 작 <유대 결혼식(Еврейская свадьба)>은 단색의 다소 밋밋해 보이는 화면을 유대인 특유의 옷차림과 흥겨운 춤으로 장식하고 있다. 1911년 작 <결혼식>은 마치 화면을 3등분 한 듯, 정중앙의 신랑신부와 오른쪽의 악단, 그리고 왼쪽의 유대인들의 생활상을 엿볼 수 있도록 결혼식 풍경을 부채꼴 모양으로 펼쳐놓고 있다. 이 흥겨운 잔치에 빠질 수 없는 것은 역시 유대인들의 삶과 영혼을 선율로 담아내는 바이올린이다. 이 바이올린은 <죽음> 연작에서도 등장한다.

1908년 작 <死者(Покойник)>에서는 사자(死者)의 몸 그 자체가 어두움을 상징한다. 죽은 사람이 누운 곳은 어두운 색으로 그리고 상대적으로 밤하늘은 환하게 표현함으로써 슬픔이 극대화된다. 무심히 청소를 하는 남자의 모습, 슬픔에 겨워 양팔을 들고 울부짖는 여인의 모습 위로 지붕 위에서 바이올린 소리가 울려 퍼지고 있다. 1913년 작 <죽음(Смерть)>은 보다 강렬한 색채로 동일한 화면에 색을 입혔다. 그럼으로써 만화적인

〈유대 결혼식〉(1910)

〈결혼식〉(1911)

〈死者〉(1908)

〈죽음〉(1913)

효과를 얻게 되고, 인물 하나 하나의 개성이 더욱 살아나는 것을 볼 수 있다.

유대인들만의 고유한 생활양식은 다른 민족들과의 융화하는 데 있어 걸림돌이 되기도 했다. 아이러니하게도 유대인들은 유대인 거주 한정지역에서 자유의 박탈이 아닌 온전한 자유를 느꼈다. 그곳에서만큼은 마음껏 유대 절기를 즐기고 정결음식을 먹으며, 부정한 음식에 손을 대지 않고 회당에 모여 토라를 읽고 토론하는 것이 자연스러웠다. 샤갈이 평생에 걸쳐 그려내던 비텝스크 마을은 비록 유대인 거주 한정지역으로 제한된 곳이었지만 자유롭고 풍요로우며 제한되지 않은 세계였다. 샤갈의 그림으로 비텝스크의 유대인 절기문화와 일상의 세태와 풍경 등 다채로운 유대인들의 생활이 생생하게 살아나는 것을 볼 수 있다.

1910년대 말부터 3년간 비텝스크는 예술사적으로 큰 의미가 있는 곳이었다. 샤갈과 말레비치 등이 오갔던 비텝스크는 러시아 아방가르드 예술의 중심이었으며 많은 역사가들과 예술가들이 '수프레마티즘(Супрематизм)적인 유토피아'의 원천을 이해하고자 노력했다. 이 시기 동안 비텝스크는 명료하면서도 활발한 독창성과 그 어디서도 반복할 수 없는 경이로움을 불러일으키는 곳이었다.[22] 샤갈은 유리 펜을 비롯하여

22) Т, Ваксман, Д. Рубина, Б. Карафелов (ред.), *Канон и свобода: Проблемы еврейского*

비텝스크의 예술계와 아주 다양하게 연관되어 있었기에 그토록 자주 많은 작품에서 하루하루의 일과를 들여다보듯 비텝스크를 그려내었다.

그러나 비텝스크를 떠나면서부터 샤갈은 유대인 신분으로 인해 많은 고통을 받게 된다. 페테르부르크에 도착해서는 허가증이 없다는 이유로 유치장에 갇히기도 했고, 유대인 비율에 묶여 학교 입학도 자유롭지 않았다. 그러던 그에게 유일하게 손을 내민 것이 같은 유대인이었던 레온 바크스트였다. 러시아에서 유대인으로서의 삶은 상당히 제한적이었다. 그럼에도 불구하고 샤갈에게 있어 유대적 주제는 늘 사랑스럽고 행복한 추억으로 남아있음을 볼 수 있다. 그러나 비텝스크에서의 행복과 추억은 영원할 수만 없는 것이었고, 전쟁의 감운이 돌면서 유대인들의 평화는 깨어지기 시작했다. 샤갈은 시간에 대해 큰 관심을 갖고 있었다. 그에게 있어 역사 속의 시간은 항상 제논의 법칙대로 움직이는 것은 아니었다. 역사의 소용돌이와 파국을 알리는 그의 그림에서 시간은 불안한 시계추의 움직임 속에 긴박하게 흘러갔다.

제정 러시아 말기 러시아 전역을 휩쓴 포그롬에 대한 공포감과 긴장감, 그리고 많은 유대인의 학살과 내쫓김은 샤갈에게 아픈 기억으로 각인된다. 그는 풍전등화와도 같은 유대인의 앞날에 대한 우려와 이러한 사실을 자신의 화폭을 통해 알리려는 강한 열망이 있었다. <불타는 집>(1913)는 강렬한 빨강색이 뿜어내는 광기를

〈불타는 집〉(1913)

пластического искусства (М.: Дом еврейской книги, 2003), с. 111~112.

표현하고 있다. 활활 타오르는 하늘은 낮을 상징하고, 화면 오른쪽은 밤하늘이 지배한다. 초감각적으로 묘사된 붉은 색은 급박한 상황을 알리고 있다. 유대인으로 살아가기에 제일 힘든 시간은 1차 세계대전이 일어나던 때였다. 전쟁 초기 스파이로 의심받던 유대인들은 24시간 내에 전선으로부터 모두 떠나라는 추방명령을 받게 된다. 그렇게 해서 1915년 5월 20만 명이 넘는 유대인들이 리투아니아에서 쫓겨나고 비텝스크로 수천 명의 난민이 몰려든다. 샤갈은 이 시기 신앙의 뿌리를 찾게 되고, 1914년부터 1917년에 이르는 시기 전쟁과 기근 속에서도 사랑으로 민족들을 품어내던 유대 노인들과 랍비들을 강조하는 그림들을 그려내었다.

<녹색 유대인(Зелёный еврей)> (1914)은 노인의 모습이 강렬한 녹색에 의해 힘을 얻고 있다. 노인의 시선은 히브리 문자로 적힌 토라의 석판을 향한다. 토라와 자신을 일체화시킨 노인의 모습에 감상자의 시선 또한 같은 곳으로 초점이 맞추어진다. 이 그림은 구도와 노인의 시선에서 마치 이동파 화가였던 크람스코이(И. Крамской)의 <광야의 그리스도(Иисус в пустыне)>(1872)를 연상시킨다. 크람스코이의 그림은 깊은 고뇌와 이지적인 인상이 특징적이다. 현실에 대해 불안해하지만 현실에 정면으로 맞선 인물들이 크람스코이의 화면을 채워갔다는 사실을 기억해보면, 샤갈은 또 다른 불안의 시대를 살아가는 유대 노인에게서 삶의 지혜를 확인하고 있다. 크람스코이의 그리스도는 자기 앞에 놓인 돌을 보며 사탄의 시험이 외부로부터 오는 것이 아닌 자신의 내적 전쟁이라는 것을 깨

〈녹색 유대인〉(1914)

이반 크람스코이
〈광야의 그리스도〉(1872)

닫는다. 노인의 왼쪽 눈은 토라를 바라보며 자신의 뿌리와 삶의 근거를 찾고, 오른쪽 눈은 내면의 깊은 사색에 몰두하듯 관조적인 자세로 감고 있다.

이 그림은 또 다른 이동파 화가였던 세로프(B. Серов)의 <도스토예프스키(Ф. Достоевский)>와도 유사성을 찾아볼 수 있다. 세로프의 도스토예프스키 역시 고독하고 슬픈 모습을 하고 있다. 깊은 상념에 잠겨 무언가를 골똘히 응시한다. 두상의 윤곽이 뚜렷하게 느껴질 정도로 마른 얼굴은 신경질적으로 보이고, 깍지 낀 두 손은 스스로를 보호하고자 하는 의지와 자신의 속내를 쉽게 드러내지 않으려는 태도를 반영한다. 그러면서 어두운 배경과 그 속에서 부각

바실리 세로프
〈도스토예프스키〉(1872)

되는 도스토예프스키의 밝은 상체가 강렬한 바로크적 명암대비를 연출하고 있다. 샤갈의 그림에서 노인의 녹색 얼굴은 상당히 크게 그려져 있고, 얼굴의 주름과 표정이 섬세하게 묘사되어 있다. 도스토예프스키의 얼굴 윤곽만큼이나 세세하게 살아있는 근육 하나 하나가 노인의 고단한 삶을 그대로 반영한다. 세로프의 명암처리는 샤갈에게서 더욱 극적으로 표현된다. 노인의 뒷배경 역시 어둡게 처리된 반면, 노인은 강렬한 녹색과 노란색으로 생명력을 얻고 있다. 세로프의 인물묘사와 명암감이 현대식으로 재해석되고 강렬한 색을 얻게 됨으로써 샤갈만의 고뇌하는 노인이 탄생될 수 있었다.

<녹색 유대인>은 일종의 반란이라 할 수 있다. 현실의 인물에게 녹색 얼굴도 노란색 수염도 있을 수 없다. 그러나 샤갈은 그 어디에도 매이지 않고 적당한 색채의 감마를 선택한다. 이와 같은 자유는 예술에 의해서만 허락되는 것이다.23) 샤갈은 비유적인 목적을 위해 대담하고도 폭넓게 이러한 자유를 이용하였다. 샤갈의 또 다른 그림 <붉은 유대인(Красный еврей)>(1914)는 그의 첫 스승이었던 유리 펜의 그림을 연상시키지만24), 사실성 대신 상징성을

유리 펜
〈바구니를 든 노인〉(1912)

23) А. Каменский, *Марк Шагал: художник из России*, с. 152.

24) 유리 펜의 그림과 샤갈의 그림 간의 유사성은 여러 작품에서 찾아볼 수 있다. 유리 펜의 <염소가 있는 집(Дом с козочкой)>에 등장하는 염소 두 쌍의 모습이 샤갈의 그림에 반영되는 것을 볼 수 있으며, 반면에 샤갈의 <두 개의 집과 염소, 그리고 돼지(Два дома, коза и свинья)>가 유리 펜의 1925~1926년 작 <중매인. 메하넴 덴들(Сват. Механем-Дендл)>에 영향을 미치는 것을 볼 수 있다. 이 두 사람 간의 상호 작용은 서로에게 있어 발전을 이루는 동력이었다. Л. Кацис. "К поэтике

추구한 노력이 돋보이는 작품이다. 지팡이를 든 붉은 손은 다른 쪽의 흰 손과 대비되어 강렬한 효과를 만들어낸다. 이 시기 샤갈의 그림에 정면을 응시한 단조로운 모습의 세속적 유대인들이 대거 등장한다.

마르크 샤갈
〈붉은 유대인〉(1914)

샤갈은 포그롬과 전쟁으로 완전히 파괴된 유대인들을 화폭에 옮김으로써 유대공동체에 생명력을 부여하려 했다. 이것은 그가 대중적 인기를 얻게 되는 중요한 계기가 되기도 했다. 평범한 방식으로 그려진 듯 보이는 이 그림들에서도 흥미로운 점을 발견할 수 있다.

<축제일(레몬을 든 랍비)(Праздник (Равин с лимоном))>(1914)에서 랍비의 모습은 상당히 비현실적이다. 유대인의 절기를 맞이하여 회당 앞에 온 랍비의 손에는 레몬이 들려있고, 그의 머리 위로 또 다른 분신의 랍비가 반대 방향으로 몸을 돌리고 서 있다. 샤갈의 노인과 랍비들은 친근하고 정겹지만 비현실적인 인물들로 상징화되고 있다. 침울하고 말없이 문가 앞에 서 있는 그들의 모습은 쓸쓸

〈축제일(레몬을 든 랍비)〉(1914)

и поэзии еврейской эмиграции в творчестве Марка Шагала", *Смена парадигм и смена парадигмы* (М.: РГГУ, 2012), с. 330~331.

〈기도하는 유대인〉(1914)

한 역사의 뒤안길에 서 있는 인간들을 상징한다. 그럼에도 불구하고 샤갈이 그린 노인과 랍비들이 볼품없는 존재로 전락하지 않는 것은 그들이 지상이 아닌 천상에 속한 인물처럼 그려지고 있기 때문이다. <기도하는 유대인(Молящийся еврей)>에는 이마와 손에 테필린(tepilin)을 감은 채 기도하는 전형적인 유대인의 모습이 흑백으로 소박하게 처리되어 있다. 이 두 그림에서 기존의 다른 그림들에서 보던 양식이나 색채의 실험 등은 찾아볼 수 없다. 다만 소박한 모습 자체만으로 유대인들의 삶이 평화로울 수 있음을 드러내고 있다.

<붉은 유대인(Красный еврей)>(1915) 역시 구도는 크게 달라지지 않았지만, 미술사에 대한 오마주라는 점에서 중요한 의미를 지닌다. 이 그림은 앞서 <녹색 유대인>처럼 상반된 이미지의 좌우 얼굴과 몸을 갖고 있으며 토라 배경을 살짝 변형시킨 인상적인 부분이 엿보인다. <붉은 유대인>(1915)에서 왼쪽은 좌절한 모습의 얼굴과 축 늘어진 녹색 손이 강조되고 있고 오른쪽은 분노를 담은 얼굴과 더불어 당장이라도 무릎을 짚고 일어나 항의할 것 같은 자세의 흰 손이 특징적이다. 붉은 배경의 유대인 마을과 토라를 연상시키는 글자판은 역사 속

〈붉은 유대인〉(1915)

으로 사라져갈 유대의 전통문화를 상징한다. 고통과 피, 희생을 상징하는 붉은 색이 후면의 배경과 노인의 수염을 타고 흐르며 강렬한 항변으로 드러나고 있다. 놀랍게도 이 그림의 배경으로 쓰인 히브리 문자는 토라의 내용이 아닌 치마베, 조트, 브뤼겔, 엘 그레토, 틴트레트, 쿠르베, 세잔, 고흐 등 고인이 된 화가이다. 죽어서 이름을 남기듯 돌판에 새겨진 위대한 예술가들의 이름은 멸망 직전에 놓인 유대 민족들에게 영원한 생명의 가치들을 일깨운다. 이 작품은 샤갈의 미술 인생에서 또 하나의 분기점이 된 것이었다. 파리에서 돌아온 뒤 샤갈은 작품의 의미를 보는 이에게 숨길 필요가 없다고 생각하여 언어표현을 작품 속에 넣어야 할 필요성을 덜 느낀다. 그리하여 이 시기에는 언어 삽입에 있어 보다 직설적인 방법이 나타나는데, <붉은 유대인>이 바로 그러했다. 그러나 개인적인 기법을 이용하여 그린 그림들에는 내용 속에 이디시어 관용구의 삽입이 지속되었다.

안식일(Шаббат)과 회당은 유대인들의 삶과 문화에서 중요한 요소를 이루는 것이었다. 1917년 작 <유대회당(Синагога)>은 남녀 자리가 구별되어 있던 정통파 회당의 모습을 잘 보여준다. 중앙강단(bima)에서 토라를 읽고 있는 남자와 회당의 남자 구역에 앉아 있는 수다를 떨며 경청하

〈안식일〉(1910)

〈유대회당〉(1917)

〈묘지의 문〉(1917)

는 사람들, 그리고 강단 밑에서 졸고 있는 두 남자의 모습은 회당의 친근감을 있는 그대로 전달한다. 토라를 보관하고 있는 벽장에는 붉은색 휘장이 쳐져 있고, 휘장 위의 다윗의 별은 유대회당을 잘 모르는 이들에게도 이곳이 유대인들과 연관된 장소임을 알려주고 있다. <묘지의 문(Ворота кладвища)>(1917)은 샤갈이 비텝스크로 돌아와 가장 심혈을 기울인 작업이었다. 육체의 부활과 영원한 삶을 믿는 유대인에게 있어 묘지는 중요한 장소였다. 히브리 문자가 장식된 묘지의 문은 이곳이 유대인 묘지라는 사실을 잘 전달한다. <묘지의 문>은 자신의 민족성에 자부심을 느낀 샤갈이 유대인으로서의 정체성을 공고히 하는 과정에서 그린 작업이었던 만큼 밝게 열린 하늘과 푸른 생명의 나무 등 유대문화의 상징성을 가득 담고 있다. 이디시어로 적힌 "내 백성들아 내가 너희 무덤을 열고 내가 너희로 거기서 나오게 하고 이스라엘 땅으로 들어가게 하리라"는 에스겔서 37장 12절에서 유래한 것이었다.

샤갈은 러시아 내에서 제한적인 삶을 살아야 했지만, 그럼에도 불구하고 자신의 민족성을 자랑스러워했다. 그는 「슈트롬(Штром)」 지에 그는 "그리스도와 기독교를 탄생시킨 이 초라한 유대민족에 속한 것을 자랑스럽게 생각한다. 또 다른 무엇인가가 필요할 때 유대 민족은 마르크스주의와 사회주의를 만들었다. 이런 유대 민족이 세상을 향해 유대 예술을 발표하는 게 뭐 그리 이상하단 말인가!"[25]라는 내용을 발표한다.

25) 샤갈은 1922년부터 모스크바 문학 그룹인 "슈트롬(Штром)"에 가담하고, 이 그룹이 만든 잡지 「슈트롬(Штром)」의 창간호의 표지 작업을 맡았을 뿐 아니라 "유대 화가가 된다는 것은 무엇을 의미하는가?"라는 짧은 글을 기고하기도 하였다. 잡

그처럼 유대 민족에 대한 자부심과 그 문화에 대해 알리고자 했던 샤갈의 진심은 그의 회화를 통해 드러난다. "유대예술 장려협회(Еврейское общество поощрения художеств)"는 샤갈에게 유대 학교의 벽장식을 의뢰했고, 비록 러시아 혁명으로 인해 이 습작들이 대형회화로 옮겨지지는 못했지만 유대 절기에 대한 생생한 소개가 돋보인다.

유대학교의 벽장식으로 그려진 습작 <조부모에게로의 방문(Визит бабушек и дедушек)>, <초막절(Праздник кущей(Скотт))>, <부림절(Пурим)>은 유대인들의 삶이 가족적이고 공동체적임을 잘 보여주고 있다.[26] 할아버지와 할머니를 방문한 손주의 모습에 온 가족이 기뻐하고, 심지어는 몸을 일으켜 세운 고양이와 닭 등 동

〈초막절〉(1916)

지는 문학 그룹의 이름을 그대로 따서 1922년 2월에 나왔다. 슈트롬은 이디시어로 '격렬한 흐름(бурный поток)'이란 뜻을 갖고 있다. Б. Харшава (Ред.), *Марк Шагал об искусстве и культуре*, с. 71~72. 및 http://www.yazib.org/yb050308.html 참조.

26) 유대인들이 강한 공동체의식을 갖고 있다는 것은 주지하는 바이다. 샤갈은 그런 유대감을 그리는 데 충실했고, 이를 위해 유대인의 전통문화에 관심을 돌렸다. 그 가운데서도 신앙과 관련된 절기는 아주 중요했다. 초막절은 유대 추수감사절로, 유대인들이 전통적으로 초막을 지어 성막의 절기인 초막절을 지켜온 데서 유래했다. 이 날에는 개인의 복리를 기원하기보다 감사의 기도를 올리며 성전에 제물을 바치고, 오두막같은 작은 집으로 야자나 잎이나 마른 옥수수대 같은 것을 위에 얹거나 벽 옆으로 세워 임시로 지어, 그곳에서 식사를 하였다. 초막은 이집트를 탈출했던 이스라엘 백성이 약속의 땅으로 들어가지 못하고 광야에서 생활했던 것을 상징한다. 부림절은 페르시아 제국 아하수에로 왕의 총리대신 하만이 유대인을 말살시키려는 음모를 꾸미다 아하수에로 왕의 왕후인 유대인 에스더의 지혜로 유대인들이 극적으로 구출되었던 사건을 기념하는 절기이다. 일종의 유대 카니발이라 할 수 있는 이 절기에는 잔치를 베풀고 즐거워하며 예물을 나누고 가난한 자들을 구제하는 행사가 이뤄진다. 샤갈의 그림들은 절기에 대한 상세한 이해를 도우며 유대인들의 일상을 소박하면서도 친밀하게 그려내고 있다.

〈조부모들에게로의 방문〉(1915)

〈부림절〉(1916-1918)

물들까지도 반기는 모습이 풍속화처럼 그려져 있다.

이 세 그림은 당시 샤갈이 그리던 다른 작품들과 달리 사실주의 양식을 버리고, 루복과 목조 회당 실내장식의 전통을 수용해서 더 대중적이고 소박한 민속양식을 취한 것을 알 수 있게 한다. 초막절은 추수를 감사하는 유대 축제로, 이 절기를 지키는 동안 밭에 초막을 세우고 그곳에서 거한다. 샤갈의 <초막절>은 베를린의 시온주의 월간지인 「오스트 운트 베스트(Ost und West)」에 수록된 1560년의 만토바 하가다의 <유월절

만찬> 그림을 본떠 만든 것으로, 샤갈이 러시아 바깥에서 예술적 영감을 찾은 흔적을 보여주고 있다.[27] 샤갈의 <부림절>은 음식을 나눠먹는 정겨운 풍경이 비텝스크의 목조 건물을 배경으로 펼쳐져 있다. 이 정겨운 광경은 소박하지만 화면을 가득 메운 붉은색에 의해 따뜻하고 정감있게 표현된다.

샤갈의 그림에는 염소와 닭, 말을 비롯한 수많은 동물들이 등장한다. 그의 그림에서 동물들은 인간과 더불어 살아가는 친숙한 존재인 동시에 인간의 영혼이 깃든 존재로 되살아나면서 서정적이고 아름다운 감수성을 부여받고 있다. 샤갈의 동물들은 하시디즘(Hasidism) 사상에서 비롯된 것으로 알려져 있다. 하시디즘은 유대교의 신비적 가르침 '카발라(Kabbalah)'에서 영향을 받은 것으로 감정에 대한 측면을 중시하며 창조된 모든 만물에 애정을 품는다. 이 사상은 모든 피조물에 신의 불꽃이 내재한다는 범신론적 사상과 인간과 신과의 결합사상으로 나뉜다. 하시디즘에 따르면 인간은 사물과의 거룩한 접촉을 통하여 그들 속에 갇혀 있는 거룩한 실재를 깨우치는 우주적 중재자로서 부름을 받았다. 인간은 거룩한 불꽃을 광물에서 식물과 동물로, 그리고 동물에서 말을 사용하는 생물로 상향시키고 순화시켜야 하며, 경건함과 헌신을 통해 그들을 본래의 자리로 들어갈 수 있게 한다. 신은 개개의 사물 속에 보여질 수 있으며 순수행위에 의해 포착될 수 있다. 세상에 가장 하찮은 것도 신을 찾는 사람들에게는 신이 자신을 보여주는 통로로서 가치가 있다는 것이다. 하시디즘에 대한 샤갈의 감성은 <나와 마을(Я и деревня)>(1911)에 가장 잘 나타나 있다.

<나와 마을>은 큐비즘의 화면분할이 잘 드러나는 작품으로 시공을 넘는 세계를 펼쳐 보인다. 이 그림은 인간과 동물, 자연(꽃이 핀 나뭇가지)과 문명(마을)이라는 네 개의 부분으로 나뉘어져 있다. 슈제트와 서

---

27) 모니카 봄 두첸, 『샤갈』, 117쪽.

〈나와 마을〉(1911)

술은 더 이상 필요치 않으며 이와 같은 묘사를 정리하기 위해 그림을 가로지르는 아치와 대각선의 기하학이 드러나고 있다. 샤갈은 기억의 형상과 환상, 아주 다양한 현실 세계의 그림들을 구현해내며, 이를 위해 큐비즘의 방식 가운데 가장 효과적인 두 가지, 즉 다양한 모티브들의 공존과 다른 형태들을 통해 하나의 형태를 들여다보는 방법을 그림에 적용시키고 있다.[28] 또한 원, 삼각형, 사각형의 기하학적 구성을 통해 이콘화와 마찬가지로 캔버스를 평면화를 시키고 있다. 하지만 화면 분할보다도 더 중요한 이 작품의 특징은 나와 마을의 거리를 친밀하게 만드는 힘이다. 샤갈과 마주하고 있는 암소를 매개로 하여 젖짜는 여인, 비텝스크의 마을 풍경, 둥근 지붕의 교회가 심리적 원근법으로 담겨져 있다. 친밀한 힘은 암소와 나를 하나의 원 안으로 끌어들여 과거와 현재의 나를 일체화시킨다. 겹쳐진 원으로 인해 나와 암소 사이에는 우주적인 감정이 생겨나기 시작한다. 나의 얼굴을 녹색으로 처리한 것은 <일곱 손가락의 자화상(Автопортрет с семью кистями)>(1914)과 같이 물리적 중심과 다른 중심을 가진 별세계에 상응하기 위한 필연의 변용이다.[29] 샤갈은 한 때 암소를 자신의 명함에 넣으려고 했을 만큼 이 모티프에 매료되어 있었다. 당시 전 세계적으로 암소는 화면의 주요 등장인물이었고, 입체주의 화가들은 그것을 여러 조각으로 절단했으며, 표현주의 화가들은 제 각기 장기를 달리하

28) Инго Ф. Вальтер, Метцгер Райне, *Марк Шагал 1887-1985: Живопись как поэзия.* (М.: Арт-родник, 1993), с. 20.
29) М А. Каменский, *Марк Шагал. Художник из России*, с. 107~108.

며 그것을 표현해내었다.[30)]

〈내 약혼녀에게 바침〉(1911)

<내 약혼녀에게 바침(Посвящение моей невесте)>(1911)은 야릇한 야성과 격렬함이 강하게 드러나는, 샤갈의 그림가운데서 가장 많은 억측을 낳은 작품이다. 이 작품은 1912년 3월 파리의 앵데팡당(Indépendants)전에 전시되었다가 포르노로 규정되어 전시에서 배제되었다. 수소의 머리를 한 남자가 머리를 손으로 받쳐 들고 흡족해하는 표정을 짓고 있으며, 잘려져 나간 여인의 머리는 뒤집힌 상태로 남자의 얼굴을 마주보며 침을 뱉고 있고 남자의 머리 위에 올라타 앉은 그녀의 다리가 강조되고 있다. 프랑스의 시인 아폴리네르(Guillaume Apollinaire)는 이 그림을 아편을 피우는 당나귀로 해석하면서 화면 하단의 불쾌감을 주는 금동램프가 흩어지는 장면으로 문제가 은폐되고 있다고 언급했다.[31)] 샤갈은 이후 문제의 소지가 있는 부분을 황금색으로 덧칠했지만, 남자의 빨간 기운과 여성의 핑크색 다리가 화면을 장악하는 강렬함은 여전히 문제작으로 남을 만한 독특한 인상을 만들어내고 있다.

<러시아와 나귀들과 기타 등등에게(России, ослам и другим)>(1911~1912)는 러시아의 전원풍경을 소박하게 그려내고 있다. 원근을 무시한 채 지붕과 교회당 위로 젖 짜는 여인이 부유하고 있고, 그녀의 옷에는 환상적인 공작 모양의 빛깔이 칠해져 있으며 동화풍의 달은 암흑의 밤하늘을 암시하고 있다. 밤하늘에는 신령한 기운이 광채를 발하며 비추

30) М. Шагал, *Моя жизнь*, с. 123.
31) 재키 울슐라거, 『샤갈』, 최준영 옮김 (서울: 민음사, 2010), 209쪽.

〈러시아와 나귀들과 기타 등등에게〉
(1911~1912)

고 있다. 목이 잘린 여인과 그녀의 옷, 그리고 빛으로 분할된 밤하늘은 전형적인 큐비즘 화법을 드러낸다. 화면의 녹색은 불안감을 조성하며 어미 나귀의 붉은 색과 대비를 이룬다. 나귀의 젖을 물고 있는 녹색의 새끼나귀 두 마리는 기이한 형상으로 주목하게 만든다. 왼쪽은 나귀의 형상이지만, 오른쪽은 사람의 모습을 하고 있다. 죄 많은 인간이 죽으면 동물로 환생한다는 하시디즘 사상의 반영인 것이다. 따라서 샤갈의 그림은 지식이 아닌 감정이입의 방법으로만 이해할 수 있다. 샤갈의 창작에 기이한 성격을 부여하는 변형은 어린이들의 동화와 상상, 공포, 공상 이야기를 불러일으키고, 그림으로써 유대인 거주 한정구역에서 살아가는 존재들의 가난하고 고통스런 세태는 하시디즘에 의해 변화를 받은 결과 유대민족의 신비주의 세계가 만들어진다.[32)]

샤갈에게 있어 유대적 상상력은 그가 태어나고 자란 유대인 거주 한정구역 비텝스크로부터 시작되었다. 정통파 유대인들과 마찬가지로, 샤갈은 집안에서 유대식 교육을 받고 자랐고, 유대인들의 선율이라 일컫는 바이올린을 배우기도 했다. 유대인들의 고유한 생활양식과 삶에 대해 끊임없이 질문을 던지는 태도는 샤갈의 회화 세계에 주제와 표현방식으로 그대로 반영되고 있다. 유대인들의 특징과 삶의 양상들, 그리고

---

32) А. Эфос, *Профили. очерки о русском художниках*, СПб.: Азбука-классика, 2007, с. 183.

이들과 관련되어 일어나는 역사적 시련마저도 샤갈에게는 예술적 영감을 부여하는 것이었다. 특히 하시디즘의 영향은 초현실적 세계를 그려내는 데 커다란 동력이 되었다. 샤갈의 작품에 드러나는 세속과 주술의 결합은 하시디즘에서 비롯된 것으로 19세기 말과 20세기 초 유대 작가들의 문학 작품에서 흔히 볼 수 있는 세계였다. 샤갈이 자라난 환경에서 나온 날아다니는 짐승들은 족쇄를 끊으려는 그의 욕망을 상징하며, 궁극적으로는 자유를 얻기 위한 수단이 되고 있다.

이와 같은 샤갈의 독특함은 전통적으로 문자친화적인 문화적 환경에서, 그런 이미지를 언어적 영역에서 시각적 영역으로, 그러면서도 산문적이거나 문학적이지 않은 방식으로 바꾸어놓은 데 있다.[33] 그는 20세기 예술이 추상이라는 '형식주의로 신을 만들어내려는' 경향을 맹렬히 비난했다. 이것은 유대교의 유일신 사상에서 비롯된 우상숭배에 대한 거부이기도 한다. 그러나 정작 샤갈의 작품 전체에 초월적 존재의 느낌이 스며들어 있다는 것은 세속화된 20세기 유대 미술의 특징을 잘 볼 수 있게 한다. 19세기 후반 유럽에서 유대인들이 정치적, 사회적으로 해방되고 세속화됨으로써 유대 예술이 유대적 속성을 포기하지 않고서도 주류 예술계에 발을 디딜 수 있게 되었다. 샤갈의 예술은 그와 같은 배경 하에서 탄생되었고, 유대문화와 주류문화의 가교로서 20세기 러시아 미술의 중요한 비중을 차지하고 있었다.

3.2 유대예술장려협회와 이디시 극장의 장식화

러시아 유대 민속 문화가 샤갈의 중요한 영감으로 작용하게 된 것은 처음 파리를 다녀오고 난 후인 1910년대 중반부터이다. 샤갈은 "마흐마딤(Machmadim)"이라 자칭했던 유대인 이주자로 이루어진 러시아와 동

33) 모니카 봄 두첸, 『샤갈』, 17쪽

유럽 출신의 예술가들이 선언이나 이론은 배제하고 현대 유대 예술의 가능성을 탐색하며 러시아 민속예술에 대해 관심을 가지는 것과 거리를 두었다. 샤갈은 이러한 운동에 초연한 듯 보였지만, 실제로는 그가 탐색하고 있던 예술은 좀 더 이들의 견해와 화법에 가까웠다. 그러나 샤갈의 유대적 성격과 예술적 정체성과의 관계는 늘 모호했다. 샤갈 스스로는 유대 화가라는 낙인을 거부했고, 공개적으로는 보편적 화가이기를 원했다. 샤갈이 이처럼 유대 화가라는 명칭에 강한 거부감을 갖고 있었던 것은 유대 화가들의 향수적 감성과 피상성으로부터 구별되기를 원했기 때문이다. 그럼에도 불구하고 샤갈은 그 어떤 이주 화가보다도 공공연하게 유대적 주제를 선택했으며, 다수의 유대 예술인들과 밀접한 관계를 갖고 있었다.

빌뉴스 출신의 안토콜스키(М. Антокольский)를 비롯하여 유리 펜, 이삭 레비탄(Исаак Левитан), 레오니드 파스테르나크(Леонид Пастернак) 같은 유대인들은 러시아 예술계에서 상당한 성공을 거둔 이들이었다. 당시 지배적인 이념과 달리 이동파의 대변인인 블라디미르 스타소프(Владимир Стасов)는 민족적, 인종적 차이의 예술 표현을 적극적으로 권장하였다.[34] 그러나 전반적인 반유대주의 분위기로 인해 유대 예술가들은 자연스럽게 하나로 뭉쳤고, 직업 예술가가 되고자 하는 유대인들이 직면한 문제들에 대처하기 위해 모색했다. 그와 같은 일환으로 문을 연 것이 유리 펜의 예술학교였다. 샤갈은 유리 펜의 유대 예술학교에서 미술을 시작했고, 이후 알트만(Н. Альтман)을 선두로 하는 1915년대 말에 발족된 “유대예술장려협회”에도 잠시 가담했으며 1918년에는 예술인민위원으로 임명되어 비텝스크에 미술학교를 설립하고 교장으로 취임하기까지 유대계 예술 인사들과 오랜 시간을 같이 했다. 1916년 “유대

34) 스타소프는 러시아 예술을 자유로운 민족주의의 정신 하에서 러시아에 거주하는 모든 민족들의 창작의 결합으로 볼 것을 주장했다. Казавский, Г. “Еврейские художники в России на рубеже веков”, с. 166.

예술장려협회"의 첫 전시회에 참여한 후, 이듬해에는 "유대 예술가들의 회화와 조각"에 회화 14점, 드로잉 30점을 출품할 정도로 활발히 가담했다. 뿐만 아니라 곤차로바와 라리오노프와 같은 비유대인 예술가에게 유대적 삶을 다룬 신원주의 작품들을 창작할 수 있도록 영향을 주기도 했다. 샤갈의 삶에서 유대 예술은 창작의 원천으로서 그의 창조적 작업과 항상 긴밀한 관계를 유지하고 있었다. 유대적 주제에 대한 수많은 작품 가운데서도 이디시 극장과 관련된 작품들은 유대 화가이자 아방가르드 예술가로서 모든 예술성을 쏟아 부었다고 할 수 있는 것들이었다.

1917년 러시아혁명 이후 러시아 전역에 있는 유대인들은 예전에 비해 엄청난 자유를 누리게 되고, 러시아인과 동등한 시민권을 누리게 된다. 유대인들은 혁명이 새로운 세계를 열어줄 것으로 기대했고, 그러한 분위기 속에 샤갈도 예술가로서의 지위를 인정받게 되었다. 그러나 비텝스크 미술학교의 교장으로 재직 중 샤갈은 추상미술만 가르칠 것을 주장하는 절대주의 화가 말레비치와 예술관의 차이로 갈등을 빚으면서, 결국 그와의 권력 싸움에서 밀려 학교를 그만두고 1920년 모스크바로 떠난다.

예술가로서의 자존심에 심각한 타격을 입은 이 시기, 샤갈은 모스크바에 새롭게 지어지는 이디시 극장[35]의 내부 장식화를 의뢰받는다. <이디시 극장의 장식화>(1920) 시리즈는 크기와 구도 면에서 피카소의 <게르니카>와 자주 비교되는 가로 787㎝ 세로 284㎝ 크기의 초대형 작품 <이디시 극장의 소개(Введение в новый еврейский театр)>를 비롯해,

35) 국내 문헌이나 보도 자료에서 유대예술극장으로 소개되고 있는 이 극장의 정식 명칭은 '새로운 유대극장(Новый еврейский театр)'이다. 이곳은 미학적으로 수준 높은 극장이었으며, 이디시어 작가들의 작품만을 고집하지는 않았지만, 이디시어로만 공연을 하였다. 이디시어는 러시아 동유럽 유대인들이 사용하던 언어로, 히브리어에 독일어와 슬라브어의 영향이 굴절되면서 태동한 언어였다. 당시 러시아 유대 문화를 고려할 때, 유대극장이라기 보다는 이디시 극장으로 옮기는 것이 더 적절하다고 판단되어 본고에서는 이디시 극장으로 언급하였다.

<음악(Музыка)> <무용(Танец)>, <연극(Театр)>, <문학(Литература)>이라는 제목이 붙은 2m 높이의 패널화 4점, <결혼식 만찬(Свадебный стол)> <무대 위의 사랑(Любовь на сцене)>까지 모두 7점으로 구성돼 있다. 이 작품들은 샤갈의 예술 철학이 응축된 기념비적 작품들이다. 그는 화려한 기하학적 화면에 팔레트를 든 자신을 포함한 수많은 인물, 물구나무를 선 광대, 악사, 동물, 러시아의 자연환경 등을 그려 넣었다. 샤갈은 마치 이 소용돌이치는 거대한 화폭 속에 자신의 흔들림 없는 예술관을 선언하기라도 하듯 창조적 열정을 쏟아 부었다. 이 작업은 추상미술에 대한 거부였고, 예술은 이해하기 쉽고 대중적인 것이어야 한다는 자신의 신념, 그리고 유대 문화의 가치 등의 메시지를 진솔하게 드러낸 것이었다.

이디시 극장은 당시 모스크바에 있던 유대예술극장에 이어 새로이 문을 연 유대극장이었다. 연극에 대한 샤갈의 관심은 페테르부르크 시절부터였다. 그의 이런 관심은 레온 바크스트의 무대 디자이너로 있으면서부터 시작되었고, 즈반체바에서 무대와 의상 디자이너로 활동하던 도부진스키의 영향 또한 컸다. 그러나 샤갈은 이들 화가로부터 받은 영향을 언급하지 않는 것은 물론이려니와 심지어는 연극에 대한 관심조차도 직접 말한 적이 없었다. 하지만 민족극장의 부활에 필요하다고 생각되는 모든 것을 극장의 벽에 자유롭게 보여주겠다는 샤갈의 의지는 그가 갖고 있던 그 동안의 포부를 드러내기에 충분했다. 그리하여 가장 복잡하고 야심찬 작품이 탄생하였고, 이 극장은 '샤갈의 보석상자(Шагаловская шкатулка)'라는 별명을 얻게 되었다. 극장의 그림들은 전체적으로 샤갈의 생애의 중요 시점에서 형식과 기법에서 중요하게 여기던 것들의 정수를 보여주었다. 샤갈의 세계관은 무대효과와 미장센, 공연의 소우주 속에서 실현되었다.[36] 벽화 중 가장 큰 <이디시 극장의 소개>은 객석

36) О. В. Будницкий, *Русско-еврейская культура* (М.: Российская политическая

〈이디시 극장의 소개〉(1920)

왼편에 걸려있던 것으로 역동적이면서 획기적인 작품이다. 대규모 유대식 코메디아 델라르테(commedia dell'arte)[37]를 묘사한 것으로, 많은 인물들이 등장하는 이 작품의 화려하고 복잡한 구성은 다양한 해석을 불러일으켰다.

<이디시 극장의 소개>는 원, 사각형, 삼각형으로 구성된 큐비즘에서 한 걸음 더 나아가 화폭을 뫼비우스의 띠처럼 구성할 수 있음을 보여주었다. 왼쪽의 남자는 이제 방향을 틀어 오른쪽 하단에서 돼지에게 소변을 보고 있는데, 이 장면은 유대인의 해학이 느껴지는 장면이다. 유대인들은 가장 어려운 순간에도 유머를 잃지 않으려 노력했고, 이것은 그들이 수많은 고난을 이겨낼 수 있게 만든 원동력이기도 했다. 유대인 극장의 일을 맡기 직전 샤갈의 삶은 평탄치 않았다. 이디시 극장 작업은 그의 고통스런 삶이 투영되어 있는 동시에 힘겨움 속에서도 유머를 잃지 않으려는 노력에서 탄생된 걸작

энциклопедия, 2006), с. 258.
37) 16~18세기 이탈리아에서 흥행하던 가벼운 즉흥곡의 희곡.

이었다.

기하학적 배경은 해와 달, 행성을 상징하는 원형, 원통형, 사각형으로 구성으로 이루어져 인생이 마치 영원한 공연장인양 우주적 그림을 제시한다. 화면의 왼편에 나오는 첫 번째 인물 집단에서 다리 벌리기 곡예를 하고 있는 사람은 배우 솔로몬 미호엘스(Соломон Михоэлс)이다. 소의 뿔은 이디시어로 악기를 연주한다는 뜻을 가지고 있어서 화면의 녹색 소는 신비적이고 음악적인 속성을 상징한다. 미호엘스는 부서진 바이올린의 목 부분을 뿔로 받치고 있는 이 비밀스런 동물에게 바이올린을 내미는 동작으로 새로운 배움을 수락한다. 신비스런 녹색의 소는 화가 자신이다. 그러므로 미호엘스는 샤갈에게서 극장의 미학을 배울 준비가 되어 있음을 알린다. 유대인들의 민속악기인 바이올린은 그와 대중문화와의 관계를, 초록색 양말은 그가 아직 미숙하다는 것을 나타낸다. 부유하고 있는 미호엘스의 녹색 발을 핥고 있는 새끼 염소는 미호엘스가 아직 미숙하다는 것을 상징한다. 그들의 아래로는 쇼파르(뿔나팔)를 불고 있는 사람이 보인다.

미호엘스의 머리 위에서 오른쪽으로 고개를 돌리고 있는 사람은 공연 연출자이며 그 아래의 흰색 바탕에 있는 인물은 박수갈채를 보낼 준비가 되어 있는 관객을 상징한다. 공연 연출가는 전등을 쳐다보고 있는데, 이것은 이디시어로 '대답을 기다리지 않는다'라는 뜻이기에, 관객은 허공에 대고 박수를 치고 있다. 샤갈의 친구이자 극장의 예술 감독을 맡고 있던 아브람 에프로스(Абрам

Эфрос)가 검은 정장 차림으로 성전에 나타난 예수를 연상시키는 자세로 샤갈을 팔에 안고 모여 있는 군중에게 데려가면, 샤갈은 극장 감독인 그라노프스키(А. Грановский)를 위해 일할 준비가 되어 있음을 알리고, 그라노프스키 옆으로 검은 옷을 입은 배우 하임 크라신스키(Хаим Крашинский)가 샤갈에게 차를 대접한다. 화면 왼편을 구성하는 이 인물들의 머리 위에는 이들의 러시아 이름이 히브리 문자로 적혀있다. 그 글자에는 간혹 도형과 극장의 머리글자가 덧붙여져 있는 것을 볼 수 있다.

화면 왼편에서 가장 흥미로운 것은 샤갈의 모습이다. 샤갈은 구조주의풍의 노동자복을 입고서 자신의 팔레트를 그라노프스키에게 보여주고 있다. 그라노프의 바지에는 다윗의 별과 대중적인 장식이 달려 있고, 왼쪽 바지에 수놓은 삼각형은 샤갈이 습작에서 보여준 바와 같이 다윗의 별이 분해된 형태이다. 바지에 그려진 다윗의 별은 그라노프스키에 의한 유대 국가의 사명을 암시한다. 샤갈은 모세처럼 십계명이 새겨진 붉은 돌판과 유대회당의 장식들을 배경으로 서 있다. 성경에서 모티프를 얻은 이 이야기는 패러디된 그로테스크한 카니발을 배경으로 유대 민족의 성화를 기하학적이고 예술 절대주의의 화풍으로 구사하고 있다. 모세가 불이 붙은 가시나무 떨기에서 소명을 받듯 샤갈 역시 불꽃을 연상시키는 붉은 바탕 앞에 서 있다. 모세의 십계명은 샤갈의 팔레트로 환치되며 이것이 신으로부터 받은 소명임을 강조한다. 샤갈 자신을 극장의 한 구성원으로 그려 넣은 이 작품은 그림 속의 목격자 또는 그 사건의 전달자 역할로서의 가능성을 보여준 브률로프(К. Брюллов)의 그림을 떠올리게 만든다.

19세기 전반기의 러시아 아카데미 미술을 주도했던 브률로프의 대작 <폼페이 최후의 날(Последний день Помпеи)>(1830~1833)에는 대재앙의 현장을 생동감 있게 전하기 위해 화가가 직접 화면 안으로 들어가 있는 것을 볼 수 있다. 화면 왼편 상단에는 화구를 들고 도망가는 브률로프의

카를 브률로프 〈폼페이 최후의 날〉(1830~1833)

모습이 그려져 있다. 그리하여 브률로프는 파국의 순간의 목격자이자, 역사의 기록자로서 신뢰를 얻는다. 그런데 이 모습이 <이디시 극장의 소개>에 등장하는 샤갈의 역할과 유사한 점을 발견할 수 있다. 게다가 화구를 짊어진 브률로프의 모습은 샤갈의 1909년 작 <붓을 든 자화상

카를 브률로프
〈폼페이 최후의 날〉의 부분

마르크 샤갈
〈붓을 든 자화상〉(1909)

(Автопортрет с кистями)>과도 상당히 닮아 있다. 램브란트 풍의 빛을 이용한 샤갈의 이 그림은 그의 다른 자화상들에 비해 상당히 아카데믹한 화법으로 그려져 있다.

화면 왼쪽 상단에 화가 자신을 직접 그려 넣은 방식은 브률로프와 샤갈에게서 공통적이다. 다만 <이디시 극장의 소개>에서 샤갈은 브률로프의 화구 속 붓 대신 팔레트를 들고 있다.

마르크 샤갈 〈일곱 손가락의 자화상〉 (1914)

샤갈에게서 팔레트는 화가로서의 정체성을 상징한다. 이것은 <일곱 손가락의 자화상>(1914)에서도 잘 드러난다. 화면분할과 색채와 기법 면에서 <나와 마을>과 쌍벽을 이루는 이 작품은 상상력이 가득한 화가의 모습을 잘 표현하고 있다. 화가는 머리에 컬을 넣어 멋지게 손질했고, 단춧구멍에 꽃을 꽂고 수를 놓은 넥타이로 멋을 낸 큐비즘의 신사차림을 하고 있다. 일곱 손가락은 이디시 관용구로 '솜씨가 좋다'[38]는 뜻으로, 화가의 왼쪽 손의 일곱 손가락은 그림 속의 또 다른 샤갈의 그림 <러시아와 나귀들과 기타 등등에게>(1911)를 가리키고 있다. 화가의 등 뒤로는 파리의 에펠탑이 보이고 오른쪽 상단에는 구름에 둘러싸인 꿈같은 비텝스크가 그려져 있다. 화가의 머리 위에는 히브리 문자로 파리와 러시아라고 쓰여 있고, 이것은 마치 후광처럼 처리가 되어 있다. 파리-러시아-유대 이 세 문화권의 영향을 여실히 드러내는 이 작품은 그의 정체성과 직접적으로 결부된다. 이처럼 화가로서

38) К. Костяк, *Марк Шагал*, М.: Изд. Директ-медиа, 2010, с. 9.

의 소명을 드러내는 샤갈의 작품들은 서로 간의 은밀한 관계로 연결되어 있다.

<이디시 극장의 소개>의 중앙의 네 인물은 연극의 시작을 알리는 드러머와 연미복을 입고 광대 모자를 쓴 목이 분리된 바이올린 연주자, 바지에 샤갈의 가족 14명의 이름을 새긴 클라리넷 연주자, 덜시머(dulcimer) 연주자 등의 민속 음악가들이다. 레프 풀베르(Лев Пульвер)가 덜시머 연주자이면서 이디시 극장의 작곡가이자 음악감독으로 이 악단을 이끌고 있다. 중앙의 음악가들 왼쪽으로 파란 웃옷 차림의 미호엘스가 샤갈의 염소를 오른손으로 붙잡고 있다. 음악가들의 머리 위로 천사가 공연의 시작을 알리며 나팔을 불고 있다.

화면 오른쪽의 세 명의 곡예사는 오래된 유대 세계를 상징한다. 키파(kippa)를 쓴 가운데 곡예사의 허리부분은 다윗의 별과 더불어 '나는 곡예사다'라고 이디시어로 쓰여 있고, 그 옆의 팔에 테필린(tepilin)을 감고 물구나무를 선 채로 기도하는 유대인 곡예사의 바지에는 기하학적 형상의 다윗의 별이, 그리고 허리에는 '나는 즐긴다'라고 쓰여 있다.

이들의 모습은 샤갈이 낡은 유대 세계를 창조적 혼란 속에 던져버리고자 결심했다는 것을 암시한다. 이러한 해석은 그 옆에서 총을 들고 있는 인물이 우리엘 아코스타(Uriel Acosta)라는 사실로 확증된다. 그는 19세기 독일 극작가인 카를 구츠코브(Karl Ferdinand Gutzkow)가 실생활의 소재로 삼은 인물이다. 17세기 철학자이자 자유사상가였던 아코스타는 권총 자살로 생을 마감했지만, 훗날 샤갈처럼 코스모폴리탄이 되고자 하는 세속적 유대인들은 그를 영웅으로 떠받들었다. 곡예사들의 뒤로 악기를 든 여배우들과 이 극장의 유명배우였던 벤자멘 주스킨(Бенжамен Зускин)을 연상시키는 남자가 잔을 들고 있다. 그라노프스키가 페트로그라드에서 올린 공연 <우리엘 아코스타(Уриэль Акоста)>의 주인공과 동일한 스페인 복장을 한 인물도 보인다. 그의 양면적 얼굴은 "쿨투르리가(Культур-Лига)"에서 샤갈과 함께 했던 두 유대인 나탄 알트만(Натан Альтман)과 다비드 슈테렌베르그(Давид Штеренберг)를 연상시킨다.

화면 제일 오른쪽에는 붉은 옷을 입은 그라노프스키가 물이 담긴 대야에 발을 담근 채 쉬고 있다. 이것은 유대인들의 전형적인 휴식방법이다. 붉은 옷으로 인해 이 인물이 프롤레타리아트 또는 유대 문화를 혁명화하는 과업이 잘 수행되고 있음에 만족하며 휴식하는 그라노프스키라는 해석도 분분하다. 오른쪽 하단에는 챙이 달린 모자를 쓴 군인이 돼지에게 소변을 보고 있다. 이것은 이교도에 대한 반항을 의미하며, 할례를 받은 군인의 모습은 샤갈 본인으로 유대인의 자부심을 드러낸다. 이 부분은 성경의 사무엘상 25장 22절을 이용해 언어적 유희를 극대화시켰다. 다윗은 나발이 양털을 깎는 날 부하들을 보내 양들이 안전하게 풀을 뜯도록 지켜주었으니 식량을 달라고 부탁하지만, 나발로부터 거절을 당한다. 이에 격분한 다윗은 "내가 그에게 속한 모든 남자 가운데 한 사람이라도 아침까지 남겨두면 하나님은 다윗에게 벌을 내리시고 또 내리시기를 원하노라"라고 천명한다. 여기서 '한 사람이라도'라는 말을 문자 그대로 읽으면 '벽에 소변 보는 놈'이다. 이 군인은 유대 극장 또는 유대 세계의 가장자리 쪽으로 등을 돌린 채 서 있다. 그러므로 이 유대인은 정반대의 목적을 행하면서 유대주의의 계율을 실행한다. 즉 유대 세계의 담 너머에 위치해 있으면서 유대 세계의 내부에 존재하는 것이다.[39] 샤갈은 이 부분에서 반기독교적인 공격을 색줄무늬로 처리했다. 오른쪽 옆으로 샤갈이 자신의 작은 고향이라 일컬었던, 그의 가족들이 살았던 유대인 거주 제한마을(местечко) 리오즈노(Лиозно)의 집이 보인다. 집 위의 사다리는 위대한 작품탄생을 위해 내려오는 샤갈을 상징한다.

주요 등장인물이외에도 샤갈의 가족들, 친구들, 현대 유대인 화가들이 이 작품의 구성을 차지하고 있다. 그 가운데에는 여배우 사라 로이바움(Сара Ройтбаум)과 이다 아브라감(Ида Абрагам), 극작가 이케츠켈 도브루신(Икецкель Добрушин)[40]등이 있다. 인물들은 여러 차례 등장하기도 하며, 미호엘스와 그라노프스키의 경우는 이 화면 안에 세 차례나 등장한다. 우산 밑에서 사람의 이미지가 지속적으로 반복되고, 이것은 우산이라는 말이 이디시어로 '신이 우리를 보호하게 하라'라는 말의 일부임을 환기시킨다. 화면 오른쪽 관객들을 향해 몸을 돌리고 우산을 쓴 이는 샤갈이며, 그 아래쪽으로 관객들 뒤의 바이올린 연주자 역시 샤갈로 어깨에 평화를 상징하는 비둘기를 얹고 있다. 바로 그 위쪽으로 키파를

39) Л. Кацис, *Смена парадигм и смена парадигмы*, с. 332.

40) 도브루신은 쿨투르 리가 중앙위원회의 예술분과의 수장이었던 인물이다, 쿨투르 리가의 발족과 진행과정에 대해서는 Г. Казовский, *Художники Культур-Лиги*, М.: Мосты культуры, 2003를 참조할 것.

쓰고 나무 위에 올라앉은 젊은 날의 샤갈과 그를 맞이하러 과거의 세계로부터 온 그의 부모님들이 보인다. 바이올린을 켜고 있는 샤갈로부터 중앙의 악단 쪽으로 대홍수 이후의 언약의 무지개가 이어져 있다. 닭, 그리고 물고기를 물고 또 다른 닭 위에 올라탄 사람은 유대세계를, 오른쪽 상단의 할례기구를 잡은 두 손은 스무 살이 넘어 할례를 받은 아코스타를 상징한다. 아코스타 아래로 축하음식을 들고 시중드는 사람은 엘리시츠키(Эль Лисицкий)이며 하단의 바이올린을 켜는 샤갈 왼쪽으로 구두를 물고 있는 기죽은 사내는 말레비치(Казимир Малевич)이다. 샤갈은 이디시 극장 작업 직전에 있었던 리시츠키와 말레비치와의 갈등을 구상화에 대한 승리라는 해학적인 방법으로 표현해내고 있다.

부차적 인물들도 나름 작품의 전체에 의미를 기여하고 있다. 곡예사의 다리에 붙은 헝겊 조각은 현대 이디시문학의 3대 작가인 숄롬 야코프 아브라모비치(Шолом-Яков Абрамович)와 이추혹 페레츠(Ицхок Лейбуш Перец), 숄롬 알레이헴(Шолом Алейхем)을 나타낸다. 또는 샤갈 세대의 작가들인 니스터(Дер Нистер)와 발 마흐쇼베스(Бал-Махшовес)라는 가설도 있으며, 샤갈의 지인들, 유명 작가들, "쿨투르 리가"의 예술가들의 이름들 또한 나열되고 있다. 패널의 내용, 인물들의 정체성, 그리고 비문(碑文) 텍스트, 각자 얘기하는 세밀한 부분까지 덧붙이자면 훨씬 폭넓은 이야기 거리들이 이 안에 숨겨져 있다. 복잡하지만 <이디시 극장의 소개>는 미학적 통합의 뛰어난 향연이다. 이는 일찍이 샤갈이 오르피즘을 접한 덕분이기도 하지만, 역설적이게도 그림을 그리기 직전 절대주의와의 괴로운 충돌을 경험이 있었기 때문에 가능했다.

객석 오른편에 걸린 <음악(Музыка)>, <춤(Танец)>, <연극(Театр)>(또는 <드라마(Драма)>), <문학(Литература)>은 네 개의 예술적 알레고리를 표현한다. 이 그림들은 관객들에게 선택받은 민족에 의해 창조된 만큼 신의 세계가 스며들어 있는 유대 예술을 명료한 언어로 이야기하고 있다.[41] 샤갈은 1928년 이것들을 민속음악가, 여자 무용수, 결혼식 어릿광대, 토라 필경사‘라고 설명한다. 이는 유대인 거주 한정구역에서 4가지 예술이라 여겨진 유대인들의 전통 행위를 뜻한다. 신랑 신부보다 앞서가는 바이올린 연주자 클레즈메르(Клезмер)와 중매쟁이 샤드한(Шадхан), 결혼식 행렬을 따라가는 바드한(Бадхан), 토라를 기록하는 소이페르(Сойфер)는 유대 결혼식의 특징과 문화를 한 눈에 알아볼 수 있게 하는 것이었다. 당시 유대 문화에서 풍속으로서의 극장은 겨우 생존하는 정도였으므로, 이 그림들은 새로이 만들어진 이디시 극장의 중요한 전시적 요소로 간주되었다.

<음악>은 1912~1913년 작 <바이올린 연주자>를 대폭 개작한 작품이다. 비텝스크 마을 위에 우뚝 서 있는 바이올린 연주자는 샤갈에게 있어서 전 우주적 창조의 성격을 띤다. 하늘과 땅을 연결짓는 매개자를 연상시키며 바이올린 연주자는 연주와 동시에 기도를 올리며 창조의 시작을 알린다. 바이올린 연주자의 주변은 매일매일 일어나는 일상의 그림들로 채워져 있다. 상단의 천사의 왼쪽에는 말레비치를 연상시키는 변형된 검은 사각형이, 그리고 오른쪽에는 말레비치의 흰 바탕에 검은 사각형이 자리하고 있다. 이로써 비텝스크에서 시작된 절대주의의 창시자와의 논쟁이 여전히 지속되고 있는 착각을 들게 만든다. 비텝스크 미술학교 사건으로 상처 입은 샤갈이 말레비치의 절대주의 추상에 가하는 죽음이다. 말레비치가 <검은

〈음악〉(1920)

41) К. Костяк, *Марк Шагал*, с. 23.

사각형>으로 기존 회화의 죽음을 선포하였듯, 샤갈은 이제 역으로 그의 회화의 종식을 그려내고 있다.

<춤>에 그려진 여인의 모습은 유대인 거주 제한마을의 민중축제에서 막 걸어 나온 듯 결혼식의 카니발적 분위기를 전한다. <극장>의 구성은 유대 민족 문화인 바드한(Бадхан)의 이미지를 체현하고 있다. 고대전설에 따르면 순회 가수였던 그는 후에 민중축제와 연극 공연의 영웅이 되었으며 유대 결혼식의 중심인물이기도 했다. 결혼식에서 바드한은 익살꾼이자 연회를 이끄는 사회자이며 이야기꾼이고 광대였다. 잔치자리에서 바드한은 손님들을 즐겁게 하다가 일단은 부모님 집을 떠나야하는 신부의 고통스런 운명을 애도하며 슬픔으로 통곡을 한다. 그런 다음 바드한은 분위기를 정반대로 바꾸어 새롭게 태어나는 가정의 행복한 미래를 찬양한다. 바드한의 이미지는 유대 연극의 민속적이고 의례적인 데서 기원하고 있으며, 그것은 그 자체로 민속 유머와 독특한 관계를 갖고 있다.

〈춤〉(1920)

〈연극〉(1920)

〈문학〉(1920)

연극예술의 네 번째 상징은 <문학>이다. 샤갈에게 있어 문학은 무엇보다도 수세기에 걸쳐서 필사된 토라(Tora)를 의미했다. 샤갈은 필경사(소이페르)를 꿈을 꾸는 최초의 시인이라 일컬었다. 그림에서 필경사는 탈릿(талит, 기도숄)을 쓰고 있지만, 그가 쓰고 있는 텍스트는 성서가 아니라 민속 이야기의 시작이다. 필경사 위의 흰 암소는 샤갈이라는 단어를 내뱉으며 울고 있고, 소년은 의자 위에 "연극"이라는 패를 붙들고 있다. 소실점을 없앤 역원근법의 사용은 러시아 이콘화를 상기시키며 그림의 구성은 전도자의 형상을 나타낸다.

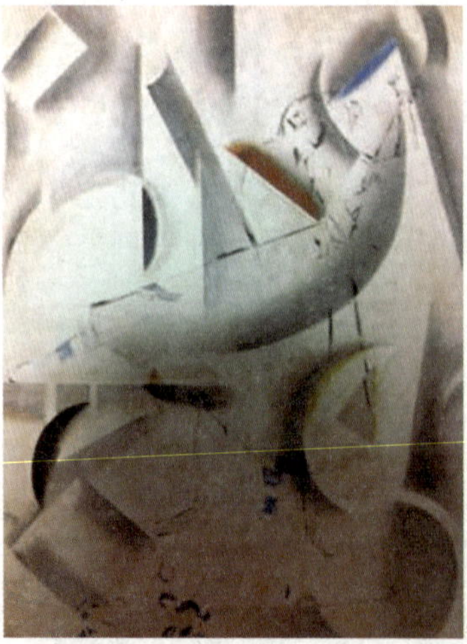
〈무대 위의 사랑〉(1920)

이 네 그림 위에는 익살맞고 기묘한 프리즈(띠그림)인 <결혼식 피로연(Свадебный стол)>이 걸려 있고, 무대 맞은편에는 더 차분하고 입체파적이며 시적인 암시를 주는 <무대 위의 사랑(Любовь на сцене)>이 걸려 있다. <결혼식 피로연>은 축제 세계의 한 단면을 보여준다. 소박한 정찬, 음식이 담긴 접시들과 병들은 일반적인 정물화와는 전혀 닮아있지 않다. 그것들은 매우 비사실적이고, 가끔씩 접시에 담긴 닭과 같은 개별적인 세부 표현은 눈앞에서 살아나는 듯하다. 사람들과 하늘, 그리고 무생물들이 동일한 권리를 갖고 성대한 축제에 직접 참가하는 만큼 부속물들이 아닌 것이다.[42] <무대 위의 사랑>은 다른 그림들처럼 화려하게 장식되어있거나 컬러풀한 세밀함은 없지만, 오히려 그런 것들과 차별되어 이 모든 구성을 완성시킨다. 샤갈 이름의 모음 표기를 자유로운 필기

42) А. Каменский, *Марк Шагал: Художник из России*, с. 235.

체로 쓴 세 개의 히브리어 문자와 그 이미지에 상응하는 무용수들, 이 모음들을 덧붙여 샤갈의 이름을 의미하게 되는 해석은 흥미롭다. 샤갈의 머리글자인 히브리어 문자 'Ш'는 신의 이름을 나타내는 첫 글자(Эль Шаддаи)와 동일하기 때문에 붉은 선으로 구분되어 있다. 다른 글자 'Л'은 사랑을 의미하는 단어 '리베(Либе)'이다. 그리하여 관객들은 그들에게 보내진 화가의 편지를 보고 읽을 수 있으며, 그 편지에는 사랑에 대해, 그리고 이 작품을 그린 화가의 이름과 온 우주 만물의 창조자의 이름이 적혀 있다. 지금은 남아있지 않지만, 천장은 하늘을 나는 연인들의 그림으로 장식되었으며, 무대 커튼에는 신화적 분위기의 흰 염소들이 그려져 있었다고 알려져 있다.

이디시 극장을 위해 그린 샤갈의 그림들은 엄청난 영향력을 미쳤다. 미호엘스는 이 그림을 연구함으로써 신체를 사용하는 방법, 말하고 움직이는 법을 새로 배웠노라고 말했으며, 숄롬 알레이헴의 작품 공연은 극장 레퍼토리의 일부가 되었다. 그러나 그라노프스키의 사실주의적 요소를 무대에 도입하는 방식과 샤갈 특유의 비자연주의적 성향과 개성은 충돌을 일으켰고 이들의 협력관계는 오래 지속되지 못했다. 이로써 샤갈은 러시아에 더 남아있어야 할 이유를 찾지 못하게 된다. 너무 선구적이었던 탓일까. 샤갈은 서구의 화법을 답습하는 듯한 러시아의 뒤떨어짐을 거부했고, 서구 예술의 깊이 없는 한계 또한 적응하지 못했다. 결국 샤갈은 그 어디에도 조화될 수 없는 딜레마를 안고 있었다. 그의 자유로운 성향은 태생적인 한계에서 벗어나고자 하는데서 시작되었고, 또 그러한 경계적 정체성은 그로 하여금 그 누구도 일구지 못한 복합적이면서도 특별한 이야기를 담은 그림을 만들어내게 했다.

유대인으로서 삶, 그 어디에도 귀속될 수 없는 방랑자로서의 삶은 샤갈에게 자유에 대한 갈망과 영원히 고독할 수밖에 없는 인식을 부여했다. 샤갈은 유대인의 전통과 민속의 세계에 대한 자부심을 갖고 있었기에 이 특별한 삶을 그려내고자 했지만 다른 한편으로 자신이 살았던 삶의 터전이나 신분처럼 제한된 세계에 머물러 있기를 거부했다. 그 어떤 유대 화가보다도 유대적 주제의 그림을 많이 그렸음에도 불구하고 샤갈은 유대 화가로 고정되는 것을 원치 않았다. 샤갈은 자신이 인종적인 의식에서든 예술 기법적인 측면에서든 한 민족에 귀속된다고 여기지 않았다. 그에게는 여러 본질들이 동시에 존재하는, 그리고 서로에게 예외적이면서 또 동시에 서로 서로를 보완하는 그런 것이 존재할 뿐이었다.

샤갈의 민족적 정체성은 일종의 추상적인 '나(я)'가 아니라 소통의 특별한 상황과 그가 말하거나 쓰고 있는 언어, 그리고 독자와 그들의 기대에 달려있는 것이었다.[43] 그것은 그가 유대인으로 살아가기보다는 코스모폴리탄적인 삶을 더 열망하고 있었음을 의미한다. 그의 회화에 풍성함을 가져다준 유대 민속문화를 사랑했던 것이었고, 그것으로 자신을 규정하기를 원치 않았던 것이다. 결국 그의 미술의 한 부분은 유대문화로부터, 또 한 부분은 러시아로부터 온 것이고, 그리고 남은 부분은 프랑스를 비롯한 유럽으로 채워지기를 바랐던 것이다.

그런 의미에서 1914년 작 <비텝스크 위에서(Над Витебском)>는 보따리를 매고 회색 도시를 부유하는 유대인의 삶뿐 아니라 샤갈의 삶과 샤갈의 예술적 탐색을 상징한다. 이 그림은 예언자 엘리야나 방랑하는 루프트멘슈(Luftmensch)[44]같은 전형적인 인물을 암시한다. 이디시문학과 샤갈의 그림에 자주 등장하는 공중을 떠다니는 루프트멘슈는 당시 수많은 동유럽 유대인들이 집집마다 돌아다니며 구걸하는 빈곤의 모습을 형상화한 것이었다.

---

43) Б. Харшава Ред.), *Марк Шагал об искусстве и культуре* (М.: Текст, 2009) с. 49~50.

44) 이디시어로 루프트멘슈(Luftmensch)는 '공기같은 인간'이다. 루프트멘슈는 중세 박해 받던 유대인들이 사용한 용어로, 무엇이든 기회가 있으면 달려들어 조금의 틈이라도 생기면 공기처럼 스며든다는 절박함의 표현이다. 김욱, 『유대인의 모든 것』 (서울: 지훈, 2005), 36쪽.

〈비텝스크 위에서〉(1915~1920)

샤갈은 자신의 내부에서 일어나는 유대적인 혹은 러시아적인 다중적인 열망과 목소리들에 귀기울고 응답함으로써 색의 다채로움을 알게 되었고, 또 어느 주류에도 매이지 않는 자유로운 감성으로 모든 회화의 실험성을 온 몸에 담아내었다. 그리고서는 자신의 방식으로 그와 같은 실험적 회화들을 이해해나가면서 그만의 독특한 회화세계를 구축해나갔다. 샤갈의 삶은 루프트멘슈처럼 모든 상황에 적응할 수 있는 능력을 필요로 했다. 전형적인 유대인으로서 그가 지닌 이런 능력은 어디에도 적응할 수 있는 탄력성을 확보하는 것이었다. 20세기 다양한 미학적 탐색과 예술적 실험이 병존하던 시대를 살면서 샤갈은 그 모든 다양함들을 활용하는 루프트멘슈였다. 공기처럼 가볍고 어디에도 뚫고 들어갈 수 있는 인간, 그러면서도 공기처럼 누구에게나 필요한 것을 갖추고 있는 사람이었던 것이다. 그 어디에도 안주할 수 없던 유대 화가 샤갈의 방랑적 삶은 그렇게 회화적 주제를 탐색해나가는 예술가의 삶으로 승화되고 있었던 것이다.

4. 결 론

영원한 순례자(Вечный странник)라는 명칭이 샤갈만큼 잘 어울리는 사람도 없을 것이다. 샤갈은 때로는 유대인 화가로, 때로는 러시아 화가로 때로는 프랑스 화가로 일컬어지면서 세계 미술사에 큰 족적을 남겼다. 그의 예술의 가장 기본은 이해하기 쉽고 대중적이어야 한다는 것이었다. 20세기 초 많은 예술가들이 새로운 미술을 탐색하면서 대중과는 거리가 먼 탐미적이고 예술지상적인 방향으로 치닫고 있을 때, 샤갈은 그들과 같이 예술적 실험에 동참하면서 자신만의 시각으로 세계를 바라보고 표현하고자 했다.

추상미술이 정점에 도달해있던 시기, 샤갈의 예술은 다소 진부하고 시대를 역행하는 것으로 비난을 받았다. 그러나 전혀 다른 예술을 추구하는 듯 보였던 러시아 추상미술과 샤갈의 미술이 러시아의 이콘화라는 한 뿌리에서부터 출발했음을 간과해서는 안 된다. 비록 이들의 표현은 각기 달랐지만 시작점은 동일했고 이콘화에 대한 재해석과 현대미술에의 접목으로 발전되어가는 방식 또한 유사했다. 뿐만 아니라 극단적인 추상미술로 인해 의견이 갈라서기까지 샤갈은 러시아 아방가르드 미술의 중요한 한 부분을 담당하고 있었다. 러시아 아방가르드 미술이 문학과의 교류를 통해 새로운 가능성을 찾고 있었다는 점을 상기해야 할 것이다. 사고체계에서 상징은 중요한 의미를 지닌다. 상징에 대한 이해는 추상미술에 대한 개념을 발전시켰다. 러시아 모더니즘예술에서 텍스트와 그림의 만남이라는 조합은 샤갈에게 강렬한 인상을 부여했을 뿐 아니라 두 문화 간의 충돌과 접촉을 통해 장르의 파괴, 이종의 혼합과 같은 시도들을 가능케 했다.

샤갈은 고향을 떠날 수밖에 없지만, 자신의 그림들은 여전히 고향에 충실했노라고 고백한 바 있다. 이 고향은 작게는 그가 태어나고 자란 유대인 마을인 비텝스크이지만, 큰 범주에서는 러시아를 의미한다. 비록 러시아에서 영원한 방랑자로 살 수밖에 없었던 그였지만, 러시아 예술로부터 완전히 벗어난 그를 상상하기란 불가능하다. 그의 예명 샤갈(Шагал)은 '한 걸음(шаг)'에서 기인한다. 러시아에서 다른 세계로 한 걸음을 내딛고 싶어 했고, 또 내딛기 위해 노력했던 그였다. 유대인으로서의 그는 태생적으로 러시아에서 이방인으로 살아갈 수밖에 없는 삶을 부여받았다. 유대식 교육과 관습은 샤갈의 자부심이었다. 유대문화에 대한 예술적 소개, 그리고 유대인 고유의 삶에 대한 시각들은 그의 캔버스 속에서 생생하게 되살아났다. 결국 그의 삶은 러시아 유대인이라는 경계적 유형의 인간들을 대변하는 것이었고, 그가 평생을 통해 보여주고자 했던 것은 그들의 소통방식과 다채로운 삶의 모습이었다.

샤갈의 작품에는 이처럼 러시아 예술과 유대 예술에서 도출한 고유한 표현방식이 존재한다. 샤갈을 비롯한 많은 러시아 유대인 예술가들과 문학가들은 20세기 초 러시아 내에서 유대 르네상스를 이끌며 러시아 문화에 풍요로운 시각과 다양한 면들을 제공했다. 분명한 것은 유대 문화예술의 특수성과 장점을 고려하더라도 이것이 꽃을 피울 수 있었던 것은 러시아 예술문화라는 비옥한 토양이 있었기 때문이라는 사실이다. 문화예술에 대한 러시아의 높은 조예는 러시아 유대인들의 예술에 촉매제가 되었으며 새로운 장르로서의 유대 미술을 가능케 했다. 결국 샤갈이라는 걸출한 미술가가 탄생할 수 있었던 것도 러시아라는 문화예술의 기반과 유대인이라는 고유한 민족문화의 결합이 가능했기 때문이다. 따라서 샤갈의 등장이 러시아 모더니즘 시기 문화예술 전반에 걸쳐 나타난 실험적 시도에서 결코 벗어나지 않으며, 유대적 뿌리와 러시아의 가지에서 자라난 슈퍼 변종같은 존재였음을 인식해야 할 것이다.

참고문헌

김욱. 『유대인의 모든 것』. 서울: 지훈. 2005.

모니카 봄-두첸. 『샤갈』. 남경태 옮김. 서울: 한길아트. 2003.

이덕형. 『러시아문화예술의 천년』. 서울: 생각의 나무. 2009.

재키 울슐라거. 『샤갈』. 최준영 옮김. 서울: 민음사. 2010.

A. I. 조토프. 『러시아 미술사』. 이건수 역. 서울: 동문선. 1996.

캐밀러 그레이. 『위대한 실험 러시아미술 1863-1922』. 전혜숙 옮김. 서울: 시공아트. 1989.

Будницкий, О. В. *Русско-еврейская культура.* М.: Российская политическая энциклопедия. 2006.

Вальтер, Инго Ф. Райне Метцгер., *Марк Шагал 1887-1985: Живопись как поэзия.* М.: Арт-родник. 1993.

Ваксман. Т., Рубина, Д., Карафелов, Б.(ред.) *Канон и свобода: Проблемы еврейского пластического искусства.* М.: Дом еврейской книги. 2003.

Вестник еврейского университета в Москве. Москва. № 3(10). 1995.

Вранеша, А. *Научные концепции века и русское авангардное искусство.* Белград. 2011.

Долматов, В. и др. *Евреи в России.* М.: Достоинство. 2012.

Казовский, Г. *Художники Культур-Лиги.* М.: Мосты культуры. 2003.

Каменский, А. *Марк Шагал. Художник из России.* М.: Трилистник. 2005.

Кацис, Л. *Смена парадигм и смена парадигмы.* М.: РГГУ. 2012.

Коваленко, Г. *Амазонки авангарда.* М.: Наука. 2004.

Костяк, К. *Марк Шагал.* М.: Изд. Директ-медиа. 2010.

Надеждин, Н. Марк *Шагал: Полеты во сне и наяву*. М.: Майор Осипенко. 2010.

Осовцов А. А., Яковенко И. А. *Еврейский народ в России: кто, как и зачем к нему принадлежит*. М.: Дом еврейской книги. 2011.

Сарабьяев, Д. и др. Малевич. *Классический авангард*. Витебск. 11. Минск. 2009.

Хаггард, В. *Моя жизнь с Шагалом: семь лет изобилия*. Москва. 2007.

Харшава, Б.(Ред.) М*арк Шагал об искусстве и культуре*. М.: Текст. 2009.

Шагал, М. *Моя жизнь*. СПб.: Азбука. 2012.

Эфос, А. *Профили. очерки о русском художниках*. СПб.: Азбука-классика. 2007.

http://www.chagal-vitebsk.com/node/121 (2013년 1월 10일 검색)

http://www.yazib.org/yb050308.html (2013년 2월 15일 검색)

IV 영상 언어와 이미지

7

지아장커의 이미지 서사 구성과 문자, 언어

- 스틸라이프, 24시티를 중심으로

김 영 미

이 글은 지아장커 賈樟柯 Jia Zhangke의 영화 가운데 [스틸라이프 三峽好人 Still Life, 2006]와 [24시티 二十四城记 24 City, 2008] 두 영화만을 가지고 그것의 이미지-서사 가능성을 살펴보는데 목적이 있다. 여기서 말하는 '이미지-서사'라는 것은 문학적 서사가 아닌 영상이 이루어내는 서사로서 들뢰즈 Gilles Deleuze의 해석체 interpretant없이 진행되는 이미지들의 집합체[1])를 말한다. 더 정확하게는 언어로서의 지시체와 지시내용을 고정하는 성격으로부터 벗어나 그 의미가 고정되지 않은 이미지들이 만들어내는 서사구성을 말한다. 펠만 Fellman, Ferdinand에 의하

1) 들뢰즈는 서사 narration개념 자체를 이미지가 지시하는 바대로 주어진 것 given으로 보지 않는다. 그는 서사란 이미지 그 자체들의 조합의 결과 direct combination라고 말한다. 이것은 이미지 즉, 쇼트가 하나의 언표 utterance라고 보는 메츠의 입장과 전혀 반대 입장에 서 있다. Gilles Deleuze, translated hy hugh tomlinson and robert galeta, *Cinema 2 The Time-Image*, Mineapolis: University of Minnesota Press, 1989, p.25,26

면 이러한 것들은 서사에 통합되지 않는 이미지들이라고 통칭할 수 있다[2]. 이것은 이미지의 비의도성, 말하자면 언어와 달리 현실적 사물이 가지는 '느낌'에 대한 것이 추가되면서 발생되는 다양한 해석체 혹은 이미지 자체가 지니고 있는 무수한 단면에 대한 것들과 관련된다. 즉 관객들에게 채 지각되지 않은 영화 속 이미지들은 어떠한 방식이던 '움직이면서' 혹은 화면에 배치되면서 동시에 '고정되어' 무한한 서사의 가능성을 가지게 된다. 본 논문에서는 언어의 가시적 고착형태인 '문자'를 역동적인 현실이미지의 움직임 속에 두면서 갖게 되는 서사구성에 중점을 둔다. 즉 문자가 이미지들과 동항으로 쓰이게 되면서 그 문자가 불러오는 이미지들에 대한 가능성을 살펴봄으로써 현실이미지의 움직임 가운데 산출해 내는 문자의 정지된 이미지로서의 효과를 살펴보게 된다. 또한 문자나 언어들이 이미지에게 지배당함으로서 얻어지게 되는 영화 필름 자체적인 이미지 서사의 가능성을 진단해 본다.

일반적으로 영화 속에서 문자는 자막의 형태로 가장 많이 쓰여 진다. 그것은 어디까지나 이미지를 한정시키기 위하여 혹은 이미지를 어떤 한 해석체아래 두기 위해서 핀과 같이 고정시켜준다. 하지만 지아장커는 언어로 간주되는 '문자'라는 질료덩어리[3]를 전혀 다른 방식으로 다룬다. 2006년에 그가 제작한 [스틸라이프]에는 '담배 烟 - 술 酒 - 차 茶 - 사탕 糖'과 같은 한 글자로 이루어진 문자들이 현실적 이미지 화면위로 떠오르며 문자와 이미지들의 관계에 주목하도록 만들었다. 그러나 영화 속에서 이것들의 결합은 쉽게 간파되지 않는다. 간단하게 말해서 문자는 그것이 지니는 원래의 의미대로 현실이미지들을 고정시키지 않

2) 펠만은 이미지와 언어를 완전히 이질적인 것으로 분리하여, 이미지가 대상을 지칭하지 않는다고 말한다. 박영욱 지음, 『매체, 매체예술 그리고 철학』, 향연, 2008, p.96

3) 들뢰즈 Gilles Deleuze는 이것을 '(언어로서)변형이 가능한 질료형태덩어리 Plastic Mass'라고 표현하고 있다. Gilles Deleuze, pp.29

았다. 그러면서도 동시에 지속적으로 현실이미지 화면과 어떤 역동적 관계에 놓일 것을 요구하고 있었다. 다시, 2008년이 되면 지아장커는 [스틸라이프]에서 쓰인 문자보다 훨씬 많은 문자와 그러한 문자로 이루어진 시구 詩句, 그리고 뉴스릴과 같은 보도성의 기록단면들로 화면을 채우면서 [24시티]를 선보인다. 여기서 문자는 현실이미지를 다루는 화면들과 함께 하나의 화면을 꽉 채우면서 몽타주 montage를 이루었다. 얼핏 보아 이러한 문자로 이루어진 화면들은 현실적 이미지에 대한 객관적인 보고서작성과도 같이 기록의 성질을 갖고 있는 듯하다. 개인적 삶에 대한 객관적 활자화와 같이 보인다. 하지만 그것은 현실에 대한 기록의 성질을 지니고 있다고 하기에는 적절치 않았다. 오히려 그런 문자로 이루어진 화면은 현실이미지와 단절되는 경험을 만들어 낸다. 그것은 정지되어 있으면서 현실이미지의 역동성을 잠시 멈추게 만든다. 이로써 이 영화에서 문자와 현실이미지는 서로에 대한 상보를 하고 있다거나 혹은 기록의 형태가 아닌 현실이미지만큼의 동급인 정지 이미지로서 처리된다는 것을 알게 된다. 따라서 이 두 영화를 통해 주목해야 하는 것은 현실 이미지 속에 둔 문자의 위치다. 또한 문자의 특성상 정태성을 가진다는 사실에 주목하는 것이다. 따라서 그의 영화 속 문자들로 이루어진 화면들은 움직이는 현실 이미지화년 가운데에 위치하면서 여전히 그들 언어적 성질을 유지할 수 있는지 그리고 이 두 화면간의 간격이 주는 단절감은 화면끼리 어떤 연관성을 지니게 되는지 의문을 불러일으킨다. 과연 이 두 영화에서 보이는 문자들은 자신의 정태성을 유지하면서, 그러니까 정지하면서 여전히 현실이미지와 같이 '움직이고' 있는지 혹은 그러한 현실적 이미지와는 다른 이미지로서의 가능성을 지니고 있는지를 살펴보게 만든다. 왜냐하면 여기서 보이는 문자들은 현실이미지의 단순한 해석체로 사용되는 것이 아니기 때문이다. 더 나아가 현실이미지의 의미체를 고정하기 위해 문자가 사용된 것이 아니기 때문이다.

그것들은 화면에 노출된 또 다른 이미지-서사 전략임에 틀림없다.

지아장커는 1997년 [소무 小武 Xiao Wu, 1997]를 시작으로 특유의 펀양 汾陽사투리와 눈에 익지 않은 비전문배우를 기용함으로써 화면 안에 빠져들지 않는 지지부진한 이야기들을 화면화하는데 성공한 감독이다. 특이하게도 그 지지부진한 이야기들은 그다지 중요해보이지 않는 화면들의 연속으로 이어지고 있는데, 1978년 개혁개방이후 변해가는 다양하지만 지리멸렬한 느낌을 주는 중국의 모습을 가시화했다고 평가된다. 또한 그는 지지부진한 화면구성을 통해서 그것이 담고 있는 이미지 자체가 중국의 현실이라는 것을 드러내는데 성공했다[4]. 지아장커는 본인의 현 중국의 시공간에 대한 사유의 지점들을 언제나 현실이미지를 통해 노출시킨다. 또한 그러한 사유의 노출은 영상이미지 서사의 가능성을 충분히 증명한다. 바로 여기에 그의 영화의 특성이 있다. 그것은 그가 문학적인 문자기록의 연장선상에서 이미지를 다루는 것이 아니라 이미지 그 자체가 영상기록이 되는 방법을 채택한다는 사실이다. 그의 영화가 어떻게 문학적 출발이 아닌 영상적 출발에서 서사가 완성되는가 하는 문제는 그의 영화 전편에서 시도한 여러 가지 방법들과 이미지 산출에서 찾아볼 수 있다. 그가 그러한 현실적 화면구성 속에 사용한 것은 그림이나 티비 등의 이질적인 예술 매체와의 결합 혹은 시공간을 통과하는 역사적 인용 등이다. 때로 그는 시각적인 부분이 아닌 청각적 부분을 통해서 현실 이미지를 증대시키기도 한다. 일반대중가요의 적극적 편입이 그 예인데, 이러한 대중가요는 단순히 서사의 보조 장치로 끝나지 않는다. 그것들이 불러일으키는 서민들의 애환이나 평범함 등이 오히려 그 노래를 부르는 시장통의 분위기나 혹은 각 인물들의 이야기를 드러내도록 기능한다. 이 부분이 바로 감독 특유의 이미지 조작법이라

4) 김영미는 6세대 감독들이 현재 '과정'진행중에 있는 중국의 현실을 그대로 화면에 담으려 하는 형식 자체가 그들의 영상 이야기 형태라고 지적한다. 김영미, 「'6세대'카테고리」, 『중국학연구』 제55집, 중국학연구회, 2011,3. p.207

고 할 수 있는데, 바로 이런 시청각적 매체를 적극적으로 이용하는 방식으로 그는 언제나 미술, 음악, 티비 등의 화면을 적극적으로 현실이미지 영화화면안으로 들여온다. 이러한 이질적인 화면들의 결합을 통해 그가 추구하는 것은 주관적인 감독의 편집이 드러나지 않으면서도 보다 리얼리즘적으로 다가감으로서 얻을 수 있는 지금의 이야기들이다. 따라서 이러한 '진짜'현실을 위한 현실이미지속의 이질적 장르의 결합은 데쿠파주 decoupage[5]의 전형을 보여주며 독특한 지아장커 이미지 전략을 이룬다. 이러한 화면들은 때로 수많은 몽타주의 한 화면으로의 결합이라고도 볼 수 있는데, 결론적으로 단절을 경험하지 않으며 지속적으로 사유의 움직임을 따라가면서 서사를 형성하는 것을 최종목표로 삼는다. 즉 그의 영상이미지의 서사가능성은 영화화면내에 다른 이질적 영상 화면을 넣음으로써 발생되는 '간격'에 있다. 그것들이 그림이 되었던 혹은 같은 현실이미지의 또 다른 삽입이던 말이다. 그것들은 현실적 이미지를 질료로 사용하는 것과 동등한 선상에서 다른 이미지를 평행 나열시킨다. 그것들은 모두 '비언어적인 순수기호론의 두 번째 질료 non-linguistic semiotics'[6]들에 해당한다. 그리고 이것들은 새로운 기호로 읽힐 가능성을 제시한다. 지아장커 영화 속 문자는 이런 측면에서 적극적으로 다뤄질 필요가 있다. 즉 지아상커의 영화 화면구성이 가지는 특이한 언술 가능한 utterable것들[7]의 나열은 문자를 그러한 가능성 속에 두도록 만든다.

통칭하여 지아장커의 문자를 이용한 '이미지-서사'전략이 과연 새로운 영화로서 기능할 수 있는가 가늠할 수 있는 것은 세 가지다. 하나는

---

5) 무성영화의 몽타주에 대안개념으로서의 데쿠파주는 행위의 시공간적 통합성을 존중하기 때문에 이음새가 보이지 않는 분석적 편집을 일컫는다. 그것들은 리얼리즘에 기초한 미학에 바탕을 둔다. 데이비드 보드웰 지음 김숙·안현신·최경주 옮김, 『영화 스타일의 역사』, 한울, 2002, p.80-83

6) Gilles Deleuze, pp.34

7) Gilles Deleuze, pp.29

사진과 달리 영화라고 하는 움직이는 이미지화면 속에서 문자로 구성된 움직이지 않는 화면 구성이 새로운 영화서사의 가능성을 열어 놓는가. 둘째, 영화가 출발부터 서사구성을 전제하지 않는다면 이미지들은 과연 서술하고 있는가. 만약 그렇다면 그것들이 의미하는 이미지들은 일반 현실의 이미지들과 어떠한 차이를 보이는가. 특히 문자와 같이 현실이 미지와는 동떨어진 것이 화면으로 투입되었을 때는 그것이 서사구성과 직접 관련을 갖게 되는가. 마지막으로 영화이미지 서사는 기록의 의미만을 지니고 있는가. 즉 현재성은 곧 과거를 담보함으로써만 가능한 것인가.

1. 정지하는 가

지아장커는 움직이는 이미지들로 이루어진 영화라는 장르에서 '정지의 순간'들을 어떻게 평가할 것인가 그러한 문제로부터 영상이미지의 서사가능성을 시험한다. 지아장커는 그의 글에서 "지금의 액션이 강한 영화들을 이전의 조용한 사색의 상태였던 영화로 되돌리고 싶었다"고 밝히고 있다[8]. 그는 문자의 조용함에 주목한다. 그것은 현실감이 없으면서 동시에 수많은 이야기들을 담은 현실이미지를 불러오기 때문이다. 따라서 그는 문자가 지니는 정태성을 인정하고 그것의 성질을 움직이는 이미지화면 속에 배치함으로서 그러한 효과를 얻으려 한다.

그는 문자 그 자체를 화면에 그대로 넣음으로써 그것들이 지니는 서사의 힘을 응축시킨다. 멈춰있는 이미지로서 문자는 그 문자가 의미하는 대로 현실이미지와 결합하지 않음으로서 그 성질을 배가 시킨다. [스

8) 賈樟柯 著,『賈想 1996-2008 : 賈樟柯電影手記』, 北京大學出版社, 2009, p. 249

틸라이프]의 화면에 나온 네 개의 문자 가운데 '술 酒'라는 문자는 술병을 들고 있는 이미지와 함께 출현한다. 하지만 이 현실이미지로서의 술병과 문자로서의 '술'의 이미지는 술과 관련된 이야기를 불러오지 않는다. 그렇게 '술'이 지니는 언어적 성격으로서의 의미들은 잠시 현실 화면에서 분리됨으로써 보류된다. 즉 문자와 현실 이미지가 서로를 상보하지 않는다. 이러한 사실은 '술'이라는 문자가 현실이미지의 해석체로서 기능하지 않는다는 것을 의미한다. 하지만 동시에 문자는 새로운 서사의 가능성을 말해준다. 여기서 문자는 현실이미지를 해석하는 해석체로 기능하는 것이 아니라 새로운 사유를 불러오게 된다. 실제로 이것과 관련하여 에코 Umberto Eco 의 '도상적 언술 il sema iconico'이란 개념은 중요한 해답을 준다. 그가 말하는 도상기호라는 것은 영화이미지에 대한 것으로, 영화이미지는 언어와 같을 수 없다고 지적한다. 연희원은 영화이미지가 지니고 있는 자연과 현실의 있는 그대로의 재현을 문제 삼으면서, 아무리 현실적인 이미지라 할지라도 에코의 도상기호법칙에 의거해 그것들이 '배제'되고 '선택'됨으로써 현실에서의 도상과는 달라짐을 설파한다[9]. 에코의 의미대로 보자면 영화이미지에서의 도상기호는 현실에서의 재료 가운데 선택되고 배제된 것 자체가 사물이 지니고 있는 원래의 의미 즉 사회적으로 약호화된 것을 이용한다는 의미를 띤다. 혹은 사물 그 자체에 약호화되어 있지 않다면 개인적인 의미로 새롭게 화면에서 태어난다. 이렇게 되면 현실에서의 사물은 영화이미지 내에서의 사물과는 전혀 다른 차원에 있게 된다. 즉 사물은 사물 그 자체에 의미가 고정되어 있는 것이 아니다. 그것은 카메라적 진실성을 보이는 영화이미지가 현실에서의 이미지가 아닌 다른 방식으로 해석될 수 있음을 말하는 것이다. 이것은 문자로 쓰여진 정태적 화면과 움직이는 현실이

---

9) 연희원, 「이미지와 기호 : 에코의 '현실 복제로서의 영화기호학'비판」, 『계간과학사상』, 2002,겨울, p. 179

미지 화면의 병치사용에 중요한 점을 시사한다. 그것은 현실이미지가 다른 방식으로 해석되는 것과 마찬가지로 문자도 역시 그럴 할 가능성을 지니게 됨을 의미한다. 지아장커의 영화 속 문자는 그에게 선택된 그 무엇이다. 그럼으로써 일반적 의미체인 문자와 달려지려고 한다. 다시 들뢰즈의 '언술할 수 있는 것 utterable'과 같은 개념으로 확장하여 그 관계를 조명해 본다면, 그의 영화 이미지 안에서 문자는 사물로서 포착된 현실적 재료와 같은 다양한 해석체로서의 물질로 기능될 가능성이 있다. 따라서 지아장커의 [스틸라이프]에서 쓰이는 네 개의 문자들은 화면 내의 정지의 형태를 취하면서 현실이미지의 정지 상태와 같은 효과를 거둔다. 말하자면 그의 문자들은 정물과 같은 사물처럼 취급된다. 그것은 문자가 이끌고 가는 서사의 형태를 띠기도 하고 문자가 이미지 그 자체로서 화면에 떠 있기도 하다[10].

'사탕 糖' 이라는 문자 역시 이러한 선택된 정물로서 기능한다. 제일 먼저 '사탕'이라고 쓰인 문자는 남편을 찾아 쌴샤 三峽로 들어온 선홍 沈紅이 이제 부부의 연을 끊고 쌴샤를 떠나려는 화면이 디졸브 dissolve 될 때 떠오른다. 이 화면들은 따르코프스키 Andrei Tarkovsky의견대로라면 원칙적으로 상이한 시간의 흐름을 갖는 단위화면들의 연결이다. 따르코프스키가 몽타주를 반대하고 영화의 리듬을 강조하였듯이 그는 선홍의 이야기를 끝내고 사탕의 이야기를 하려는 것이 아니었던 것으로 보인다. 따라서 '사탕'이란 문자로 시작되는 화면은 그와 관련된 이야기를 바로 이끌고 오면서 새로운 국면에 접어들지 않는다. 실제로 '사탕'이라는 현실적 이미지가 사물로서 기능하는 화면들을 보면 그것은 '먹

10) 하지만 문자이미지라는 말이 문자 자체의 미학을 추구하는 '캘리그라피 calligraphy'나 디자인으로서의 문자로서의 정열이나 혹은 위치의 문제를 다루는 '타이포그라피 typography'와는 거리를 둠으로서 문자 자체가 지니는 그림으로서의 가능성을 제시하는 것이 아니라, 문자가 영화 속 현실 사물과 동급으로 취급되기를 바란다.

〈그림 1〉 三峡好人 Still Life, 2006

는다'라는 행위보다는 '건넨다'라는 행위와 연결된다. 즉 일반적으로 사탕을 떠올리는 그런 이미지와 다르게 쓰인다. 사탕이라는 문자 뒤로 이어지는 현실이미지의 화면들은 적어도 두 시퀀스로 간격을 가지며 그것의 리듬을 갖는다. 한번은 [영웅본색 英雄本色, A Better Tomorrow, 1986] 속의 저우룬파 周潤發을 흉내 내는 청년이 공사판 일을 하러 가며 한산밍 韓三明에게 선물로 사탕을 건넨다. 또 한 번은 한산밍이 부인을 찾았을 때, 그녀가 한산밍에게 건넨 것이 바로 사탕이다. 그 두 시퀀스에 쓰인 사탕은 '하얀 토끼사탕 白兎子 '라고 하는 특정 사물이다. 그것은 지아장커에게 선택된 사물이다. 결국 사탕은 인간관계 시퀀스와 관련하여 특이한 지점을 형성한다. 다시 앞의 선홍의 얼굴과 사탕이라는 글자가 화면상에 간격을 두지 않으려고 애썼던 지점으로 가게 되면 앞의 '건네다'라는 행위에 속하지 못한 선홍을 발견하게 된다. 즉 선홍은 사탕을 건네받지 못한, 그러니까 사물을 건네 줄 사람과의 이별을 통해 사탕이라는 문자와 접해지면서 동시에 멀어지는 것이다. 따라서 '사탕'이라는 문자는 이야기와 이야기 사이의 접목이 아닌 몽타주할 수 없는 사건들을 '잇는'역할을 한다. 지아장커는 '사탕'이라는 문자를 통해 그러한 현실이미지로서의 사탕이라는 사물이 직접적으로 보여짐으로써 가질 수 있는 명사성의 화면을 동사형으로 풀어놓는다.

움직이는 이미지와 움직이지 않는 문자 화면과의 몽타주. 그것이 의미하는 바는 사유의 이어짐 곧 이것과 저것의 관계연결이다.

〈그림 2〉 三峽好人 Still Life, 2006

다시 '담배 烟'라는 문자를 보도록 하자. 담배라는 문자는 배가 그려진 배위에서 시작된다. 화면은 점차 아래로 내려가는 틸트 다운 tilt down를 통해 앵글의 이동을 보여준다. 그리고 자연스럽게 또 다른 화면속의 담배연기로 이어진다. 실제 현실에서의 담배의 '연기'는 담배라는 사물로부터 위로 올라가지만 영화 화면은 거꾸로 연기에서 담배로 내려오는 시각처리를 이룬다. 이러한 앵글의 처리는 '담배'라는 문자와 그 사물과의 인과관계를 가지는데 어색하도록 만든다. 따라서 담배라는 사물과 '담배'라는 문자가 불러올 수 있는 이야기 두 가지를 분리시킨다. 왜냐하면 '담배'라는 문자는 적어도 보이지 않는 담배연기의 형상화이기 때문이다.

이것은 문학적 출발을 염두에 두고 문학적 기술이나 기록을 위해 영화를 찍었던 고다르 Jean Luc Godard의 촬영법과는 완전히 다른 방향에 있다. 고다르의 영화 속에서의 자막 혹은 문자들의 삽입은 영화화면으로부터 관객을 분리시키는 것이 주목적이다[11]. 그는 문학작품과 같이 영화화면이 '쓰일 수 있다'고 생각했다. 실제로 그의 영화 속에서는 스스로가 문구를 쓴 노트들이 화면화 되기도 하고, 간략한 에피소드를 이끄는 문장들이 화면을 채우기도 한다. 또한 철학자와의 대화를 통해 문학적 고뇌와 문장 그리고 질문들을 이끌어낸다. 그의 영상이미지 안에

11) 고다르는 이미지를 랑가주처럼 사용해야 한다고 말했다. 그가 말하는 영화작가주의의 출발은 이러한 문학적 출발에서 나온다. 김건, 「1967년까지의 고다르 영화 속에서 이미지의 '텍스트화'」, 『문학과 영상』, 2002 가을겨울, p.8

서의 문자는 문학의 입장에서 다루어진다. 여기서 영상은 '쓰여진다 write'. 지아장커는 반대다. 그것은 영상 속에 포함된 '문자'로 사용된다. 즉 그러한 문자 이미지들은 문자 자체가 가지는 이미지 보다는 문자가 불러오는 뇌 속의 이전 이미지를 불러오는 그러한 영상이미지로서 존재한다. 그것은 쓰여지는 것이 아니라 다른 사물들이 가질 수 있는 이미지와 마찬가지로 존재한다. 일부 이것은 영화의 화면이 인간의 의식을 떠나 그 물질 자체로 구성될 수 있다는 베르토프 Dziga Vertov 의 키노-아이 Kino-eye[12]를 따른다. 여기서 지아장커의 영화 속 문자들은 '영화-오브제'로서의 성격[13]으로 간주될 수 있다. 그것은 현실이미지와 마찬가지로 영화오브제로 쓰일 수 있는 문자의 가능성이다. 하지만 동시에 그러한 문자로 이루어진 이미지가 물질적으로 독립하는 것이 아니라 그것에 인간의 사유라는 지점을 넣음으로써 새로운 가능성을 가져온다. 그것은 오브제로서의 성격으로 독립성을 지니는 것이 아니라, 오브제의 결합을 통해 생성되는 새로운 이미지의 영역을 추가시킨다. 따라서 지아장커의 문자 이미지가 지닐 수 있는 영화 화면의 오브제의 성격은 독립적이기보다는 관계적이라고 말할 수 있다[14].

---

12) 키노-아이는 인간의 눈 보다 완전한 영화의 눈을 말하며(지가 베르토프 지음 김영란 옮김, 『Kino-eye 영화의 혁명가 지카 베르토프』, 이매진, 2006, p.74)또한 배우와 미술가, 감독, 스튜디오와 세트가 없이 시도되는 실생활 그 자체가 영화 화면구성의 원 재료로 사용될 수 있는 것들을 말한다. 이것들은 '기노-아이=키노-보기(나는 카메라를 통해 본다)+키노-쓰기(나는 카메라로 필름위에 쓴다) + 키노-구성(나는 편집한다)'와 같은 도식을 가진다.(같은 책, p.164-165) 따라서 이것들은 사유를 떠난 물질 그자체로서 의미를 갖는다.

13) 김호영은 베르토프의 키노-아이 이론을 분석하면서 베르토프가 현실 이미지들을 구체적 현실의 특정한 시공간을 지시하는 재현물이 아니라 한편의 영화를 구성하기 위해 벽돌처럼 사용하였다고 지적한다. 또한 그는 이것을 사용 가능한 중성의 조각들, 일종의 형태적 요소들이 됨을 지적한다. 김호영, 「물질적 우주로서의 영화-베르토프의 키노-아이와 몽타주 개념을 중심으로」, 『외국문학』 제 46호, 2012,5, p.261

14) 특히 베르토프의 키노-아이와 지아장커의 영화가 달라지는 지점은 '사유'라는 부분이다. 베르토프는 키노-아의 원칙이 시구나 춤들이 아닌 사실들의 영향력을 말하였고, 지아장커는 반대로 그러한 것을 적절하게 오브제로 사용하였다는 것이

그는 주로 이러한 이질적인 화면들의 이미지화를 디졸브의 방식이나 틸트와 같이 비역동적으로 느껴지는 '부드러운 카메라의 움직임'을 이용하여 관객으로 하여금 이미지를 통한 지속적인 사유를 가능하게 한다. 또한 그 가운데 정태적인 성질의 문자가 함께 함으로써 그러한 사유를 유지하도록 꾀하였다.

지아장커가 문자들을 하나의 영화이미지로 쓰일 질료로 다룰 때, 이러한 문자로 이루어진 정지된 화면은 사유를 불러오며 동시에 움직이는 현실이미지 안에서 충분히 사유의 지점을 불러온다. 가령, 그는 이미지 자체의 겹침을 통해 수많은 시간과 공간을 통과시킨다. 그것은 사색의 시간을 요한다. 상대적 시간 말이다. 그것은 객관적 시간의 흐름을 감지하거나 현실에서의 시간성을 느끼는 것이 아닌 어떠한 현실적 공간에서 느낄 수 있는 매우 주관적이고 또한 심리적인 화면의 실제화면인용과 같은 것들을 구성한다. 그것은 과거와 현재를 잇는 경계의 허물어짐이고 동시에 그 공간에 대한 이야기를 한 화면에 몽타주한 형식으로 보여지기도 한다. 그것은 과거의 재현이 아닌 분명히 두 가지 서로 다른 이미지의 시간의 통과지점이 된다. [스틸라이프]에 보이는 싼샤의 수면위로 싼샤를 그려 넣은 지폐의 이미지가 작은 몽타주를 이루는 화면은 '싼샤'이라는 한 공간에 누적된 시간이고 그것 자체가 불러일으키는 수많은 시간에 대한 기억들의 만남을 불러일으킨다.

〈그림 3〉 三峡好人 Still Life, 2006

물론 과거의 어느 한 시점의 멈춘

다. 따라서 화면 자체가 물질적 성격으로서의 독립성이 있다는 것은 두 사람 모두 같은 출발을 하지만, 베르토프는 완전히 현실적 이미지에서만 그것이 가능하다고 봤고 지아장커는 현실이미지가 아닌 것들의 삽입 역시 물질적 성격을 지닐 수 있음을 증명했다.

이미지로서의 사진과 그것에 이어지는 그 시간대를 재현한 영화에 해당하는 역사기록물들에서도 이러한 이미지의 연결은 이루어진다. 이것은 흔히 알고 있는 '회상- 이미지 the recollection image'이다. 그것은 단순히 과거를 재현하는 것이 아니라 움직이지 않는 시간의 확대이다. 문자가 지니는 응축의 힘을 그대로 시사하는 바이다.

또 하나의 사유를 향한 현실 이미지 구성은 [스틸라이프]의 문자를 다른 예술 매체와 동등하게 만드는 역할을 하기도 한다. [동 東 Dong, 2006]의 화면은 한산밍의 또 다른 이야기인 [스틸라이프] 을 연결한다. 물론 지아장커는 영화화면의 리얼리티를 위해 화면의 깊이보다는 이어지는 화면처리 방법을 더 많이 사용하기는 하였다. 그것이 팬 pan으로 이루어지던 틸트 tilt로 이어지던 언제나 이어지는 화면의 연속을 이루며 화면을 '고요히 멈춰 있는 상태 靜'로 만들었다. 정물화처럼 말이다. [스틸라이프]과 같은 배경을 가진 그의 영화 [동]에서는 [스틸라이프]의 주인공인 한산밍이 리우샤오동 劉小東의 정물로 간주되고 있다. 그것들은 인간의 삶을 정태적으로 잡으려한 회화적 움직임을 불러일으킨다. 삶의 정태적 포착이라고 말할 수 있다. 실제로 [스틸라이프]의 영문제목은 [still life]이다. 영어를 그대로 해석한다면 '정태적 삶'이라고 볼 수도 있다. 보이지 않는 삶이라는 것은 시간을 따라 지속적으로 움직이는 것이다. 하지만 여기서 삶은 멈추는 듯 느리게 '살아지고 있다.' 그것은 같은 공간에 있는 다양한 현실적 이미지들의 포착이다. 지아장커 [스틸라이프]에서의 문자는 그런 것이다. 움직이고 있는 이야기들의 붙듦 혹은 삶이라는 시간을 통과하는 움직이는 것들의 포착이다. 관객은 움직이는 이미지들이 문자의 형태로 정지 되는 것을 봄으로써 현실이미지의 표

〈그림 4〉 東 Dong, 2006

면 속의 이야기들과 시간들을 사유하게 되는 그런 형식을 경험하게 된다.

이것들이 불러오는 효과는 감각의 극대화이다. 그것들은 정태적이거나 혹은 무료한 삶에 면면히 흐르고 있는 개인의 무한한 감정들의 표현법인 셈이다.

2. 서술하는 가

페이크다큐 fake documentary라는 말이 있다. '다큐멘터리를 가장한다 pretend'는 말인데, 정확히 말해서 이것은 완전한 다큐멘터리가 아니라는 말이다. 카메라의 현실적 속성에 픽션 fiction이 가미될 때 이런 용어를 쓸 수 있다. 하지만 프랑수아 니네 François Niney는 이것과 관련하여 사실은 픽션이지만 일부 다큐멘터리적 뉴스나 객관적 자료들을 클리세 Cliché로 사용하는 다큐픽션 Docufition과 일부 자료의 유용함이나 눈속임과 같은 허구를 가미하는 모큐멘터리 Mocumentary를 구분할 것을 당부한다[15]. 그는 전자의 것이 뚜렷한 프로파간다로서의 목적성 있는 영화들을 가리키는데 그것들의 특징은 다큐멘터리'처럼'보이는 것이지만, 후자는 다큐멘터리이면서 오히려 다큐멘터리가 '아니라는 사실'을 일부 노출시키는 점에서 서로 다르다고 한다. 지아장커는 후자인 모큐멘터리의 성격으로서 그의 영화화면을 몰고 간다. 그것들의 차이는 곧 즐거움과 비판으로 갈린다. 화면상 다큐멘터리와 같은 효과를 주는 줌으로서 실제로 관객으로부터 얻게 되는 효과를 말하는데, 이 문제의 중요성은 왜 지아장커의 영화가 다큐멘터리가 아니라고 일부러 노출 하는가 하는 사실과 관련 있다.

15) 이상 다큐픽션과 모큐멘터리에 대해서는 프랑수아 니네 지음 조희원 박희태 옮김, 『다큐멘터리란 무엇인가』, 예림기획, 2012, p.239-245

때로 다큐멘트해야 한다는 것은 객관적이고 과학적으로 보일 '필요'가 있다는 말이다. 어떤 목적성이 뚜렷하다. 그렇기 때문에 니네는 도큐멘터리가 '도퀴퀴 하다'고 지적한다[16]. 지아장커의 영화를 통해 우리는 니네가 지적하는 다큐멘트한 화면들을 목격할 수 있다. 그것들은 단지 중국의 현실을 그대로 나열하여 보여주는 듯하다. 그것들은 기록적 의미만을 지니는 것 같다. 하지만 그의 영화가 가지는 영화적 측면은 이러한 지루한 사실의 기록성에 있지 않고 잔잔하게 흘러가는 '이야기성'에 있다. 특히 그는 그 이야기를 '일반 사람들의 삶'속에 둔다. 그는 화가 리우샤오동과 펑지에 奉節의 일군들을 중심으로 다큐멘터리 [동]을 찍으러 싼샤를 갔다가 외지인으로서 그들의 삶을 찍는데 한계를 느낀다. 따라서 그는 다큐멘터리로서 그들의 삶을 그려내는데 있어서, 다큐멘터리라는 형식이 본인이 생각하는 영화로서의 성격을 띠기에 완전할 수 없었던 이유를 '사람들이 저마다 지니고 있는 심리상태'를 그려낼 수 없음에 있었다고 고백한다[17]. 그는 그래서 "싼샤 사람들의 이야기 三峽好人"이라는 픽션을 가미한 영화를 다시 찍게 된다. 그리고 그러한 객관적 표면에 대한 현실 구현에 정태적인 것을 얹으려 한다. 지아장커는 여기서 다큐멘터리에 "이야기성"을 얹을 것을 구상한다. 즉 이야기로부터 벗어나지 않으려는 것은 그가 영화를 통해 그들을 이해하고 싶은 것의 표현이다. 지아장커는 이야기성을 가미함으로써 다큐멘터리의 가짜 성격을 드러낸다.

그렇기 때문에 그의 다큐멘터리'같은' 영화들은 이미지나열이 아닌 이미지의 '연결'에 어떤 이야기를 중층적으로 두려는 전략을 쓰게 된다. 그것들은 이중의 작전을 필요로 한다. 진실과 진실처럼 보이는 것. 후자

---

16) 니네에 따르면 '도퀴퀴'하다는 것은 교육적 성격을 표방하기 때문에 아이들을 따분하게 만들며 사람을 무기력하게 만든다는 뜻을 지닌다. 프랑수아 니네, 위의 책, p.17

17) 賈樟柯 著, 『賈想 1996-2008 : 賈樟柯電影手記』, 北京大學出版社, 2009, p.182

는 전자를 위해서 존재한다. 하지만 어떻게 보면 그 '진실'조차 개인적 기억이라는 매우 주관적인 사실과 접하게 된다. 결국 화면의 진실감속에는 개인들의 주관적 감성이 개입함으로써 이야기는 '구성된다'. 즉 화면의 사진적 진실 속에 구성된 허구의 이야기가 미끌어져 들어가면서 그 화면들은 탄력을 받게 된다.

사라 E.워드 Sarah E. Worth는 이야기야말로 진실과 허구를 잇는 가장 중요한 다리라고 인식한다[18]. 그는 허구가 진실로 받아들여지는 힘은 결국 관객의 머릿속에 진행되는 내러티브에 대한 이해라고 한다. 더구나 허구와 상호작용을 위해서 진실-허구의 경계선은 적극적으로 없앨 필요가 있다고까지 말한다. 그의 이러한 의견은 영화에서의 진실성 확보는 사진적인 현실성보다 그것의 내러티브에서 이루어진다는 사실을 확인시켜준다. 지아장커 역시 영화에서의 진실성을 이러한 내러티브의 힘으로 보는 거 같다. 하지만 그가 생각하는 내러티브는 문학적인 구조 혹은 극적인 구조 dramatrugy와 같은 것에 있는 것이 아니라 사진적 현실성이 현시되는 가운데 있다. 그것이 바로 공간에 위치한 사람의 구조와 같은 것과 그 사람들의 각 기억에 의존하는 이야기들이다.

[24시티]에는 총 9명의 이야기 전개자가 나온다. 여기에는 5명의 사실적 인물과 4명의 허구의 인물이 있는데, 그 어떤 이의 이야기도 허구나 진실로부터 가려내기는 힘들다. 가령, 하오따리 郝大麗는 중국의 국민배우 뤼리핑 呂麗萍이 열연했다. 유명배우의 출현자체가 다큐멘터리의 힘을 약화시킨다. 하지만 지아장커는 그녀를 현장화시키고 이야기속의 실제 인물로 등장시키기 위하여 먼저 실존하는 건물이라는 공간에서 인물로 들어가는 방법을 취한다. 화면을 보면 먼저 '청파 노동자 집단 거주촌 成發集團工人宿舍區'라고 쓰여 있는 문자가 아줌마와 한 화면에

18) 사라 E. 워드, 「영화에 열중할 수록 우리는 빨간 약을 선택하게 된다」, 『매트릭스로 철학하기』, 슬라보예 지젝 외 지음 이운경 옮김, 서울:한문화, 2003, p.130

〈그림 5〉 二十四城記 24 City, 2008

배치된다. 말하자면 이 문자는 매우 어느 특정지구의 주소를 나타내는 감독으로부터 선택된 구체적인 사물로 기능한다. 특정장소로서 기능한다. 그것은 분명한 사실적 정태물이다. 이어 거리의 여러 명의 거주촌 사람들이 보인다. 이야기의 주인공 그녀는 건물로부터 이때 등장한다. 그렇게 되면 그녀는 그러한 거주촌에서 볼 수 있는 흔한 주민 가운데 하나가 된다. 그녀는 자신이 어떻게 아이를 부둣가에서 잃어버리게 되었는가하는 극적인 이야기를 앉아서 풀어낸다. 여기서 이야기는 모두 그녀의 언술을 통해 이루어진다. 그녀의 언술은 영화를 정태적으로 만들고 관객으로 하여금 그 이야기에 집중하도록 한다. 물론 이러한 이야기언술 방식이 이 영화 전체에 쓰인 방법이지만 특별히 그녀의 이야기는 진짜 있을 법한 이야기로 자리 잡아야 하기 때문에 결국 지아장커는 '건물로부터 인물로'의 형식을 사용하여 다큐멘터리로서의 성격을 강화시킨다. 그리고 이야기의 증빙을 위해 아이를 찾을 수 없었다는 공식 보도로 그 이야기를 페이드 아웃 fade-out하게 된다. 이야기의 허구성을 밑받침하는 것은 마지막의 문자적 기록이지만 그러한 사실로부터 앞의 허구적 인물이 만들어낸 화면들은 이야기성을 지니게 된다. 또한 진실된 이미지는 진실로 받아들여지지 않게 되더라도 이야기는 남게 된다.

하지만 오히려 이런 식의 화면 구성은 이야기성에 매몰되지 않고 객관적 진실을 들여다보게 해주는 힘을 지닌다. 즉 그는 다큐멘터리적인 촬영기법 자체에 허구적 인물을 배치함으로써, 즉 현실적 화면에 이야기성을 실어냄으로써 현실적 이미지로부터 관객을 사유토록 만든다. 결국 지아장커가 생각하는 이미지-서사의 힘은 그러한 약간은 비현실적인 이야기들의 도움을 통해 얻게 되는 사유의 움직임에 대한 조작을 통해서 이루어진다. 즉 뉴스릴과 같은 보도성의 문자들은 현실 이미지들이 말하는 여러 가지 해석체들에 대한 사유를 유도한다. 정확하게 말해서 삶의 진실은 문자화되어 고정된다. 흘러가는 현실이미지가 잠시 이러한 문자를 통해 정지하게 되고 그것은 사유를 불러일으킨다. 즉 그 사유의 움직임이 지아장커가 원하는 이미지-서사 전략 방식이다.

[스틸라이프]에서는 이러한 [24시티]에서 쓰이는 이미지-서사와 반대로 화면이 전개된다. [스틸라이프]에는 유에프오 U.F.O.와 같은 물체가 하늘을 나는 모습이 보인다. 왜 이런 환상적이고 비현실적인 화면이 구성되었는가하는 것은 그의 다큐멘터리'같은' 효과들에 상당한 아이러니를 자아낸다. 마술적 리얼리즘 Magic realism[19]으로 평가될 수 있는 이런 화면들이 유도하는 것은 바로 현실적 이미지로 포착할 수 '없는' 것들의 현실화인 셈이다. 지아장커는 완전히 현실적 화면 속에 환상을 자아내게 하는 화면들을 이용하여 펑지에라는 부두가 사람들의 삶의 애환을 현실이 아닌 환상이라는 방식으로 날려버린다. 건물이 날아가 버리

19) 김욱동은 마술적 리얼리즘 이라는 기법자체가 인물의 복잡한 심리상태를 표현하는데 가장 좋은 방법이라고 한다. 물론 그것은 문학적 기법이다. (김욱동 지음, 『문학을 위한 변명』, 문예출판사, 2002, p.56)말하자면 상상을 언어로 표현한 것이다. 현실적인 장면 자체 속에서 이러한 내심을 표현하는 데 있어 지아장커는 이 방법을 유용하게 사용하고 있다.

〈그림 6〉 三峡好人 Still Life, 2006

는 화면과 실제의 노동자로 대변되는 삶이 이대로 한 화면에 있다. 실제로 이 세상은 믿을 수 없는 일들이 가시적으로 벌어진다. 따라서 부둣가에서 보이는 수많은 노동자들의 모습은 모두 리얼한 다큐멘터리적 화면으로 보인다. 하지만 그들이 있는 현실적 장소인 싼샤에는 건물이 로케트처럼 날아가는 모습을 보이고 있다. 말하자면 이런 장치들은 이 영화가 온전히 다큐멘터리적 성분으로만 화면이 구성되지 않음을 고의로 노출시키는 전략이 된다. 이것은 거짓이라는 것을 일부러 알려줌으로써 현실적 이야기가 '가능'하도록 만들어준다. 실제로 그의 영화의 의도는 바로 이러한 눈에 보이는 것 혹은 현실이미지로 제시한 것이 삶을 모두 보여주는 것은 아니다 라고 일러주는데 있다. 현실이미지는 모든 진실에 다가가지 않음을 폭로한다. 현실이 아닌 화면의 구성이 현실에 대한 진실을 노출시킨다고 그는 믿는다. 이것은 진짜 이야기가 아니라 진짜 '같은' 이야기라는 것을 말해준다. 그리고 보이지 않는 것들에 대한 진실을 추구하겠다는 그의 의지도 담겨져 있다. 문자이미지는 이러한 비현실적 이미지와 맞닿아 있다.

그러면서도 그의 영화는 다른 방식으로 '영화다움 filmness'를 위해서 뤼미에르 Les frères Lumière형제가 처음부터 주장했던 '순간의 포착'과 연관성을 가진다. 무너져가는 건물을 촬영하고 그것 자체가 이미지를 이루는 것. [스틸라이프]과 [24시티]에는 이러한 무너져가는 순간들이 모두 화면에 나온다. 그것들은 지금 무너져가고 있는 견고한 사회주의 사회를 대변하는 건물들의 붕괴를 통해 지금 이 '순간' 중국에서 벌어지고 있는 이야기들이다. 이러한 성질이 바로 다큐멘터리로서 영상기록을 강화시킨다. 이것이 바로 순수하게 영화적이기를 원하는 지아장커의 영화이미지 서사 구성방식이라고 할 수 있을 것이다. 그것은 순식간에 이루어지는 기록인데, 문장화되어 있는 것 보다 리얼리티를 더하면서 기록으로서의 가능성을 제시하게 된다. 즉 현실이미지에 이야기성을 부여하기 위하여 의도적인 비현실적 화면들을 함께 나열한다. 문자는 그런 맥락에서 현실이미지의 이야기성과 관련을 맺는다. 이런 방식으로 그의 이러한 다큐멘터리'같은' 영화들이 지니는 새로운 이미지-서사전략으로서의 가능성을 지닌다.

무엇보다 문자 이미지는 이야기가 진행형이라는 사실을 열어주기도 하고 동시에 차단시키기도 한다. 말하자면 그의 이 두 영화는 기승전결을 가지지 않는다. 시간의 흐름을 다루기 때문에 당연히 어떠한 이야기가 어떻게 전개되었는가는 다루어질 수 있을지언정, 그것이 흥미진진한 박진감으로 이루어지지는 않는다. 그것들은 삶이 진행되는 도중에 잘려진 한 도막처럼 진행된다. 그리고 그저 연속성을 가진 어떤 일부의 모습에 대한 조명일 것이라는 느낌을 준다. 이것이 바로 그의 다큐멘터리로서의 효과를 부여한 부분이다. 삶은 그저 그러한 '부분'일 뿐이다. 부분에 대한 해설이라는 측면에서 문자들은 더욱 현실이미지를 현실로부터 떼어놓게 되고, 현실속의 이미지들을 그가 선택한 현실이미지와 간극을 가지도록 기능한다. 즉 삶의 일부분은 단지 현실이미지로 촬영된 것만으로는 그것의 서사적 힘을 이룰 수 없으며, 그것들의 서사적 구성을 위해 문자 화면들을 적극 이용한다.

또한 문자 화면들은 이러한 현실속의 현실 이미지를 찍은 방식과 그것의 동기에 대한 것을 간접적으로 제시한다. [24시티]에 보이는 인터뷰 형식을 예로 들 수 있다.

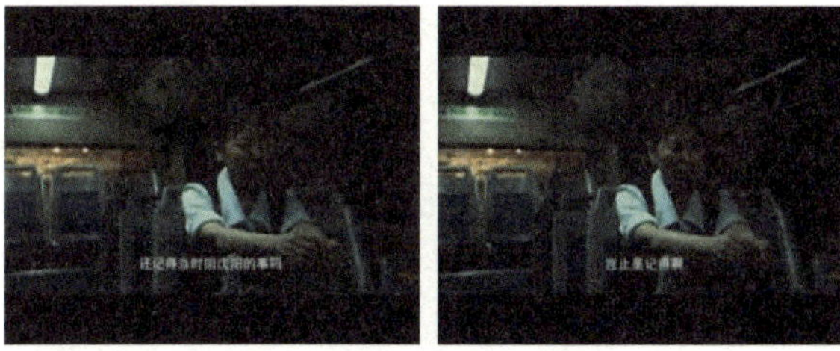

〈그림 7〉 二十四城記 24 City, 2008

화면 a : "그때 일을 기억하십니까?"

화면 b : "어떻게 기억하지 못하겠습니까?"

베리 햄프 Barry Hampe는 이런 인터뷰형식에서 중요한 것을 지적한다. 이 장면을 찍는 동기는 무엇이냐 그리고 왜 그는 여기에 앉아 있느냐[20]. 즉 그의 질문은 다큐멘터리 화면 구성을 위해서 형식적으로 보이는 여러 가지 기법중 하나인 인터뷰 형식이 의미하는 바를 일러준다. 지아장커가 이러한 진실된 인물을 통해 얻고자 하는 다큐멘터리적 효과와 이런 화면을 영화의 직접적 재료 쓴 이유가 바로 드러난다. 즉 지아장커는 인간이 삶이 언어를 통해 복잡한 심경을 드러낼 수 있다고 본다[21]. 이러한 인터뷰 방식은 실제로 시간을 통과한 삶의 본질을 언술을 통해 그 언술을 기록한 문자가 이미 선택된 현실이미지와 함께 기능하도록 만들어 놓는다.

그의 다큐멘터리적 기법은 허구를 가미하여 이야기성을 높이는 한편, 다큐멘터리가 가질 수 있는 형식적 기법들을 이미지로 차용하면서 주관적 삶에 대한 조명을 객관적으로 제시한 듯 포장한다. 그리고 그것들의 의도적인 장치, 즉 '현실- 다큐멘터리'로부터 '현실인 듯한 - 가짜

20) Barry Hampe, 『Making Documentary Films and Reality Videos』, New York:Henry Holt &Co, 1997, p.263

21) 賈樟柯 著, 위의 책, p.252

다큐멘터리'라는 공식을 위해서 문자를 이용한다. 따라서 그가 노리는 효과는 다큐와 픽션이 각자를 향해 모두 향해 달려가는 것이 아니라 삶 자체가 진실성과 허구성의 결합이라는 사실을 여과 없이 기록하려는 것이다. 오히려 그러한 진실이라고 믿는 것들과 진실이 아닌 것들의 결합이 인간의 삶을 관찰하는 관객들의 고개를 끄덕이게 만든다. 그것은 진실추구가 아닌 그것들을 통해 얻는 진실'감 感'이다. 문장화할 수 없고 혹은 현실적 이미지 안에 내장된 의미들 말이다. 세상의 진실은 그러한 현실이미지가 아닌 것에 있다고 보며 지아장커의 다큐멘터리는 그런 삶의 내부를 찍고자 한다. 그래서 그의 문자이미지 화면들은 보이지 않는 것들을 지시하면서 부단히 현실이미지로 하여금 사유토록 유도한다.

3. 느끼는 가

옛 시구의 운용은 좋은 예이다. 시구를 통해서 화면에서 전달할 수 없는 감수성을 그는 전하고자 한다.

> 24개의 성 가득 부용꽃 二十四城芙蓉花,
>
> 수놓은 듯 화려한 저택들은 한창때의 꽃을 일러 이렇게 말했었지 錦官自昔稱繁花

[24시티]의 프롤로그와 같이 시작되는 이 시구는 그 출처를 알 수 없다[22]. 오히려 그렇기 때문에 이 시구는 고정된 해석체를 갖지 않게 된다. 단지 여기서 보이는 '24성'은 청두 成都라는 지명의 또 다른 문학적

---

22) 宋人赵忭『成都古今记』라고도 하고 두보의 시구라고도 하는데, 이것은 성도의 가을에 흐드러지게 핀 부용꽃과 도시의 화려함을 일컫는다.

〈그림 8〉 二十四城記 24 City, 2008

표현이며, '팩토리 420'의 새로운 이름이라는 사실이다. 시구는 시구 전체로서 기능하는 것이 아님을 말해 준다. 따라서 이것은 단순히 시를 감상하기 보다는 시에서 제시된 문자들을 통해 느껴지는 시간성과 화려함이 현실이미지로 이어지는 삭막한 공장지대를 살펴보게 만든다. 또한 단숨에 이 감정적인 시구로 시작하여 일말의 감정도 없는 다큐멘터리와 같은 화면을 몽타주시킴으로서 관객들로 하여금 건조한 화면을 감성적으로 수용하게 만든다.

특이한 것은 이러한 시구들이 서사와 관련되기 보다는 화면이 주는 느낌과 관련된다는 사실이다. 그것은 시가 주는 감성적 부분, 즉 중국고전시가에서의 '감물언정 感物言情'를 완벽하게 배치하는 방법이 된다. 즉 이것은 사물을 보고 일어나는 감흥에 대해서 객관적 사물과 주관적 감정의 상호관계가 시로 드러난다는 중국고전시학의 이론[23)]으로, 고대 중국의 시 쓰기에서 정신적 감흥의 객관화를 일컫는다. 때로 이것은 '의

---

23) 이것은 劉勰의 『文心雕龍』 가운데 보이는 "정감은 만물에서 흥기되고, 만물은 정감으로써 보여진다. 정이물흥, 물이정관" 라는 이론에 근거를 둔다. 이병한, 『중국 고전 시학의 이해』, 문학과 지성사, 1992, p.12

상 意象', '경계 境界' 따위의 허상과 실상을 결합한 모습이기도 한데, 지아장커의 영화에서는 이러한 중국의 고대 시 이론에서 사용된 주객관적 방법들을 적극 차용한 것으로 보인다. 그는 영화의 현실이미지가 지니는 사진적 특징과 사물이 모두 담아낼 수 없는 정신세계에 대한 것들의 이음을 꾀하고 있다. 한마디로 그는 이러한 '문자(혹은 그것으로 이루어진 문장) - 현실이미지' 화면의 몽타주를 통해 '보이는 것들을 통해서 보이지 않는 밖의 것들을 그려 낸다 象外之象'24).

그렇다고 해서 그가 시를 짓는 방법으로 영화를 만든 것이라고 생각하면 안 된다. 그는 일반적으로 이러한 감성과 사진적 진실을 함께 이끌고 가는 방식을 통해 영상이미지의 문학적 부분을 완전히 새로운 차원으로 끌어 올린다. 그는 영화이미지를 텍스트화하려는 것이 아니라 이미지의 새로운 효과를 위해 문자들을 이용한다. 철저하게 그는 그러한 시구에서 현실이미지와 연결되는 '24시티'라는 글자와 '(화려한)부용꽃'이라는 문자만으로 이미지를 끌어온다. 매우 이미지즘적이다. 왜냐하면 앞서 살펴보았듯이 문자를 문학적 입장에서 다루는 고다르는 그 문자를 통해 '메세지 전달'에 주력하였지만 지아장커는 메시지 전달을 전면에 내세우고 싶지 않기 때문이다. 그 문자들이 주는 이미지만 제시한다. 그 이미지는 현실적 이미지만큼이나 매우 감상적이다.

실제로 이러한 문자 화면이 주는 감성적 이미지즘은 흘러가는 시간들의 이미지적 중첩으로 나타나기도 한다. [24시티]에서 보이는 건물로부터 사람으로 흘러들어가는 이미지처럼, 시대를 아우르며 그것들을 감성적으로도 역사적으로 이용하는데, 상하이에서 펑지에로 가는 싼샤에 대한 공간은 당대 唐代의 이백 李白의 [아침에 백제성을 떠나며 早發白帝城]의 시로부터 마오 毛澤東의 싼샤공정 보도 뉴스까지, 그리고 지금 그

24) '象外之象'이라는 말 자체는 司空圖가 말하였고, 이와 관련된 의경의 예술형상에 대한 설명은 이병한 위의 책, p.135 를 참고

〈그림 9〉 三峡好人 Still Life, 2006

곳을 지나고 있는 방문객까지 이어지는 먼 시간의 여행이 그대로 투과된다. 여기서 쓰인 이백의 시구는 분명히 대조의 의미를 지닌다. 그것들은 이제 없어질 것이기 때문이다. 그리고 이미 그것의 증거로 제시된 사회주의 건설시기의 마오의 모습은 얼마나 가치가 없는 것이며 우스운 것인지를 알려준다. 물론 이것의 우스운 가치는 이 화면과 동떨어진 훨씬 뒤의 싼샤 다리위의 점등식을 통해서 가시화되지만 말이다. 따라서 여기서 사용한 시구는 '가치 없음' 혹은 공간에 대한 시간성을 끄집어내는 전형적인 어떤 전고에 불과할 뿐이다. 그것은 시가 주는 일반적인 감흥을 이끌어내는 것이 아니다. 오히려 이 시구들은 마오의 싼샤공정 만큼이나 삭막하게 인용된다. 시구는 화면을 이끌고 나가기위한 사유를 불러일으키는 한 수단에 불과 한다.

실재로 이러한 문자의 감성적 이미지즘 공략과 서사 전략에서 그가 꾀하는 바는 영화에서의 '시적 정서의 연결'이다. 따르코프스키는 이러한 화면에서의 정서적 연결이 드라마투르기를 앞선다고 지적[25]한다. 진정으로 화면이 무언가의 서사를 이끈다고 하는 것은 시간적 흐름에 따른 관객의 감수성의 연결이라고 할 수 있다. 이러한 측면에서 대중가요의 삽입도 주목할 수 있다. 실제로 이 두 영화에서 가시적으로 보이는 문자나 혹은 시구이외에 대중가요는 매우 중요하다. 왜냐하면 그것이 곧 그가 그려내고 싶은 '삶의 모습'을 드러내기 때문이다. 오히려 어떻게 보면 시구인용에서 이루지 못한 시의 감성을 대중가요의 삽입장면을

25) 안드레이 타르코프스키 저 김창우 옮김, 『봉인된 시간』, 분도출판사, 2001, p.23

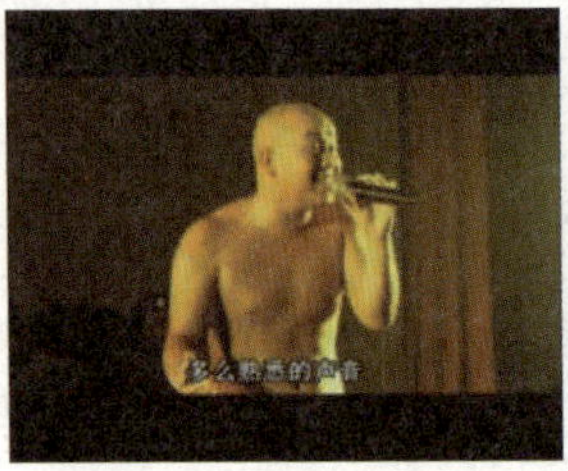

〈그림 10〉 三峡好人 Still Life, 2006

통해 이룬다고도 할 수 있다. 가령, [스틸라이프]에는 부둣가에서 일하고 있는 사람들을 위해서 노래를 부르고 있는 가수가 나온다. 그가 부른 '술병파나요? 酒幹倘賣無'는 노래라기보다는 어떤 구호처럼 매우 신난 분위기를 고취시킨다. 그는 노래를 부르다가 관객을 붙잡고 머리를 흔들며 온갖 감정을 발산하고 관객과 하나가 된다. 실제로 지아장커는 시장통에서의 가난한 이들의 가장 즐거운 오락거리로 이러한 싸구려 가라오케에 맞춰 노래 부르는 저속한 분위기를 화면에 잘 잡는다. 특이한 것은 이러한 화면이 다른 이미지 서사와 맞닿아 있는 것이 아니라 이것만 따로 떼어져 있다는 느낌을 준다는 사실이다. 이것이야 말로 화면자체가 전체 서사에서 '소외 된다'. 사실 이러한 장면들은 이야기로부터 소외됨으로써 그 격렬한 감정 뒤의 쓸쓸함을 알게 해준다. 또한 어린 소년의 유행가를 부르는 쓸쓸한 장면이 하나 더 있다. 여기서 소년은 그가 부르기에는 적합하지 않은 '쥐가 쌀을 사랑하듯이 老鼠爱大米'라는 노래를 부르고 있는데, 그것의 부조화와 무미건조함은 오히려 일반 대중들에게는 이런 싸구려 노래 부르기가 그들의 유일한 오락이라는 사실을 안겨주기 때문에, 그 장면 자체가 씁쓸할 뿐인 것이다. 그리고 그것이 현재 중국의 인민들의 삶이기도 하기 때문이다. 그의 정태적 화면의 작은 것들이 문자라고 한다면 대중가요가 삽입되는 긴 장면은 그 자체로 하나의 커다란 덩어리로서 떼어내어 질 수 있는 정태적 화면이다. 그것은 움직이는 현실이미지의 느린 감성의 시간들을 조직함으로써 문자와

〈그림 11〉 二十四城記 24 City, 2008

동일 선상에서 작용한다.

[24시티]에서는 이러한 감성적 전략이 더욱 매체적으로 보여진다. '꽃' 모티브의 여성의 이야기가 그러한데, 예를 들어서 '작은 꽃 小花'라는 여주인공은 '꽃을 묻다 葬花 '라는 [홍루몽 紅樓夢]의 대옥이 黛玉가 꽃을 묻는 구절을 가져다 씀으로써 전체적으로 현실적 화면속의 소화라는 불운한 한 여자의 운명이 아름답게 처리되는 것을 보여준다. 이러한 의도적인 환상성을 띠는 작전으로서의 다큐멘터리 이야기는 또한 매우 상징적이기도 하면서 이중의 의미를 지니고 있는데, 그것은 작고여린 꽃으로부터 그것이 죽어가는 이야기까지를 다룬 상하이에서 온 아가씩의 기구한 운명과 같이 '애닲은 감정'을 이끌어내는데 적합하다. 그는 새로운 매체들을 자아내는 화면연결을 통해서 인터뷰형식의 삭막할 수 있는 다큐멘터리 화면을 감성적으로 바꾸어 놓는다.

결국은 그것이 주는 효과는 현실적 이미지가 감성적으로 다가가도록 하는 것이다. 그의 다큐멘터리적 영화 현실 화면은 기록으로서의 의미를 지니는 것 같지만 객관적이고 삭막한 영화장면에서 감정을 녹여내지 못한 부분에 대한 감정노출효과를 위해 이러한 장치들을 선택한다. 사실 이러한 것들은 넓게 콜라주의 기법으로 볼 수 있다. 그것은 모든 감각에 호소하는 지극히 포스트 모던적 전략과 또 다른 합체를 이룬다. 영화의 현실이미지가 유물론적 입장에서 있었던 모던시기의 또 다른 절합의 형태로서 현실이미지의 오브제 성격을 얻었기 때문에 그러하다. 즉 지아장커가 생각하는 다큐멘터리 화면들은 다큐멘터리라는 현실 화면의 오브제들이 담아낼 수 없는 감성에 대한 것까지 집어넣어 새로운 지경으로 가려는 것이다. 보이지 않는 삶의 진실은 결코 객관적인 화면에만 있는 것이 아니라는 것을 이런 식으로 보여준다. 진실은 내면에 있다. 느끼는 것이다.

4. 이미지-서사에서 문자는 무엇을 말하는 가

들뢰즈는 영화에서 동시대성을 지니기 위한 최소한의 조건으로서 '이미지로 이루어진 서사'들에 주목한다. 그는 이러한 영화들에서 그들 이미지 표층 너머에 있는 해석체를 찾아내려는 일체의 시도에서부터 멀어지기를 유도한다. 이미지들은 과연 부유하면서 그들 자체적으로 서사를 형성하고 있는가? 지아장커는 이러한 이미지-서사의 방법에서 새로운 화면을 추구한다. 지아장커는 해석체없는 이미지들의 조합을 통해 지금의 중국적 사유를 실어내고자 한다. 즉 그는 현실의 이미지는 '지금'이라는 중국의 공간에 있어서의 시간성을 존중하면서, 동시에 그것들 자체적으로 여러 가지 해석이 가능한 것들을 다르게 사용하고자 한다. 현실이미지는 충분히 중국적인 것을 지칭하지만 그것들이 영화 속 오브제로 쓰일 때에 조금 더 자유로운 사유를 유도한다. 하지만 단순히 이미지들의 조합만으로 중국적 서사나 사유를 전제하지 않는다. 즉 그것은 지금 현재 진행형으로 이루어지고 있는 중이라는 것의 또 다른 표현 방식이기는 하지만 이러한 현실이미지들에게 지금의 중국을 해석하는 방법을 제시한다.

그리고 이러한 사유의 중심에 지아장커는 사람의 이야기를 포착해 낸다. 그것들은 사람들의 삶이 '살아져 가는'방식에 대한 연민과 감수성을 실어낸다. 그것들은 중국인으로서 중국의 작금의 현실을 바라보는 주객관적인 것들의 융합이다. 그리하여 지아장커의 영화에서 보이는 문자들은 들뢰즈가 말하는 '시간-이미지 time-image'구성의 또 다른 화면 구성 시도법이다. 그는 그의 현실적 이미지들의 질료적 성격에 문자(혹은 문자로 이루어진 문장)를 갖다 놓는다. 왜냐하면 그가 궁극적으로 영상으로 그려내고 싶은 서사는 현실적 이미지만으로는 모두 쫓을 수 없기 때문이다. 따라서 그것들의 구체적인 방법은 언술이나 문자 등을 현실화면과 몽타주함으로써 화면끼리 간격을 가지게 하는 것, 혹은 언술이나 문자가 지니는 문학적 성격으로부터 출발하지 않으면서 동시에 그것들이 어떻게 영상이미지로 적극 차용될 수 있는지를 실험하는 것이다. 따라서 그의 현실적 이미지들은 움직이지 않는 언술의 화면이나 문자들로 이루어진 화면을 통해 사유를 이끌어낸다. 그리하여 가짜임을 공공연히 보여주거나 혹은 반대로 다큐멘터리인 '척'하는 그의 영화화면들은 지아장커의 중국을 향한 사유의 자유로운 방식들을 보여준다. 이러한 방식은 확실히 영화현실이미지가 비언어적 성격을 가진 것만큼이나 문자가 새로운 비언어적 기호로서 화면을 차지하도록 만든다. 그것들은 기록이나 혹은 이야기가 아니다. 이야기성을 실어냈지만 그리고 기록의 형태를 취하고 있지만, 궁극적으로 지금의 중국을 생각해 보자고 사고를 유도하는 것이다. 그리고 삶이란 겉으로 보이는 사진적 진실 속에만 포함되어 있는 것이 아니라 그 내면에 있다는 것을 강조한다. 정태적 문자를 통해서. 문자들이 나열된 문장들을 통해서.

참고문헌

김건, 「1967년까지의 고다르 영화 속에서 이미지의 '텍스트화'」, 『문학과 영상』, 2002 가을겨울

김영미, 「'6세대'카테고리」, 『중국학연구』 제55집, 중국학연구회, 2011,3

김호영, 「물질적 우주로서의 영화-베르토프의 키노-아이와 몽타주 개념을 중심으로」, 『외국문학』 제 46호, 2012,5

연희원, 「이미지와 기호 : 에코의 '현실 복제로서의 영화기호학'비판」, 『계간과학사상』, 2002,겨울

Barry Hampe, 『Making Documentary Films and Reality Videos』, New York:Henry Holt &Co, 1997

Gilles Deleuze, translated hy hugh tomlinson and robert galeta, *Cinema 2 The Time-Image*, Mineapolis: University of Minnesota Press, 1989

賈樟柯 著, 『賈想 1996-2008 : 賈樟柯電影手記』, 北京大學出版社, 2009

김욱동 지음, 『문학을 위한 변명』, 문예출판사, 2002

데이비드 보드웰 지음 김숙·안현신·최경주 옮김, 『영화 스타일의 역사』, 한울, 2002

박영욱 지음, 『매체, 매체예술 그리고 철학』, 서울:향연, 2008

슬라보예 지젝 외 지음 이운경 옮김, 『매트릭스로 철학하기』, 서울:한문화, 2003

안드레이 타르코프스키 저 김창우 옮김, 『봉인된 시간』, 서울:분도출판사, 2001

이병한, 『중국 고전 시학의 이해』, 문학과 지성사, 1992

지가 베르토프 지음 김영란 옮김, 『Kino-eye 영화의 혁명가 지카 베르토프』, 이매진, 2006

프랑수아 니네 지음 조희원 박희태 옮김, 『다큐멘터리란 무엇인가』, 예림기획, 2012

8

영화 이미지의 지표적 의미론

이 희 원

1. 사진과 영화 이미지의 지표적 의미론

영화 이미지의 기호적 성격에 대한 논의는 무엇보다 시각이미지의 하나로서 영화 이미지의 본질적 성격을 분석하고자 노력한 영화기호학자들에 의해 발전되어 왔다. 영화기호학에서는 "영화의 외형적 소산들과 관련된 포괄적 의미의 영화연구를 다른 관련학과들, 즉 사회학, 경제학, 사회심리학, 정신분석학, 물리학, 화학 등에 맡겨버린다. (…) 그들이 탐구하여 정립하고자 하는 것은 영화들 자체가 갖는 고유한 메커니즘에 관한 내재적 연구이다. (…) 영화기호학은 한 편의 영화가 어떤 방법으로 의미를 생성하며, 또한 어떤 방법으로 그것을 관객들에게 전달하는가 하는 문제를 설명할 수 있는 표본적 해답을 구축할 것을 제안한다. 따라서 영화기호학은 영화감상을 가능하게 하는 모종의 법칙을 규정하고자 하며, 또한 개별영화들이나 특정한 장르들에 그 고유한 성격을 부여하는 의미작용의 특정한 유형을 드러내려고 한다."[1] 다시 말해, 영화 기호학에서는 영화의 내재적 의미작용에 대한 핵심적 법칙성을 규명하고, 영화 이미지를 일종의 기호로 파악하여 어떻게 의미를 생산해 내는가를 이론적으로 정립하고자 하는 것이다.

이러한 영화 이미지의 기호적 성격에 대한 논의는 무엇보다 찰스 퍼스(Charles Sanders Peirce)의 기호구분에서 연유한다. 근본적으로 언어학적 관점에서 기호표현과 기호내용의 관계를 사회적 관습에 의한 자의적 관계로 규정한 소쉬르의 기호 개념과는 달리, 퍼스는 기호의 의미작용을 지시대상, 표상체, 해석체가 만들어내는 과정으로 간주하며 삼항적 기호 관계 속에서 고찰하고 있다. 이러한 퍼스의 기호개념은 인간사회에서 생산된 언어기호, 시각기호, 동기화된 기호와 같은 인위적 기호 뿐 아니라, 자연현상, 병의 징후 등과 같은 자연발생적 자연기호까지 포괄하는 모든 기호현상을 기호의 범주로 포함한다. 무엇보다 퍼스는 기호의 물리적 양상이나 형태를 '현상학적 존재양상(modes of being)'에 따라 일차성, 이차성, 삼차성의 세 가지 양상에 따라 구분함으로써 기호적 표현에 대한 체계를 구체적으로 구축했다.

무엇보다 퍼스의 기호구분에서 주목되는 것은, 대상과 기호가 관계하는 특성에 따라 생성된 세 가지 기호의 분류이다. 먼저 "무엇인가와 닮은(as it is like that thing) 이 무언가의 기호"[2]인 도상기호-'아이콘(icon)'은 외연적 유사관계에 따라 성립된 기호이다. 둘째, 지표기호-'인덱스(index)'는 지시대상과 실질적 또는 물리적 연결에 의해 '인과관계'를 가지는 기호로서 "대상체의 영향을 받는 (…) 도상기호를 함의(involve a

---

1) Dudley Andrew, *The Major Film Theories: An Introduction*, 조희문 역, 『현대영화 이론』(서울: 한길사, 1988), pp. 259~260.

2) Charles Hartshorne and Paul Weiss eds., *Collected Papers of Charles Sanders Peirce*, Vol. I~VIII, Cambridge, Massachusetts: The Belknap Press of Harvard University Press, 1974, 1978. Vol. 2, p. 247. 앞으로 퍼스의 인용은 내주로 권(Volume)과 문단 번호를 표시하도록 한다.

sort of Icon)하며 (…) 대상체에 대한 단순한 유사성(the mere resemblance of its Object)에서만이 아니라 대상체에 의한 실질적 변형(the actual modification)으로 인해 기호가 되는 것"(CP 2. 248)이다. 마지막으로 상징기호-'심볼(symbol)'은 상징적 번역을 결정하게 하는 법칙 혹은 "일반적인 관념들의 연상작용(an association of general ideas)"(CP 2. 249)에 의해 성립된 기호로 가장 보편적인 이성과 문화적 코드에 관계하는 기호이다.

이러한 퍼스의 기호구분을 정리하여 보면 (표 1)과 같이 도식화된다.

여기서 우리의 관심의 중심이 되는 문제는 퍼스의 기호구분 중 일차성의 기호로서 기본적 기호가 되는 도상기호와 이차성의 기호로서 지표기호와의 밀접한 연관성이다. 도상기호는 단순히 물질적이고 물리적인 유사성에 의해 만들어질 뿐만 아니라 추상적이고 현실적인 것의 일반화를 통해서 만들어지며, 도상기호의 성격을 구현하는 '도상성(iconicity)'이란 내재적이고 추상적인 내용까지 아우르고 있기 때문이다. 또한 지표기호인 인덱스의 특수성은 논리적 관계보다는 '존재적인 개념'에 관계하면서 동시에 이미지의 유사성에 기반한 도상적 성질을 포함하는 경

〈표 1〉 퍼스의 기호분류

현상학적 존재양상 / 기호의 삼항적 관계구조	일차성	이차성	삼차성
표상체	**속성기호(Qualisign)** 성질 또는 속성	**실체기호(Sinsign)** 사실과 유사한 기호	**법칙기호(Legisign)** 정형화된 일반 법칙
대상체	**도상(Icon)** 기호와 대상체가 닮음, 유사성으로 관계	**지표(Index)** 기호와 대상체가 인과성, 물리적 속성으로 관계	**상징(Symbol)** 기호와 대상체가 관습, 규칙으로 관계
해석체	**표징(Rheme)** 하나의 가능성, 속성으로 해석체를 표상	**사실(Dicisign)** 하나의 사실로 해석체를 표상	**추론(Argument)** 하나의 추론, 규칙으로 해석체를 표상

우가 종종 있다는 점에서 주목된다.

더구나 퍼스가 기호의 생성원리에 따라 구분한 이 세 가지 종류의 기호들은 "각각 별도로 명확히 구분되는 세 개의 기호를 지칭하는 것이 아니라, 하나의 기호가 가진 세 개의 속성을 지칭하는 것으로 (…) 당연히 지표는 도상을 포함하고, 상징은 도상과 지표를 포함하는 것으로 이해되며, 하나의 기호는 대상과의 관계 속에서 도상, 지표, 상징의 속성 모두를 갖고 있는 것이다. 단지 상황에 따라 하나의 속성이 다른 속성들보다 더 우월한 지위를 가질 뿐"[3]이라는 점을 기억해야 한다. 때문에 대상을 '재현'하는 기호로서 이미지(image)는 도상성(iconicity)이 뚜렷이 구현되는 구체적이며 세부적인 도상기호의 하나로 분류되면서도 지시대상과 유사한 물리적 속성을 공유하는 지표적 성격을 동시에 지니고 있다.

여기서 우리는 가장 뚜렷이 도상성이 구현되는 사진과 영화 이미지에 대해 그 지표적 성격을 재고해보고자 한다. 이에 주목하는 이유는 사진과 영화가 공통적으로 이미지를 재현하는 매개로 카메라가 개입되며, 하나의 이미지적 단위로서 '프레임(frame)'을 상정하고, 재현된 이미지와 대상과의 유사성을 갖는 도상성을 구현함에도 불구하고, 일반적으로 사진과 영화는 그 기호적 정의가 다르게, 즉 사진은 '지표'인 '인덱스(index)'로, 영화는 '도상'인 '아이콘(icon)'으로 규정되고 있기 때문이다.

하지만 이보다 더 우리가 주목하고자 하는 것은, 일반적으로 전체적 의미론에서 도상 이미지로 규정되는 영화에서, 지시대상을 대신하는 시각기호로서 도입되는 사진 이미지와 사진적 영상은 도상적 성격을 갖는 동시에 영화 의미의 분절적 단위로서 지표적 성격이 강화된다는 점에서 각별한 주목의 대상이 되기 때문이다.

---

3) 주형일, 『사진. 매체의 윤리학, 기호의 미학』(서울: 도서출판 인영, 2006), p. 71.

무엇보다 사진은 우선 대상과의 동일한 이미지적 특성으로 인해 일차적으로 도상기호로 인식된다. 하지만 사진은 또한 제작 과정에서 대상과 물리적으로 연결되어 있는 특성으로 인해 지표기호로서 인정된다. 도상적으로 인식되는 사진의 제작과정의 특성은 사진을 대상에 대한 흔적이며 존재의 증거로 이해되며 기억의 기호인 지표의 특성을 갖도록 하는 것이다. 사진에 대한 이러한 정의는 무엇보다 사진은 빛의 작용에 의해 감광물질 위에 반영구적인 영상을 만들어내기 때문에 피사체와 카메라 사이에 존재하는 것은 반사광과 감광물질 사이의 광학적, 화학적 인과관계뿐이라는 사실에서 비롯될 뿐만 아니라, 찰스 퍼스의 기호구분에서 연유한다. 주목할 점은 퍼스가 실존적 개체에 대한 "물리적 연계", 실존적 흔적의 지표기호인 '인덱스'를 설명하는 이론적 모델로 사진을 정의하면서도, "대상과의 유사성"이라는 도상적 특징을 동시에 거론한다는 사실이다. 이와 관련된 퍼스의 진술을 살펴보면 다음과 같다.

> "사진들은 (…) 그것이 *표상하는 대상들과 정확하게 닮아 있다는 것*을 알게 하기 때문에 매우 유익하다. 하지만 *이 닮음은*, 그 사진들이 물리적으로 자연과 상응하도록 되어 있는 상황에서 생산된 사진들이라는 점에 기인한다. 그러므로 이런 양상에서 그 같은 사진들은 기호들의 두 번째 부류(지표기호)에 속한다. 즉, 그것은 *물리적 연계성에 의한 기호들*이다.
>
> Photographs, (…) are very instructive, because we know that *they are in certain respects exactly like the objects they represent*. But *this resemblance* is due to the photographs having been produced under such circumstances that they were physically forced to correspond point by point to nature. In that aspect, then, they belong to the second class of *sign, those by physical connection*."(CP 2. 281)

> "지표기호 또는 기호소는 표상체로서 그것의 표상적 성격은 그것이 두 번째 개체라는 점에 있다. 만약 이차성이 *실존적 관계라면 지표기호는 진정*

한 것이다. (…) 하지만 모든 개체들은 성격을 가질 수밖에 없기 때문에, *진정한 지표는 일차성을 포함할 수 있으며, 도상기호를 그것을 구성하는 부분으로 포함할 수 있다.* 모든 개체는 그 자체의 성격들이 변질된 지표이다.

An Index or Seme is a Representamen whose Representative character consists in its being an individual second. If the Secondness is an *existential relation, the Index is genuine*. (…) But since every individual must have characters, it follows that *a genuine Index may contain a Firstness, and so Icon as a constituent part of it*. Any individual is a degenerate Index of its own characters.“(CP 2. 283)

“(지표는) 하나의 기호인 실재적 사물로서, 그것이 그 대상과 연관되어 있기 때문에 기호가 된다 (…) 그것의 기능은 단지 우리가 그 대상을 식별하도록 하고, 그 *대상의 현존과 현전을 확신하도록* 하는 것이다. (…) 예를 들어 *사진은 대상과의 광학적인 연관성 덕분에 이미지를 환기시킬 뿐만 아니라, 그 외관이 실재와 일치한다는 사실에 대한 증거*가 되기도 한다.

This is a real thing or fact which is a sign of its object by virtue of being connected with it as a matter of fact. (…) It may simply serve to identify its object and assure us of *its existence and presence* (…) *A photograph*, for example, *not only excites an image, has an appearance, but owing to its optical connexion with the object, is evidence that that appearance corresponds to a reality*.“(CP 4. 447) (강조 - 인용자)

이렇게 사진이 대상의 “현존과 현전”을 확신하게 하는 실존적 지표기호라는 점과 “그것이 표상하는 대상과 그 외관이 정확하게 닮아 있다”[4]는 도상적 성질은 사진이 이중적으로 “지표적 도상(indexical icon)”[5]임

4) 애초에 퍼스는 ‘지각적인 유사함’과 ‘논리적인 관계’를 포괄하는 ‘닮음’에 의해 대상체를 표현하는 기호로 도상을 정의한다. “두 번째 삼분법에 의하면 기호는 도상 기호, 지표 기호, 상징 기호로 나누어 불릴 수 있다. (…) 도상 기호는 단지 자신의 속성에 의해 자신이 표시하는 대상체와 연결되는 기호인데, 실제로 존재하든 않든 그 대상체는 도상 기호가 소유한다.”(CP 2. 247); “기호가 그 존재 양상이 어떻든 주로 유사함에 의해 대상체를 기술할 때 도상적일 수 있다.”(CP 2. 276)

을 상기하게 한다.

여기서 주목할 점은 어떤 대상에 대한 '존재론적 증거'이자 어떤 '물리적, 존재론적 흔적으로 인한 징후'로서의 지표기호-인덱스에 대한 정의이다. 사진에 적용된 이러한 인덱스로서의 규정은 여러 현대 이론가들에 의해 지지를 받아, '사진-인덱스'의 특별한 지위가 확인되었다. 루돌프 아른하임(Rudolf Arnheim)은 사진을 "현존의 흔적(traces of his presence)"[6]이라고 천명하면서, "물리적 현실과 인간의 창조적 정신과의 만남(encounters between physical reality and the creative mind of man)"[7]인 지표기호로서 정의하고 있다. 그 누구보다 사진을 지표기호로 공고히 하는데 결정적인 역할을 한 학자는 바로 롤랑 바르트(Roland Barthes)였다. 『카메라 루시다 *Camera Lucida: Reflections on Photograph*』로 보다 널리 알려진 그의 저서 『밝은 방 *La Chambre Claire: Note sur la photographie*』(1980)에서 바르트는 사진을 '존재의 흔적', '존재증명'의 맥락에서 인덱스로 정의한다. 먼저 바르트는 '스투디움(studium)'과 '푼크툼(punctum)'의 개념을 통해 사진의 일반적 의미론을 구축한다. '스투디움'은 사진에서 느낄 수 있는 일반적이고 도덕적인 감동, 정치적 교양이라는 합리적인 중계를 거친 감동으로, 열성적이기는 하지만, 특별한 강렬함을 포함하지 않은 요소이다. 반면, '푼크툼'은 이러한 스투디움을 깨뜨리고 방해하러 오는 요소, 찾아지는 것이 아니라 장면으로부터 화살처럼 튀어나와 관통하고 찌르는 우연적 요소를 말한다.[8] 물론 바르트의 사진론에서 중요성은 해당 맥락에서 구체적이고 개별적인 의미작용

---

5) James Monaco, *How to Read a Film*, New York: Oxford University Press, 1977, p. 134.

6) Rudolf Arnheim, "On the Nature of Photography," *Critical Inquiry*, Vol. 1, No. 1, September 1974. p. 151.

7) Ibid., p. 159.

8) 롤랑 바르트, 김웅권 역, 『밝은 방. 사진에 관한 노트』(서울: 동문선, 2006), pp. 41~42.

을 생산해내는 푼크툼에 놓인다.

이와 동시에 바르트는 '과거의 흔적'으로서 사진의 의미론에 대해 각별히 주목하면서, '물리적 대상과의 연계'를 이루는 '흔적'으로서의 사진의 지표적 성격에 대해 주목한다.

> "사진에서 결코 부정할 수 없는 점은 *사물이 거기 있었다*는 것이다. 현실과 *과거라는 이중적 위치*가 결합되어 있다. (…) 그것을 *사진의 본질 자체, 노에마*로 간주해야 한다. (…) 사진의 노에마라는 명칭은 '*그것은-존재-했음 l'avoir-été-là*', (…) 그것은 아마 'interfruit'(사이에 존재했다)가 될 것이다. 내가 보는 그것은 무한과 주체(촬영자 혹은 구경꾼) 사이에 펼쳐지는 그 장소에, 거기에 있었기 때문이다. *그것은 거기에 있었다*. 그러나 곧바로 분리되었다. 그것은 절대적으로 부인할 수 없이 *현존했지만* 이미 지연되어 있었다. 이것이 intersum(나는 사이에 존재하다)이라는 동사가 의미하는 모든 것이다."[9] (강조 - 인용자)

때문에 사진은 "바르트에게 (구체적인 과거의 일시를 지정하지 않는 과거시제인) '부정과거'이며, (…) 인덱스라는 명칭은 사진에 속할 수 있는 경험 대상들을 또 다른 양상으로, (…) 각인 impression, 증상 symptom, 흔적 trace, 단서 index들과 동일한 체계"[10]를 갖게 되는 것이다.

이런 관점에서 볼 때, 도상기호로 재현되는 영화에서 도입되는 사진 이미지와 사진적 영상은 과거에 존재했던 실존적 흔적이자 "유사-존재이자 부재의 징표"[11]로 기능하면서, 사진은 또한 "실존주의적 매체"[12]로서 지표성을 갖는다는 사실을 인식하게 한다. 이와 더불어 포스트모더니즘 영화이론가인 프레드릭 제임슨(Fredric Jameson)은 철학적으로

---

9) 위의 책, pp. 98~99.

10) 로잘린드 크라우스, 최봉림 역, 『사진, 인덱스, 현대미술』(서울: 궁리, 2003), pp. 20~21.

11) 수잔 손택, 이재원 역, 『사진에 관하여』(서울: 시울, 2005), p. 36.

12) 프레드릭 제임슨, 남인영 역, 『보이는 것의 날인』(서울: 한나래, 2003), p. 391.

'실존주의적' 매체인 사진이 영화 이미지의 운동성 속으로 도입되면서 실존적이 아닌 역사적 성격을 띠게 된다는 점에 주목한다.

> "영화의 운동은 사진을 돌이킬 수 없는 *시간의 경과 속으로 용해*한다는 것을 떠올리게 한다. (…) 바쟁 식의 '출현 epiphany'의 위대한 순간들도 네거티브 필름에서 재생산된 단순한 '정지 화면 freeze frame'으로써는 구원받을 수 없다. (…) 따라서 영화에서는 '*실존적' 인 현실들이* (…) 다시 형식적 과정 속으로 들어가기 때문에 (…) 영화의 운동 자체는 *정지 사진의 실존적 구성 요소를 구체적이고 경험적으로 만듦으로써 존재 Being의 더욱 역사적이고 사회적인 제도*를 향해 이미지의 내용 자체를 해방시킨다. (…) 영화 이미지에서 존재의 은폐를 해체하는 것은 실존적이라기보다는 역사적이다."[13] (강조 - 인용자)

이렇게 바르트의 이 '존재증명'으로서 인덱스 정의와 제임슨의 '실존적 현실인 사진이 영화에서 역사적 순간으로의 변화'는 앙드레 바쟁(André Bazin)의 영상 존재론의 개념과 맞닿아 있다. 영화의 기본 단위를 이루는 사진과 영화의 지표적 도상성의 관계는 바쟁에게 역시 중요한 문제였다. 『영화란 무엇인가 *Qu'est ce Que le cinema*』의 첫 장을 "사진적 이미지의 존재론(The Ontology of the Photographic Image)"에 할애하는 바쟁에게 "사진과 영화는 (…) 리얼리즘에 대한 우리의 집착을 결정적이고 본질적으로 만족시키는 발견물(photography and the cinema (…) are discoveries that satisfy, once and for all and in its very essence, our obsession with realism)"[14]이었다. 바쟁은 사진과 영화가 모두 "공통의 존재(a common being)"를 도상적 성격을 갖는다고 주목하면서도, "생명들의 충격적인 현존(the disturbing presence of lives)"과 "단순한 유사성

---

13) 위의 책, pp. 392~393.

14) André Bazin, *What is Cinema*, Vol. I, trans. Hugh Gray, Berkeley: University of California Press, 1967, p. 12.

이상의 정체성"15)을 제공한다는 점을 역설하면서 사진과 사진적 영상의 지표성을 강조한다.

"사진적 이미지, 특히 영화적 이미지가 다른 이미지들과 마찬가지로 대상으로부터 구별된 존재를 보유하는 것으로 간주할 수 있을 것인가? (…) 사진의 출현, 그 다음 영화의 출현이 있기까지는 특히 초상화와 같은 조형예술이 구체적인 현존과 부재 사이의 유일하게 가능한 중개자였다. 그것을 정당화하는 것은 그것들의 유사성이라고 하는 것이었다. (…) 하지만 사진은 전혀 또 다른 것이다. (…) 그것은 정확히 말하자면 *그들의 흔적*인 것이다. (…) 사진은 렌즈의 도움으로 감광, 주조의 과정으로 이루어진다. 그렇게 사진은 그 자체에 *단순한 유사성 이상의*, 정체성과 같은 것을 포함하게 된다. (…) 하지만 사진은 오로지 시간을 단편적으로 정지시키는 그 즉시성이라는 측면에서 불완전한 기술이다. 영화는 이상하게 역설적인 것을 수행하는데, 그것은 *존재하고 있던 그 시간 속의 대상*을 주조하면서도 *대상의 존재를 지속*시킨다.

Can the photographic image, especially the cinematographic image, be likened to other images and in common with them be regard as having an existence distinct from the object? (…) Before the arrival of photography and later of cinema, the plastic arts (especially portraiture) were the only intermediaries between actual physical presence and absence. Their justification was their resemblance. (…) But photography is something else again (…) more correctly it is *its tracing*. (…) The photograph proceeds by means of the lens to the making of a veritable luminous impression in light — to a mould. As such it carries with it *more than mere resemblance*, namely a kind of identity. (…) But photography is a feeble technique in the sense that its instantaneity compels it to capture time only piecemeal. The cinema does something strangely paradoxical. It makes a molding of the object as *it exists in time* and, furthermore, makes an *imprint of the duration of the object*."16) (강조-인용자)

---

15) Ibid, p. 14~15.

16) Ibid, p. 96~97.

바쟁은 사진과 영화 모두 대상의 실존적 결합과 리얼리즘적 유사성에 기반하지만, 그 차이는 지속성의 여부에 달려 있다고 이해했다. 더구나 바쟁이 말하듯 그 시점에는 부재한 대상의 현존을 증명하는 사진적 영상에 기반한 "영화의 존재론적 역설(the ontological paradox of the cinema)"[17]는 바로 사진적 영상으로 재현되는 영화의 지표적 도상성을 설명하고 있는 것이다. 이는 바쟁의 영화 미학에서 가장 중요한 문제가 되었던 것이 유사성 내지 닮음의 정도가 아니라 대상과 이미지, 세계를 모방하는 영화 간의 실존적 결합의 문제였다는 점[18]을 상기하게 한다.

조나단 프라이데이(Jonathan Friday)가 지적한 것처럼, 바쟁은 "회화는 도상적으로 재현되지만, *사진은 도상과 지표라는 재현의 범위를 동시에 존재*하게 한다. 사진은 그것이 생산되는 메커니즘에 기인할 때 지표적이지만, 그것은 특별한 종류의 지표로서 그 원인을 도상적으로나 회화적으로 가리키는 것이다. 그러므로 *두 종류의 재현방식*이 있게 되는데, *도상적이거나 도상적으로 지표적인 것*"[19](강조-인용자)을 주장하는 것이다.

이렇게 사진과 사진적 영상의 기호적 의미의 문제는 영화에서 도입되는 사진적 이미지의 의미론적 구문을 확립하는데 중요하다고 할 수 있다. 특히 영화에서 과거의 흔적이 강조되는 '기록으로서의 영화'-다큐멘

---

17) Ibid, p. 97.

18) Peter Wollen, *Signs and Meaning in the Cinema*, Bloomington: Indiana University Press, 1972, pp. 132~134.

19) "Paintings represent iconically, but *photographs are the coincidence of the representational categories of icon and index*. Photographs are indexical in virtue of the causally generated mechanism of their production, but they are a special kind of index that points to its cause iconically, or by picturing that cause. There are, then, *two modes of representation, the iconic and the iconically indexical*." Jonathan Friday, "André Bazin's Ontology of Photographic and Film Imagery," *The Journal of Aesthetics and Art Criticism*, Vol. 64:4 Fall (2005), p. 343.

터리-와 현실과의 유사성이 강조되는 '허구로서의 영화'-극영화-는 각각 확고한 영역으로 구분되는데, 양쪽 모두에서 사진적 이미지들은 독특한 의미론을 구축하고 있다. 우리는 이에 대해 현실과 대상과의 유사성에 기반한, 따라서 도상적 성격이 강조되는 전기 영화에서, 그리고 극영화들에서 사진적 이미지의 도입이 수행하는 지표적 의미론에 대해 구체적으로 살펴보고자 한다.

2. 도상성과 지표성의 길항 – 전기 영화의 의미론

영화에서 실존인물과의 유사성-도상성-과 물리적 연결-지표성-의 문제가 가장 첨예하게 대두되는 장르는 그 무엇보다 전기 영화(biographical film)라고 할 것이다. 허구적 극영화와는 달리, 전기 영화는 영화의 대상이 되는 실존인물의 원형적, 시각적 이미지가 영화 이미지의 재현에 있어 유사성의 모델로 전제되고 있다는 특징을 가진다. 따라서 실존의 인물을 영화화하는 전기 영화의 경우, 실제 인물과 재현 대상과의 이미지 재현의 유사성 문제는 영화 자체의 도상적 특성과는 또 다른 층위에서 이루어지는 의미론을 갖게 된다. 특히 전기 영화들에서 나타나는 재현 이미지들은 특별한 시각적 구문론을 형성하며, 영화기호의 도상성과 지표성을 동시에 구현하는 경우가 많다. 여기서 우리의 관심은 다큐멘터리나 극영화의 장르적 구분이 아니라, 그 속에서 재현되는 이미지의 기호적 성격이다. 영화에서 도입된 각각의 시각 이미지들은 해당 영화의 의미구조 속에서 관객들에게 그 이미지에 대한 의미를 새롭게 해석하도록 만들며, 이는 무엇보다 그 이미지의 기호적 성격의 본질에 의존하기 때문이다.

실존인물에 대한 전기 영화의 경우 시각적 이미지의 도상적, 지표적 기호성의 관계는 보다 복잡해지는데, 실존인물이 생전에 직접 영화에 재현된 영화의 경우, 또는 실존인물의 사진이나 그가 촬영된 기록영상이 영화에 삽입되면서 재현된 인물과 동일성의 관계를 유추하도록 하는 영화의 경우, 그리고 실존인물과 시각적으로 유사한 인물이 그의 배역으로 재현된 극영화의 경우로 분리되기 때문이다. 그리고 실존인물이 영화에서 직접 재현된 이미지의 성격, 영화에서 실존인물에 대한 유사성의 근거로 도입되는 사진-이미지의 성격, 마찬가지로 유사성의 근거로 도입되지만 동일인이 아닌 인물-이미지의 성격은 각각 다르며 구별되는 이미지들이다. 특히 실존인물에 대한 유사성의 근거로 도입된 사진 이미지는 분명 영화적 재현에 있어 도상성을 가지면서도 동시에 실존인물의 물리적 흔적을 강화하는 지표적 성격을 동시적으로 갖는 이중기호가 된다. 이 각각의 경우들은 개별적인 영화에서 특별한 의미론을 형성한다.

특히 영화가 탄생한 1895년 이후 생존해 있던 세계적 인물인 레프 톨스토이의 경우, 러시아에서 첫 영화가 제작된 1908년부터 그의 살아있는 모습을 필름에 담으려는 시도가 꾸준히 이루어졌을 뿐만 아니라, 톨스토이 사후에도 그의 삶과 전기적 사건들은 러시아 영화에서 기록영화를 비롯한 다큐멘터리는 물론 극영화 같은 장르에서도 재현되어 꾸준히 영화화되어 왔다. 톨스토이의 전기 영화를 사례로 살펴보자면, 생존한 톨스토이가 직접 영상에 재현된 초기 기록영화들에서나 톨스토이의 사진적 영상이 제시되면서 "유사-존재"로서 톨스토이와의 동일성을 강조하는 영화들에서는 재현 대상과 재현된 이미지 사이의 지표적 성질이 강화된다. 하지만 이 경우에도 영화의 도상적 성격 자체로 인해 지표로 도입된 사진 역시 영화 전체적으로 도상적 의미를 띠게 된다. 이것은 "도상기호는 반드시 지표와 상징과 함께 나타나야 하므로 현실적으로 도상기호로서만 존재하는 기호는 있을 수 없다"[20]는 퍼스의 전제와 이에 상응한 피터 웰렌(Peter Wollen)과 크리스티앙 메츠(Christian Metz)의 도상성에 대한 정의를 지지하는 제임스 모나코(James Monaco)의 정의에서도 확인된다.

> "이 세 범주는 상호 배타적이지 않으며, 특히 사진적 이미지에 있어 도상적 요소는 언제나 항상 강력한 것이다. 이미 언급한 바와 같이 지표기호나 상징기호의 경우에서도 하나의 물체는 그 자체로 있는 것이다. (…) 도상기호는 합선적인 기호로 영화의 성격 그 자체가 된다. 상징기호는 구어와 문어의 기반이 되는 자의적이고 관습적인 기호이다. 퍼스와 웰렌의 체계에서 가장 흥미로운 것은 두 번째 범주인 *지표기호이다. 그것은 영화가 의미를 전달하는 방식인 영화적 도상기호와 문학적 상징기호 사이에 위치한 제3의 의미*라고 여겨진다.
>
> These three categories are not mutually exclusive. Especially in photographic images, the Iconic factor is almost always a strong one. As we have noted, a thing is itself even if it is also an Index or a Symbol. (…) The Icon is the short-circuit sign that is so characteristic of cinema; the Symbol is the arbitrary or conventional sign that is the basis of spoken and written language. It is the second category — *the Index* — that is most intriguing in Peirce and Wollen's system: *it seems to be a third means, halfway between the cinematic Icon and the literary Symbol, in which cinema can convey meaning.*"[21] (강조 - 인용자)

이 제3의 의미를 만들어 내는 "지표적 도상성"은 실존인물로서 물리적 혹은 인과적으로 밀접하게 연결된 지표적 속성을 가지고 영화에 도입된 톨스토이의 사진적 영상이 갖는 특징을 보여주며, 톨스토이 이미지의 지표적 도상성을 강화하는 역할을 수행한다. 허구적 극영화와는

---

20) 박연규, 「퍼스기호학에 있어 도상기호icon의 재현성 – Josheph Ransdell의 논의를 중심으로」, 『기호학연구』16, 2004, p. 222.

21) James Monaco, *How to Read a Film*, p. 133.

달리 실존인물이라는 대상을 재현하는 전기 영화에서는 실제의 인물 이미지가 대상과 존재론적 물리적 속성을 공유하면서도 기호의 도상성을 높임으로써, 대상에 대한 지표적 이미지와 도상 이미지의 유희적 교환이 생성되기 때문이다. 퍼스 연구자들 중 랜스델(Joseph Ransdell)의 말을 빌리면, 도상기호의 성질, 즉 도상성은 바로 사물의 실재를 재현함, 즉 '드러내기(revelation)'를 하는 데 있다고 할 수 있다.[22] 그렇다면 전기 영화에서 이 드러내기의 재현은 지표와 도상성과 어떠한 연관 속에 이루어지는지, 톨스토이를 재현한 전기 영화들에서 톨스토이라는 시각이미지는 어떠한 기호적 성격을 내포하고 있는지를 구체적인 영화들을 통해 살펴보고자 한다.

초기 러시아영화의 가장 중요한 이름으로 기록되며, 러시아의 중요한 역사적 사건과 인물을 담은 기록영화를 제작했던 알렉산드르 드란코프(Александр Осипович Дранков)는 살아 있는 실제 톨스토이를 촬영한 영화들을 활발히 제작했다. 실제 톨스토이 모습을 촬영하기 위해 톨스토이의 영지에 있는 목조화장실에 카메라를 몰래 설치하기까지 하면서 톨스토이를 촬영하면서 "파파라치의 아버지"로까지 명칭되던 드란코프의 영화들에서 실제 톨스토이의 모습은 실존 인물과의 동일성이라는 도상성 뿐만 아니라, 실제 인물과의 물리적 인과성으로 연결된 지표성이 강하게 부각된다. 그러한 드란코프의 영화들로는 <레프 니콜라예비치 톨스토이 *Лев Николаевич Толстой*>(1908), <레프 톨스토이의 80세 생일 *День 80-летия Л. Н. Толстого*>(1908), <체르트코프 시와 모스크바에서의 레프 톨스토이 *Лев Николаевич Толстой у г. Черткова и в Москве*>(1909), <야스나야 폴랴나에서 톨스토이의 마지막 날들 *Последние дни пребывания Л. Н. Толстого в Ясной Поляне*>(1910) 등이 있으며, 드란코

22) 박연규, 「퍼스기호학에 있어 도상기호icon의 재현성 – Josheph Ransdell의 논의를 중심으로」, p. 234.

[Fig. 1] 드란코프가 촬영한 실제 톨스토이

프의 이 영상들은 톨스토이에 대한 전기-다큐멘터리 영화로 중요할 뿐만 아니라, 톨스토이 사후 제작된 전기 영화들에서 톨스토이 이미지를 재현하는데 지표적 도상으로서 전범이 되는 중요한 의미를 갖는다.

실제 톨스토이 모습을 촬영하기 위한 드란코프의 열정의 결실로 현재까지 남아있는 이 영화적 이미지들([Fig. 1], [Fig. 2], [Fig. 3])은 특별한 영화기호로서의 의미론을 갖는다고 할 수 있는데, 그것은 영화적 대상

[Fig. 2] 드란코프가 촬영한 실제 톨스토이

[Fig. 3] 드란코프가 촬영한 실제 톨스토이

과 실제 인물이 동일하면서 이 이미지-기호 역시 지표성과 도상성의 내재적 특성을 동일하게 포함하게 되기 때문이다. 톨스토이에 대한 드란코프의 열정에도 불구하고, 아스타포보(Астапово) 기차역(현 <레프 톨스토이> 기차역)에서 톨스토이가 발병하여 1910년 12월 7일 숨을 거두었을 때 사망한 톨스토이의 실제 모습을 촬영한 것은 정작 드란코프가 아닌 프랑스 영화사 파테(Pathé) 소속 촬영감독 메이에르였다. 처음에 죽어가는 톨스토이가 촬영되는 것이 꺼림직했던 러시아 경찰들은 메이에르가 촬영하는 것을 허락하지 않았지만, 파테 대표부는 촬영허가를 받아내기에 충분한 러시아 권력층의 친구들을 통해 촬영할 수 있었다. 메이에르가 촬영한 톨스토이 사망 장면([Fig. 4]) 역시 실제 인물인 톨스토이와 영화의 대상인 톨스토이가 물리적으로 동일한 존재인 경우로, 영화 이미지의 지표성과 도상성이 동일하게 된다.

톨스토이 사후에도 톨스토이의 삶과 전기는 꾸준히 영화의 주제로 재현되었다. 주목할 점은 톨스토이의 삶을 조명한 대부분의 영화들이 톨스토이 말년에, 그것도 야스나야 폴랴나를 가출한 생애 마지막 사건에 집중하고 있다는 점이다. 이 역시 톨스토이의 생애 전체를 재현하는 전기 영화의 의미론적 지표성이라 할 수 있다. 톨스토이의 삶 전체를 하나

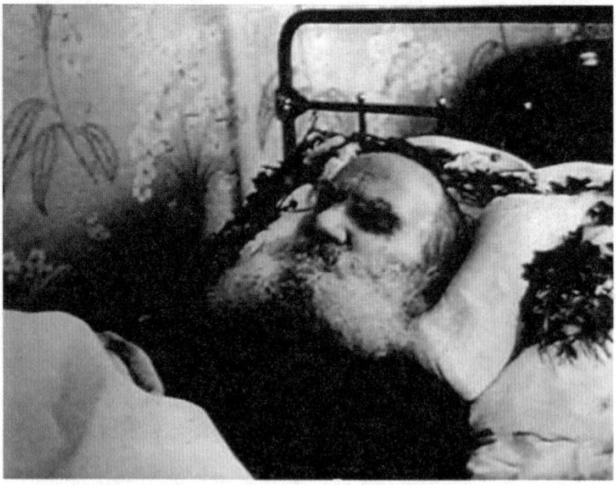

[Fig. 4] 파테가 촬영한 톨스토이 사망 직후

의 의미론적 단위로 볼 때 말년은 시간적으로 물리적 근접성을 갖는다는 점에서 지표성이 강화되기 때문이다.

톨스토이 사후 그의 말년에 집중된 선구적인 작품 중 하나가 야코프 프로타자노프(Яков Протазанов)와 엘리자베타 티만(Елизавета Тиман)이 공동감독한 영화 <위대한 노인의 떠남. 레프 톨스토이의 삶 *Уход великого старца. Жизнь Л. Н. Толстого*>(1912)이다. 사망 직전 야스나야 폴랴나의 집을 가출한 톨스토이 마지막 며칠에 집중하여 톨스토이의 삶을 환유적으로 재현하는 러닝타임 31분 30초의 이 무성영화는 블라디미르 샤테르니코프 (Владимир Шатерников)가 톨스토이의 역을, 올가 페트로바(Ольга Петрова)가 부인 소피야 역을 맡아 열연했으며, 톨스토이 삶을 전기화한 첫 극영화로 주목된다. 이 영화는 드란코프가 촬영했던 실제 톨스토이의 모습을 최대한 유사하게 재현하는 톨스토이의 산책 장면으로 시작된다. 이 장면의 미장센은 드란코프가 실제 톨스토이를 촬영한 영상을 그 직접적 대상으로 하여 구현되는 바, 따라서 드란코프의 영상은 프로타자노프의 영화에 있어 모방할 실제적 대상 혹은 지표적 사진 이미지로서의 의미를 갖고 있으며, 프로타자노프의 영상은 드란코프의 영상에 대한 도상적 재현이 되고 있다. 애초에는 메이에르에 의해 촬영되었지만 드란코프가 자신의 영화에 포함시킨 톨스토이의 사망 직후 모습([Fig. 4]) 역시 프로타자노프의 영화에 도입되면서, 영화 <위대한 노인의 떠남>에서 톨스토이 이미지를 재현하는데 있어 드란코프 영상의 지표적 의미를 확인시켜준다.

하지만 이 영화에서 실제 톨스토이를 촬영한 기록영화 이미지와 블라디미르 샤테르니코프가 연기한 톨스토이와는 분명 다른 존재이다. 프로타자노프는 실제 톨스토이를 촬영한 지표적 사진 영상을 영화 속에 도입함으로써 배우가 연기하는 톨스토이를 실제 톨스토이와 동일한 존재로 유비관계를 만들고 있다. 이 경우 이 영화에서 배우가 연기한 톨스토이 이미지는 전체적으로 톨스토이에 대한 유사-지표적 도상성을 갖게 된다. 실제 톨스토이가 촬영된 영상이 부분적으로 사용되면서 이미지의 지표성은 환기되지만, 다른 배우에 의해 재현된 톨스토이의 이미지는 분명 도상성이 강화되기 때문이다. 이러한 특징은 이와 유사한 방식으로 제작된 전기 영화들의 유사-지표적 도상의 성격에 대해 재고하게 한다. 프로타자노프 감독에 의해 만들어진 이 전기 영화가 유사-지표적이라는 사실은 톨스토이 사후에 대한 감독의 허구적 상상을 담고 있다는 점에서도 드러난다.[23]

볼셰비키 혁명 이후 오래도록 중단되었던 톨스토이의 전기 영화의 획을 그은 작품으로 세르게이 게라시모프(Сергей Аполлинариевич Герасимов) 감독의 <레프 톨스토이 *Лев Толстой*>(1984)를 주목하지 않을 수 없다.

---

23) 영화의 마지막 시퀀스는 구름이 흐르는 하늘을 롱테이크하고 있는데, 이 컷은 곧 이어 다른 컷과 이중노출로 이어진다. 흰 옷을 입은 톨스토이와 역시 흰 옷을 입은 그리스도의 모습이 화면에 나타나고, 이어 톨스토이는 어린 아이처럼 그리스도의 품에 안긴다. 이 허구적 영상을 통해 평생 진리와 신앙, 삶과 죽음의 의미에 천착했던 톨스토이의 고단한 삶의 여정에 대한 위안적 서사를 완결하는 파토스가 강하게 조성됨과 동시에, 다른 인물에 의해 재현된 톨스토이 이미지의 유사-지표적 도상성도 강화된다.

체코와 공동으로 고리키 영화사(Киностудия им. Горького)에서 제작된 이 영화에서 세르게이 게라시모프 감독은 직접 톨스토이 역을 연기했다. 톨스토이의 내적 독백이 두드러진 이 영화에서는 가족들과 사회적 관심 속에서도 결코 조화될 수 없었던 작가의 고독한 상념과 삶이 영화의 중심을 이루고 있다. 1부 <불면증 *Бессонница*>과 2부 <떠남 *Уход*>의 두 파트로 이루어진 168분이라는 긴 러닝타임의 이 영화도 예외 없이 시간적으로 물리적 근접성, 따라서 지표성이 강화된 톨스토이 생애 마지막 2년(1908~1910)에 집중되어 있다.

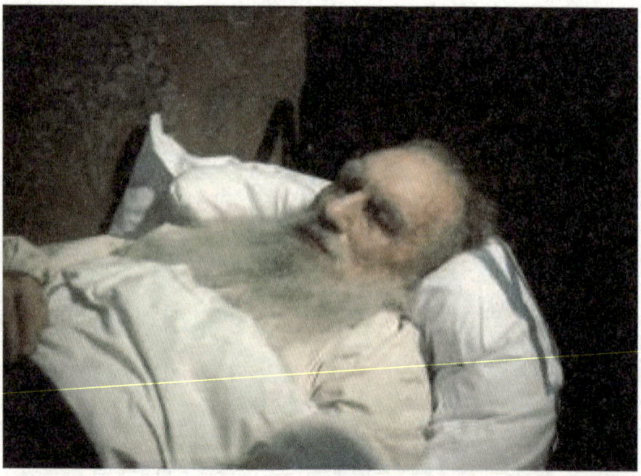

[Fig. 5] 〈레프 톨스토이〉(1984)에서 톨스토이의 임종 장면

이 영화에서는 이전 기록영화에서 실제 톨스토이를 촬영한 모습을 미장센을 통해 그대로 재현하는 도상성이 강하게 구현된다. 아스타포프 역사에서 임종을 맞는 톨스토이의 모습([Fig. 5])은 영화 초반 야스나야 폴랴나 침상에 누워 상념에 젖어 있는 톨스토이의 모습과 동일한 미장센으로 영화 구성에서 원형구조를 이루는 동시에, 실제 톨스토이의 임종모습을 촬영한 지표적 이미지([Fig. 4])에 대한 도상적 재현이 된다. 무엇보다 이 영화는 드란코프가 <야스나야 폴랴나에서 톨스토이의 마지

[Fig. 6] 〈레프 톨스토이〉에서 드란코프의 촬영 재현

막 날들>(1910)을 촬영했던 당시 상황을 그대로 재현하는 장면([Fig. 6])과 드란코프가 촬영한 톨스토이와 소피아의 산책 모습([Fig. 7])을 재현한 장면([Fig. 8]) 등을 통해 드란코프의 영화와 그 속에서 재현된 실제 톨스토이의 모습이 갖는 지표적 의미에 대해 강하게 환기시킨다. 하지만 이 지표적 의미는 게라시모프 감독이 만든 톨스토이의 전기 영화에서는 의미론적 층위에서만 구현될 뿐 영화 기호로서의 이미지는 프로타자노프 감독의 영화와는 분명 다른 양상으로 나타난다고 할 수 있다. 실제 톨스토이를 촬영한 기록영화를 도입하면서 유사-지표적 도상성을 구현하고 있는 프로타자노프 감독의 영화와는 달리, 게라시모프 감독의 톨스토이 전기 영화는 실제 톨스토이 모습이 배제되어 있으며, 철저히 극영화적 재현에 충실한 도상성을 드러내기 때문이다.

프로타자노프 감독이나 게라시모프 감독의 톨스토이 전기 영화가 전기적 사실성과 재현에 집중되어 지표성을 강조하고 있는 반면, 21세기에 제작된 톨스토이의 전기 영화는 실험적인 재구성에 치중하는 특징을 보인다. 그 대표적인 예로 빅토르 티호미로프(Виктор Тихомиров) 감독의 <B. G. 레프 톨스토이 *Б. Г. Лев Толстой*>(2002)를 들 수 있는데, 이

[Fig. 7] 드란코프가 촬영한 톨스토이와 소피아의 산책 모습

[Fig. 8] 〈레프 톨스토이〉(1984)에서 톨스토이와 소피아의 산책 재현

영화는 소비에트 시기부터 현재까지 견고한 지성인이자 문화적 아이콘으로 꼽히는 보리스 그레벤쉬코프(Борис Гребенщиков)[24]를 통해 레프 톨스토이를 보여주려는 기이한 시도이다.

---

24) 레닌그라드를 주 무대로 활동했지만 러시아 록문화 전체를 대표하는 그룹 '아크바리움(Аквариум)'의 리더 보리스 그레벤쉬코프는 현대 러시아 대중문화를 넘어 지성을 구현하는 대표적 문화인으로 꼽힌다.

각기 다른 시대적 우상이면서도 방랑적 기질과 그들이 이루어낸 성취에서 례프 톨스토이와 보리스 그레벤쉬코프는 공통적이라는 감독의 시각은 톨스토이를 새로운 영화적 대상으로 담은 독특한 영상을 만들어냈다. 톨스토이에 대한 이전 전기 영화들에서 삽입되곤 했던 드란코프의 영상은 이 영화에서도 예외 없이 포함되는데, 야스나야 폴랴나를 산책하는 톨스토이와 부인 소피야의 모습을 담은 드란코프의 영상([Fig. 7])이 삽입되어 실제 톨스토이의 모습을 외연적 유사관계에 의해 그레벤쉬코프가 도상적으로 재현한 톨스토이의 모습([Fig. 9])에 대한 유사-지표적 도상성의 근거가 된다.

[Fig. 9] 〈B. G. 례프 톨스토이〉(2002)에서 그레벤쉬코프가 재현한 톨스토이

알레브티나 쿠조벤코바(Алевтина Кузовенкова) 감독의 다큐멘터리 <례프 톨스토이 *Лев Толстой*>(2004), 갈리나 예브투쉔코(Галина Евтушенко)와 례프 그리신(Лев Гришин)이 공동 감독하고 알렉산드르 바소프(Александр Басов)가 시나리오를 쓴 기록영화 <간이역 – 례프 톨스토이에 대하여 *Полустанок – о Льве Толстом*>(2007)는 모두 톨스토이 생애에 대한 사적 가치를 갖는 기록영화들이다. 야스나야 폴랴나를 공간적 중심으로

삼아 톨스토이 삶을 전체적으로 조망하는 쿠조벤코바 감독의 <레프 톨스토이>는 역사적 자료들과 함께 병행되는 사진-지표들, 그리고 예외 없이 드란코프의 촬영 영상을 포함하는 점에서 톨스토이에 대한 지표적 도상성을 구현하고 있다고 할 수 있다. 이와 달리 생애 마지막 순간 톨스토이가 야스나야 폴랴나에서 가출하는 사건에 집중하고 있는 <간이역 – 레프 톨스토이에 대하여>는 전 세계적 명성을 갖고 있던 위대한 작가가 도대체 무엇으로부터 어디로 가고자 야스나야 폴랴나에서 떠날 수밖에 없었던가를 탐구하며 톨스토이의 내면과 주변정황에 보다 집중하고 있다. 영화 <간이역>에서 에필로그에 제시된 톨스토이 사망 장면([Fig. 4])와 마찬가지로 병상에서의 톨스토이의 모습([Fig. 10])은 이 영화에서 지표적 (동시에 도상적) 이미지들이다.

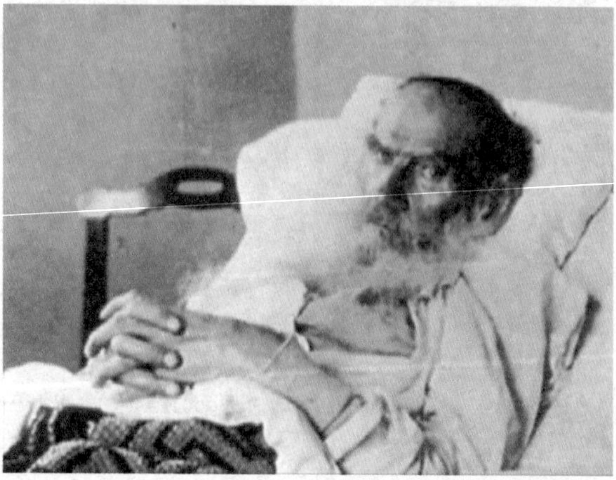

[Fig. 10] 〈간이역 - 레프 톨스토이에 대하여〉(2007)에서 톨스토이

톨스토이 서거 100년을 기념한 유일한 전기 영화로 러시아·독일·영국 합작으로 제작된 마이클 호프만(Michael Hoffman) 감독의 영화 <마지막 기차역 *The Last Station*>(2009)[25]은 "내가 아는 모든 것은 오로지

25) 크리스토퍼 플러머(Christopher Plummer)가 톨스토이의 역을, 헬렌 미렌(Helen

내가 사랑하기 때문에 아는 것이다. 레프 톨스토이, <전쟁과 평화> (Everything that I know... I know only because I love. Leo Tolstoy – War and Peace)"이라는 에피그라프로 시작된다. 톨스토이에 대한 여타의 영화들에서와 마찬가지로 <마지막 기차역> 역시 1910년에서 시작하여 야스나야 폴랴나에서의 톨스토이 말년에 집중해 있다. 이 영화의 플롯에서는 톨스토이와 소피야 안드레예브나의 갈등이 부각되어 있고, 비서였던 발렌틴 불가코프의 역할이 과장되게 제시되어 픽션적 요소가 두드러져 있다. <마지막 기차역>은 게라시모프 감독의 1984년 작 <레프 톨스

[Fig. 11] 〈마지막 기차역〉 도입에서 톨스토이의 모습

[Fig. 12] 〈마지막 기차역〉의 후반 임종 시의 톨스토이 모습

Mirren)이 소피야 안드레예브나 역을 맡은 이 영화는 2009년 제4회 로마국제영화제에서 최우수여우주연상을 수상했다.

토이>와 마찬가지로 실제의 톨스토이 이미지가 전혀 도입되지 않고 톨스토이 이미지의 도상적 성격이 지배적이기는 하지만, 톨스토이에 대한 이전 영화들의 이미지는 이 영화의 도상적 이미지의 지표적 근거가 되고 있다. <레프 톨스토이>(1984)에서와 마찬가지로 침상에 누운 톨스토이 모습([Fig. 11])으로 시작하며 임종 모습([Fig. 12])으로 플롯이 종결되는 <마지막 기차역> 역시 원환적 구조를 이루는 동시에, <간이역>에서의 침상에서의 톨스토이([Fig. 10])과 유사하게 구성된 임종장면([Fig. 12]), 톨스토이와 부인 소피야의 모습([Fig. 13])은 톨스토이 부부의 널리 알려진 사진(Fig. 14])을 근거로 구현되어 도상성이 지배적인 이 전기 영화가 지표적 이미지들을 도상의 근거로 활용하면서 지표적 의미를 형성하고 있음을 상기시킨다.

<마지막 기차역>과 마찬가지의 의미를 구성하는 사례는 또 다른 인물에 대한 필리다 로이드(Phyllida Lloyd) 감독의 전기 영화 <철의 여인

[Fig. 13] 〈마지막 기차역〉에서 재현된 톨스토이 부부의 모습

[Fig. 14] 톨스토이 부부의 사진

The Iron Lady>(2011)[26]이다. 20세기 영국에서 가장 오래 동안 총리로 있었던 마가렛 대처(Margaret Thatcher)의 일생을 다룬 이 전기 영화에서 대처 역을 맡은 메릴 스트립(Meryl Streep)의 모든 이미지는 철저하게 마가렛 대처의 실제 이미지를 '기억의 기호'로, 따라서 지표성의 기준으로 삼아 구현되었다. 영화의 제목은 마가렛 대처가 수상이 된 1979년 5월 4일 이전인 1979년 1월 24일에 이미 소비에트 신문 <붉은 별 *Красная звезда*>에서 유리 가브릴로프(Юрий Гаврилов)가 사용하며 유명해진 "철의 여인(железная дама)"이라는 표현을 인용하고 있다.

[Fig. 15] 지표적 이미지(좌-마가렛 대처)와 〈철의 여인〉(2011)의 노상석 이미지(우-메릴 스트립)

냉전시대의 종결에 중대한 역할을 하고 전후 쇠퇴에서 영국 경제를 반전시켰다고 평가받는 대처의 강인한 이미지는 이 영화에서 철저히 도상적이지만, 수상이 된 직후 대처와 대중들과의 만남을 담은 실제 기록영상의 삽입을 통해 실제 대처와 영화에서의 대처의 동일시를 강조하는 지표적 의미를 형성하고 있다. 또한 실제 대처의 모습을 담은 기록영상

26) 메릴 스트립(Meryl Streep)이 마가렛 대처 역을, 짐 브로드벤트(Jim Broadbent)가 남편 데니스 대처 역을, 안토니 헤드(Anthony Head)가 대처를 가장 오랫동안 모신 내각 구성원이자 부총리였던 제프리 하우 역을 맡은 이 영화에서는 특히 메릴 스트립의 연기가 호평을 받아 2012년 아카데미 여우주연상을 받았다.

과 사진은 <철의 여인>에서 재현된 대처의 모습에 대한 유사성 - 도상성의 근거이자 물리적 흔적 - 지표성의 의미를 형성하는 근거가 된다. 영화의 주요 장면([Fig. 15])과 노년의 대처 모습([Fig. 16])은 실제 대처의 모습을 근거로 삼아 외연적 유사관계에 따라 재현된 도상 이미지들이며, 대중들에게 각인된 대처의 모습과 사진들은 이 영화에서 재현된 이미지를 실존 인물과 물리적·인과론적으로 연결시키는 지표기호로 기능하는 것이다.

[Fig. 16] 지표적 이미지(상-마가렛 대처)와 〈철의 여인〉(2011)의 도상적 이미지(하-메릴 스트립)

이렇게 전기 영화들에서 지표성의 근거로 도입되는 사진과 사진적 이미지들은 해당 인물과 외연적 유사관계를 형성하며 도상성의 근거가 됨과 동시에, 물리적 혹은 인과적으로 밀접하게 연결되면서 지표적 의미를 형성하는 하나의 의미론적 기호가 된다. 하지만 전기 영화에서와는 달리 극영화에서 사진은 일반적으로 또 다른 기호적 의미론을 형성하게 된다.

3. 극영화에서의 사진 이미지의 지표적 의미론

전기 영화에서 사진과 사진적 이미지가 바쟁의 표현대로 "도상적으로 지표적인 것"으로서 지표성의 중요한 근거가 된다면, 극영화에서 퍼스의 "존재론적 흔적"이나 바르트의 "존재증명"으로서 사진-지표에 대한 정의는 일부 영화의 미학과 영화적 의미론을 이해하는데 매우 중요한 근거를 제공한다. 특히 현대 러시아의 주목받는 작가주의 감독 안드레이 즈뱌긴체프(Андрей Петрович Звягинцев) 감독의 영화들에서 사진은 "유사-존재이자 부재의 징표"[27]로 기능하면서 "사진이 이미 철학적으로 '실존주의적' 매체"[28]임을 표방한다. 이러한 점에서 즈뱌긴체프 감독의 데뷔작 <귀환 *Возвращение*>(2003)은 2003년 베니스 국제 영화제에서 황금사자상과 신인감독상을 동시에 수상하며 이름이 생소했던 러시아 신예 감독의 뛰어난 미학을 세계에 알렸을 뿐만 아니라, 사진과 영화의 지표적 의미론에 대해 재고하게 하는 수작이다.

할머니와 어머니와 함께 살고 있는 두 소년이 12년 만에 급작스럽게 집에 귀환한 아버지와 만나고 엄격하고 무자비한 아버지와 갈등하는 내용을 골격으로 하는 영화 <귀환>에서 사진은 '징후적 자국', '존재론적 흔적'의 기호인 지표가 된다. 아버지에 대한 기억이 없는 안드레이와 이반에게 느닷없이 집으로 돌아온 아버지는 낯선 타인이나 마찬가지이다. 침실에 누워있는 아버지의 모습을 본 안드레이와 이반은 다락으로 뛰어올라가 낡은 상자 안에서 책을 꺼내 들고 그 속에 간직된 가족사진을 찾아내고, 안드레이와 이반이 아버지의 존재를 처음으로 '인정'하는 것은 엄마의 말보다는 다락에서 찾아낸 가족사진을 통해서이다.([Fig. 17]). '아버지로서의' 아버지의 존재를 증명하는 것은 현재의 아버지의 모습

27) 수잔 손택, 『사진에 관하여』, p. 36.
28) 프레드릭 제임슨, 『보이는 것의 날인』, p. 391.

[Fig. 17] 영화 〈귀환〉의 지표적 가족사진

이 아니라, 사진 속에 각인된 아버지의 '흔적'인 것이다. <귀환>에서 처음 인덱스로서 의미가 부여된 이 사진의 내포는 중요하다. 이 사진은 이미 아버지의 "죽음(괄호의)의 미시-경험"29)을 예시하고 있기 때문이다. <귀환>의 마지막에서 아버지가 죽고 차 안에서 이반이 발견한 유사한 사진에는 아버지가 사라져 있다([Fig. 18]).

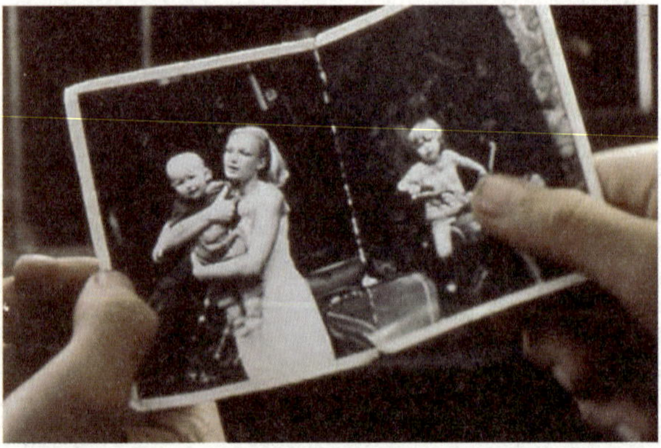

[Fig. 18] 영화 〈귀환〉의 지표적 가족사진

29) 바르트는 "사람들이 찍은 사진에서 내가 노리는 것(내가 그것을 바라보는 '의도')는 죽음이다. 왜냐하면 죽음은 이 사진의 에이도스(eïdos; 본질)이기 때문이다"고 말하며 사진의 과거적 흔적이 내포하는 죽음의 의미에 대해 언급한다. 롤랑 바르트, 『밝은 방. 사진에 관한 노트』, pp. 28-29.

이 사진은 동일한 일시에 찍힌 것으로 추정되는 영화 도입의 가족사진으로 인해 아버지의 부재를 극대화시킴과 동시에, “메멘토 모리로서 다른 사람의 죽음, 연약함, 무상함에 동참하며 (...) 속절없이 흘러가 버리는 시간을 증언”[30]해 준다. 게다가 두 아들에게 시종일관 무조건적 복종과 엄격한 규율, 남성적 위계질서를 요구하는 독재자 혹은 군대 지휘관과 같은 아버지의 모습은 ‘과거’와 ‘기억’과의 단절을 암시함과 동시에, 자연과 가족관계와 단절된 아버지가 ‘존재했다가 사라진’ 두 장의 사진-지표의 대비는 “사진이 촬영된 순간과 다른 모든 시간들 사이의 단절을 더욱 강화”[31]시키고 있다.

그런데 <귀환>에서 사진-지표는 또 다른 의미적 기능을 수행하는데, 이는 즈뱌긴체프의 영화들에서 공통적으로 관통하는 의미론을 형성한다. 아버지의 죽음으로 영화적 사건이 종결되는 <귀환>은 영화의 끝부분에 에필로그에 해당하는 또 하나의 시퀀스를 삽입함으로써, 이 ‘존재증명’의 사진-지표를 다른 의미장으로 연결시킨다. 그것은 ‘가족의 아카이브’, 연대기로서의 사진이다. 수잔 손택(Susan Sontag)이 주목하듯이 사진은 가족의 결속을 확인하고 기념하는데 가장 먼저 활용되었다. “가족은 사진을 통해서 자기 자신들의 자화상을 연대별로 구성해 놓고 (...) 사진은 자기 가족의 결속력을 보여주려고 꺼내놓는 일련의 이미지”[32]이기도 때문이다. 사진은 “점점 작아지고 무너져 가는 가족의 범위와 연속성을 일깨울 뿐만 아니라 상징적으로 재론”[33]하는 중요한 아카이브가 되는 것이다.

<귀환>의 마지막 시퀀스는 가족의 연대기적 아카이브를 독특한 의미

30) 수잔 손택, 『사진에 관하여』, p. 35.
31) 존 버거, “고뇌의 사진,” 김우룡 엮음, 『사진과 텍스트』(서울: 눈빛출판사, 2006), p. 142.
32) 수잔 손택, 『사진에 관하여』, p. 25.
33) 위의 책, p. 25.

구조로 형성한다. 아버지와 떠난 여행의 스냅사진([Fig. 19])으로부터 과거의 기록들로 시간상 역으로 흘러가는 이 연대기는 <귀환>이라는 영화의 상징적 제목에 대한 의미를 명확히 한다. 여행의 기록인 스냅사진에서 과거의 사진으로 넘어가는 경계점에 배치된 '보트와 새의 사진'([Fig. 20])은 영화초반에 제시된 물에 잠긴 보트([Fig. 21])와 마지막에 물로 돌아간 아버지의 모습([Fig. 22])을 환원적으로 연결시킨다.

[Fig. 19] 영화 〈귀환〉의 스냅사진

[Fig. 20] 영화 〈귀환〉의 스냅사진

위 이미지들의 이러한 환원적 구조는 원죄를 가진 인간이 '순간적, 유동적 지상의 삶'에서 영원의 삶으로 '귀환'하기 위해 치러야 하는 의식,

'씻김'과 '정화'의 물세례라는 맥락을 형성하는 것이다. 그리고 동시에 '인간 영혼을 상징하는 새'의 모습을 통해 아버지의 영혼이 천상으로 '귀환'했음을 암시한다. 무엇보다 <귀환>의 마지막에 제시된 이 스냅사진들은 가족의 연대기임과 동시에, 지상의 삶을 '순간적, 유동적' 의미로 연결시키는데, "스냅사진이라는 은유는 일시적인 기회의 순간에 자신을 드러내고, 모티프가 돌발적으로 나타나며, 확립되어야 할 진리는 순간적이며, 우리가 행위하는 시공간 구도는 유동적"34)이라는 지표적

[Fig. 21] 영화 〈귀환〉의 도입

[Fig. 22] 영화 〈귀환〉의 후반

34) 그램 질로크, 노명우 역, 『발터 벤야민과 메트로폴리스』(서울: 효형출판, 2005), p. 230.

의미론을 창출하기 때문이다.

'순간적, 유동적' 삶이기는 하지만 지상의 삶의 중요성은 부언의 여지가 없다. 때문에 즈뱌긴체프 영화에서 '가족의 연대기'로서의 사진은 현재는 부재하지만 그 흔적과 의미가 현전하고 있는 아버지의 지표기호로 기능한다. 이는 특히 즈뱌긴체프 감독의 차기작 <추방 *Изгнание*>(2007)에서 두드러지게 강조된다.

제목부터 기독교적 모티프를 강하게 암시하는 영화 <추방>은 인간이 원죄를 저질러 낙원에서 추방되고, 그로 인해 이 땅에서 이기적 죄를 짓고 살 수 밖에 없는 현실에 대한 메타포이다. 여름을 보내러 두 달 예정으로 가족과 함께 12년 만에 아버지의 옛 집을 방문한 알렉산드르는 도착한 날 저녁, 아내 베라로부터 "아기를 가졌는데, 당신의 아기가 아니다"는 말을 듣게 된다. 모든 아기는 신이 주는 것이며, 남편이 사랑을 회복해야만 자신이 겪는 고독과 절망감에서 벗어날 것이라는 의미에서 한 베라의 말을 곧이곧대로 이해한 알렉산드르는 그때부터 격정에 휘말려 베라에게 중절수술을 강요한다. 남편과의 진정한 소통, 그리고 가족에 대한 진실한 사랑을 기대했다가 좌절한 베라는 아무 말 없이 수술을 받고, 결국 그날 밤 수면제를 과다복용하여 자살한다. 영화 <추방>에서 이기심이라는 큰 죄 속에 있는 알렉산드르의 변한 현재의 모습과 뚜렷이 대비를 이루는 것은 사진을 통해 반복해서 제시되는 알렉산드르의 옛 모습과 그의 가족들이다. 알렉산드르와 베라가 방문한 '아버지의 집'은 지상의 혈연적 관계인 '가족'에 대한 흔적과 의미를 반추하는 복합적 흐로노토프적 공간으로 기능하면서 가족의 의미를 강화하고, 동시에 곳곳에 놓여있는 가족사진으로 인해 '존재의 인덱스'적 공간이 된다.

특히 알렉산드르의 형 마르크의 가족사진([Fig. 23])은 깨진 액자 속에 총과 함께 제시됨으로써 가족을 상실한 마르크의 비극성을 구현하며, 어린 알렉산드르와 마르크, 아버지가 함께 찍은 가족사진은 되풀이하여

[Fig. 23] 영화 〈추방〉에서 아카이브로서의 사진

[Fig. 24] 영화 〈추방〉에서 아카이브로서의 사진

전화기 앞에 등장([Fig. 24])하면서 알렉산드르의 가족에 대한 기억을 환기시킨다. 또한 중절수술을 받기로 동의한 베라가 수술직전 바라보는 알렉산드르의 어린 시절 사진([Fig. 25])은 순수함과 사랑을 상실하고 이기적 성인으로 변한 알렉산드르에 대한 베라의 절망적 인식을 전달한다. 그리고 베라의 죽음 이후 이어진 시퀀스에서 규명되는 베라의 내면, 가족 간의 진실한 사랑을 갈망하지만 남편 알렉산드르와 진정한 소통을

[Fig. 25] 영화 〈추방〉에서 아카이브로서의 사진

[Fig. 26] 영화 〈추방〉에서 아카이브로서의 사진

이루지 못하여 절망하는 베라의 의식은 행복했던 '가족사의 아카이브'인 앨범사진들([Fig. 26], [Fig. 27])을 통해 드러난다. 영화 <추방>에서 무엇보다 중요한 함축적 의미를 구현하는 이미지는 베라의 수술 직후 창공을 나는 새들의 모습에 이어 느린 클로즈업으로 고정되어 제시된 아버지의 사진([Fig. 28])이다. 알렉산드르의 죄를 준엄하게 질책하는 듯 클로즈업된 아버지의 얼굴은 이 영화에서 '아버지-신'의 의미를 강화시킨다. 비록 '순간적'이기는 하지만, 영원의 삶을 향해 인간이 완성해가

[Fig. 27] 영화 〈추방〉에서 아카이브로서의 사진

[Fig. 28] 영화 〈추방〉에서 아카이브로서의 사진

야 하는 '사랑'을 외면한 알렉산드르에게, 부재하면서도 그 의미가 각인된 '지표 기호로 존재'하는 아버지의 얼굴은 "신적인 얼굴과의 유사성 속에서 실현되는 존재론적인 에이도스이자 이데아"35)로서 '아버지-신'의 기의를 만들어내고 있다.

이 '아버지-신'의 흔적은 모든 인간에게 내재되어 사랑을 구현할 수

35) 이덕형, 『이콘과 아방가르드. 초월적 성스러움의 문화적 표상』(서울: 생각의나무, 2008), pp. 510-511.

있는 원동력을 제공한다. <추방>의 마지막 장면에서 영화 첫 장면의 바로 그 들판에 앉아 있는 알렉산드르의 모습은 변화된 그의 내면을 상징적으로 보여준다. 베라의 장례식 후 로베르트로부터 베라의 진실을 알게 된 알렉산드르의 얼굴은 석양의 햇살로 밝게 조명되고, 동산 나무를 바라보던 알렉산드르는 다시 어디론가를 향해 출발한다. '추방'된 지상의 삶은 영원한 삶으로 '귀환'하기까지 '흔적'을 남기며 진행해야 할 과정이기 때문이다.

이처럼 극영화에서도 사진은 징후적 자국 혹은 존재론적 흔적의 기호인 지표로 기능하거나, 이 존재증명이 실존적 흔적 혹은 혈연적 인과관계의 의미로 연결되면서 '가족의 아카이브', 연대기의 에이도스, '도상적으로 지표적인' 기호가 된다.

4. 도상적 영화의 지표적 의미론

일반적으로 영화는 내재적이고 추상적인 내용까지 아우르는 '도상성(iconicity)'이 지배적인 예술이다. 하지만 "그것이 표상하는 대상과 그 외관이 정확하게 닮아 있는" 도상적 특징과 대상의 "현존과 현전"을 확신하게 하는 실존적 지표성을 동시에 내포하고 있는 사진-지표의 도입은 영화에서 특별한 "지표적 도상(indexical icon)"의 의미론을 창출한다. 도상과 지표라는 재현의 범위를 동시에 존재하게 하는 사진은 그것이 생산되는 메커니즘에 기인할 때 지표적이지만, 그것은 특별한 종류의 지표로서 그 원인을 도상적으로나 가리키면서 이중적으로 도상이거나 도상적으로 지표적인 것으로 드러나기 때문이다.

여기서 우리는 이러한 개별 기호로서 사진-지표가 영화에 도입되면서 영화의 전체적 의미구조에서 수행하게 되는 기호적 성격을 재고해 보았다. 특히 현실과 대상과의 유사성에 기반한, 따라서 도상성이 강조되는 기록적 성격이 강한 전기 영화에서 사진과 사진적 이미지들은 어떠한 기호적 성격을 갖게 되는지, 그리고 허구로서의 극영화들에서 도입된 사진 이미지들은 영화 의미론에서 어떠한 작용을 하고 있는지에 대해 살펴보았다. 전기 영화에서는 재현된 인물의 이미지가 실제의 인물 이미지와 외연적 유사관계에 따라 형성되는 도상성이 지배적이지만, 실제 인물과 존재론적·물리적 속성을 공유하는 지표성에 대한 강한 환기로 인해 도상 이미지와 지표성의 유희적 교환이 생성된다. 극영화에서도 사진은 징후적 자국 혹은 존재론적 흔적의 기호인 지표로 기능하거나, 이 존재증명이 실존적 흔적 혹은 혈연적 인과관계의 의미로 연결되면서 '가족의 아카이브', 연대기의 에이도스인 '도상적으로 지표적인' 기호가 된다.

여기서 분석의 대상으로 삼은 영화들은 물론 개별적, 특수한 경우로 간주될 수도 있겠으나, 유사한 영화들의 경우의 분석에, 특히 사진적 이미지와 사진-지표의 의미론에 대해, 이로 인한 영화 전체적 의미론에 대해 재고할 수 있는 하나의 사례가 될 수 있을 것이다.

참고문헌

바르트, 롤랑. 김웅권 역. 『밝은 방. 사진에 관한 노트』(서울: 동문선, 2006).

박연규. 「퍼스기호학에 있어 도상기호icon의 재현성 – Josheph Ransdell의 논의를 중심으로」, 『기호학연구』 16, 2004.

버거, 존. "고뇌의 사진," 김우룡 엮음. 『사진과 텍스트』(서울: 눈빛출판사, 2006).

손택, 수잔. 이재원 역. 『사진에 관하여』(서울: 시울, 2005).

이덕형. 『이콘과 아방가르드. 초월적 성스러움의 문화적 표상』(서울: 생각의나무, 2008).

제임슨, 프레드릭. 남인영 역. 『보이는 것의 날인』(서울: 한나래, 2003).

주형일. 『사진. 매체의 윤리학, 기호의 미학』(서울: 도서출판 인영, 2006).

질로크, 그램. 노명우 역. 『발터 벤야민과 메트로폴리스』(서울: 효형출판, 2005).

크라우스, 로잘린드. 최봉림 역. 『사진, 인덱스, 현대미술』(서울: 궁리, 2003).

Andrew, Dudley. *The Major Film Theories: An Introduction*, 조희문 역, 『현대영화이론』(서울: 한길사, 1988).

Arnheim, Rudolf. "On the Nature of Photography," *Critical Inquiry*, Vol. 1, No. 1, September 1974.

Bazin, André. *What is Cinema*, Vol. I, trans. Hugh Gray, Berkeley: University of California Press, 1967.

Friday, Jonathan. "André Bazin's Ontology of Photographic and Film

Imagery," *The Journal of Aesthetics and Art Criticism*, Vol. 64:4 Fall (2005).

Hartshorne, Charles and Weiss, Paul eds., *Collected Papers of Charles Sanders Peirce*, Vol. I~VIII, Cambridge, Massachusetts: The Belknap Press of Harvard University Press, 1974, 1978.

Monaco, James. *How to Read a Film*, New York: Oxford University Press, 1977.

Wollen, Peter. *Signs and Meaning in the Cinema*, Bloomington: Indiana University Press, 1972.

V 일상성의 이미지와 문화 해석

9

일상(日常)의 Semiosis[1)]

정 진 아

1. 들어가며

이제 현 시대의 예술은 소수의 집단을 위해 행해지거나 숭고한 표현, 거대서사에서 탈피한 지 이미 오래되었다. 동시대의 예술가 대부분은 현대의 다양한 매체를 통해 그들 자신의 사유의지를 예술에 드러내고 있다. 양식의 발명에 집착하기보다 집단의 역사나 개인적 감수성을 서술하고 표현하고자 하는 것이다.

필자 역시 이 시대를 살고 있는 작가로서, 여러 가지 표현양식과 다양한 개인의 관심사가 작품을 통해 펼쳐지기를 희망한다. 전에 비해 직접

---

1) 인간은 문자를 포함한 상징(symbol)과 도상(icon), 지표(index)를 갖고 자신의 생각을 표현하고, 다른 사람의 생각을 읽으며, 서로 의사를 소통한다. 여기서 자기 생각을 표현하거나 다른 사람의 생각을 읽어 내는 행위를 의미작용(signification)이라 하고, 의미 작용과 기호를 통해 서로 메시지를 주고받는 행위를 커뮤니케이션이라 하며, 이 둘을 합하여 기호 작용(semiosis)이라 한다.-한국문학평론가협회 편 『문학비평용어사전』 2006

적이고, 일상적이며, 개인적인 것들이 작품의 주제로 떠오르곤 한다.

예술작품은 커뮤니케이션을 위한 하나의 기호로서 작용한다. 그것이 물론 작가와 관람자의 소통을 완벽히 가능케 한다고 할 순 없지만, 작가가 표현하고자 했던 의미나 내용들이 기의(記意)가 되고, 표상된 이미지가 기표(記標)가 되어 관람자와 작가 사이에 놓인다. 그 후 '기호에 대한 해석은 해석자가 처해있는 기호사용 상황(맥락)에 의존한다.'[2] 예술작품과 관람자의 관계를 문학텍스트와 마찬가지로 분석해보면 1.기호자체(작품), 2.지시대상(작품의 주제), 3.해석자(관람자) 4.해석내용(파악된 의미) 5.맥락(작가/작품의 배경, 맥락)으로 나뉜다. 여기서 필자의 작품이 초점을 맞추는 부분은 지시대상과 해석내용에 아이러니라는 수사법을 적용시켜 어떤 충돌을 일으키려는 것이라 하겠다.

그동안 비속한 소재에 장식을 더해 고정관념과 미추(美醜)의 우위를 전복하려 했던 <분예기(糞藝記)>연작 이후, 주변의 인간사와 일상을 차분히 관조하고, 그것을 태피스트리, 압정, 조화(造花), 스테인리스, 석고, 자석과 쇠구슬, 의류 부자재 등 마음 가는 다양한 재료와 기법으로 그려내고자 해 왔던 지금까지, 소위 '이항대립'을 무너뜨리는 양가성(兩價性)이 작품에 내재되어 왔다고 할 수 있다.

본고에서는 최근의 작품들 중, 언어를 직접적인 주제로 수용하여, 선택된 주제나 단어의 의미와 작품이 만들어진 재료가 가진 속성 혹은 의미의 간극에서 오는 아이러니를 통해 고정관념에서 벗어나 사고와 감각의 확장을 꾀하고자 해온 일련의 작품들에 대해 소개하고자 한다.

먼저 2008년 발표했던 개인전 <조울-어느 활자광(活字狂)의>의 평면작품들(도판1,2)에 대해 살펴보자면, 그것은 종이위에 칼라이즈라는 판박이로 글씨를 새겨 넣은 드로잉들로, 일정거리 이상에서 작품을 보았을 때는 아름다운 꽃이나 종교적인 상징도형 등 우아하고 숭고한 이미

2) 가와노 히로시, 『예술 기호 정보』 진중권 역, 중원문화, 2012, p.37

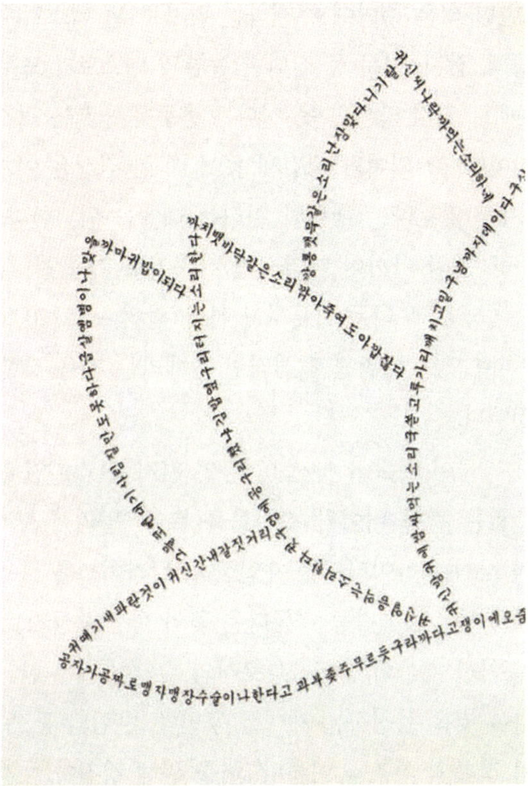

(도판 1) 〈조울-LOTUS〉, 종이에 칼라이즈, 2008

지를 보여주지만 가까이에서 그 내용을 보면 욕설들을 작품에 등장시켜 비속한 면을 아름다운 것으로 복원시킨다.

특히 ’조울‘(躁鬱, manic-depression)과 같은 정신질환의 이름을 빌려, 작가 자신을 지칭하는 ’어느 활자광‘(狂, mania)의 일화를 화두로 삼는다. 작가가 반영하는 이 사회에 내재해 있는 다양한 코드들을 작품의 기표로 등장시켜 그것들의 역코드를 엿보는 한편, 기의에 있어서도 기존의 경색된 가치들의 상징적인 교란과 전복을 시도하려 한 것이다.’[3)]

---

3) 김복영, 「타자의 복권과 금기위반―정진아의 코드해체의 기표들」 정진아 개인전 서문, 2008

얼마에 한번 씩은 주변에 존재하는 활자로 된 텍스트 ―여기에는 광고 전단지, 책, 잡지, 신문 등 잡다한 종류의 텍스트가 모두 포함 된다―를 닥치는 대로 읽지 않으면 못 견디는 충동을 느끼는 필자는 활자광(活字狂, 대한)이다. 그 의미와 생김새 등에 대 한 감상은 이차적이다. 필자는 무엇인가를 읽는다는 행위와 읽히는 대상을 탐닉한다. 멀리서 보기에 우아한 꽃, 결국 가까이 다가서면 비속어로 가득 찬 격한 순간이 나를 이루고, 세상 속 우리를 이룬다고 본다.(작업 노트, 2008) 우리의 의식은 허다한 비속으로 채워진 위선적인 존재라는 것을 강한 어조로 말하고자 한 것이다.

'정진아는 『국어 비속어 사전』(김동언 편저, 프리미엄북스, 1999)에서 골라낼 수 있는 각종 비어와 속어들을 뽑아 '멀리서 보기에는 우아한 꽃들에 삽입시키는 아이러니를 재연한다. 칼라이즈를 사용해서 종이 혹은 합판에 글씨를 새겨 각종 아름다운 꽃의 형상을 글자로 형상화한다... 근작들은 속악한 것들의 반대급부로서의 부활이 없는 한 우리의 미래가 불가능하다는 것을 상정하는 제례를 꾸민다. 반립의 긍정이라는 기발한 아이디어가 작품의 기조를 이룬다. 이를 위해 정진아는 기표의 '시뮬라크르'를 의도적으로 개방한다. 인류가 억압해 놓은 비속의 아름다운 부활이란 도저히 불가능하다는 것을 잘 알기에 그의 시뮬라크르들은 웃음과 충격을 동반한다...정진아는 기존의 코드를 역으로 코드화함으로써, 그 자신의 상상의 세계를 '재코드화'(to re-encode)한다. 그것도 금기를 의도적으로 위반함으로써 말이다. 금기를 위반한다는 것은 곧 기존의 코드를 탈코드화하는 것이지만, 이러한 의도적 금기위반 자체가 기존의 텍스트를 그 역으로 해체하는 하나의 조각적 책략이다.

정진아가 자신의 금기위반을 위해 '과도텍스트'(hypertext)를 빌리는 솜씨는 근대적인 의미의 '미적 기술'이 아니라 고대의 '테흐네'를 상기시킨다. 아름다운 것을 아름답게 묘사하는 게 아니라 비속하고 추한 것

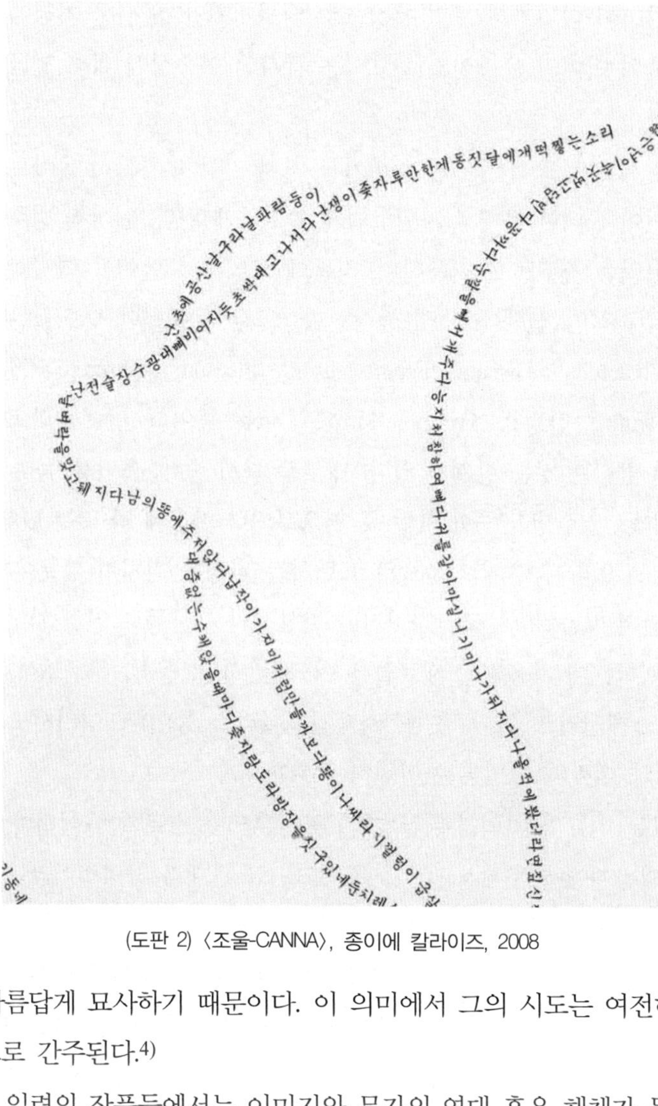

(도판 2) 〈조울-CANNA〉, 종이에 칼라이즈, 2008

을 아름답게 묘사하기 때문이다. 이 의미에서 그의 시도는 여전히 '작품'으로 간주된다.4)

이 일련의 작품들에서는 이미지와 문자의 연대 혹은 해체가 동시에 일어나는 부조리 혹은 불합리함이 표현되었다. 이 작품들은 언어와 사물의 형태, 그리고 인간의 지각에 관한 문제를 제기한 것이었다. 즉, 작

4) 김복영, 위의글.

품에 가까이 다가가서 보면 문장으로 읽혀지지만, 일정한 거리에서 보면 사물의 이미지 윤곽선으로 보이는 활자의 이중성에 대해 언급한 것이다.[5)]

이후 새로운 모색을 위한 준비기를 거쳐 일상을 차분히 돌아보며 사물과 언어에 대한 문제로 자연스럽게 옮겨가게 된다. 일상적 범주를 넘어서지 않는 재료들을 사용하며, 작품에 도입하는 단어들 역시 일상적이며 주관적인 선택에 의해 등장한다. 그간 발표했던 단어들은 '꿈', '5pm Cinderella', 'Dispair', 'For no reason', 'Pleasure', 'Miserere', '耽溺(탐닉)', 'Truth', '안녕?', 'Frenzy', 'Firm', 'Ditch' 등이다. 단어들의 출처를 일일이 밝히는 것은 한계가 있다. 대부분 독서 중에, 음악을 듣다가, 대화중에 등, 일상생활 중에 불현 듯 떠오르거나 마음에 와 닿는 단어들을 메모해 두었다가 후에 작품으로 표현하는 과정을 거치기 때문이다. 단어를 먼저 떠올린 후, 조각적이거나 일상적인 사물들로 연결 지어 재료를 선택하는데 사용되는 재료들은 아크릴, 사탕, 동전, 인조보석, 펠트, 압정, 스테인리스 스틸, 촛농, 스테인드글라스 등이다. 여기서도 반어(irony)와 대비의 방법론은 여전히 유효하다.

기호는 기표와 기의라는 두 가지 불가분의 요소로 만들어진다. 기표와 기의관계에서 문제시되는 것은 첫째, 그 관계가 자의적이라는 것이다. 의사소통을 위해 사용하는 대다수의 기호는 보는 대로 우리가 바로 이해하지 못한다는 점에서 자의적이다. 이러한 이유 때문에 우리는 일정한 언어 관습 안에서 언어 체계를 배워야 한다. 하지만 한번 일정한 언어 관습이 학습된 후에는 모든 것이 매우 자연스러워 보인다. 이렇게 의미화가 자연적인 것이라고는 하지만, 인간은 가끔 그것에 불이익을 당하기도 한다. 그 이유는 자연적인 것으로 보이는 것이 실은 아무도 눈치 채지 못할 만큼 완전히 익숙해진, 다양한 문화의 관습과 편견의 부산

5) 윤진섭, 「금기의 위반을 통한 관습의 전복」 정진아 개인전<Word Play> 서문, 2011

물이기 때문이다.[6)]

‘정진아가 작품에 차용하고 있는 이 일련의 단어들은 의미론적으로 해석될 필요가 있다. 그 이유는 이 작품들의 해석은 단어에 따르는 관습적인 측면보다는 그 심층에 드리워진 작가의 개인적 경험이나 습관, 생각에 비춰 이루어져야 하기 때문이다.’[7)]

기호는 그 자체가 아닌 다른 것을 의미할 수 있기 때문에 문제시된다. 기호들이 전하는 메시지를 읽는 것은 간단해 보이지만 사실은 맥락(context)에 의해 많은 것이 좌우된다. 그래서 기호는 고립돼 있지 않고, 읽히고 이해되기 위해서는 특정한 맥락에 기대어야만 한다. 맥락이 달라짐에 따라 대상에 대한 해석을 달리해야함은 물론이다.[8)]

‘예술작품이 작가와 관객 사이의 소통을 전제로 한다는 자명한 사실을 용인한다면, 작가가 왜 유독 이런 단어를 선택하였는가 하는 점은 매우 중요하다. 특히 그가 기독교의 모태 신앙이라는 사실과 양친의 엄격한 훈육과 기율 아래서 성장하였다는 사실은 이와 불가분의 관계를 지니고 있는 것으로 판단된다. 이는 그가 기도나 애원, 탄원 혹은 기독교 성가를 의미하는 ’미제레레(Miserere)‘를 취하고 있다거나, 속(俗)을 의미하는 단어들, 가령 ’guilty‘나 ’ditch‘를 차용하고 있는 것에서도 드러난다. 나는 이를 총칭하여 ’성(sacred)과 속(profane)의 진자 운동 속의 심리적 갈등관계‘로 부르겠다. 이처럼 의미론적으로 볼 때 단어의 표층을 이루는 사전적, 관습적 의미와 언어 사용자의 심층을 이루는 심리적, 개별적 의미 사이에서 파생되는 차이를 살펴보는 것은 정진아의 작품 해석에서 매우 중요하다. ’금기의 위반‘은 ’관습의 전복‘과 함께 이번 출품작들의 기저를 이루는 전략들이다.’[9)]

---

6) 숀 홀, 『기호학 입문:의미와 맥락』 김진실 역, 비즈앤비즈, 2009, p.12
7) 윤진섭, 위의글
8) 숀 홀, ibid., p.5
9) 윤진섭, 위의글.

(도판 3) 〈꿈〉, 압정, 80x70x6cm, 2010

2010년 발표한 작품 <꿈>(도판 3)은 단어의 개념과 상반되는 재료를 사용해서 그 간극에서 오는 긴장과 유머, 작은 놀라움 등을 가진 결과물이 나오길 바랐다. 흔히들 꿈이라 하면 아름답거나 희망차거나 영롱한 것을 떠올리게 마련인데, 뭐든지 반대로 대입해 보는 것을 즐기는 나는 압정을 선택했다. 때로는 그 영롱한 꿈을 쫓는 시간이 고통스럽고, 그다지 희망차지도 않기 때문이다. 미술이 아름답고 선한 것을 추구하던 시대는 진작 지나갔지만, 추하거나 공격적인 소재와 재료를 쓰면서도 여전히 보기에 근사한 작품을 만들고 싶었다. 언어는 '인간의 인지에 체계적인 토대를 두고 있으며, 인간의 일상 경험으로부터 발생하는 개념체계이다.'[10] 개인전<Word Play>에서 발표했던 일련의 작품들은 추상적이거나 구상적인 이미지의 자리에 단어가 들어갔으며, 의미작용에 문화적, 개인적 맥락이 포함되는데도 불구하고 보편적인(universal)한 의미와 인지과정을 제시하려 했다.

도널드 쿠스핏은 그의 최근 저서『The End of Art』에서 예술은 아름다움의 의미를 잃었기 때문에 종말을 맞이했다고 주장한다. 예술은 이제 '후기예술(postart)'로 대체되었으며, 이것은 앨런 캐프로우가 고안해낸 말로, 불가사의한 예술에 대해 지극히 평범한 일상성을, 성스러운 것에 대해 비속한 것을, 독창성에 대해 영리함을 격상시킨 새로운 시각예술의 범주를 이르는 것이다. 이제 예술의 목적은 아름다움에 내재한 추

10) 노만 브라이슨 외,『기호학과 시각예술』김융희, 양은희 역, 시각과 언어, 1998, p.17

(도판 4) 〈희망〉 아크릴박스, 조화, 420x60x7cm, 2010

(醜)를 드러냄으로써 변증법적으로 그 추(醜)를 넘어서는 것이다. 예술의 깊이가 거기에 있다.[11] 이것은 모든 것을 회의(懷疑)해 보고자 하는 필자의 생각은 이러한 예술의 변화와 맥을 함께한다. 또한 단어로 읽히는 작품의 형상에 아이러니를 부여해 반대의 의미를 줌으로써 랑그(langue)와 빠롤(parole)[12]이 공존하는 작품으로 분석되지 않을까 한다.

<희망>(도판 4)역시 같은 맥락으로, 이미지로 표현하는 것보다 직접적인 방법으로 관람자에게 전달하는 방법으로 텍스트를 사용하여 이미지와 언어를 동일시한 작품으로. 아이러니를 통해 고정관념을 깨고자 하는 의도에는 선명한 개념전달이 우선된 뒤, 그것을 해체하는 순서가

---

11) Donald Kuspit, The End of Art, Cambridge University Press, 2005, p.191

12) 현대언어학에 본질적인 소쉬르의 원리들 가운데 하나는 랑그를 기호들의 한 체계로서 정의하는 것이다. 하나의 기호란 그것을 둘러싸고 있는 다른 기호들과의 관계에 의해 정의된다. 랑그의 상태에서는 모든 것이 기호들 사이의, 혹은 언어학적 단위들 사이의 관계들-대립관계들, 차별관계들, 결합관계들-에 근거를 두고, 이 관계들 전체는 상징들이나 기호들의 한 체계를, '그 고유의 순서만을 인정하는 하나의 체계'를, '그 모든 부분들이 공시적인 연대성 속에서 고려되어야 하는 하나의 체계'를 형성한다. 반면에 파롤이란 동일한 집단의 공동체에 속하는 개인들의 약호들을 사용하는 개인적인 방식으로서 언어활동의 개인적 부분, 개인이 누릴 수 있는 자유와 환상과 다양성의 영역이다. - 숀 홀, 『기호학 입문:의미와 맥락』 김진실 역, 비즈앤비즈, 2009, p.120

좀 더 효과적이라고 생각했다. <희망>이란 제목과는 달리, despair 란 단어의 뜻은 '절망', 그 안에는 화려한 꽃이 가득 들었다. 절망은 때때로 화려하거나 달콤할 수 있으며, 화사한 내면을 가진 절망은 그것을 극복한 후에 오는 희망을 이야기한다.

말하는 것과 다른 의미를 전달하는 방법에는 여러 가지가 있다. 직유와 은유, 환유와 반어, 거짓말과 불가능, 독특한 묘사와 재현 등. 이 개념들은 사물, 이미지, 텍스트가 전달하는 의미에 대한 새로운 시각을 제공할 수 있다. 위의 것들은 모두 비직설적인 방법으로 의미를 전달한다. 이 비직설적인 의미 전달의 방법들을 통해 우리는 익숙한 것들을 낯설게 하며, 낯선 것들을 친숙하게 할 수 있다. 반어는 유쾌하고 재치 있는 효과를 만들어낸다. 아이러니는 상반된 관계를 이용한 것이다. 겉으로 표현하는 것과 상반된 감정이나 신념을 표현하고 있는 것이다. 13)

<거짓말>(도판 5)이라는 아래의 작품에서는 단어는 '진실(truth)'을 소리 내고 있으나 그 표면은 스와로브스키 스톤이라는 인조보석으로 덮여 있다. 삶에서 무엇이 참이고 거짓인지 명확한 근거가 희미해져가는 오늘날의 정황을 그리고 있다.

고정관념은 어떤 것에 대한 일반적인 생각이다. 따라서 사물, 이미지, 텍스트, 동물, 식물, 사람, 집단 등에 대한 다양한 고정관념이 존재할 수 있다. 이 고정관념은 사실에 근거한 또는 그렇지 않은 관찰, 사고, 편견 등으로 만들어진다. 고정관념은 어떤 사물이나 상황에 대한 즉각적인 이해를 돕는다는 면에서 매우 유용하다. 하지만 고정관념을 통한 이해는 즉각적인 동시에 그만큼 고정적이고 단순하다는 특징이 있다. 재료라는 측면에서 예술작품을 생각해보도록 하자. 예컨대 조각은 보통 돌, 청동, 나무 등으로 만들어진다고 생각한다. 하지만 20세기 조각가들은 이 고정된 재료의 틀을 깨고 유리, 플라스틱, 콘크리트, 심지어는 쓰레기

13) 숀 홀, 『기호학 입문:의미와 맥락』 김진실 역, 비즈앤비즈, 2009, p.33~44

(도판 5) 〈거짓말〉, 스와로브스키 스톤(인조보석), 35x11x5cm, 2011

도 재료로 사용했으며,[14] 이 시대에 들어서서는 거의 모든 사물이 재료로 쓰일 가능성과 잠재력을 갖게 되었다. 무엇이 재료로 쓰일 수 있는가 보다는 그 재료로 무엇을 표현하고자 하는 것이 더 중요한 문제인 듯 보인다. 예술은 사물(object) 안에 존재하지 않고, 그 사물(object)이 속한 작품의 개념 안에 존재한다고 개념예술가들은 주장한다.[15]

작품<Pleasure>(도판 6)에서 단어는 guilty(죄책감)로 읽히지만 그것 안에는 달콤함을 상징하는 사탕이 가득 들어있다. 'guilty pleasure 라는 말은 죄의식을 동반한 즐거움이란 말로, 무엇인가 저속하고 금기시된 것을 탐닉하는 잘못된 즐거움을 뜻한다. 필자는 작품의 외형으로는 둥글면서 귀여운 글씨체를 선택하고 각각의 글자 안에 다양한 색의 사탕을 넣어, 글자를 읽을 때 떠오르는 느낌과 반대되는 시각요인들을 작품에

14) 숀 홀, ibid., p.142
15) Ursula Meyer ed., Conceptual Art, Dutton, 1972, p.xi.

(도판 6) 〈Pleasure〉, 아크릴, 사탕, 200x70x7cm, 2011

부여했다.

작품에서 일차적으로 읽히는 단어와 제목의 대비 또한 재료의 대비를 통해 우리가 삶에 대해 알고 있다고 생각하는 것들을 곰곰이 생각해보게 함으로써 그것에 대한 인식을 바꿔 생각해보고자 한 것이다.

언어는 의사소통의 보편적인 매체로 인간을 다른 동물과 구별 짓게 한다. 언어는 인간으로 하여금 고도로 정밀한 사고를 가능케 하였는데, 이는 일정한 구조를 가지고 있다. 그 구조의 한 부분을 '통사론'이라 하고 다른 한 부분을 '의미론'이라고 한다. 언어의 통사론은 하나의 문장이 문법적으로 올바르게 구성되었는지 또는 문법적으로 옳지 않게 구성되었는지 가늠할 수 있게 한다. 반면 의미론은 다양한 문법적인 규칙을 이용하여 구성한 문장이 무엇을 의미하는지에 관한 것이다. 문장을 구성하는 문법적인 규칙과 문장이 만드는 의미는 개념상으로 구분할 수 있지만 실제로 이 둘은 함께 작용한다. 더욱이 언어의 규칙과 의미는 언어학을 포함한 다양한 맥락 속에서 그들이 하는 역할과 따로 떨어져 이해하는 것이 아니라, 그것과의 관련 속에서 이해해야 한다.[16)]

16) 숀 홀, ibid., p.93

(도판 7) 〈Ditch〉, 스테인드 글라스, 130x70x12cm 2011

마지막으로, 작품<Ditch>(도판7)에서 쓰인 ditch는 도랑, 개천, 시궁창이란 뜻과, ~을 버리다, 처분하다, ~와의 관계를 끊다 는 뜻을 가진 단어이다. 스테인드 글라스로 제작된 이 작품에서 그 외형은 중세의 고딕체로 음산하면서도 성스러운 종교적인 느낌을 전달한다. 스타일은 어떤 것이 만들어지는 방식을 일컫는다. 스타일은 메시지를 수용하는 방식에 영향을 미친다. 메시지의 내용 못지않게 그것의 형식이 중요하다는 점이다.[17] 서체에 따라 문장에 대한 느낌이 상당히 달라진다는 사실은 텍스트를 사용하는 시각예술에서 글자체가 작품의 외형과 동의어가 되고, 그것이 작품이 전달하고자 하는 느낌을 좌우하는 데서 확인된다. 한편, 작가 개인의 종교관, 가치관등의 혼란에서 비롯된 이 작품 역시 저변에 깔린 개인사적 맥락이 중요하게 작용한다.

17) 숀 홀, 『기호학 입문:의미와 맥락』, 김진실 역, 비즈앤비즈, 2009, p.140

2. 맺으며

기호로서의 이미지 해석이 가능한 것은 사회 구성원들 간에 축적된 약호들이 존재하기 때문이다. 다시 말해 사회적 인식 약호 속에 기호의 운용능력이 존재한다. 그러므로 작품해석이란 미술가가 혼자서 비밀스럽게 만든 기호를 수용자가 은밀하게 혼자 힘으로 파악하는 것이 아니라 미술가를 둘러싸고 있는 지적, 심리적, 사회적 약호뿐만 아니라 수용자의 정신을 이루고 있는 여러 약호들이 상호작용하여 이루어지는 것이라 할 수 있다.[18]

현대 미술가들은 이제까지 금기로 여겨왔던 저급한 주제나 성문제 혹은 은밀한 사적(私的)세계와 상처들을 밖으로 드러내기도 한다. 이와 같이 현대미술의 금기위반은 사회적 현상이자 시대적 산물이다. 이것은 후기 구조주의적 특성을 반영한 것으로, 이 시대의 예술은 이미지의 배경에 주의를 집중하고 어떤 사물에 대해서 그것을 신뢰할 수 없게 만드는 자질에 주의를 기울이고 강조하는 듯하다. 이전의 가치들과는 상반되는 가치들이 이 시대의 문화 전반을 아우른다. 예컨대 지속성보다는 비지속성에, 균형보다는 불균형에, 통일성보다는 다양성에, 신념보다는 패러독스에, 완전성보다는 불완전성을 따르는 것이다. 일상은 점차 예술 전반의 영역을 차지하게 되었다. 회화나 조각은 이전에는 신성시 되었던 공간에 아이러니와 대담함, 반항적인 자세를 지닌 모습으로 존재하게 된 것이다.[19] 창의적인 활동인 예술 행위 속에는 항상 기존의 가치관에 도전하는 정신이 내재되어 있다고 본다. 필자의 작품은 사람들이 밖으로 드러내기 꺼리는 인간 삶의 본질적인 요소를 나타내고자 한다.

---

18) 노만 브라이슨 외, 『기호학과 시각예술』, 김융희, 양은희 역, 시각과 언어, 1998, p.x

19) Thomas McEvilley, Sculpture in the Age of Doubt Allworth Press, 1999, p.34

추(醜)는 늘 아름다움보다 더 유혹적이다. 예술이 그 둘을 아우르기 전까지는 이 세상과 우리들 속에 아름다움보다는 추함이 더 많기 때문이다. 예술에서 추(醜)는 우리의 삶이 그 실체보다 아름다울 수 있다는 환영에 불을 지피는 연료가 된다.[20]

세상의 어느 것도 명료한 것은 없다. 명료한 것은 고정관념이 된다. 그 고정관념을 흐리는 것이 필자의 작업의 중요한 관심이다. 흑백의 논리 보다는 흑과 백이 공존하는 논리를 선호한다. 더 이상 선하기만 한 것은 없으며, 악하기만 한 것도 없다. 추하기만 한 것도 없고 아름다움 또한 순수하게 아름다움만으로 존재할 수 없다. 모든 양분법 혹은 이분법적인 개념은 서로의 반대개념이 존재하기 때문에 자신도 존재한다. 필자의 작업에서는 어느 것의 한 면을 보여주기보다 양분할 수 없는 그 둘을 모두 보여주고자 한다.

늘 한결같이, 볼 때마다 점점 더 침묵 속의 매력을 보여 주는 작품[21]을 하게 되기를.

---

20) Donald Kuspit, The End of Art, Cambridge University Press, 2005, p.191
21) Michele Hannoosh, Painting and the Journal of Eugène Delacroix, Princeton University Press, 1995, p.30

참고문헌

존 워커, 『매스미디어와 미술』 장선영 역, 시각과 언어, 1998

한국문학평론가협회 편, 『문학비평용어사전』 2006

가와노 히로시, 『예술 기호 정보』 진중권 역, 중원문화, 2012,

김복영, 「타자의 복권과 금기위반—정진아의 코드해체의 기표들」 정진아 개인전 서문, 2008

윤진섭, 「금기의 위반을 통한 관습의 전복」 정진아 개인전 서문, 2011

숀 홀, 『기호학 입문:의미와 맥락』 김진실 역, 비즈앤비즈, 2009

노만 브라이슨 외, 『기호학과 시각예술』 김융희, 양은희 역, 시각과 언어, 1998

이브 스윗처, 『어원론에서 화용론까지』, 박정운, 나의주, 김주식 역, 도서출판박이정, 2006

앙리 베르그송 『웃음-희극성의 의미에 관한 시론』, 정연복 역, 세계사, 2005

진중권, 『생각의 지도』, 천년의 상상, 2012

Donald Kuspit, *The End of Art*, Cambridge University Press, 2005

Ursula Meyer ed., *Conceptual Art,* Dutton, 1972

Thomas McEvilley, *Sculpture in the Age of Doubt* Allworth Press, 1999

Michele Hannoosh, *Painting and the Journal of Eugène Delacroix*, Princeton University Press, 1995

10

문화, 기호, 해석

최 성 욱

1. 문화연구와 과학성

문화학이 언제 성립되었는가 하는 질문에 대한 대답은 여러 가지가 있을 수 있겠지만, 1900년경 문화이론부터라는 주장이 설득력이 있다. 그 이유는 하인리히 리케르트(Heinrich Rickert), 에른스트 카시러(Ernst Cassirer)등 세기전환기 문화철학자들이 진행했던 문화연구의 결과물들이 현재까지 유효한 담론으로 영향을 미치고 있기 때문이다.

세기전환기 문화철학자들이 문화에 대해 관심을 가지고 성찰하게 된 이유는 학문으로서 인문학이 누리고 있던 위상이 흔들리게 되었기 때문이다. 이 당시 인문학은 '인문학이 개별 역사와 문화를 연구하고 있지만 과연 '객관적 지식objektives Wissen'을 만들어낼 수 있는가?', 다시 말해 '시간과 공간에 따라 다양하게 나타나고 있는 문화현상들을 인문학이 어떻게 하나의 이론으로 통합하여 설명할 수 있을까?'라는 질문에 대해

명확한 답을 내리지 않으면 학문체계 내에서 심각한 위기를 맞이하게 될 절박한 상황에서 처해있었다. 이들의 위기의식은 인문학이 지식으로서 가져야할 확실성(엄격한 체계나 구조)을 가지고 있지 않다는 과학적 실증주의의 공격으로 더 절박해 진다. 이것은 메타학문, 통합학문으로서의 철학에 대한 도전이며, 이것을 효과적으로 방어하지 못할 경우 지식의 체계가 와해될 위기였기 때문이다.

이런 위기 상황에 처음으로 반응을 보인 사람들은 신칸트학파로서 이들은 칸트 철학을 재해석함으로써 현상계와 초월계를 연결하는 역동적 문화이론을 발전시킨다. 이들은 우선 인문과학과 자연과학의 분리가 심화되고 있는 상황에 대응하여 메타학문으로서 철학의 지위를 구원하려고 나선다. 그것은 메타학문인 철학의 권위상실은 곧 세계를 떠받치고 있던 질서체계의 와해를 의미하며, 이로 인해 세상은 무질서한 혼란에 빠질 수 있기 때문이다. 이처럼 무질서에 빠진 세계는 우연, 무의미, 무질서가 지배하는 혼란의 공간이었기에, 여기에 새로운 의미와 질서를 되찾아주는 것이 인문학의 과제라고 그들은 여겼다. 이를 위해 그들은 새로운 구심점을 찾아 나서는데, 그것이 바로 '문화'였다. 그들에게 문화는 감각경험과 본질을 역동적으로 연결시킬 수 있는 개념으로, 현실세계의 무질서한 다양성을 인정하면서도, 그 이면에 있는 보편적 질서를 찾아내는 매개체였다.

신칸트학파의 목표는 자연과학의 인식방법과 정신과학의 인식방법의 동일성을 규명함으로써 인문학의 과학성(학문으로서의 안전성, 객관성, 체계성)을 보장하는 것이었다. 이런 의미에서 리케르트는 인문학의 인식을 객관화하고 체계화하기 위해 자연과 정신의 관계에 천착한다. 그는 과학적 개념들은 원칙적으로 세계를 그대로 모방한 게 아니라, 오성에 따라 구성해 놓은 것이라는 확신에서 출발한다. 그에 따르면 과학은 현실을 감각적-구체적 차별성 속에서 완전하게 파악하는 게 아니라 이것들을 추상화하는데, 이것은 필연적으로 대상을 동질화시킨다. 이런 점에서 자연과학과 인문과학은 동일하면서도 차이가 난다. 자연과학적 인식이 보편인식, 즉 사실들 가운데 보편성을 찾는 반면, 문화학적 인식은 일회성과 고유성을 찾지만, 그럼에도 객관성에 도달할 수 있는 표의 문자적 인식이기 때문이다.

그에게 문화와 역사가 객관성을 띨 수 있는 이유는 어떤 사건이 역사가 되고 어떤 인간의 행위가 문화가 되는지는 우연이 아니라 당시 통용되는 가치에 따라 결정되기 때문이다. 따라서 그에게 문화란 "통용되는 가치들의 총합"이며, 가치(Wert)란 "보편적으로 인정되는 자산"이다. 리케르트는 문화학적 개념들은 '선별된 개념'이며, 이 때문에 "객관화된 개념"이라고 강조한다. 왜냐하면 이 개념은 임의적이거나 개별적인 것을 파악하는 게 아니라 "문화적 가치"와 연관하여 중요한 것을 파악하기 때문이다. 이로써 가치개념은 문화학적 인식을 보편화, 과학화 할 수 있게 된다. 리케르트에게 문화학적 인식은 구체적인 문화현상들을 소홀히 다루지 않으면서도 과학의 엄격한 개념들을 충족시킬 수 있었다.

2. 카시러: 상징형식으로서 문화

에드워드 타일러(Edward Tylor)에 따르면 문화란 인간이 사회 구성원으로서 습득할 수 있는 모든 것, 즉 지식, 신념, 예술, 도덕, 법률, 관습, 습관 등을 포함한다. 이에 따르면 문화는 사회 구성원으로서 인간이 습득한 것이므로, 인간이 문화를 향유하려면 사회적으로 공유된 앎을 바탕으로 해야 한다. 기호는 이런 공유를 가능하게 하는 매개 역할을 한다. 우리는 기호를 해석하는 데 있어서 동일한 관습적 코드를 사용함으로써 동일한 문화구성원이 된다는 점에서 문화와 기호는 밀접한 연관성을 가진다.

에른스트 카시러는 「상징형식의 철학」에서 문화를 상징형식들의 총체로 규정하며 문화기호학의 토대를 닦는다. 카시러는 문화의 '과정성 Prozessualität', '매개성Vermittlung', '역동성Dynamik'을 강조하며, 문화는 의사소통 매체로서 나와 너의 교환관계를 만들어낸다고 주장한다. 그에 따르면 문화는 문화의 생산자와 이를 받아들이는 수용자 사이를 매개하는 매체 기능을 한다. 여기서 수용자는 단순히 대상을 직접적으로 그대로 받아들이는 수동적 존재가 아니라 작품을 제 것으로 만들고, 생산품을 재주관화하며 삶의 과정 속에 통합하는 능동적 존재다. 그에게 수용은 습득을 의미하기만 하는 게 아니라 끊임없는 변형과 재구성의 과정을 의미하기도 한다.

> "창조과정은 늘 두 개의 서로 다른 조건을 충족시켜야 한다. 한편으로 창조과정은 '머물고 있는 것', '기존의 것'과 연결되어야 하고, 다른 한편으로는 늘 이 기존의 것을 변화시키는 새로운 시도를 준비해야 한다."

이에 따르면 상징형식들은 전통과 혁신 사이의 의사소통을 가능하게 하고, 이를 통해 문화를 역동적 논쟁의 장으로 만들어준다.

'상징형식'이라는 개념은 카시러의 기호학적 문화이론의 핵심개념이다. 실제로 카시러는 정신을 이해하는 데 상징적이며 기술적인 매체의 중요성을 인식했고, 이를 바탕으로 정신을 문화와 연결시킨다. 카시러에 따르면 상징은 원칙적으로 자극으로부터 거리를 유지하며, 눈앞에 있는 소재들을 창조적으로 가공한다. 그러므로 상징은 '간접성 Mittelbarkeit'을 만들어내며 인간들을 직접적인 '자극과 반응의 도식'으로부터 끄집어낸다.

> "인간은 물리적 우주에서 사는 게 아니라 상징적 우주에서 살며, 사실로 이루어진 코스모스가 아니라 의미와 의미를 담고 있는 기호로 이루어진 코스모스에 산다."

카시러에게 언어, 신화, 예술, 종교는 이 우주를 구성하는 상징형식들이다. "이것들은 다양한 모습을 띤 실인데, 우리는 이 실을 재료로 인간 체험의 직조물이기도 한 상징의 그물망을 짠다. 인간 사유의 진보는 이 그물망을 빈틈없이 세련되게 만들고 확고하게 만든다. 인간은 더 이상 현실과 직접 마주할 수 없으며, 더 이상 현실을 직접적인 상대방으로 간주할 수도 없다." 이로써 문화는 존재(Sein)가 아니라 각자가 유일하게 타당하다고 여기는 정신적 이해방식이며, 인간은 이를 통해 현실에 대한 고유한 시각을 구성해 낸다.

3. 문화기호학

3.1 기호체계로서의 문화

문화에 대한 이론적 성찰은 세기말 문화철학 이전에도 있었지만 대부분 개별적이며 단편적인 정의에서 출발했으며, 문화의 특정한 양상들에 한정되어 있다는 한계를 드러냈다. 이런 한계는 문화를 통일적 현상으로 체계적으로 연구하기 시작한 현대 인류학과 기호학에 와서야 비로소 극복된다.

기호학이 대두되기 전에 문화를 체계적으로 연구하기 시작한 것은 인류학이다. 문화를 '일정한 심성을 바탕으로 고유한 문명을 발전시킨 사회'라고 정의한 인류학은 문화를 '사회문화', '물질문화', '심성문화'로 구분하고, 이렇게 구분된 대상영역을 연구하기 위해 다시 인류학은 '사회인류학', '물질인류학', '문화인류학'이라는 세 분야로 세분화된다. 사회인류학은 사회문화, 즉 한 사회를 움직이는 제도(기독교 교회)나 그 제도 내에서 행해지는 의례(예배)를 연구한다. 물질인류학은 물질문화(문명), 즉 그 사회가 만들어낸 인공물(십자가, 성경)을 연구한다. 그리고 문화인류학은 그 사회문화 내에 고착된 심성문화(생각, 가치관, 관습)을 연구대상으로 한다.

이와 같은 인류학의 분과학문들은 대상을 각각 독립적으로 연구할 뿐만 아니라 상호연관성에 대해서도 연구한다. 그래서 인류학은 한 사회를 정의하기 위해서 그 사회가 어떤 문명과 심성을 발전시키는가, 그리고 문명을 정의하기 위해 한 사회가 어떤 사회구조와 심성들을 허용하는가, 또 심성을 정의하기 위해서 한 사회가 어떤 사회구조와 문명을 만들어내는가 라는 질문을 던지며, 여기에 더해 사회문화, 물질문화 그리고 심성문화가 어떻게 한 세대에서 다음 세대로 계속 전승되는지도 연구한다.

문화기호학은 인류학의 이 세 가지 연구대상을 기호체계나 기호과정의 관점에서 접근한다는 점에서 인류학과 구분된다. 다시 말해 문화기호학자는 사회와 문명 그리고 심성간의 기호학적 관계나 '기호', '메시지', 그리고 '해석자'와 '코드' 및 '매체' 같은 개념으로 제도와 인공물 그리고 정신 및 문화전달 메커니즘과 같은 연구대상이 정확하게 설명될 수 있는지를 연구한다.

문화기호학은 사회문화를 '기호사용자'로, 물질문화(문명)를 '텍스트'로, 심성문화를 '코드'로 정의함으로써 인류학의 세 가지 대상영역을 하나의 체계로 통합한다. 문화기호학은 인류학이 그 사회의 사회문화를 규정해 주는 것으로 보는 '제도'를 기호과정을 통해 규칙적으로 서로 연관관계를 맺는 개인들의 공동체로 정의한다. 여기서 개인은 관습적 기호를 사용하는 발신자와 수신자로서 문화전달자의 기능을 담당한다.

하나의 문명은 한 사회에서 생산하고 사용하는 인공물의 총체이다. 여기서 우리는 문명을 텍스트의 집합체로 설명할 수 있는데, 그것은 모든 인공물에는 생산자의 의도가 들어있고, 생산자는 이 의도를 자기가 만든 물건에 코드화시키기 때문이다. 따라서 무언가가 하나의 인공물이 되고, 한 사회에서 기능을 가지면서 코드로 메시지를 전달하는 기호가 된다면, 그것은 그 문화의 텍스트가 될 수 있다. 여기서 문화기호학의 텍스트 개념은 18세기 문헌학의 텍스트 개념과는 구분된다. 문헌학에서는 오랫동안 글자로 쓴 기호만을 텍스트로 간주해왔다. 하지만 20세기에 접어들면서 이런 협의의 텍스트 개념이 확장되는데, 우선 입으로 표현된 청각적 언어기호나 비언어적 기호(그림, 음악, 멀티미디어의 기호) 그리고 오늘날에 와서는 모든 코드화된 기호규칙들이 텍스트로 간주된다.

이처럼 문화기호학에서 사용하는 광의의 텍스트 개념은 학제간 연구를 가능하게 하고, 모든 매체에서 기호체의 구조나 성과를 비교하는 데 개념적인 토대를 마련해 준다. 예를 들면 고고학의 주요연구 대상인 도구는 일반적으로 텍스트로 이해되지 않았다. 하지만 도구 역시 문화기호학적 텍스트 개념에 포함될 수 있다. 도구는 일반적으로 특정한 기능을 위해 생산되며, 생산자는 이런 의도된 기능을 도구에 코드화시키기 때문이다. 여기서 도구의 형태는 기표이고, 도구의 기능은 기의이다. 그리고 기표와 기의는 하나의 관습적 코드를 통해 서로 연결된다. 예를 들어 칼의 형태(자르는 면이 달린 손잡이)는 자르는 기능을 지시한다.

한 사회의 심성은 그 사회를 구성하는 구성원의 정신, 즉 사회구성원의 사고와 가치관 그리고 관습으로 이루어진다. 그러므로 심성이란 한 사회가 그 사회 자체를 해석하고 현실을 이해하는 모든 코드를 의미한다. 문화기호학에 따르면 하나의 정신이 전달할 메시지를 담고 있는 상징형식을 가지고 있다면, 즉 하나의 기표와 그것의 기의가 특정한 정신을 표현한다면, 그 정신은 사회적 역할을 수행할 수 있으며 이때 기표와 기의의 쌍은 오로지 체계와 관련해서만 성립된다. 그리고 기표와 기의의 체계가 코드이기 때문에 우리는 심성이 코드의 집합체라고 볼 수 있다. 이런 의미에서 심성문화는 사회구성원들이 공유하고 있는 기호관습의 체계이다. 왜냐하면 코드는 구성원들의 사회적 행위와 그들이 만드는 인공물의 의미를 규정해 주기 때문이다.

지금까지 설명한 것처럼, 한 사회가 기호사용자의 집합체로, 문명이 텍스트의 집합체로, 또 정신이 관습적 코드의 집합체로 정의된다면, 이 세 영역은 서로 맞물릴 수밖에 없다. 왜냐하면 기호사용자가 텍스트를 이해하기 위해서는 코드에 의존해야 하기 때문이다. 여기서 문화기호학은 인류학이 다룬 아주 복잡한 문화현상들을 통일된 기호체계로 설명함으로써 '문화가 특별한 기호체계'임을 보여준다.

3.2 유리 로트만: 문화변동의 메커니즘

오스발트 슈팽글러(Oswald Spengler)에 따르면, 모든 문화는 유기체처럼 생노병사의 과정을 겪으며 변화한다. 예를 들어 하나의 문화는 다른 문화와 접촉하며 지속적으로 생존 경쟁을 벌이게 되는데, 이 경쟁관계에서 우위를 점하는 문화가 열등한 문화를 편입하면서 지배문화가 된다. 하지만 이 지배문화가 더 이상 변화발전하지 못하고 계속 정체되어 활력을 잃게 되면, 새로운 다른 문화의 도전을 받게 되고, 이 싸움에서 밀리면 후발문화에 편입되어 사라지게 된다. 여기서 문화변동의 근간이 되는 문화의 역동성이 생기게 된다.

유리 로트만(Jurij Lotman)과 모스크바 타르투 학파(Moskau-Tartu Schule)는 이 문화변동의 원칙을 기호학적으로 접근하여 설명한다. 타르투 학파의 문화정의에 따르면, 문화는 "한 공동체의 실제 삶에서 사용되는 모든 기호체계들을 위계적으로 정리해 둔 총체"이다. 이에 따르면 문화는 기호들의 위계질서이자, 텍스트와 텍스트 기능의 총체, 그리고 텍스트를 만드는 메커니즘이다. 왜냐하면 허용되는 행위와 금지된 행위를 정하거나, 어떤 행위가 품위 있고 어떤 행위가 저급한지 그 위계를 정하는 것이 문화이기 때문이다. 타르투학파는 구조주의 문화이론에 중요한 영향을 미치는데, 그것은 구조주의가 '기호체계의 위계질서로서의 문화'라는 개념을 통해 문화기호를 총체화하고 역동적으로 만들기 때문이다. 구조주의에 따르면 고립적이며 정적인 기호체계가 존재하지 않듯이 문화 역시 기호기능들의 점점 더 복잡한 메커니즘 속으로 이행한다.

로트만의 문화텍스트(cultural text) 개념과 기호계(semiosphere) 개념은 문화변동의 메커니즘을 좀 더 구체적으로 설명해준다. 로트만은 광의 문화기호학적 텍스트 개념에서 출발해 하나의 기능과 코드화된 메시지를 담고 있는 모든 인공물을 텍스트로 정의한다. 따라서 언어기호뿐만 아니라 비언어기호라 할지라도 한 문화구성원이 자기 정체성을 규정하는 매체로 받아들인다면, 그것은 텍스트의 범주에 들어간다. 그리고 이 텍스트는 그 사회의 방대한 텍스트 위계질서에서 가장 높은 자리를 차지한다. 로트만에 따르면, 한 문화의 구성원이 자기정체성을 규정하는 텍스트를 선택하는 기준은 문화이며, 이 문화코드에 따라 수명인 긴 텍스트와 단명할 텍스트, 가치 있는 텍스트와 가치 없는 텍스트, 보호할 텍스트와 없애버릴 텍스트가 선택된다.

일반적으로 한 문화에서 구성원들의 정체성을 규정하는 텍스트란, 첫째 그 문화에서 일반적으로 가치 있는 것으로 간주되기 때문에 특별히 잘 보관되는 텍스트, 둘째 그 문화에 속한 구성원들이 현실을 구성하고 이해하는 데 토대로 삼는 텍스트, 셋째 해당문화 구성원들의 행위 지침이 되는 텍스트를 말한다. 서양문화에서는 성경이 그 예가 되는데, 성경은 서양인의 정체성을 형성하는 기능을 가진 방대한 텍스트의 위계질서 가운데 가장 꼭대기를 차지한다. 우리는 보통 해당문화에서 나온 동일한 텍스트의 수와 그 텍스트의 평균수명을 연구함으로써 그 텍스트의 위계, 즉 그 텍스트의 문화 비중을 가늠해 볼 수 있다. 이 방법에 따르면 성서나 민주주의 헌법, 예술작품이 이 위계질서의 꼭대기에 있다면, 맨 아래쪽에는 평범한 사람들이 쓴 낙서나 사무용 서류 등이 있을 것이다. 그 밖에 이 방법은 문화변동 상황을 파악하는 데도 도움을 준다. 문화변화는 지금까지 규범에 속했던 텍스트의 소멸과 새로운 텍스트의 등장을 야기하기 때문이다.

로트만은 문화텍스트 개념을 좀 더 확장시켜 문화 전체의 모습을 포괄적으로 기술할 수 있는 '기호계semiosphere' 개념을 만들어낸다. 이에 따르면, 기호계는 상이한 언어들이 단순하게 모여 있는 공간이 아니라 언어들의 존재와 기능 수행을 위해 필요한 공간이다. 예를 들어 발신자와 수신자 그리고 이들을 연결하는 코드가 있다고 해서 무조건 커뮤니케이션이 이루어지는 것은 아니다. 이런 작용이 일어나기 위해서는 발신자와 수신자가 미리 존재하고 있는 기호학적 공간 안으로 침윤되지 않으면 안 된다. 즉 커뮤니케이션 과정에 관여하는 모든 참여자들은 기호작용에 미리 친숙해 있어야 한다. 따라서 기호학적 행위가 일어나기에 앞서 기호학적 경험이 먼저 주어져야 하는데, 이런 기호학적 경험을 가능하게 하는 공간이 기호계이다. 이 기호계에서 다양한 형태의 전달작용이 일어나는데, 이것들은 기호계를 주도하는 어떤 법칙의 지배를 받는다. 이런 법칙을 로트만은 '이질성'과 '비대칭성'이라 부른다.

이질성은 기호계를 구성하는 요소들의 차이와 상이한 기능으로 정의된다. 한 마디로 말해 "기호계의 모든 구성요소들은 계속 변하며, 정적이지 않고, 역동적이며 상호연관관계를 맺고 있다." 기호계는 다양한 요소들이 서로 다른 기능을 수행하며 서로 충돌하는 공간이다. 여기서 특히 주목해야 할 점은 기호계의 경계 바깥에 있는 요소들이 경계 안으로 침투해 기호계 구조를 변화시킬 수도 있다는 것이다.

비대칭성은 기호계의 중심과 주변 사이의 관계에서 분명히 드러난다. 기호계에는 기호계의 질서를 유지하려는 힘(구심력)과 기호계의 영역으로부터 벗어나려는 힘(원심력) 사이의 긴장과 대립이 존재한다. 전자는 문화적 공간의 중심에서 활동하며 보다 유기적이며 표준화되고 자동화되려고 노력한다. 하지만 이 힘이 시간이 지남에 따라 활력을 잃고 유연성이 고갈되면 더 이상 제 기능을 발휘하지 못하고 경직된다. 이처럼 중심 텍스트가 구심력을 상실하고 공허해지면 주변에 머물러 있던 기호텍스트들과 긴장관계를 이루게 된다. 과거 문화의 주변부로 밀려나 있던 텍스트가 다른 시대에 문화중심부로 진입하면서 문화를 갱신시킨 사례들은 무수히 많다.

로트만은 이런 문화변동의 메커니즘을 기호학적으로 설명하기 위해 이 기호계를 다음과 같이 네 가지 문화영역으로 다시 나눈다.

1) 외부문화 (문화구성원들에게 아직 잘 알려져 있지 않은 문화)
2) 대항문화 (구성원들이 알고는 있지만 고유문화로 간주하지 않는 문화)
3) 주변문화 (고유문화라고 알고는 있지만, 중심문화라고 생각하지 않는 문화)
4) 중심문화 (문화공동체 구성원들이 자기 정체성을 규정해 주는 고유한 문화라고 여기는 문화)

외부문화가 비기호계의 영역이라면, 나머지 셋은 기호계의 영역에 속한다. 문화변동은 비기호계에서 기호계로의 편입뿐만 아니라, 기호계에 들어있는 세 문화 사이에서의 공간이동도 의미한다. 외부문화에서 대항문화로의 이동은 비기호계에서 기호계로의 침투를 의미한다. 이것은 어떤 문화가 지금까지 자기 문화에서 찾아볼 수 없던 새로운 대상을 발견했을 때 일어나는데, 이 경우 그 사회는 보통 익숙한 코드체계를 통해 낯선 대상을 파악하여 자신에게 잘 알려져 있는 지식체계에 편입시킨다. 이때 만약 이 사회가 새로운 대상을 파악할 관습적 코드가 없다면, 그 대상은 쓸모없는 것이 되어 사라진다. 따라서 새로운 현실을 얻는 것과 잃는 것은 관습적 코드에 달려 있다.

로트만은 이것을 '세계의 기호화'라고 부른다. 그에 따르면, 모든 문화는 거대한 기호체계이며, 한 문화에서 사용되는 기호는 이 기호를 통해 포착된 세계를 구분한다. 예를 들어 어떤 메시지는 어느 문화에서 쉽게 수용되는 반면(문화), 다른 메시지는 해당문화에서 쉽게 받아들여지지 않는다.(대항문화) 서양 문화사에서 그리스인들은 자신들과 접촉한 이방인들에게 '야만인', '야만문화' 혹은 '비문명'이라는 기호를 부여하며, 이들의 문화를 무질서하고 혼란스러운 것으로 폄훼했다. 여기에서 알 수 있는 것처럼, 한 문화가 자신과 연관되어 있지만 뚜렷이 구분되는 문화(대항문화)에 지정해 주는 기호는 해당세계와 동일시되며 이 문화에 대한 가치(위계질서)를 규정해 준다. 이를 통해 문화는 낯선 문화로부터 자기 문화가 오염되는 것을 막고 자기 정체성을 지킬 수 있다.

이와 연관해서 문화와 대항문화의 관계는 양면성을 띤다. 한편으로 문화는 대항문화를 무시하고 회피하려는 경향을 보이기도 하지만, 다른 한편으로 이 대항문화를 변화시켜 자기 문화 속으로 편입시키려 하기 때문이다. 이교도에게 세례를 주어 대항문화를 흡수하려 했던 예에서도 알 수 있듯이 모든 문화는 대항문화를 없애버리든지 아니면 흡수하려는 경향을 보인다. 이때 대항문화가 흡수된다면, 이 문화코드는 예전에 자신을 무시했던 세계 속으로 편입되며 점진적으로 세련되게 된다.

우리는 여기서 다시 문화 변이를 기호화과정으로 설명할 수 있는데,

새로운 세계가 발견되고 이 세계가 기호계의 기본 코드를 부여받아 문화구성원들에게 이해는 되지만 해당문화에 속하지 않게 되는 과정이 기호화과정의 첫 단계라고 한다면, 대항문화가 문화에 흡수 합병되어 대항문화의 특색을 나타내 주는 문화코드가 다른 코드에 의해 보충되고 세련화되어 이 문화에 수용되는 과정은 기호화과정의 두 번째 단계이다.

하지만 세계의 기호화 과정은 낯선 문화를 코드화하여 문화계 속으로 편입하는 것으로 끝나지 않는다. 왜냐하면 모든 문화에는 중심과 주변의 위계관계가 형성되어 있고, 이로 인해 문화간의 변동이 일어나기 때문이다. 다시 말해 모든 문화코드는 해당문화에서 중심적 위치(중심코드)를 차지하려는 경향이 있고, 이로 인해 중심문화와 주변 문화 사이에는 문화변동의 역동성이 발생한다.

중심코드는 공동체의 구성원들에 의해 다른 코드보다 훨씬 더 많이 사용(폭넓은 분포)되고, 더 자주 적용(큰 빈도)되며, 주어진 상황에서 경쟁관계에 있는 다른 코드보다 더 높게 평가(높은 명성)된다. 예를 들어 근대 유럽문화에서 문자코드(문학)가 중심이었다면, 오늘날에 와서는 영화와 컴퓨터게임 같은 비언어적 코드가 중심이다.

한 문화에서 중심적으로 사용되는 코드는 점점 세련화 과정을 거치며 다른 매체의 인공물의 모델기능을 한다. 이와 연관해서 중심코드는 자신을 표준화시키며, 다른 코드들에 자동적으로 적용될 것을 요구한다.

하지만 코드의 자동화는 그 중심코드의 유연성이 상실됨을 의미하기도 있다. 한 공동체에서 어느 한 코드가 중심코드가 되는 기간이 길면 길수록, 이 코드는 고착화되어 문화환경의 변화에 제대로 대응하지 못하게 된다. 때문에 이 코드는 중심코드로서 효력을 잃게 될 위험성이 커진다. 보다 새롭고 유연한 코드들이 중심코드의 명성을 넘어서기 시작해 사용되는 빈도수가 늘어나고, 분포지역이 확장되어 문화영역의 체계 안에서 중심코드를 주변으로 내몰기 때문이다.

이 문화변동과정은 앞에서 설명한 외부문화에서 대항문화로, 대항문화에서 문화로 이동하는 과정과 유사하다. 하지만 기호화과정의 세 번째 단계, 즉 중심코드가 주변코드에 의해 밀려나는 과정은 모든 문화영역에서 동일한 속도로 일어나지 않는다. 만약 중심코드와 동일한 비중의 '대안코드'가 존재하여, 두 코드가 동일하게 유사한 세계를 구성하거나 혹은 동일한 상황에 적용된다면, 중심코드가 그 효력을 잃게 되는 상황을 피할 수 있다. 예를 들어 성서 번역처럼 한 텍스트가 한 문화의 틀 안에서 여러 언어로 순환되어 사용된다면, 모든 번역본은 다른 텍스트에 의해 탈자동화된다. 하지만 대안코드가 너무 많은 경우에는 문화체계가 매우 혼란스러울 것이며, 대안 코드가 너무 적으면 정체상태가 이어지기 때문에 대안 코드의 숫자는 적당하게 존재해야 중심코드의 수명 연장에 유리하다.

지금까지 알아본 것처럼, 로트만의 기호계 개념은 문화변동의 상황을 예견할 수 있게 해준다. 그는 이것을 문화의 '진화Evolution'라고 부른다. 하지만 이런 문화변동 메커니즘을 통해 예견할 수 없는 경우도 있다. 그는 이 상황을 '돌발Ausbruch'이라고 부르며 이것은 주로 예술과 패션 분야에서 일어난다고 보았다.

4. 문화와 해석

문화를 해석학적으로 그리고 기호학적으로 접근하는 방법을 처음 제시한 사람은 미국의 해석 문화인류학의 창시자인 클리퍼드 기어츠(Clifford Geertz)이다. 그는 「문화의 해석」에서 문화연구의 새로운 방향을 제시하는데, 그에 따르면 문화인류학은 낯선 문화를 연구하는 학문이며, 낯선 문화를 경험하고 분석하며 설명하는 분야이기 때문에 낯선 것에 대한 이해의 해석학이 될 수밖에 없다. 그의 '텍스트로서의 문화'라는 메타포는 문화는 사회적 행위(실천/수행)이며, 사회적 행위들은 텍스트처럼 읽히고 해석되어야 한다는 생각을 잘 보여준다. 그에 따르면 문화는 사회구성원들에 의해 자체적으로 가공된 '의미망'이며, 이 의미망을 통해 행위들이 지속적으로 해석 가능한 기호와 상징들로 번역되는 것이다. 기어츠의 '텍스트로서의 문화'라는 메타포는 무엇보다도 문화의 의미들을 개인의 개별적 의도나 일시적이고 우연적인 행동상황을 넘어서서, 어떤 한 사회 시스템 안에서의 의미와 문화내적인 자기해석을 통해 확고하게 정립하게 해주는 장점이 있다.

4.1 문화기호학적 문화연구와 해석적 전환

세기전환기 문화철학자들은 전통적 문화관을 비판하며 새로운 문화 개념의 토대를 놓음으로써 오늘날 기호학적 문화 연구의 단초를 제공한다. 이들은 문화를 인류의 내면적인 것, 정신적인 것, 사유방식으로 국한하거나 선험적으로 타고난 보편적인 불변가치로 보는 종래의 보수적 문화관을 비판하고, 문화를 사회 환경에 따라 우연히 만들어지고 변화하는 상징형식이자 실천의 복합체로 본다. 이들의 특징은 전통적으로 개별적이고 우연적이며 일시적인 것이라 무시되었던 현상들, 즉 상징, 언어, 재현물에 대해 근본적으로 새로운 시선을 던진다는 점이다. 여기서 문화와 사회의 연관성에 초점을 맞춘 문화 연구의 새로운 패러다임이 제시되는데, 그것은 언어와 텍스트에서 사회를 형성하거나 사회적 행위를 추동하는 힘을 보고 문화를 텍스트(Kultur als Text)로 간주하는 문화기호학적 연구방향이다.

문화를 언어기호의 유희로 몰고 간다는 것은 가혹한 현실을 벗어나 문화와 담론이라는 유연한 영역으로 도피한 포스트모더니즘의 경향과 유사하다. 하지만 문화연구의 새로운 방향 전환은 문화를 정치 및 경제적 조건들을 '번역하는 행위'로 보는 사회유물론적 방향을 취함으로써 포스트모더니즘과 분명히 선을 긋는다. 또 사회문화 분석에서 대서사나 총체적 시각을 해체하고 '기호의 세계'로 들어간 것, 다원주의와 절충주의를 높이 평가한 것, 담론의 조건에 대한 성찰을 촉진시키고 마니교적 이분법을 대신하여 차이의 다양성을 요구한다는 점에서 문화기호학적 문화연구는 포스트모더니즘과 유사한 면이 있지만, 담론의 조건에 대한 성찰에서 역사와 사회, 정치-경제적인 상황과 현실연관성에 초점을 맞추었다는 점에서는 분명히 구분된다.

문화기호학적 문화연구의 새로운 방향전환은 미국의 민족(지)학(Ethnographie), 특히 1960년대 성립된 상징인류학(symbolische Anthropologie)과 긴밀히 연관되어 있다. 이 상징인류학은 구조주의, 포스트구조주의, 해석학, 기호학의 방법론을 도입해 인간문화를 새롭게 해석하려고 시도함으로써 이후에 나올 문화연구의 여러 가지 방향 전환에 중요한 영향을 미친다.

클리퍼드 기어츠는 상징인류학의 성립 배경으로 1960-1970년대 지식사회를 흔들었던 철학적 불안과 아울러 식민주의의 붕괴, 즉 제 3세계 국가들의 독립과 탈식민화와 같은 새로운 사회변동 요인을 들고 있다. 그러므로 미국의 인류학은 철학에 기반한 독일과는 분명히 구분된다. 영미의 문화인류학은 독일과는 달리 인류학의 불변상수나 보편적 지식체계에서 출발하지 않기 때문이다. 오히려 이들의 관심은 문화적 차이를 분석하는 것이다. 이것은 문화연구를 '문화의 보편성'이 아니라, '문화 간의 차이성, 다원성'을 인정하는 방향으로, '인간 행위방식의 문화적 차이'를 연구하는 방향으로 인류학적 전환을 꾀한다.

이처럼 차이와 다원성을 토대로 문화를 역동적으로 성찰하는 데 기여한 문화적 전환(cultural turn)을 처음 야기한 것은 언어적 전환(linguistic turn)이다. 언어적 전환은 우선 언어철학에서 시작된다. 1967년 리차드 로티(Richard M. Roty)는 『언어적 전환The Linguistic Turn』에서 "현실에 대한 모든 분석은 언어에 의해 결정되며, 언어의 특권에 의해 걸러지게 된다"는 통찰을 통해 언어의 한계는 사유의 한계이며, 언어의 저편에 그리고 언어 사용 저편에는 어떤 현실도 숨어있지 않다고 확신한다. 로티는 언어를 진리를 매개하는 수단 정도로만 여기던 전통 형이상학을 뒤집고, 진리 인식의 문제를 언어 자체와 직접 연결시킴으로써 철학의 패러다임을 바꾼다. 다른 한편 언어학에서도 소쉬르(Ferdinand de Saussures)가 새로운 패러다임을 제시하는데, 그것은 언어기호들은 동일성이 아니라 차이에 기초하고 있으며, 이 '차이들의 체계'를 통해 다른 것들과 연결되는 하나의 구조를 이룬다는 것이다.

언어철학과 구조주의 언어학의 이런 통찰과 연결되어 언어적 전환은, 현실은 언어에 의해 구조화되고 언어와 마찬가지로 기호체계로 파악되며 재현과 차이의 체계로 파악된다는 생각에서 출발해 문화연구의 새로운 방법론을 제시한다. 과거 인류학은 한 사회나 문화를 지배하는 포괄적인 보편질서를 도출할 것을 목표로 했으며, 신뢰할 수 있는 자료나 객관적 분석을 통해 얻은 인식을 기반으로 가설을 세우고 그것을 검증하는 실증주의적 방법으로 낯선 문화를 분석했다. 이에 반해 언어적 전환은 현실에 대한 보편적 인식과 전달(재현)은 불가능하다는 입장에서 출발한다. 언어는 현실을 기술하는 도구가 아니라, '현실을 구성하는 도구'이기 때문이다. 현실(das Reale)에 대한 모든 인식은 언어적 진술로 구성되어 있다. 언어로 꿰어지지 않고 언어로 재현되지 않은 현실은 없다. 우리는 언어로 매개된 현실만을 인식하고 체험한다. 그러므로 '언어적 전환'은 현실은 언어로 구성된다는 '언어에 기초한 현실구성주의'에 기초한다. 이것은 문화연구에 중요한 의미를 갖는데, 한편으로 재현은 담론의 결과이며, 모든 문화인류학적 설명에는 수사학적 모델이 관통하고 있다는 성찰적 전환(Reflexive Turn)을 낳고, 다른 한편으로는 현실을 인간에 의해 만들어진 것이나 상징에 의해 가공된 것으로 보는 해석적 전환(Interpretive Turn)을 야기한다.

4.2 기어츠와 해석 문화인류학

1970년대 미국 문화인류학에서 처음 시작된 '해석적 전환'은 '텍스트로서의 문화'라는 메타포를 기초로 한다. 당시 기어츠는 이 메타포를 통해 구조기능주의에 입각한 전통적 방법론을 버리고 해석인류학으로의 방향전환을 꾀하며 문화를 기호학적으로 해석하기 시작한다.

1973년 발표한 에세이 「중층기술」에서 기어츠는 막스 베버(Max Weber)의 전통에 따라 인간을 자신이 짠 의미망 속에 들어가 있는 존재라고 보며, 이 망(Gewebe)이 바로 문화라고 설명한다.

> "인간을 자신이 뿜어낸 의미의 그물 가운데 고정된 거미줄 같은 존재로 파악했던 막스 베버를 따라서 나는 문화를 그물로 보고자하며, 따라서 문화의 분석은 법칙을 추구하는 과학이 되어서는 안 되며 의미를 추구하는 해석적 과학이 되어야 한다고 주장한다."

따라서 그에게 문화란 무엇보다도 '의미구조체'이다. 하지만 이것은 엄격한 구조주의적 의미에서라기 보다는 '의미의 다층적 네트워크'라는 의미에 가깝다. 왜냐하면 여기서 '그물Geflecht'이나 '망Gewebe' 같은 메타포들은 구조적 완결성을 뜻하기 보다는 개방성을 의미하기 때문이다. 기어츠에 따르면 문화적 형식들은 사회적 행위를 통해 표현되며, 문화의 의미들은 그 사용을 통해서 완성된다. 이런 의미에서 인간의 행위는 늘 해석될 수 있는 것인데, 사회에서 이루어지는 개인의 행위는 자신을 초월해 더 심오한 논리를 숨기고 있기 때문이다.

기어츠의 해석적 전환은 말리노프스키(Malinowski)와 같은 고전 문화인류학자들이 사용했던 공감개념(Empathie-Konzept)의 거부에서 출발한다. 여기서 공감이란 어떤 한 문화에 감정이입을 통해 접근하는 것을 의미한다. 이것은 불완전하고 비과학적이었기에 기어츠는 이를 대신해 인간이 자기세계를 기술하고 정리하며 지각할 때 사용하는 상징체계를 해석해야 한다고 주장한다. 이를 위해 그는 다른 문화의 이해를 위해 텍스트 해석학적 방법을 도입하며, 문화인류학자의 임무는 '텍스트 읽기' 라고 주장한다.

> "인류학적 조사 작업은, 바꾸어 말하면 마치 외국어로 쓰인, 오래되고 낡아 잘 해독하기 어려우며 일관성이 없고 여러 군데 수정이 가해지고 여러 주장이 엇갈리는 그런 원고를 읽는 작업과 유사하다. 일반적인 원고해독 작업과 다른 점은 다만 인류학적 조사의 경우, 그것은 문자로 쓰인 것이 아니라 일정한 형식을 갖춘 행위들로 이루어졌다는 것이다."

하지만 기어츠가 「발리섬의 닭싸움」이라는 에세이에서 보여준 것처럼, 인류학자의 읽기와 쓰기는 개별적 행위와 그 행위의 전개과정, 그리고 사건의 단순한 사실을 파악하는 것으로 멈춰서는 안 되며, 이런 개별적 현상(사건) 속에 압축적으로 형상화된 의미층(심층의미)을 읽어내어 재구성해야 한다. 인류학자의 작업은 개별적 관찰과 동시에 해석학적 심층의미의 발굴을 요구한다. 다시 말해 해석문화인류학의 연구대상은 개별적 행위와 그 속에 포함된 행위자의 주관적이며 우연한 의도가 아니라, 이 행위 뒤에 숨어있고 문화체계를 통해 제도화되어 있는 심층 의미(중심코드)를 해석해 내는 것이다.

이 때문에 현상적이며 피상적인 기술을 넘어서서 특정행위가 그것을 행하는 행위자들에게 어떤 의미를 갖는가까지 기록하는 '중층기술'은 해석문화인류학의 핵심적 연구방법이 될 수밖에 없다. 기어츠는 오른쪽 눈꺼풀을 황급히 수축시키는 두 소년의 예를 통해 중층기술을 설명한다.

여기서 그는 둘 중 한 명은 눈에 경련이 일어나서 무의식적으로 눈을 감은 것이고, 다른 한명은 친구에게 공모의 신호(윙크)를 보내는 것이라고 가정한다. 이 경우 카메라로 찍는 것처럼 현상적 관찰에 머무른다면, 이 두 행위는 동일하며 구분할 수 없다. 하지만 실제 사진에 나타나지 않을지는 몰라도 눈의 경련과 윙크 사이에는 엄청난 차이가 존재한다. 윙크는 의도적으로, 특정인에게, 특정 메시지를 전달하기 위해, 사회적으로 인정된 코드에 의해 같이 있는 사람들이 모르게 의사를 전달하는 행위이기 때문이다. 윙크를 한 사람은 눈꺼풀을 수축하는 행위를 통해 공적인 코드에 의해 공인된 메시지를 보낸 반면, 눈의 경련을 일으킨 사람은 단순 생리적 현상으로 눈꺼풀을 수축시켰을 따름이다. 겉으로 봐서 동일해 보이는 두 행위 가운데 하나는 문화 행위가 되고, 다른 하나는 문화 행위가 될 수 없는 것은 사회적으로 제도화된 의미구조의 존재 때문이다.

눈의 경련과 윙크는 이처럼 엄연히 다른 행위임에도 불구하고 사진은 이 행위를 모두 "빠르게 오른쪽 눈을 수축하고 있다"고만 기록할 것이다. 이런 현상기술(thin description)과 윙크의 의미까지 포착하는 중층기술(thick description) 사이에는 여러 개의 의미구조가 존재한다. 그리고 모든 사회구성원들은 이런 의미구조에 따라 일정한 행위를 하고 의미를 부여받으며 해석되는 것이다. 그리고 이런 의미구조 없이는 그들의 행위는 문화 범주에 들어가지 못한다. 왜냐하면 문화는 사회에서 설정된 일련의 의미구조로 이루어져 있는 것이기 때문이다. 사람들은 이런 의미체계에 따라 남에게 어떤 음모가 있다는 것을 암시할 수 있으며, 그런 음모를 해석하기도 한다. 이런 의미에서 문화는 '해석가능한 상징의 상호연결체'이기도 하다.

여기서 문화와 텍스트 사이의 유사성이 드러난다. 그것은 둘 다 기호학적 특성을 지니고 있다는 것이다. 텍스트가 언어적 의미단위들을 한 차원 더 높게 조직하고 있는 단위인 것처럼, 문화도 '사회적 의미요소들의 복합체'로 간주된다. 여기서는 물질적 의미에서 인공물(도구나 물건)이냐, 소설 혹은 노래냐, 사회적 관계의 형식이냐, 제의적 행위과정이냐는 전혀 중요하지 않다. 문화를 구성하는 요소들은 모두 그 문화의 의미에 근거하기 때문이다.

이처럼 기어츠는 문화를 텍스트처럼 해석되는 것으로, 텍스트의 구조에 따라 이해될 수 있는 것으로 본다는 점에서 문화과정을 기호화 과정으로 보고, 문화의 산물을 텍스트로 이해하는 문화기호학과 연결된다. 하지만 문화를 텍스트로 보고 문화인류학을 해석학으로 편입시키는 것은 '차이'나 '비동일성'의 요소를 '이해'라는 보편개념 속으로 해체시킬 위험이 있다. 다시 말해 보편적이며 실증적인 연구방법이라는 구실로 다른 문화의 고유성을 해석학적으로 전유하여 해체시킬 위험성이 농후하다. 기어츠에 대한 이런 비판은 문화기호학에도 적용된다. 텍스트와 유사한 의미체계에서 출발한 모든 문화이론의 한계는 의미 생산조건을 간과하기 때문이다. 문화에 대한 해석학적 이해는 문화모델의 지배기능, 다시 말해 문화 속에 숨어있는 권력 관계에 대해서는 묻지 않는다.

사실 기어츠가 "민족(지)학자는 무엇을 하는가?"라는 질문에 대해 "그는 기록한다Er schreibt"라고 대답했을 때 이 문제는 이미 노정되어 있었다. 인류학의 목적은 타민족 문화의 이해를 통해 인간들 간의 의사소통의 세계를 확장시키는 것이다. 여기서 어떤 한 문화를 이해한다는 것은 그들 생활의 평범한 일상을 그대로 밝히는 일이며, 이 과정에서 원주민 문화의 개개의 사건이나 행위들이 지니는 특수성이 왜곡되어서는 안 된다. 기어츠는 이것을 "행위자의 관점에서 사물을 보는 것"이라고 부르는데, 이 말은 원주민 문화에 대한 인류학자의 기술은 원주민의 삶을 그 자체로 기록해야 한다는 뜻이다. 하지만 실제 민족지의 기술은 '원전 비평'이며, 관찰자가 직접 본 관찰들, 현지 정보 제공자의 설명이나 그들의 진술 그리고 글로 쓴 수기들을 증류한 것이다. 그러므로 이런 자료들을 바탕으로 이루어진 민족지의 기술은 '일어난 현실'을 읽어내려 가고 있는 민족지학자가 내린 주관적 해석이자, 그가 속한 '상위질서'가 내린 해석에 불과하다. 이런 의미에서 기어츠는 "인류학적 저서들은 그 자체가 이미 해석이며, 그것은 두 번째 해석이거나 세 번째 해석일 수도 있다"고 주장한다. 왜냐하면 자기고유의 문화이기에 원주민만이 첫 번째 해석을 내릴 수 있기 때문이다.

이 때문에 기어츠는 모든 문화인류학적 설명에는 허구적 성격이 있다고 본다. 하지만 이 말은 이런 설명이나 묘사가 사실이 아니라거나 틀린 것이라는 뜻이 아니라, 이것들이 '인위적으로 구성된 것'이라는 의미에서 허구라는 것이다.

이는 문화인류학이 '일어난 일 자체'를 기록하는 것이 아니라, 그 사건의 의미를 해석하는 학문이기 때문에 피할 수 없다. 문화인류학자의 기록은 "원주민이 말해준 것의 노에마(Noema), 즉 발화된 내용의 '의미'이지, 일어난 일 자체는 아니다." 이에 따르면 민족지학자가 기록한 것은 '사회적 대화' 그 자체가 아니다. 왜냐하면 이 대화에서 그는 지극히 주변적이거나, 특정 내용을 제외하고서는 주된 행위자가 아니기에 그 내용에 직접 접근할 길이 없으며, 다만 제보자가 자신을 이해시킬 수 있는 부분만큼만 이해할 따름이기 때문이다. 따라서 타문화의 분석은 해당문화에 대한 보편적이며 완벽한 설명을 목표로 하는 게 아니라, 의미를 추측하고, 그 추측이 어느 정도 정확한가를 따져 더 나은 추측을 토대로 결론을 도출하는 것이어야 한다.

기어츠에 따르면, 문화에 대한 기호론적 접근은 우리가 연구대상이 되는 사람들이 살고 있는 개념 세계에 접근하여 보다 폭 넓은 언어로

서로 대화하도록 도와주는 것을 목적으로 한다. 하지만 익숙지 못한 상징행위의 세계에 침투하려는 욕망과 이 상징을 문화이론적으로 정립해 보려는 욕망 사이의 갈등, 즉 이해와 분석 사이의 갈등은 근본적으로 해소될 수 없다. 그러므로 해석문화인류학의 본질적 과제는 "우리의 가장 심오한 질문에 대답하는 게 아니라, 다른 사람들이 해 준 대답을 우리가 이용할 수 있도록 만드는 것이며, 나아가서 그것들을 인간들이 말한 것에 대한 참고 기록 속에 포함시키는 것이다."

5. 재현의 위기와 상호문화적 해석

기어츠의 해석문화인류학이 현대 문화연구에 미친 영향은 무엇보다도 지금까지 문화인류학, 문화학, 문학 등 다양한 분야에서 이루어진 타문화 연구와 이 과정에서 생산된 텍스트에 대한 비판적 성찰의 계기를 만들어줌으로써 상호문화적 성찰 (interkulturelle Reflexion)을 위한 중요한 이론적 토대를 닦았다는 것이다.

이것은 문화인류학적 기술은 모두 허구라는 기어츠의 수상과 연관된다. 물론 그의 주장의 토대에는 자연적 사실로서의 문화(원주민의 실생활)와 이 문화를 이론적으로 분석한 논문 사이에 차이가 있다는 확신, 그리고 인류학의 대상이 사회적 실체 그 자체가 아니라 일종의 과학적 구성물("구성적, 창조적, 제작적 행위로서의 기술") 일지도 모른다는 의심이 자리하고 있다. 이것은 이후 문화연구에서 인류학적 설명의 '텍스트성'과 '담론성'에 대한 성찰과 타문화 기술에 숨어 있는 수사학적 전략과 재현의 일반조건에 대한 성찰을 촉발한다. 하지만 이런 일련의 비판적 성찰들의 공통된 출발점은 문화기호학의 텍스트 개념에는 연구자의 해석특권이 보장되어 있을 지도 모른다는 점이다.

민족학 연구는 타자와의 만남에 의존한다. 즉 민족학 텍스트는 한 문화(유럽)의 구성원이 타문화(원시민족)의 구성원과의 만남을 토대로 구성된다. 문제는 타문화 기술이, 연구대상인 원주민의 입장을 고려하지 않고 모든 것을 분석자인 민족학자의 해석에만 의존한다는 점이다. 분석자의 주관적 이해가 개입할 여지가 있다는 것, 그리고 낯선 문화에 대한 기술이 '문화적 차이'를 고려하지 않고 자기문화의 특수한 수사학이나 서사적 전통에 따라 일방적으로 이루어지고 있다는 점에서 민족학 텍스트는 과학적이라기보다는 허구적인 것이다.

1980년대 후반 타문화나 타자의 객관적 재현 가능성에 대해 의심한 인류학자들의 글쓰기 문화논쟁(Writing Culture Debatte)은 이런 비판의식에서 출발한다. 당시 학자들은 문화기술에서 간과할 수 없는 '권력관계'나 '수사학적 전략'이 숨어있기 때문에 타문화에 대한 인식은 불완전할 수밖에 없으며, 이 때문에 민족학 연구는 그 연구과정과 글쓰기 과정에 대해 비판적으로 성찰해야 한다고 요구한다. 이들은 주로 민족학, 문화학, 문학 텍스트 등 다양한 분야에서 이루어지고 있는 연구 활동들을 비판적으로 조명하며 '문화학에서 연구주체와 연구 대상 사이의 위계적 관계는 어떻게 이루어지는가?', 혹은 '어떻게 해야 자문화와 타문화에 대해 적절하게 기술할 수 있을까?'라는 질문을 던진다. 여기서 이들이 던진 질문은 '해석의 구성적 성격', '과학적 설명의 부분진리성'을 근거로 '재현'의 문제에 집중된다.

재현의 위기는 본질적으로 기호와 현실(역사적 체험) 사이의 불일치성에서 출발한다. 하지만 이러 주장은 기호학에서 이미 주장된 바 있으며, 근래에 포스트모더니즘 역시 기호가 대상으로부터 독립되어 있다는 관점에서 재현의 위기를 언급하고 있다. 하지만 제임스 클리포드(James Clifford)의 재현비판은 이보다 더 역사적이며 정치적인 성격이 강하다.

왜냐하면 그에게 재현의 위기는 과학적 묘사는 구성된 것이며, 이 과정에서 작가(인류학자)와 대상(원시부족) 사이에는 어쩔 수 없이 권력관계가 형성될 수밖에 없다는 확신에 근거하기 때문이다. 이 때문에 클리포드는 기어츠와 마찬가지로 모든 민족지는 고안물이며, 반쪽진리일 뿐이라고 본다. 문화현상에 대한 모든 과학적 묘사에는 배제행위가 이루어지기 때문이다. 해석문화인류학은 스스로 객관적으로 기술했다고 여기는 현실은 사회의 실제모습이 아니라 언어로 작성된 텍스트일 뿐이라는 사실을 늘 감춘다. 하지만 이 학문의 과학적 묘사는 한 문화의 응집성 있는 상을 구축하기 위해 이에 부합하지 않거나 모순적인 목소리를 조명하지 않는다. 이 때문에 문화인류학의 문화번역은 결코 완벽할 수 없다. 조지 마르커스(George Marcus) 는 이처럼 문화번역의 불충분함을 "차이의 과잉" 때문이라고 본다. 그에 따르면 문화기술에는 동화될 수 없는 차이가 존재하며, 이 "차이는 결코 완전히 사라지거나 극복될 수 없다." 그러므로 그에게 궁극적이며 독백적이고 권위적인 의미는 없으며, 존재하는 것이라고는 "부분 진리partial truth" 즉 텍스트뿐이다.

따라서 문화인류학의 문화기술이 처한 딜레마는 객관적 문화 분석을 통해 그 사회의 참된 모습에 접근할 수 있게 해야 하지만, 이것이 묘사라는 글쓰기 방식을 통해 왜곡될 위험에 처해 있다는 것이다. 이에 관해 클리포드는 "문화는 자신의 초상(肖像)을 요구하지 않는다"고 말한다. 그의 이런 인식에는 문화번역에는 저자 자신도 통제할 수 없을 정도로 역사, 권력관계, 담론이 영향을 미친다는 확신이 들어 있다. 그래서 그는 문화기술에서 '전체론', 즉 '대서사', '메타서사', '총체상' 등을 거부한다.

이와 같이 문화기술과 재현의 불완전성에 대한 클리포드의 성찰적 비판은 그 후 여러 분야에서 이루어진 타문화 연구에 중요한 영향을 미친다. 특히 오리엔탈리즘 비판에서 에드워드 사이드(Edward W. Side)는 문화연구에서 일어나는 재현의 딜레마는 식민자(인식하는 자)와 피식민자

(인식대상) 사이의 비대칭적 권력관계 때문이라고 본다. 그에 따르면 서양인의 동양(인)상은 동양(인)에 대한 정확한 인식을 바탕으로 이루어진 게 아니라, 서양인들의 자기인식을 위해 자기와 반대되는 상으로 짜 맞추어진 것이다.

여기서 문제는 이 상이 헤게모니에 의해 왜곡된 재현물이라는 것이다. 오리엔탈리즘의 경우 서양인들의 이해관계에 따라 자의적으로 구성된 것이다. 오늘날까지 계속 잔존하며 거의 모든 재현물에 영향을 미치고 있는 이분법, 즉 자신과 타자, 고유성과 이질성, 유럽과 동양의 이분법이 위험한 이유는 이런 차이와 대립이 존재론적인 것으로 변질되어 본질적 차이로 간주되며, 차이가 인종적 차별(구분과 제외)을 위해 오용되고 있다는 것이다. 동양에 대한 서양인의 재현활동은 전통적으로 "타자와 함께" 말하는 것이 아니라, "타자에 대해" 말하는 일방적이며 헤게모니적 재현원칙에 입각해 이루어져 왔다. 이에 대해 사이드는 「오리엔탈리즘」에서 다음과 같이 말한다.

> "모든 재현은 재현이기 때문에 처음에는 언어 속에, 그 뒤에는 재현하는 자의 문화와 제도와 정치적 환경 속에 편입되어 있다."

그러므로 사이드의 재현비판은 문화인류학에 다음과 같은 과제를 남긴다. 그것은 기어츠의 "민족지학은 무엇을 하는가?"라는 질문을 좀 더 정교하게 발전시키는 것이다. 즉 해석 문화인류학은 "누가 쓰는가?", "누가 말하는가?", "언제 그리고 어디서?", "누구와 함께 혹은 누구에게?", "어떤 제도적 역사적 강요 아래서?"와 같은 질문을 통해 인류학적 기술에서 배제된 사람들의 목소리를 재현해 내야 한다.

이것은 타문화연구에서 상호문화적 해석을 요구한다. 이런 요구는 인류학의 목적이 타민족 문화의 이해를 통해 인간들 간의 의사소통을 확장시키는 것이라는 점을 고려할 때 당연한 것이다. 상호문화적 해석은 본질적으로 텍스트 해석에서 차이와 타자성을 몰아내는 것이 아니라 새로운 이해의 열쇠로 보존할 것을 목표로 한다. 기어츠에 따르면, 모든 민족은 자기가 처한 특수한 생활환경에 적응하며 자신만의 고유한 방식으로 문화형식을 창조한다. 이 때문에 모든 민족문화는 다른 문화와 차이가 나게 된다. 예를 들어 <발리섬의 닭싸움>은 죽음, 남성성, 분노, 자부심, 상실감, 행복 같은 테마가 원주민들의 고유한 방식으로 표현된 것이며, 이것은 유럽문화의 주제(예: 「리어왕」, 「죄와 벌」)와 다르지 않다. 그러므로 원주민의 고유한 문화는 서양인의 일방적인 시각으로 폄훼되어서는 안 된다. 이 때문에 기어츠는 원시부족의 문화현상을 기록할 때 중층기술, 즉 분석자가 아니라 행위자의 관점이 필요함을 역설한다. 따라서 상호문화적 해석에서 중요한 것은 문화간 의사소통은 각각 다른 문화에 대해 가지고 있는 선입견뿐 아니라, 자기문화에 대한 선입견에 의해서도 영향을 받을 수 있다는 점을 성찰하는 것이며, 이를 토대로 전혀 낯선 형태의 감정 표현, 다른 형태의 세계관을 자기문화의 전통 속에 묶어두려 해서는 안 된다는 점이다.

참고문헌

클리퍼드 기어츠/문옥표(역): 문화의 해석. 까치 2009.

유리 M 로트만/유재천(역): 문화기호학. 문예출판사 1998.

Bachmann-Medick Doris: Cultural Turns. Neuorientierungen in den Kulturwissenschaften. Reinbeck bei Hamburg 2. Aufl. 2007.

Bachmann-Medick Doris: Literatur-ein Vernetzungswerk. Kulturwissenschaftliche Analysen in den Literaturwissenschaften. In: Kulturwissenschaft. Felder einer prozeßorientierten wissenschaftlichen Praxis. Hrsg.v. Heide Appelsmeyer, Elfriede Billmann- Mahecha. Velbrück Wissenschaft 2003.

Bachmann-Medick Doris: Kulturelle Texte und interkulturelles (Miß-)Verstehen. Kulturanthropologische Herausforderungen für die interkulturelle Literaturwissenschaft. In: Perspektiven und Verfahren interkultureller Germanistik. Hrsg.v. Alois Wierlacher. München 1987.

Cassirer Ernst: Philosophie der symbolischen Formen, 3Tle., Darmstadt 1964.

Cassirer Ernst: Versuch über den Menschen. Einführung in eine Philosophie der Kultur, Hamburg 1996.

Geertz Clifford : Dichte Beschreibung. Bemerkungen zu einer deutenden Theorie von Kultur. In: Ders.: Dichte Beschreibung. Beiträge zum Verstehen kultureller System, Frankfurt a.M. 1983.

Geertz Clifford: Deep Play. Bemerkungen zum balinesischen Hahnenkampf. In: Ders.: Dichte Beschreibung. Beiträge zum Verstehen kultureller System, Frankfurt a.M. 1983.

Hofmann Elena: Kultursemiotik der Moskau-Tartu Schule, GRIN Verlag

2003.

James Clifford: Partial Truth, in: Clifford, J.; Marcus, G. Writing Cultures, Berkeley 1986.

Lenk Carsten: Kultur als Text. Überlegungen zu einer Interpretationsfigur. In: Renate Glaser, Matthias Luserke(Hg.). Literaturwissenschaft-Kulturwissenschaft. Positionen, Themen, Perspektiven. Opladen 1996.

Marcus, George E.: Contemporary Problems of Ethnography in the Modern World System, in: Geertz Clifford; Marcus, George E., Writing Culture, Berkeley 1986.

Rickert Heinrich: Kulturwissenschaft und Naturwissenschaft, Tübingen 1921.

Roty Richard R. (Hg.): The Linguistic Turn. Essays in Philosophical Method. With Two Retrospective Essays. Chicago, London 1967.

Schößler Franziska: Literaturwissenschaft als Kulturwissenschaft. Tübingen und Basel 2006.

Said Edward W.: Orientalismus, Frankfurt a.M., Berlin, Wien 1981.

Schwarz Ewa: Die Kultursemiotik als Bereich der Kulturtheorie: Clifford Geertz und Jurij Lotman, GRIN Verlag 2010.

찾아보기

[ㄹ]

[ㅁ]

[ㅂ]

[ㅅ]

[ㅇ]

[2]

[W]

집필진

김영미

이화여자대학교 중어중문학과를 졸업하고 한국외국어대학교에서 박사 학위를 받았다. 중국예술연구원 방문학자, 중국희곡학원 pre doc., 한국외국어대학교 외국문학연구소 연구원, 이화여자대학교 기호학연구소 연구원, University of Cornell East Asia Program에서 Visiting Fellow 를 역임했으며, 현재 한국외국어대학교 중어중문학과 강사이다. 주요논문으로는 「중국의 그림자극에 대한 일찰」, 「중국고전무대에서 '얼굴 소통'」 등의 중곡 고전드라마 관련 논문과 「천카이거, 중국현대화 '탈주선'을 타다」, 「동시대 중국영화의 이미지구성과 서사」, 「Le Kung-fu comique de Jackey Chan : une nouvelle possibilite de la narration du corps (Degres)」 등의 영화 평론, 「중국현대미술의 동시대성」, 「'마오 Mao'이미지와 포스트모더니즘/포스트사회주의」 등의 미술평론 글들이 있다. 현재는 이미지 미학과 개혁개방이후 구성되는 중국의 포스트사회주의와 새로운 지식체계 구성에 관심을 갖고 있다.

김준현

고려대학교 불어불문학과를 졸업하고 같은 대학 대학원에서 중세 프랑스 시에 대한 연구로 박사학위를 받았다. 중세 프랑스 문학과 수사학, 근대 초기의 외국문학 수용사와 번역의 문제 등에 대한 여러 편의 논문이 있으며, 현재 한국외국어대학교 세미오시스 연구센터 HK연구교수로 재직 중이다. 저서로는 『목 매달린 자의 노래—프랑수아 비용 연구』가 있으며, 역서로는 『멜랑콜리의 색깔들 - 중세의 책과 사랑』 등이 있다.

서종석

한국외국어대학교 불어과를 졸업하고 파리 4대학에서 인지언어학으로 박사학위를 받았다. 현재 HK세미오시스 연구센터 HK교수로 재직 중이며, 주요 논문으로는 「확대위상모델을 기반으로 한 인지 불변소 연구」, 「Langage, invariants cognitifs et controle」, 「후각과 냄새 그리고 언어적 표상」 등이 있으며, 저서로는 『언어, 공간, 토폴로지』 등이 있다.

엄소연

홍익대학교에서 예술학 박사학위를 취득하였다. 현재 한국외국어대학교 세미오시스 연구센터 HK연구교수로 재직하고 있다. 논문으로는 「욕망의 시선과 삶의 역동적 에너지-혜원 신윤복의 《혜원전신첩》을 중심으로-」, 「자아의 경계 -신윤복의 《혜원전신첩》을 중심으로-」(공저), 「박물관 전시와 사회적 맥락의 함의관계」, 「조선후기 박쥐상징 회화와 공예품의 분석」, 「우리나라 박물관의 민화전시와 민화인식」 등이 있다.

이봉순

파리1대학에서 조형예술학 박사학위를 취득했고, 현재 남서울대학교 겸임 및 다수의 대학원에 출강하고 있다. 주요논문으로 「프란시스 베이컨의 '변형-인물상'에 관한 연구」, 「포스트모던시대 조형예술의 장소성과 환경」, 「로버트 고버 작품에 대한 심리학적 고찰: 일상 이미지의 불투명한 가변성과 그 낯설음이 주는 충격」, 「제임스 터렐의 공(空)이미지」 및 기타 다수의 소논문을 발표했으며, 번역서로는 『이미지로 보는 서양 미술사』 등이 있다.

이은경

한국외국어대학교에서 러시아문학으로 박사학위를 받았다. 현재 한국외국어대학교 러시아어과 강사이며 이화여대 지구사연구소 선임연구원으로 재직 중이다. 대표 논문으로 「빅또르 뻴레빈의 『P세대』에 나타난 문화영웅으로서의 '신러시아인'과 민족정체성」, 「안드레이 비또프의 『세례 준비생들』에 나타난 에코포스트모더니즘」, 「이삭 바벨의 『오데사 이야기』: 결혼과 장례문화로 본 유대 카니발의 세계」, <다닐 하름스의 『뻬쩨르부르그 시의 코미디』: 무대공간으로서의 뻬쩨르부르그와 그 재현> 등이 있으며, 저서로는 『입에서 톡 러시아어』, 『러시아어 기본어휘』 등이 있다.

이희원

모스크바국립대학교 러시아문학과에서 문학석사, 같은 대학 문학이론과에서 문학박사를 취득 후, 미국 Middlebury College, Russian School에서 러시아영화전공 문학석사를 받았다. 한국외국어대학교 세미오시스 연구센터 HK교수를 역임했고, 현재 상명대학교 러시아어문학과 조교수로 재직 중이다. 대표논문으로는 「보편서사구조와 행위의 특수화 - 영화 <시베리아의 이발사>의 인물구조를 통한 행위소 모델의 영상화 분석」, 「21세기 눈으로 한 체호프의 새로운 해석: 끼라 무라또바의 영화 <체호프의 모티프들>」, 「영화 <러시아방주>에 나타난 메시아니즘적 역사관과 러시아문화의 정체성 모색」, 「따르꼬프스끼 영화의 기독교적 상징성: 동식물의 이미지를 중심으로」, 「현대 러시아 영화의 정교성 재현 양상」, 「펙스(FEKS)의 영화적 실험과 미학」, 「러시아 네오리얼리즘과 새로운 영화 미학: 새로운 리얼리즘 영화 미학의 형성과 이탈리아 네오리얼리즘에의 영향」 외 다수가 있다.

정진아

조각가이자 현재 <C 아트 뮤지엄> 학예실장으로 활동하고 있다. 홍익대학교와 대학원에서 조각을 전공하였고, 미국 New York University (미술행정 certificate), University of Pennsylvania (대학원 조각과)를 졸업 후 2007년 홍익대학교에서 미술학 박사학위를 취득하였다. 주요 경력으로는 개인전 13회, 초대 및 단체전 66회를 개최했고, 경인미술대전, 경남도전 등 심사위원을 역임했으며, 공공미술 프로젝트(서울시 종로구 동숭동 <걷고 싶은 거리 프로젝트>, 서울시 관악구 봉천동 메츠 빌딩, 강원도 영월군 김삿갓면 <아트미로> 마을미술프로젝트 등) 다수에 참여했다. 번역서로는 『마르셀 뒤샹』, 『살바도르 달리』, 『미니멀리즘』(마로니에 북스)이 있고, 주요논문으로는 「후기현대조각의 금기위반 현상과 양가성 - 쿠사마 야요이의 작품을 중심으로」, 「현대미술의 Mixed Media 연구」 등이 있다.

조준래

한국외국어대학교 대학원에서 러시아문학이론으로 박사학위를 받았고 현재 한국외국어대학교 세미오시스 연구센터 HK연구교수이다. 대표저서로는 『고골과 현대성』(2009, 공저), 『문학장과 문학권력』(2009, 공저) 등이 있고, 『러시아 사상가』(2008)외 다수의 역서와 러시아문화관련 논문이 있다.

최성욱

한국외국어대학교 대학원 독어독문과에서 박사학위를 받았다. 현재 동대학교 통번역대학 독일어통번역과 강사로 재직 중이며, 주요논문으로는 「문예학의 개방성 측면에서 본 문화학 담론의 수용」, 「주체의 위기와 새로운 유토피아. 로베르트 무질의 소설을 중심으로」 외 다수가 있으며, 저서 『로베르트 무질』과 역서 헤르만 헤세의 『수레바퀴 아래서』(근간) 등이 있다.

이미지, 문자, 해석

초판 인쇄 2013년 5월 15일
초판 발행 2013년 5월 25일

집 필 진 세미오시스연구센터
발 행 인 박 철
발 행 처 한국외국어대학교 출판부
130-791 서울특별시 동대문구 이문로 107
전화 02)2173-2495~7
FAX 02)2173-3363
홈페이지 http://press.hufs.ac.kr
전자우편 press@hufs.ac.kr
출판등록 제6-6호(1969. 4. 30)
편집·디자인 디자인퍼브 02)2254-4308
인쇄·제본 SM C&P 02)468-6100

ISBN 978-89-7464-836-7 94170 정가 22,000원
ISBN 978-89-7464-831-2 94080 (총서)

〈세미오시스 학술총서 2〉

* 잘못된 책은 교환하여 드립니다.